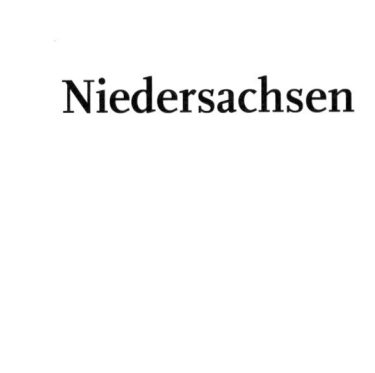

Niedersachsen

Herausgegeben durch die

Gefördert durch

Dieter Brosius

Niedersachsen

Das Land und seine
Geschichte
in Bildern, Texten
und Dokumenten

Ellert & Richter Verlag

Inhalt

- 7 Einleitung
- 8 Ur- und Frühgeschichte
- 24 Frühes Mittelalter
- 32 Hohes Mittelalter
- 48 Spätes Mittelalter
- 82 Frühe Neuzeit
- 134 Das 19. Jahrhundert
- 174 Niedersachsen im Bismarck-Reich
- 198 Das 20. Jahrhundert
- 246 Niedersachsen – ein Überblick

Anhang

- 252 Weiterführende Literatur
- 253 Ortsregister
- 255 Personenregister
- 258 Stammtafeln
- 263 Bildnachweis
- 264 Impressum

Einleitung

Das Bundesland Niedersachsen hat im Jahr 2006 sein 60-jähriges Bestehen gefeiert. Anders als etwa Bayern, Sachsen, Mecklenburg oder Schleswig-Holstein kann es nicht auf eine jahrhundertelange Tradition staatlicher Einheit zurückblicken. Sein Entstehen und seine heutige Gestalt verdankt es einer Entscheidung der britischen Militärregierung, die nach dem Zusammenbruch Deutschlands am Ende des Zweiten Weltkriegs klare Strukturen für den Wiederaufbau von Staat und Gesellschaft in ihrer Besatzungszone schaffen wollte und dabei die letzten Reste der überkommenen Kleinstaaterei im deutschen Nordwesten beseitigte. Das heißt aber nicht, dass hier durch einen Willkürakt und gegen den Wunsch und Willen der Betroffenen ein Kunstgebilde ohne alle geschichtlichen Wurzeln entstanden wäre. Immerhin ging der Vorschlag für die Neueinteilung der britischen Zone und damit auch für die Bildung Niedersachsens von deutscher Seite aus, und er konnte sich auf historische Entwicklungen und Tendenzen berufen, auf wirtschaftliche Verflechtungen und kulturelle Erscheinungen, die den niedersächsischen Raum über trennende Binnengrenzen hinweg zusammenbanden. Schließlich war er am Beginn seiner für uns konkret fassbaren Geschichte schon einmal unter dem Dach einer weit ausgreifenden Herrschaft vereint gewesen. Diese Einheit ging zwar verloren und wurde abgelöst durch ein buntes Gemenge mittlerer und kleiner Territorien, das nur in kleinen Schritten und erst im Verlauf vieler Jahrhunderte auf ein erträgliches Maß reduziert werden konnte. Durch diese Aufsplitterung ging allmählich auch das Bewusstsein weitgehend verloren, dass man einst die gleichen Wurzeln gehabt hatte. Es entstanden regionale Identitäten, die sich voneinander abgrenzten und mit einem übergeordneten Sachsen- oder Niedersachsenbegriff nicht mehr viel anzufangen wussten. Doch in der frühen Neuzeit sorgten gelehrte Humanisten dafür, dass das geschichtliche Wissen nicht völlig in Vergessenheit geriet, und im 19. und frühen 20. Jahrhundert entdeckte und verbreitete die Heimatbewegung ein Niedersachsen-Bild, das sich auf Gemeinsamkeiten nicht nur der Geschichte, sondern auch der Kultur und des Volkstums berief. Das bereitete den Boden für den Gründungsakt von 1946 und auch dafür, dass sich in dem neu geschaffenen Land ein unbefangenes Landesbewusstsein rascher entwickelte, als man es vielleicht hätte erwarten können.

Das vorliegende Buch bemüht sich, die verschlungenen Pfade der niedersächsischen Geschichte in Wort und Bilddokumenten nachzuzeichnen – nicht im Detail, sondern in großen Zügen und unter Beschränkung auf das Wesentliche. Wer sich mit der historischen Entwicklung des Landes oder mit einzelnen Themen und Aspekten intensiver befassen möchte, dem mögen die Literaturhinweise im Anhang den Einstieg erleichtern.

Ur- und Frühgeschichte

Niedersachsen ist reich an ur- und frühgeschichtlichen Funden: Gräbern und Wohnplätzen, Burgen und Befestigungsanlagen, Schmuck, Waffen und anderen Gebrauchsgegenständen aus Stein, Metall, Holz oder Keramik. Sie finden sich in den zahlreichen Museen des Landes, in den großen staatlichen oder städtischen Sammlungen ebenso wie in kleinen Heimatmuseen, und sie erlauben es, die Geschichte der Besiedlung Nordwestdeutschlands seit den ersten von Menschen hinterlassenen Spuren wenigstens in groben Umrissen nachzuzeichnen. Das Interesse der Nachwelt an diesen „heidnischen Altertümern" bezeugen manche Berichte schon aus dem 17. und 18. Jahrhundert. Mit einer systematischen Bestandsaufnahme begann man aber erst um die Mitte des 19. Jahrhunderts, zunächst angestoßen durch den Historischen Verein für Niedersachsen, dann auch von staatlicher Seite. Viele der damals erfassten Bodendenkmäler sind heute nicht mehr vorhanden, weil der Pflug oder der Straßenbau darüber hinweggingen, Grabhügel oder Erdwälle abgetragen und die gefundenen Steine für Hausfundamente verwendet wurden. Dank der frühzeitigen Dokumentation haben aber auch sie für die Archäologie immer noch Quellenwert. Andererseits sind in den letzten 150 Jahren durch Zufallsfunde und gezielte Grabungen zahlreiche neue aussagekräftige Objekte hinzugekommen und haben die Grundlagen der archäologischen Forschung sehr erweitert. Nicht nur deshalb, sondern auch durch die Anwendung neuer oder verfeinerter Methoden, bei denen die Naturwissenschaften Hilfestellung gegeben haben, können heute viel präzisere Aussagen etwa über Alter und Herkunft einzelner Fundstücke gemacht werden als noch vor einer Generation. Ein Mosaikstein reiht sich so an den anderen, und das Gesamtbild bekommt immer schärfere Konturen. Noch ist es nicht vollendet, und manche Stellen werden wohl immer im Dunkeln bleiben. Vor allem für die älteste Zeit reicht die Dichte der Funde nicht aus, um verlässliche Schlüsse auf die Völker oder Rassen ziehen zu können, mit denen sie in Verbindung zu bringen wären. Dennoch darf man von der Prähistorie auch künftig weiterführende Ergebnisse und Erkenntnisse erwarten, wenn ihr die Mittel an die Hand gegeben werden, die Kulturrelikte ans Tageslicht zu fördern, die noch immer unberührt und unentdeckt unter den Ablagerungen von Jahrtausenden im Boden ruhen. Erst vor wenigen Jahren wurden auf dem Gelände des Braunkohleabbaus bei Schöningen südlich von Helmstedt Holzspeere geborgen, deren Alter auf 400 000 Jahre bestimmt werden konnte. Sie gelten als die ältesten erhaltenen Jagdwaffen der Menschheit.

Der Braunkohleabbau bei Schöningen südlich von Helmstedt ermöglicht seit 1983 archäologische Forschungen, die das Wissen über das früheste Auftreten des Menschen in Niedersachsen beträchtlich erweitern und präzisieren. Eine Sensation stellt der Fund eines über 400 000 Jahre alten hölzernen Wurfspeers dar. Er bezeugt – zusammen mit anderen Waffen –, dass schon der Urmensch der Altsteinzeit zur Jagd auf Großwild in der Lage war. Die Entdeckung gelang dem Archäologen Dr. Hartmut Thieme und seinem Grabungsleiter Peter Pfarr (rechts).

Die Altsteinzeit

Während der langen Periode der Altsteinzeit (etwa 200 000 bis 10 000 v. Chr.) gab es mehrfach starke Klimaänderungen, die zu einem Vordringen des Gletschereises von Nordeuropa her und zum langfristigen Wechsel von Eiszeiten und wärmeren Perioden führten. Die Menschen, die damals im nordwestdeutschen Raum lebten, mussten sich also häufig auf extrem unterschiedliche Umwelt- und Lebensbedingungen einstellen. Vermutlich waren sie noch nicht sesshaft, sondern streiften als Wildbeuter und Rentierjäger durch die Urwälder oder die baumlose Tundra. Von ihnen zeugen einfachste Werkzeuge aus Stein: Faustkeile, Schaber und Klingen, wie sie etwa in den Schottern des Leinebetts bei Hannover und in verschiedenen Kiesablagerungen gefunden wurden. Es ist aber nicht sicher, ob die Menschen, von denen diese Geräte stammen, sie an den Fundorten hinterlassen haben oder ob sie vom Eis mitgeführt und dann abgelagert worden sind. Genauere Datierungen sind bei diesen Steinwerkzeugen nicht möglich.

Außergewöhnlich ist der Fund des Skeletts eines mächtigen urzeitlichen Elefanten in einer Mergelgrube in Lehringen bei Verden. Er war mit einer hölzernen Lanze, die noch zwischen seinen Rippen steckte, erlegt worden – ein Beleg dafür, dass die damaligen Jäger es auch mit großen Beutetieren aufnahmen. In Salzgitter-Lebenstedt wurde ein Fundplatz freigelegt, der sich als über längere Zeit benutzte Lagerstätte erwies, an der auch Feuersteingeräte hergestellt wurden. An den zahlreich erhaltenen Knochen lässt sich ablesen, welche Tiere hier gejagt wurden, ehe die letzte Eiszeit sie wieder in den Süden trieb: vor allem Rentiere, aber auch Mammute, Wisente, Wildpferde und sogar Nashörner. Zur Nahrung der Jäger gehörten auch Vögel und Fische, und man darf vermuten, dass sie außerdem pflanzliche Kost sammelten. Mit Hilfe der Radiokarbon-Methode konnte für diesen Rastplatz ein Alter von rund 55 000 Jahren ermittelt werden.

Während der letzten Eiszeit, vor rund 30 000 Jahren, scheint eine neue Menschenrasse (Homo sapiens) von Europa Besitz ergriffen zu haben, die es verstand, neben Stein auch Tierknochen zu Werkzeugen zu verarbeiten, und die dazu schmale Steinklingen oder Federmesser benutzte. Auch dafür finden sich einige Fundstellen in Niedersachsen. Diese Menschen waren ebenfalls Jäger; der Kreis ihrer Beutetiere war beträchtlich erweitert. Zu ihrem Schutz oder zum Bewohnen suchten sie Höhlen auf wie die bekannte Steinkirche bei Scharzfeld am südwestlichen Harzrand, die nach der Altersbestimmung der dort gefundenen Geräte und Knochen zwischen 15 000 und 8000 v. Chr. benutzt worden sein dürfte.

Die Einhornhöhle bei Scharzfeld am südwestlichen Harzrand zog wegen der großen Zahl gefundener Knochen von urzeitlichen Bären, Wölfen und anderen Säugetieren schon früh das Interesse Neugieriger auf sich, die hier Spuren des sagenhaften Einhorns zu finden hofften. Zu den Besuchern zählten auch Leibniz und Goethe. Erst seit 1986 ist erwiesen, dass die Höhle in urgeschichtlicher Zeit von Menschen als Wohnplatz oder Zufluchtsstätte genutzt wurde. Über 200 Steingeräte der Altsteinzeit wurden bei Grabungen gefunden, darunter zwei Schaber, deren Alter auf etwa 130 000 Jahre geschätzt wird. Auch Bronze- und Eisenzeit sind mit Funden vertreten.

Die Mittelsteinzeit

Die Altsteinzeit endete in Niedersachsen, als ein wärmeres Klima die Rentierherden nach Norden abwandern ließ und die Jäger wegen Nahrungsmangels andere Teile Europas aufsuchten. Die Kultur der mittleren Steinzeit (etwa 10 000 bis 5000 v. Chr.) ging mit fließendem Übergang aus der Vorgängerkultur hervor. Die Tier- und Pflanzenwelt wurde allmählich artenreicher und bot bessere Lebensbedingungen. Das führte zu einer größeren Sesshaftigkeit. Haus- oder Hüttengrundrisse wurden aber bisher nur in den Nachbarländern entdeckt. In Niedersachsen wurden Funde aus dieser Epoche meist in der Nähe von Wasserläufen gemacht; der Fischfang scheint eine bedeutende Rolle gespielt zu haben. Die Steingeräte waren sehr fein bearbeitet. Bevorzugte Jagdwaffe waren Pfeil und Bogen, wobei die Pfeile mit steinernen Spitzen verstärkt wurden. Bei der Jagd wurde der Hund als Gehilfe verwendet, das erste und einzige Haustier, das von den Menschen dieser Zeit gehalten wurde.

Die Jungsteinzeit

Die Lebens- und Wirtschaftsweise erfuhr in der Jungsteinzeit (5000 bis 1700 v. Chr.) eine revolutionäre Änderung. Das Herumziehen des Jägers wurde abgelöst durch die Sesshaftigkeit des Bauern, der Haustiere hielt und Nutzpflanzen anbaute. Das war der Einstieg in ganz andere, nachbarschaftliche Strukturen des Zusammenlebens und die Voraussetzung für die spätere Entwicklung zur arbeitsteiligen und sozial differenzierten Gesellschaft. Die Kultur des Ackerbaus hatte sich vom Vorderen Orient nach Europa ausgebreitet und die Kenntnis der

Auf einer Hochterrasse am Hasenberg, am Rand des Höhbeck im Landkreis Lüchow-Dannenberg gelegen, wurde 1961 mit dem Friedhof von Pevestorf einer der ausgedehntesten und besterhaltenen Bestattungsplätze der Jungsteinzeit (5000 bis 1700 v. Chr.) entdeckt. Die Gräber enthielten ungewöhnlich reiche Beigaben, die auf einen aufwendigen Totenkult schließen lassen. Dazu gehörten auch die beiden rechts abgebildeten Kugelamphoren. Entsprechend dieser typischen Form ihrer Tongefäße werden die Begrabenen als Angehörige der Kugelamphorenkultur bezeichnet. Diese Kultur hatte ihren Ursprung östlich der Elbe und breitete sich dann in das nördliche Niedersachsen aus.

Der „Totenstatt", einer Gruppe von vier wenig gestörten Großsteingräbern bei Oldendorf an der Luhe, entstammen die Tongefäße auf diesen beiden Abbildungen, die der sogenannten Trichterbecherkultur zuzuordnen sind. Die hochwertige Keramik der Grabbeigaben und die geringe Zahl der Bestattungen in den Kammern deuten darauf hin, dass hier Grabanlagen für die Toten jeweils nur einer Familie mit hohem sozialem Status errichtet worden sind.

Die Ahlhorner Heide zwischen Cloppenburg und Wildeshausen gilt wegen ihrer stein- und bronzezeitlichen Grabstätten als „klassische Quadratmeile der Vorgeschichte". Zu den eindrucksvollsten Beispielen zählt eine Gruppe von Steingräbern, die „Visbeker Braut und Bräutigam" genannt werden. Der Sage nach wünschte sich ein Mädchen, das einen ungeliebten Mann heiraten sollte, die ganze Hochzeitsgesellschaft möge zu Stein verwandelt werden – was auch geschah. Die „Braut", hier dargestellt von Ludwig Philipp Strack (1761–1836), gehört mit 88 Metern Länge zu den größten Grabanlagen ihrer Zeit.

Auch der „Heidenopfertisch", dargestellt in einer Lithografie von Strack aus dem Jahr 1827, ist eines der beeindruckenden Megalithgräber der Wildeshauser Geest. Die tonnenschwere Deckplatte befindet sich noch in ihrer ursprünglichen Lage, der das Grab überdeckende Erdhügel ist dagegen, wie bei den meisten Anlagen, bei der Suche nach Schätzen abgegraben oder von Wind und Wetter abgetragen worden.

Keramikherstellung mit sich gebracht. Ihre älteste Stufe wird – nach der typischen Verzierung der Tongefäße – die der Bandkeramik genannt. In Niedersachsen war sie auf das Gebiet der großen Lössflächen südlich der Linie Hannover-Braunschweig-Helmstedt und auf das südliche Leinetal um Göttingen beschränkt. Die ausgezeichnete Fundsituation erlaubt hier gute Einblicke in die Lebensumstände der bäuerlichen Bandkeramiker, die schon mit der Textilherstellung vertraut waren und ihre Ackerflächen aus dem damals vorherrschenden Eichenmischwald roden mussten.

Nördlich der genannten Bereiche hielt sich noch geraume Zeit die ältere Kultur der Mittelsteinzeit, wobei einige Fundstätten eine Vermischung und Durchdringung beider Kreise bezeugen. Dass die Träger der jungsteinzeitlichen Kulturstufe aus Nordeuropa eingewandert seien, wird heute eher in Frage gestellt. In ihrem Verbreitungsgebiet entstanden seit dem dritten Jahrtausend vor Christus die auffälligsten und eindrucksvollsten Hinterlassenschaften der urgeschichtlichen Zeit: die Großsteingräber, volkstümlich auch Hünengräber genannt. Sie finden sich im Emsland, im Raum Osnabrück, um Wildeshausen, im Elbe-Weser-Winkel und in der Lüneburger Heide. Bekannteste Beispiele sind die „Sieben Steinhäuser" im Gebiet des Truppenübungsplatzes bei Fallingbostel und die Gruppe um „Braut" und „Bräutigam" bei Visbek östlich von Cloppenburg. Keine der Anlagen hat sich im ursprünglichen Zustand erhalten. Es handelte sich meist um Ganggräber mit Steinsetzungen, die eine oder mehrere Grabkammern umschlossen und mit Erde abgedeckt wurden. Vermutlich bestatteten darin Großfamilien oder Sippenverbände ihre Angehörigen.

Der sogenannte „Brautwagen", auch er Teil der Gruppe von „Visbeker Braut und Bräutigam", liegt umgeben von Hügelresten frei in der Landschaft. Er enthielt eine Kammer mit vier Jochen oder Abteilungen, deren Tragsteine tief in der Erde verankert sind und sich deshalb noch an ihrem ursprünglichen Platz befinden.

Unter den Funden, die in den Gräbern gemacht wurden, fällt die Keramik auf, die vielleicht schon in speziellen Töpferwerkstätten hergestellt wurde. Sie wird von den Archäologen der sogenannten Trichterbecherkultur zugeordnet. Einblicke in die Lebensweise der Menschen dieser Zeit erlauben einige Fundstellen in der Nähe des Dümmer, wo das Moor der Konservierung Vorschub geleistet hat. Sie ernährten sich noch vorzugsweise von der Jagd, begannen aber schon Ziegen und Schweine als Haustiere zu halten und verschiedene Getreidesorten, besonders Weizen, anzubauen. Auch zur Technik des Hausbaus und der Feldbestellung lassen sich Aufschlüsse gewinnen. Die Siedlungsplätze waren nicht mehr auf die Fluss- und Seeufer beschränkt, sondern wurden landeinwärts angelegt oder in den Wald gerodet.

Gleichzeitig mit den Großsteingräbern wurde in einer späteren Phase der Jungsteinzeit auch in Einzelgräbern bestattet. Sie sind einer eigenen Kulturgruppe zuzuordnen, für die ihre Keramik – geschweifte Becher mit waagerechten Zierbändern – und ihre sorgfältig gearbeiteten Streitäxte charakteristisch sind. Die Toten wurden in Gruben beigesetzt, über denen man Hügel aufschüttete; gelegentlich wurden die Leichen auch verbrannt. Unter den Grabbeigaben fallen Tonbecher in Glockenform auf, Kennzeichen für eine Kultur, die von Westen her auf den niedersächsischen Raum einwirkte. Siedlungen dieser „Einzelgrableute" sind bisher nicht gefunden worden; sie werden in der Nähe der Gräberfelder gelegen haben, die nun auch auf weniger fruchtbaren Böden und in höheren Lagen der Mittelgebirge zu finden sind. Das deutet darauf hin, dass die Viehhaltung eine größere Rolle spielte als der Ackerbau.

Die Bronzezeit

Die ersten Gegenstände aus Kupfer oder Bronze tauchen in Niedersachsen noch während der Jungsteinzeit auf; sie sind aber fremder Herkunft und wurden wohl durch Handel in das Land gebracht. Erst um 1700 bis 700 v. Chr. drang die Technik des Bronzegusses nach Nordwestdeutschland vor. Dabei entstanden in zeitlicher Abstufung verschiedene Formenkreise, etwa der Sögeler oder der Lüneburger Kreis, die durch kulturelle Strömungen aus Süddeutschland und aus Westeuropa beeinflusst wurden. Bronzefibeln, Ziernadeln und andere Schmuckstücke erlauben Vorstellungen über die Haartracht und die Kleidung der Frauen. Kupfer und Zinn, aus denen Bronze hergestellt wurde, mussten aus der Ferne herbeigeschafft werden. Das setzt Handelsbeziehungen voraus, über die auch die fertigen Produkte abgesetzt wurden. Verschiedene Funde belegen, dass sie sich bis in den Mittelmeerraum erstreckten.

Aus einem Hortfund der jüngeren Bronzezeit (1700 bis 700 v. Chr.), der 1919 in Stade ans Tageslicht kam, stammen vier gleichartige Speichenräder mit einem Durchmesser von 58 Zentimetern. Sie gehörten vermutlich zu einem Prunkwagen, der wohl nicht zum alltäglichen Gebrauch bestimmt war, sondern nur bei besonderen Anlässen, etwa bei kultischen Handlungen oder als Totenwagen, benutzt wurde. Die Machart deutet auf süddeutsche oder französische Herkunft hin und ist ein Beleg für die weitgespannten Handelsverbindungen der Bronzezeit.

Auch nach der Einführung des neuen Werkstoffs Eisen wurde zur Herstellung von Schmucksachen noch Bronze verwendet. Aus dieser Übergangszeit, dem 8. Jahrhundert v. Chr., stammt dieser in seiner Art einmalige Bronzehalsring, der mit einem Kettengehänge verbunden ist. Das qualitätvolle Stück wurde im Lehmder Moor bei Rastede im oldenburgischen Ammerland gefunden und stammt wohl aus einem frühkarolingischen Frauengrab.

War in der älteren Bronzezeit die Bestattung in Hügelgräbern vorherrschend, so kam im jüngeren Abschnitt die Sitte der Brandbestattung und der Beisetzung in Urnengräbern auf. Sie setzte sich durch. Dahinter stand wohl ein Wandel religiöser Vorstellungen. Im Lüneburger Kulturkreis findet sich eine Besonderheit: Die Toten wurden hier in hölzernen Aufbauten, sogenannten Totenhäusern, verbrannt. Die Grabbeigaben bestanden überwiegend aus Keramik mit unterschiedlichen Gefäßformen. Aus Bronze wurden Gebrauchsgegenstände wie Schalen, Becken, Dosen und Tassen hergestellt, alle reich verziert, aber auch Halsschmuck, Gürtelschnallen, Ringe und kosmetische Geräte wie Kämme, Pinzetten oder Nagelreiniger. Bronzebeile, Messer in vielfältigen Formen und Sicheln tragen oft Verzierungen oder Zeichnungen in der neu aufgekommenen Technik der Punzierung. Eine Gipfelleistung des Bronzegusses ist der sogenannte Wagen von Stade, der vermutlich für kultische Zwecke hergestellt wurde.

Die vorrömische Eisenzeit

Im 7. vorchristlichen Jahrhundert verbreitete sich in Norddeutschland die Kenntnis, wie man aus dem hier an vielen Stellen in sumpfigen Niederungen vorkommenden Raseneisenstein Eisen gewinnen konnte. Das geschah mit Hilfe von sogenannten Rennöfen, die aus Lehm aufgemauert und mit Holzkohle beheizt wurden und in denen bei einer Temperatur von 1200 Grad Celsius die Schlacke vom Eisen getrennt wurde. Dieses konnte dann nach Ausscheiden der Verunreinigungen geschmiedet werden. Zahlreiche Funde von Schlacken zeigen, dass diese Tech-

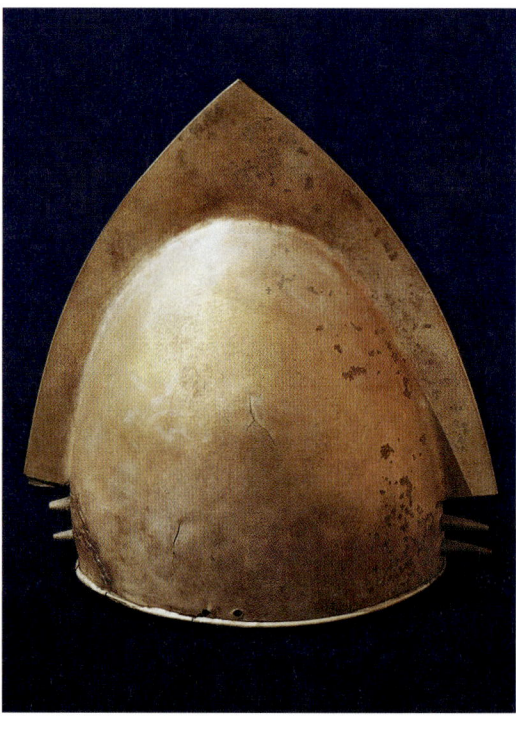

In einem spätbronzezeitlichen Grab bei Winzlar, Landkreis Nienburg an der Weser, fanden sich ein fein verziertes, aus Skandinavien importiertes Hängebecken, das als Behältnis für die Asche des Toten, eines 40- bis 50-jährigen Mannes, gedient haben dürfte, sowie als Beigabe eine goldene Scheibenkopfnadel, ebenfalls nordischer Herkunft. Das bauchige Unterteil des Beckens ist mit Wellenbändern und einem Muster verziert, das „laufender Hund" genannt wird. Der Halsteil weist Bogenmäander auf.
Auf Bremer Gebiet wurde ein in Norddeutschland bisher einzigartiges Stück aus der Lesum geborgen: ein Kammhelm aus getriebenem Bronzeblech (rechts). Waffen der Bronzezeit, die dem Schutz und der Verteidigung im Kampf Mann gegen Mann dienten, wie Schilde, Brustpanzer oder Beinschienen, sind im altsächsischen Raum eine Rarität, anders als im Süden Deutschlands oder in Frankreich.

Die „Glaner Braut" in der Nähe von Glane bei Wildeshausen, auch sie sagenumwoben, verdankt ihre Erhaltung der Tatsache, dass Pflege und Schutz der Bodendenkmale im Herzogtum Oldenburg bereits im frühen 19. Jahrhundert einsetzten. Dank dieser Fürsorge weist der Raum Oldenburg noch heute rund 90 Großsteingräber und 3000 Grabhügel aus verschiedenen urgeschichtlichen Epochen auf.

nik über das ganze Land verbreitet war. Sie verhalf den Bewohnern, die sich immer noch keiner Volksgruppe zuordnen lassen, zu größerer Autarkie und führte zu weiteren Innovationen wie der Ersetzung des hölzernen Hakenpflugs durch die schollenwendende schmiedeeiserne Pflugschar.

Nach ihrer Keramik, den Bestattungssitten und den Grabbeigaben kann man für die ältere Eisenzeit in Niedersachsen drei Gebiete unterschiedlicher Ausprägung feststellen: den Nordosten, die Mitte mit dem Westen und den Süden. Der nordöstliche Fundraum wird nach Orten im Kreis Uelzen wiederum in die Stufen von Wessenstedt, Jastorf, Ripdorf und Seedorf unterteilt. Im mittleren Gebiet ist das Gräberfeld von Pestrup bei Wildeshausen – mit etwa 500 erhaltenen Grabhügeln eines der umfangreichsten in Niedersachsen – zum größten Teil der Eisenzeit zuzurechnen. Im Süden hat die Erforschung der Pipinsburg bei Osterode in der letzten Zeit zu neuen Erkenntnissen geführt. Es handelt sich um eine ausgedehnte Höhenburg mit einem gut rekonstruierbaren Befestigungssystem. Die dort geborgenen Funde weisen auf enge Beziehungen zum Elbe-Saale-Gebiet hin. Am Rand des Leinetals um Göttingen sind weitere eisenzeitliche Befestigungen ergraben worden, die aber wohl nicht besiedelt waren, sondern in Notzeiten als Fluchtburg dienten. Siedlungen dieser Zeitstufe sind vor allem in den Marschen an der Nordseeküste festgestellt und untersucht worden. Aus dem übrigen Niedersachsen fehlen noch vergleichbare Beispiele. Immerhin lässt sich aber sagen, dass bevorzugt auf den Terrassen entlang der Flussläufe und im Bergland an den nach Süden gewandten Hängen gesiedelt wurde.

Aus der Eisenzeit stammen mehrere der in Niedersachsen gefundenen Moorleichen. Bis vor kurzem war der „Rote Franz", so genannt wegen seiner vom Moorwasser verfärbten Haare, die bekannteste unter ihnen. Er wurde vermutlich vor rund 2500 Jahren in Versen bei Meppen im Emsland ermordet und ist jetzt eine der Attraktionen des Niedersächsischen Landesmuseums in Hannover. Neuerdings hat ihm „Moora" den Rang abgelaufen, die vom Moor hervorragend konservierte Leiche eines etwa 15-jährigen Mädchens aus dem Uchter Moor, deren Alter auf 2650 Jahre berechnet worden ist.

Die römische Kaiserzeit

Der niedersächsische Raum hat dem Römischen Reich nicht angehört. Doch sind seit dem Vordringen der Römer über die Alpen und bis an den Rhein um die Zeitenwende starke Einwirkungen auf das freie Germanien zu beobachten. Durch Handel, vielleicht auch durch heimgekehrte germanische Söldner kamen Waren und Gegenstände in das Land, die als Grabbeigaben Verwendung fanden oder von den Besitzern in Krisenzeiten vergraben wurden und als sogenannte Hortfun-

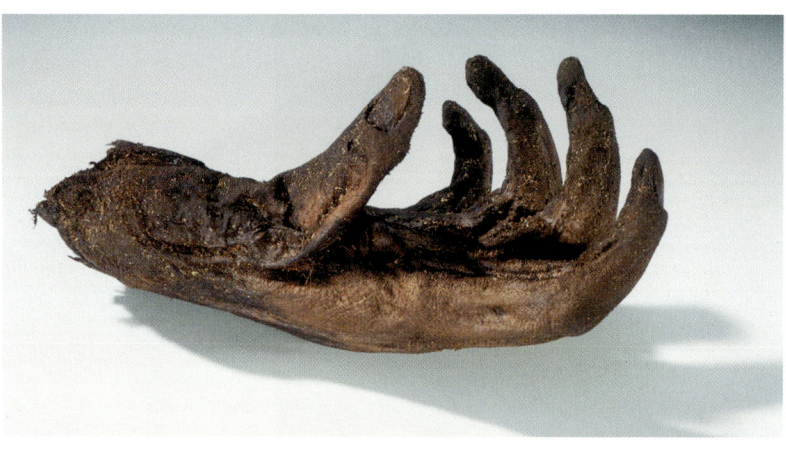

Im Jahr 2000 barg man im Großen Moor bei Uchte im Landkreis Nienburg Teile der mumifizierten Leiche eines Mädchens aus dem Moor. Zunächst wurde wegen Mordes ermittelt. Erst als 2005 auch die abgetrennte Hand gefunden wurde, stellte man fest, dass die Leiche etwa 2650 Jahre alt war. Die Archäologen erhoffen nun von „Moora" – so haben sie das Mädchen getauft – für die Lebensumstände der Menschen der vorrömischen Eisenzeit in Niedersachsen ähnlich wertvolle Erkenntnisse, wie sie der Gletschermann „Ötzi" für die Jungsteinzeit in den Alpen ermöglicht hat.

Bei der Anlage eines Schießstands am Galgenberg bei Hildesheim stieß man 1868 unvermutet auf einen Schatz von 68 Stück Tafelsilber, der wohl um das Jahr 75 n. Chr. dort vergraben worden war. Es handelt sich teils um hochwertige Arbeiten von Silberschmieden der späthellenistischen und der augusteischen Zeit (ca. 50 vor bis 50 n. Chr.), teils um schlichteres Gebrauchsgeschirr. Das Glanzstück ist die links abgebildete Schale mit dem Bild der Göttin Athena, ein Werk in kunstvoller Gusstechnik mit feuervergoldetem Rand und einem Durchmesser von 32,5 Zentimetern. Wer den Schatz in der Erde versenkt hat, lässt sich nur mutmaßen. Vielleicht handelte es sich um das Depot eines Händlers, vielleicht auch um germanisches Beutegut. Dem früher vermuteten Zusammenhang mit der Varusschlacht widerspricht die Herstellungszeit der jüngsten Stücke.

de wieder ans Tageslicht gelangten: Münzen und Schmuck, Gefäße und Waffen und anderes mehr. Ein Münzschatz, der 1850 in Jever entdeckt wurde, enthielt bis zu 4000 römische Denare. Den bedeutendsten Fund machten Soldaten 1868 bei der Anlage eines Schießstands am Galgenberg bei Hildesheim, wo eine Sammlung von 68 Teilen verschiedener römischer Tafelgeschirre im Boden versenkt worden war, durchweg hervorragende Arbeiten, die aus einem Zeitraum von der Regierungszeit des Augustus bis zum Ende des 1. Jahrhunderts stammen. Um das Jahr 75 dürften sie vergraben worden sein. Es bleibt offen, ob es sich dabei um den Schatz eines germanischen Fürsten, das Depot eines Händlers oder um Beutegut handelt. Die Originale befinden sich im Antikenmuseum in Berlin; das Landesmuseum in Hannover besitzt Nachbildungen.

Die Hauptmasse der niedersächsischen Relikte aus der Kaiserzeit besteht aber weiterhin aus Keramik und Grabbeigaben. Nach deren Formen lassen sich drei Bereiche unterscheiden: eine elbgermanische Gruppe im Nordosten, eine Rhein-Weser-germanische im Westen und dazwischen eine breite fundleere Zone, die auf dünne Besiedlung in einem breiten Ödlandstreifen schließen lässt. Am dichtesten sind die Fundstätten im Lüneburger Raum, wo viele Urnengräber und ganze Urnenfelder ausgegraben worden sind. Zum Teil enthalten sie Beigaben von Waffen, bei denen sich römische Einflüsse zeigen, zum Teil fehlen diese. Ob es sich dabei um getrennte Männer- und Frauenfriedhöfe handelt, ist nicht geklärt. Über die Siedlungen und Wohnplätze lassen sich Aussagen nur für Teilbereiche und einzelne Landschaften machen. Allgemein handelte es sich um Siedlungskammern, die weitflächig von Wäldern und Mooren umgeben waren. Am besten erforscht sind die Wurten in den Marschländern an der Küste, in denen die einzelnen Kulturschichten besser konserviert wurden als auf der flachen Geest. Die Feddersen Wierde, eine Dorfwurt bei Bremerhaven, wurde von der zweiten Hälfte des 1. Jahrhunderts vor Christus bis in das 4. oder 5. nachchristliche Jahrhundert in mehreren Phasen besiedelt. Sie gibt Aufschlüsse über die Gestalt der Wohnhäuser und Wirtschaftsgebäude der bäuerlichen Bewohner und der seit dem 2. Jahrhundert auftretenden Handwerker, über die angebauten Feldfrüchte und das gehaltene Vieh sowie über das soziale Gefüge der Siedlung. Nicht weit davon entfernt liegt auf der Geest die Siedlungskammer Flögeln. Hier wechselten vom 1. bis zum 5. Jahrhundert die Gehöfte mehrfach ihren Platz, während das zugehörige Gräberfeld die ganze Zeit über an Ort und Stelle blieb.

Die Römer in Niedersachsen

Aus der Zeit um Christi Geburt liegen die ersten schriftlichen Zeugnisse über den nordwestdeutschen Raum und die hier ansässigen

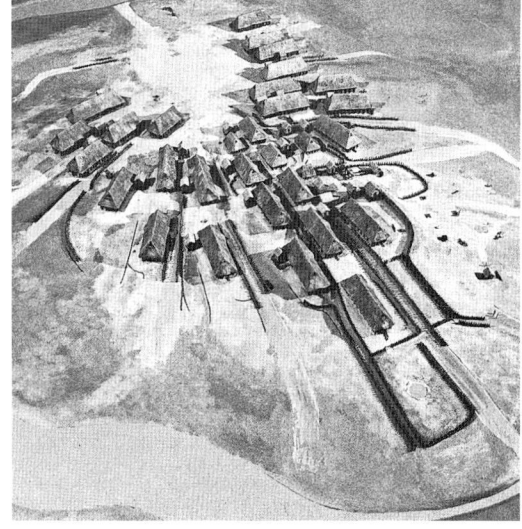

Auf einer Wurt, einem künstlich angelegten Erdhügel, mit einem Durchmesser von 200 Metern wird bei Misselwarden nördlich von Bremerhaven seit 1955 die Marschsiedlung Feddersen Wierde ergraben. Sie wurde in der zweiten Hälfte des 1. Jahrhunderts v. Chr. errichtet, fiel im 4. und 5. Jahrhundert wüst, lebte aber später durch die nach Osten vorstoßenden Friesen erneut auf, bis sie wegen des Vordringens des nahen Meeres und der Versalzung der Fluren endgültig aufgegeben werden musste. Auch hier ergeben die Ausgrabungen viele Einblicke in die Sozialstruktur und den Lebensalltag der Bewohner.

Völkerschaften vor. Sie stammen durchweg von antiken Historikern oder Geographen, die teils selbst an römischen Erkundungszügen in den Norden teilgenommen hatten, teils die Berichte anderer aufgriffen und wiedergaben: Cassius Dio, Strabo, Velleius Paterculus, Plinius der Ältere und weitere. Am aufschlussreichsten sind die Nachrichten, die Cornelius Tacitus in seiner *Germania* und in den Annalen überliefert. Vor allem nennen er und andere Schriftsteller erstmals die Namen der germanischen Stämme, die im 1. Jahrhundert unserer Zeitrechnung ihre Wohnsitze zwischen Elbe und Ems, der Nordsee und dem Harz hatten: im Norden entlang der Meeresküste die Chauken, südlich davon im Westen die Chatten, weiter östlich die Angrivarier und die Cherusker. An der Elbe um Lüneburg, wo noch der alte Landschaftsname Bardengau und die Stadt Bardowick an sie erinnern, saßen die Langobarden. Dazu finden als weniger bedeutende und kleinere Völkerschaften noch die Ampsivarier und die Brukterer Erwähnung, beide im Bereich der Ems angesiedelt.

Als Rom sich anschickte, sein Imperium über Rhein und Donau hinaus bis zur Elbe auszudehnen, gerieten diese Stämme in Gefahr, unterjocht zu werden. Es begann im Jahr 12 v. Chr. mit einer Erkundungsexpedition des Augustus-Stiefsohns Drusus, die bis an die Nordsee vorstieß. Im Jahr darauf zog er mit einem Heer von Xanten aus bis weit in das cheruskische Gebiet und erreichte die Weser, musste sich dann aber zurückziehen. Im Jahr 9 v. Chr. drang er in einem neuen Feldzug sogar bis an die Elbe vor, starb jedoch auf dem Rückweg durch einen Unfall. Sein Bruder Tiberius trat an seine Stelle und arrangierte sich offenbar mit den Cherus-

Die Entdeckung eines Schatzes mit römischen Silbermünzen bei Kalkriese, einem Ortsteil der Stadt Bramsche, gab 1987 den Anstoß zu einer systematischen archäologischen Erforschung der Fundstelle und ihrer Umgebung. Die Ergebnisse waren sensationell: Über 4000 römische Fundstücke, meist Ausrüstungsteile von Legionären, viele Knochen von Männern im kampffähigen Alter, von Maultieren und Pferden, lassen wie auch die topographische Situation den Schluss zu, dass es sich um die Stätte der Varusschlacht im Jahr 9 n. Chr. handelt. Ein wichtiges Indiz sind die Münzen: Alle stammen aus der Zeit der römischen Republik und des Kaisers Augustus; keine ist jünger als das Jahr der Schlacht. Das linke Bild zeigt die Vorderseite eines Denars des Augustus, wie er von 2 v. Chr. bis 1 n. Chr. geprägt wurde. Der Kaiser ist mit einem Lorbeerkranz geschmückt. Rechts die Rückseite eines weiteren in Kalkriese gefundenen Denars, den Augustus im Jahr 19 v. Chr. prägen ließ.

Zu den auffälligsten Funden des Schlachtfelds von Kalkriese gehört die eiserne, ursprünglich mit Silberblech überzogene Maske eines Gesichtshelms eines römischen Kriegers. Ob sie einst im Kampf oder nur bei festlichen Anlässen, etwa bei Reiterspielen oder Kulthandlungen, getragen wurde, ist ungeklärt. Die Maske weist durchaus individuelle, porträthafte Züge auf. Sie gehört heute zu den attraktivsten Exponaten des Museums in Kalkriese, das nicht nur das Geschehen der Varusschlacht, sondern auch die aktuellen Ausgrabungen vorbildlich dokumentiert.

kern, wurde dann aber abberufen. Nach einigen Jahren der Stagnation nahm er 4 n. Chr. die Okkupationsversuche wieder auf, schloss Bündnisse mit Cheruskern und Chauken und unterwarf die Brukterer. Eine römische Flotte fuhr über die Nordsee in die Elbe ein und vereinigte sich vermutlich bei Lauenburg mit dem Landheer. Das freie Germanien war auf dem Wege, eine römische Provinz zu werden. Die Führungsschicht der Stämme scheint mit den Römern kooperiert zu haben; Arminius, ihr späterer Widersacher, besaß das römische Bürgerrecht und den Ritterrang und kämpfte als Offizier für die Römer in Pannonien.

Diese Entwicklung wurde durch die Schlacht im Teutoburger Wald im Jahr 9 n. Chr. jäh unterbrochen. Die Cherusker und Angehörige anderer germanischer Stämme hatten das römische Heer unter Quinctilius Varus in unwegsamem Gelände in einen Hinterhalt gelockt, überfallen und vernichtend geschlagen. Varus stürzte sich in sein Schwert, die Reste seines Heeres flüchteten sich an den Rhein. Die über Generationen von Historikern anhaltende Diskussion über den Ort der Schlacht dürfte nun beendet sein, nachdem die Ausgrabungen bei Kalkriese nördlich von Osnabrück zweifelsfrei erwiesen haben, dass hier zumindest ein Teil des verlustreichen Treffens stattgefunden hat. Es handelte sich dabei nicht um einen allgemeinen Aufstand der germanischen Bevölkerung gegen die Römer. Manche Stämme beteiligten sich gar nicht, von anderen, selbst von den Cheruskern, nur Teile. Ohne die aktive Rolle des Arminius wäre es wohl nicht zu der Schlacht gekommen; insofern ist ihm die Rolle des Nationalhelden später mit Recht zugeschrieben worden, auch wenn er sich gewiss nicht als solcher gefühlt hat.

Die Niederlage war ein empfindlicher Rückschlag für die römische Germanienpolitik; beendet hat sie diese aber noch nicht. In den Jahren 15 und 16 n. Chr. zog Germanicus mit einem gewaltigen Heer erneut nach Nordwestdeutschland und überquerte die Weser in ihrem mittleren Stromlauf. In einer „Idistaviso" genannten Ebene – sie konnte bisher nicht lokalisiert werden – und dann nochmals weserabwärts am Angrivarierwall traf er auf die Cherusker und andere Stammeseinheiten und behielt beide Male die Oberhand. Doch nutzte er die Siege nicht zur Etablierung der römischen Herrschaft, sondern zog sich an den Rhein zurück. Im folgenden Jahr berief ihn Tiberius, nun selbst zum Kaiser aufgestiegen, von seinem Kommando ab und beendete das germanische Abenteuer, das dem Reich nichts eingebracht hatte. Damit war das Gebiet zwischen Rhein und Elbe wieder auf sich selbst gestellt und hatte sich der Chance begeben, durch Integration in das Römische Reich an der wirtschaftlichen, kulturellen und geistigen Entwicklung teilzuhaben, die den Provinzen an Rhein und Donau über Jahrhunderte einen Vorsprung vor dem deutschen Norden gab. Die Beziehungen zwischen den beiden ungleichen Kulturen brachen aber nicht ab. Sie wurden vor allem durch Handelsverkehr aufrechterhalten, doch gab es auch Kontakte auf der Ebene gemeinsamer Interessen. Dabei ging es den Römern vor allem darum, die Ruhe an den Rändern des Reichs zu sichern und notfalls auch mit Geldzahlungen zu erkaufen, während es den Germanen eher um Rückendeckung in der Konkurrenz mit benachbarten Stämmen zu tun war.

Der geschichtlichen Einordnung entzieht sich vorerst noch eine Schlacht, in der sich im Jahr 235 n. Chr. am Harzhorn, einem Höhenzug zwischen Seesen und Northeim, ein nach Norden vorgestoßenes römisches Heer offenbar erfolgreich gegen einen germanischen Überfall zur Wehr setzte. Das erst kürzlich entdeckte Schlachtfeld hat zahlreiche Funde preisgegeben, mit deren Auswertung die Archäologen derzeit noch beschäftigt sind.

Frühes Mittelalter

Sachsen und Friesen

An der Schwelle zum frühen Mittelalter setzten sich, vermutlich angestoßen durch eine Klimaveränderung, die rings um die Ostsee ansässigen germanischen Stämme in Bewegung, gaben ihre bisherigen Siedlungsplätze auf und wanderten nach Süden, wo sie bessere Lebensbedingungen vorzufinden hofften. Im Zuge dieser Völkerverschiebung machten sich auch die Sachsen auf den Weg. Ihr Name ist wohl auf den „Sax" zurückzuführen, ein Kurzschwert, das für sie kennzeichnend war. Wenn man dem spätgriechischen Historiker Ptolemäus (ca. 100 bis 160 n. Chr.) folgt, dann hatten die Sachsen ihre Heimat „gegen den Nacken der kimbrischen Halbinsel hin", womit das spätere Jütland und Schleswig gemeint sind. Ein Teil des Stammes setzte im 5. und 6. Jahrhundert zusammen mit den benachbarten Angeln auf die britischen Inseln über, deren Bewohner ja noch heute als Angelsachsen bezeichnet werden. Der Kern aber breitete sich seit dem Ende des 3. Jahrhunderts nach Süden aus, überquerte die Elbe und besiedelte bis zum 7. Jahrhundert fast den gesamten nordwestdeutschen Raum. Auf dem Höhepunkt dieser Ausdehnung reichte das sächsische Stammesgebiet schließlich von der Nordsee bis in das nördliche Thüringen hinein; auch Westfalen und die später brandenburgische Altmark gehörten dazu.

Es ist eine alte, bis heute nicht definitiv entschiedene Streitfrage, ob diese Landnahme durch kriegerische Unterwerfung der bisher hier wohnenden Stämme, durch deren freiwilligen Anschluss oder durch eine allmähliche friedliche Überlagerung erfolgt ist. Für jede der drei Thesen gibt es gute Argumente. Bei aller kriegerischen Veranlagung, die man ihm unterstellen kann, wäre der Kernstamm der Sachsen wohl schon zahlenmäßig kaum in der Lage gewesen, ein so ausgedehntes Gebiet durch Eroberung für sich zu gewinnen und in der Hand zu behalten, wenn die überwältigten Stämme nicht mitgespielt hätten. Andererseits spricht für eine gewaltsame Unterjochung die eigenartige ständische Gliederung der Sachsen; sie deutet darauf hin, dass eine kleine Herrenschicht die Masse des Volkes in abgestufter rechtlicher und wirtschaftlicher Distanz zu sich hielt. Eine solche Konstellation kann eigentlich nur das Ergebnis einer Auseinandersetzung sein, die Sieger und Besiegte zurückließ. Die sächsische Stammestradition, wie sie allerdings erst aus viel späterer Zeit überliefert ist, vermischt beide Möglichkeiten: Die Sachsen seien zu Schiff über das Meer gekommen, seien in Hadeln an der Niederelbe an Land gegangen und hätten zunächst friedlich mit den vorgefundenen Bewohnern, die hier Thüringer genannt werden, Handel getrieben. Dann hätten sie aber zu einer List gegriffen, um sich zu Herren des Landes zu machen. Sie hätten einem harmlosen Thüringer einen Sack Erde abgekauft, diese dann in weitem Umkreis ausgestreut und daraus einen Besitzanspruch abgeleitet. Als der ihnen bestritten wurde, hätten sie ihn mit Gewalt durchgesetzt. In dieser Landnahmesage, die in ähnlicher Form auch bei anderen Völkern bekannt ist, wird also die sächsische Herrschaftsbildung auf beide Elemente, die freiwillige Vereinbarung und die gewaltsame Unterwerfung, zurückgeführt.

Im Übrigen haben die Sachsen aus dieser frühen Zeit kaum Selbstzeugnisse hinterlassen, zumal sie offenbar noch keine Schriftlichkeit kannten. Was wir über ihren „Stammesstaat" (der Begriff ist mit Vorsicht zu verwenden) wissen, verdanken wir fast ausschließlich einer späten Quelle, der *Vita Lebuini*. Diese Lebensbeschreibung des heiligen Märtyrers Lebuin, eines Angelsachsen, der um 770 in Sachsen missionierte, informiert uns über die in ihrer Zeit einzig dastehende Verfassung des Stammes. Die Sachsen besaßen demnach keine monarchische Spitze und damit auch keine zentrale Führung. Ihr Siedlungsgebiet war in vier Stammeslandschaften oder Heerschaften unterteilt: in der

Mitte entlang der Weser Engern als Kernraum, flankiert von Westfalen und Ostfalen, dazu das Land der Nordleute jenseits der Elbe. Jede Heerschaft umfasste eine Anzahl von Gauen, kleinräumigen Siedlungsinseln aus Einzelhöfen, Hofgruppen oder Dörfern, zwischen denen sich zumindest in der Frühzeit noch ausgedehnte Wälder und Moore erstreckten und die weitgehend ein Eigenleben führten. Angelegenheiten, die den gesamten Stamm betrafen, wurden auf dem „Allthing", einer Versammlung von Abgesandten aller Gaue, beraten. Die Stätte dieser Zusammenkunft hieß „Marklo". Wo sie lag, ist nicht bekannt. Marklohe bei Nienburg, das sich diesen Namen erst 1931 gegeben hat, kann ebenso wenig Gewissheit für sich in Anspruch nehmen wie verschiedene andere Orte.

Die Sachsen bestimmten nur in Kriegszeiten einen Herzog als Führer des Gesamtstammes; sonst verhielt sich jede Heerschaft entsprechend ihren eigenen regionalen Interessen. Darum konnte sich das politische und militärische Potential des Stammes nicht so entfalten und zur Geltung bringen, wie das bei anderen, monarchisch verfassten Völkern der Fall war. Ohnehin war nur eine dünne Oberschicht an der Meinungs- und Willensbildung beteiligt. Wie uns die *Vita Lebuini* berichtet, war das sächsische Stammesvolk in drei Stände gegliedert, die sich rechtlich und wirtschaftlich stark voneinander unterschieden. An der Spitze standen die Edelinge, die durch Besitz und Geltung zu lokalen oder regionalen Führungsrollen prädestiniert waren. Danach folgten die Frielinge, persönlich freie Bauern auf herrschaftsfreien Höfen, und schließlich die Liten oder Laten, Halbfreie mit beschränkter Verfügung über ihre Person und ihre Habe. Alle drei Stände entsandten ihre Vertreter in die Stammesversammlung, nicht aber die unfreien Hörigen, die ganz in rechtlicher und wirtschaftlicher Abhängigkeit von ihren Herren standen. In diese ständischen Verhältnisse wurde man hineingeboren; ob man darin lebenslang verhaftet blieb oder ob ein Auf- oder Abstieg möglich war, ist nicht überliefert. Von den Frauen ist in der *Vita Lebuini* übrigens gar nicht die Rede; sie blieben bei den Stammesversammlungen und wohl auch sonst im öffentlichen Leben vermutlich im Hintergrund.

Es fällt schwer, sich vorzustellen, dass diese klare rechtliche und soziale Schichtung, die kein anderes germanisches Volk kannte, sich innerhalb des sächsischen Stammes ohne Anstoß von außen herausgebildet haben soll. Einleuchtender ist die These, sie sei das Ergebnis einer unfriedlichen Überlagerung, bei der die Unterlegenen zwar in das siegreiche Volk integriert wurden, aber doch mit einem geminderten Status. Ob das aber in der Tat so war, wird kaum mit Sicherheit entschieden werden können, falls nicht neue archäologische Erkenntnisse unseren Wissensstand erweitern.

Die sächsische Landnahme hatte einen Teilbereich des späteren Niedersachsen ausgespart: den Küstenstreifen an der Nordsee von der Ems bis an den Unterlauf der Weser. Hier waren im 6. Jahrhundert nach dem Abzug der Chauken von Westen kommend die Friesen eingewandert. Ihre Stammheimat, mit der sie die Verbindung niemals ganz aufgaben, lag westlich der Ems in den nördlichen Regionen der heutigen Niederlande. Dort hatten sie gelernt, mit den widrigen Umweltbedingungen, mit den Sturmfluten und Wassereinbrüchen fertig zu werden, von denen das Leben an der Küste geprägt wurde. Gegenüber den sächsischen Nachbarn, von denen sie durch einen nur schwer überwindbaren breiten Moor- und Ödlandgürtel getrennt waren, hielten sie Distanz und bewahrten sich eine kulturelle und vor allem auch sprachliche Eigenständigkeit. Eines hatten die Friesen mit den Sachsen gemeinsam: Auch sie kannten keine zentrale Herrschaftsinstanz, sondern organisierten sich in kleinräumigen, nebeneinander bestehenden Gemeinschaften von einzelnen oder mehreren Dörfern. Alle Versuche, eine gemeinsame, die lokalen Einheiten überspannende Obrigkeit zu installieren, wiesen sie erfolgreich zurück und bewahrten über lange Zeit nicht nur diese bäuerliche Selbstregierung, sondern auch ein stark ausgeprägtes Stammesbewusstsein, das ihren Nachkommen, den Ostfriesen, bis in die Gegenwart zu einem besonderen Status innerhalb Niedersachsens verholfen hat.

Fränkische Eroberung und Christianisierung

Seit dem 5. Jahrhundert hatte sich das Stammesherzogtum der westlich des Rheins ansässigen Franken in stetiger Ausweitung zu einem Großreich entwickelt, das benachbarte Völkerschaften einbezog und seine Grenzen bald auch über den Strom hinaus nach Osten vorschob. Bereits im 6. und 7. Jahrhundert, zur Zeit der merowingischen Könige, stießen dabei sächsische und fränkische Interessen aufeinander, und es kam mehrfach zu kleineren kriegerischen Auseinandersetzungen, die aber stets beigelegt werden konnten. Im Jahr 531 gingen Sachsen und Franken sogar gemeinsam gegen die Thüringer vor und teilten deren Gebiet nach dem Sieg an der Unstrut unter sich auf. Erst als das Geschlecht der Karolinger im 8. Jahrhundert die Führung des fränkischen Stammes übernahm, weitete der Konflikt sich aus, und die Franken gingen zur Offensive über. Ihr bedeutendster Herrscher, Karl der Große, machte sich seit dem Jahr 775 daran, die Sachsen und zugleich auch die Friesen in sein fränkisches Reich einzugliedern. Das war keine leichte Aufgabe. Vor allem die Sachsen leisteten heftigen Widerstand, wobei sie sich allerdings auch jetzt nur selten zu gemeinsamem Handeln aufrafften. Jede Stammeslandschaft verfolgte weiter ihre eigene Strategie gegen die Eindringlinge. Das erleichterte es dem Frankenkönig, die Gegenwehr zu überwinden. Es gelang ihm, zunächst die sächsische Führungsschicht, die Edelinge oder den Adel, durch das Locken mit Ämtern und mit Grundbesitz großenteils für sich zu gewinnen. Feindselig zeigte sich dagegen die bäuerliche Bevölkerung. Mehrmals flackerten Rebellionen auf, und um sie niederzuwerfen, waren mehrere Feldzüge erforderlich.

Einen Höhepunkt dieser Sachsenkriege bildete das berüchtigte Strafgericht von Verden im Jahr 782, bei dem Karl angeblich 4500 aufständische und gefangene Sachsen mit dem Schwert hinrichten ließ. Aller Wahrscheinlichkeit nach beruht diese enorme Zahl aber auf einer Fehllesung oder einer Verschreibung in einer älteren Quelle, die dann von späteren Chronisten übernommen wurde. Die fränkischen Heere waren damals sicher nicht so groß, dass sie eine so gewaltige Strafaktion hätten durchführen können. Das hinderte die Nationalsozialisten nach 1933 aber nicht daran, Karl zum „Sachsenschlächter" zu erklären, der mitgeholfen habe, dem freien germanischen Bauerntum ein Ende zu bereiten. Jedenfalls aber fachte der drakonische Akt die Empörung noch einmal an, auch in den Gebieten Sachsens, die bereits unterworfen oder befriedet worden waren. Wenigstens dieses eine Mal konnte Herzog Widukind, der legendäre Anführer der Sachsen, fast den gesamten Stamm hinter sich vereinen. Doch letzten Endes musste auch er sich den überlegenen fränkischen Heeren beugen, unterwarf sich und ließ sich, wie viele der sächsischen Großen bereits vor ihm, taufen. Danach erlosch der Widerstand auf breiter Front, und es kam nur noch zu lokalen Aufständen, vor allem in den nördlichen Gauen Sachsens. Doch wurden sie rasch niedergeschlagen, wobei Karl der Große auch vor Umsiedlungen nicht zurückscheute. Etwa seit dem Jahr 804 konnte die Eingliederung Sachsens in das fränkische Reich als abgeschlossen gelten, auch wenn es später noch zu vereinzelten Nachwehen wie dem Stellinga-Aufstand (841 bis 843) kam, der blutig niedergeschlagen wurde. Die Friesen hatten vor der Übermacht der Franken schon früher kapituliert; bereits 785 erkannten sie zumindest nominell die Oberhoheit des fränkischen Königs an.

Hinter der Widersetzlichkeit der Sachsen stand nicht allein die Abneigung, einen landfremden Herrscher über sich zu dulden. Sie

Zweischneidige eiserne Schwerter waren neben Speeren die wichtigsten Waffen im Abwehrkampf der Sachsen gegen die Franken Karls des Großen. Die Abbildung zeigt zwei Beispiele, die besonders reich mit Buntmetall und eingefügten Glaskugeln geschmückt sind; sie waren nicht nur Kampfgeräte, sondern dienten ihrem Träger auch zur Repräsentation. Beide Schwerter wurden im westfälischen Raum als Grabbeigaben eines sächsischen Kriegers gefunden. Sie wurden gegen Ende des 8. Jahrhunderts wohl in einer fränkischen Werkstatt hergestellt, sind also entweder Importware oder sächsisches Beutegut.

war auch mitverursacht worden durch Karls Absicht, den unterworfenen Stamm zum Christentum zu bekehren und dieses notfalls unter Zwang und mit Gewalt durchzusetzen. Die ersten Christianisierungsversuche waren in Sachsen bereits im 7. Jahrhundert durch angelsächsische Missionare unternommen worden; sie waren aber erfolglos geblieben. Später nahm der Mönch Winfried oder Bonifatius aus dem Kloster Fulda das Bekehrungswerk wieder auf. Er bezahlte seinen Wagemut mit dem Leben: 754 wurde er bei Dokkum in Friesland von aufgebrachten Bauern erschlagen. Karl der Große und seine Nachfolger konnten, anders als die auf sich allein gestellten frühen Glaubensverkünder, nun alle staatlichen Machtmittel für die Mission einsetzen und verhalfen ihr damit zum Erfolg. Zuerst ließen sich die führenden Familien aus der Schicht der Edelinge für den christlichen Glauben gewinnen, vermutlich auch um der materiellen Vorteile willen, die sie sich von einer Kooperation mit den Franken versprachen. Ihrem Beispiel folgten dann mit einigem zeitlichen Abstand auch die Freien und Unfreien und ließen sich taufen. Dabei bleibt offen, wie weit der Übertritt zum Christentum auf Überzeugung beruhte oder nur ein Lippenbekenntnis war. Relikte des alten germanischen Götterglaubens hielten sich in Nordwestdeutschland jedenfalls noch bis weit in das hohe Mittelalter hinein.

Formal aber war Sachsen beim Tod Karls des Großen im Jahr 814 ein Teil der christlichen Welt. Er selbst hatte noch den Grund zu einer ganz Sachsen und Friesland erfassenden Kirchenorganisation gelegt; seine Nachfolger setzten das Werk fort. Es entstand ein ganzes Netz von Bistümern: in Minden, Osnabrück, Paderborn, Verden, Hildesheim und Halberstadt. Der nördlichste, zunächst in Hamburg gegründete Bischofssitz musste wegen der Gefährdung durch Raubzüge der Normannen später nach Bremen verlegt werden, das dann auch Sitz eines Erzbistums wurde. Die ersten Bischöfe kamen aus der Umgebung des Kaisers oder aus den fränkischen Klöstern, die die Mission mit vorangetrieben hatten, an der Spitze Fulda und Hersfeld. Mit Hilfe des frisch bekehrten sächsischen Adels wurden im ganzen Land Kirchen errichtet, von denen als Urpfarreien dann die weitere, schließlich flächendeckende Versorgung Sachsens und Frieslands mit Gotteshäusern ausging. Ein wichtiges Missionszentrum war auch das schon zu Beginn des 9. Jahrhunderts gegründete Kloster Corvey an der Weser. Ihm folgten bald weitere geistliche Anstalten nach, Männer- und Frauenklöster, oft errichtet und ausgestattet durch die Adelsfamilien, die ihre führende Stellung auch unter fränkischer Herrschaft behaupten konnten. Unter den Kirchenmännern dieser Frühzeit ragt der „Apostel des Nordens" Ansgar hervor, ein Mönch fränkischer Herkunft, der die Mission auch nach Skandinavien trug und 865 als erster Erzbischof von Hamburg-Bremen starb.

Die Eingliederung in das fränkische Großreich war für Sachsen und Friesland mit neuen Herrschaftsstrukturen verbunden. Auf die neu gewonnenen Gebiete übertrugen die Franken die ihnen vertraute Grafschaftsverfassung. In seinem Amtsbezirk, der meist mehrere der altsächsischen Gaue umfasste, war der Graf Stellvertreter des Königs, übte die Gerichtsbarkeit aus, sorgte für Friedenswahrung und Sicherheit der Wege und führte im Kriegsfall das Aufgebot der waffenfähigen Männer. Das neue System setzte sich offenbar rasch und reibungslos durch. Das lag auch daran, dass zu erblichen Inhabern der Grafenrechte fast durchweg Angehörige der sächsischen Adelsschicht bestellt wurden. Zum einen wurde dadurch der Eindruck einer Fremdherrschaft vermieden, zum anderen band der König die maßgebende Schicht fest an sich. Überhaupt gestatteten die Franken den angegliederten Stämmen ein erhebliches Maß an Eigenleben. Karl der Große hatte die bis dahin nur mündlich tradierten Volksrechte aufzeichnen lassen, die *Lex Saxonum* und die *Lex Frisionum*; sie blieben auch künftig weitgehend in Geltung. Ein neues Element war dagegen die Übernahme des in Franken ausgebildeten Lehnswesens, von

Nach der literarischen Überlieferung, für die es aber keine urkundlichen Beweise gibt, stammte Widukind, der Anführer der sächsischen Opposition gegen Karl den Großen, aus Enger in Westfalen und soll hier im Jahr 807 auch beigesetzt worden sein. Seine Urenkelin Mathilde, die Gemahlin König Heinrichs I., gründete über der vermeintlichen Grabstätte 947 ein Damenstift, in dessen Kirche wohl im späten 11. Jahrhundert ein Grabdenkmal für Widukind errichtet wurde. Die Grabplatte aus Sandstein ist ein bedeutendes Werk der frühen Bildhauerkunst. Sie bezeugt das fortdauernde Gedenken an die Symbolfigur sächsischen Widerstands, das sich auch an Sagen und volkstümlichen Liedern um seine Person ablesen lässt. 1377 besuchte auch Kaiser Karl IV. das Grab Widukinds, ließ es wiederherstellen und schmückte es mit seinem eigenen Wappen.

Auf einem Reichstag in Aachen 802/803 ließ Karl der Große die Volksrechte der von ihm unterworfenen germanischen Stämme aufzeichnen, deren Rechtsgebräuche bisher nur mündlich tradiert worden waren. Dazu gehört auch die *Lex Saxonum* („Gesetz der Sachsen"). Die geringe Zahl der erhaltenen Abschriften – die abgebildete Seite entstammt einer Sammelhandschrift aus der zweiten Hälfte des 10. Jahrhunderts im Staatsarchiv Münster – lässt vermuten, dass die damalige Rechtspraxis wenig Gebrauch von dem Gesetzbuch machte. Den Historikern aber vermittelt es wesentliche Erkenntnisse über das Rechtsleben in altsächsischer Zeit.

dem vor allem die sächsische Oberschicht profitierte. Sie wurde vom König und von der Kirche mit einträglichen Ämtern und mit Besitz ausgestattet und ging dafür zu dem jeweiligen Lehnsherrn ein Treueverhältnis ein, das sie unter anderem im Kriegsfall zu militärischem Beistand verpflichtete. Aber nicht nur die von Haus aus edelfreien Geschlechter, auch Angehörige der Ministerialität, die sich im Dienst für den König oder andere Große zu bedeutenden Stellungen emporgearbeitet hatten, traten in ein Lehnsverhältnis ein. Aus der Verschmelzung beider Gruppen ging dann im hohen Mittelalter der niedere Adel hervor.

Einzelnen Familien gelang es schon bald, Grafenrechte und entsprechenden Besitz in ihrer Hand zu bündeln und sich damit eine herausgehobene Machtposition zu sichern. Davon profitierten sie, als bereits seit der Mitte des 9. Jahrhunderts die karolingisch-fränkische Reichsgewalt zu schwächeln begann. Nach dem Vertrag von Verdun 843, in dem das Karolingerreich unter den Nachkommen Karls aufgeteilt wurde, verselbständigte sich das ostfränkische Reich, dem auch Sachsen und Friesland angehörten. Die ostfränkischen Könige konnten ihre Herrschaftsansprüche aber immer weniger durchsetzen, und nach dem Tod des vorletzten Karolingers, Arnulfs von Kärnten, im Jahr 899 gewannen die zentrifugalen Kräfte vollends die Oberhand. In Sachsen war die Führungsrolle, die das Königtum aus der Hand gegeben hatte, inzwischen längst auf jene Grafensippen übergegangen, die in einzelnen Regionen eine dominierende Stellung gewonnen hatten: die Liudolfinger im Harzraum und südlich davon, die Brunonen um Braunschweig, die Billunger um Lüneburg und an der mittleren Weser (jeweils so benannt nach ihren Leitnamen), ferner die Grafen von Stade, die Grafen von Northeim und andere mehr. Sie waren es auch, die sich den Normannen oder Wikingern entgegenstellten, welche mit ihren kriegerischen Überfällen nicht nur den Küstensaum verunsicherten, sondern auch tief in das Land vordrangen. In der Schlacht bei Ebstorf in der Nähe von Uelzen erlitt ein sächsisches Aufgebot 880 eine vernichtende Niederlage gegen sie. Um diese Zeit war Sachsen immer noch dünn besiedelt. Inmitten ausgedehnter Wälder und Moore lagen nur verhältnismäßig wenige Siedlungsinseln mit Dörfern und Einzelhöfen. Städte fehlten noch, doch gab es Handelsplätze, sogenannte Wyke, an denen die umherziehenden Kaufleute ihre Waren zum Kauf oder zum Tausch feilboten. Dazu gehörte Bardowick bei Lüneburg, einer der Orte, denen Karl der Große 805 den Fernhandel mit den Slawen vorbehielt. Der Verkehr über Land war auf wenige Fernstraßen beschränkt. Auch die Flussläufe wurden für den Transport von Gütern genutzt.

Hohes Mittelalter

Sachsen an der Spitze des Reichs

Bei Ebstorf fiel auch der Liudolfinger Brun, dessen Familie in der zweiten Hälfte des 9. Jahrhunderts die gräflichen Standesgenossen überflügelt und einen herzogsgleichen Rang erreicht hatte, der auch über Sachsen hinaus Anerkennung fand. Im frühen 10. Jahrhundert war die Position der Liudolfinger so gefestigt, dass sie es wagen konnten, zu den Konradinern in Opposition zu treten, die 911 an das ostfränkische Königtum gelangt waren. Konrad I. bewies Einsicht und Charakterstärke, als er vor seinem Tod 918 seinen schärfsten Widersacher, den Liudolfinger Heinrich (um 875–936), zum Nachfolger designierte. Die Stämme östlich des Rheins – Sachsen und Franken, Schwaben und Bayern – vollzogen die Wahl, mit der die Verbindungen zum karolingisch-westfränkischen Königtum endgültig gekappt wurden. Aus dem ostfränkischen wurde das deutsche Reich, und ein Vertreter Sachsens übernahm dessen Führung. Die Legende will, dass Heinrich die Nachricht von seiner Wahl während der Jagd am „Vogelherd" bei Quedlinburg erhalten habe, dass er davon überrascht gewesen sei und die hohe Ehre zunächst abgelehnt habe. Mit der Realität dürfte das wenig zu tun haben; Tatkraft und Selbstbewusstsein Heinrichs I., wie er als König genannt wird, lassen eher vermuten, dass er das Amt zielbewusst angestrebt hat.

Fast ein Jahrhundert hindurch blieben die Liudolfinger oder Ottonen, wie sie nach den Namen der drei Nachfolger Heinrichs allgemein heißen, an der Spitze des Reichs, das sie zu einer ersten Blütezeit führten. Wichtigste Aufgabe war zunächst die Abwehr der Ungarn, die auf ihren Raubzügen bis nach Sachsen vordrangen und große Zerstörungen anrichteten. Heinrich ließ rings um den Harz einen Kranz von Burgen zur Sicherung dieses Kernbereichs seiner Herrschaft erbauen, stellte ein schlagkräftiges Heer auf, verweigerte die geforderten Tributzahlungen und stellte sich 933 bei Riade in Thüringen – der Ort konnte bis heute nicht lokalisiert werden – zur Schlacht, die mit der Niederlage der Eindringlinge endete. Endgültig beseitigte dann sein Sohn Otto I. mit dem Beinamen „der Große" die Ungarngefahr 955 in der Schlacht auf dem Lechfeld.

Otto der Große, der von 936 bis 973 regierte, war der bedeutendste der Herrscher aus dem sächsischen Hause. Er erweiterte den Siedlungsraum der Sachsen und schob zugleich die Grenze des deutschen Sprach- und Kulturraums nach Osten vor, indem er die slawischen Völkerschaften jenseits der mittleren Elbe teils unterwarf, teils zurückdrängte und das neu gewonnene Gebiet dem Christentum öffnete. In Magdeburg gründete er ein Erzbistum und errichtete dort eine Pfalz, die er zu seinem bevorzugten Aufenthaltsort erkor. Allerdings erlitt dieses Koloni-

Schon die Zeitgenossen nannten Otto I. (912–973) „den Großen" und bezeugten damit ihren Respekt vor seiner Leistung als Herrscher, die das junge deutsche Reich festigte, ihm in Europa Geltung verschaffte und eine kulturelle Blütezeit herbeiführte. Die Miniatur in der Kaiserchronik eines unbekannten Verfassers, entstanden um 1112/14, zeigt ihn gekrönt und in majestätischer Haltung mit Zepter und Reichsapfel auf dem Thron sitzend. Der lateinische Text berichtet von seiner Wahl in Aachen 936 „durch das gesamte Volk der Sachsen und Franken" und von der Königssalbung durch den Erzbischof Hildbert von Mainz.

sationswerk, bei dem der Markgraf Gero der wichtigste Helfer Ottos gewesen war, durch einen großen Slawenaufstand 983 einen empfindlichen Rückschlag. 962 hatte sich Otto als erster der deutschen Könige in der Nachfolge Karls des Großen in Rom vom Papst zum Kaiser krönen lassen. Ein Teil des Glanzes, der dieses Ereignis umgab, strahlte auch auf Sachsen zurück. Die Konzentration auf die Reichspolitik machte es allerdings erforderlich, die Führung des sächsischen Stammes in andere Hände zu legen. Das Herzogtum ging an die Billunger über, die es bis zu ihrem Aussterben 1106 innehatten. Sie waren neben den Liudolfingern schon seit drei Generationen das wohl mächtigste Geschlecht in Sachsen. Die Erzählung, Hermann Billung habe als Knabe dem König den Ritt durch das Kornfeld seines Vaters verweigert, habe durch diesen Mut die Aufmerksamkeit Ottos erregt und so die Grundlage für seinen Aufstieg zu höchsten Ämtern gelegt, ist deshalb eine Anekdote, die mit der Realität nichts gemein hat. Hermann erwies sich als loyaler Gefolgsmann des Kaisers, der in Sachsen stets einen verlässlichen Rückhalt hatte. 972, kurz vor seinem Tod, gelang es Otto dem Großen, den Anspruch seiner Dynastie auf europäische Geltung zu verwirklichen. Er verschaffte seinem Sohn Otto II. (955–983) mit Theophanu, einer byzantinischen Prinzessin, eine Ehefrau aus höchstem Adel. Damit war zwar nicht formal, aber doch real die Anerkennung der Gleichrangigkeit des ottonischen Kaisertums durch Ostrom verbunden. Die über die Eheschließung ausgestellte Urkunde ist eines der kostbarsten Dokumente in niedersächsischen Archiven. Theophanu erwies sich als eine ebenso gebildete wie tatkräftige Frau. Nach dem frühen Tod ihres Mannes sicherte sie ihrem unmündigen Sohn Otto III. (980–1002) den Thron und führte für ihn die Regentschaft. Enge Beziehungen unterhielt sie zum Reichsstift Gandersheim, einer liudolfingischen Gründung, der sie zu hoher Blüte verhalf.

Die Zeit der ottonischen Kaiser, die 1024 mit dem Tod Heinrichs II. endete, rückte das zuvor ein wenig im Abseits gelegene Sachsen

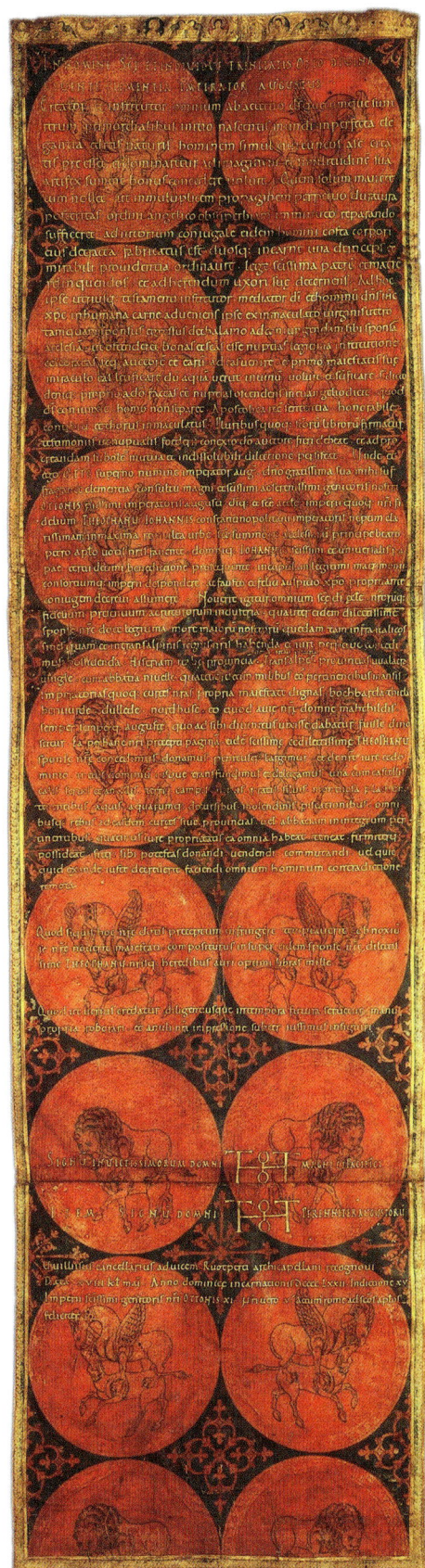

Die Heiratsurkunde der Kaiserin Theophanu aus dem Jahr 972 ist eines der kostbarsten Zeugnisse ottonischer Hofkunst. Mit goldener Schrift auf Purpurgrund, reich verziert durch Medaillons mit der Darstellung kämpfender Tiere, bezeugt darin Kaiser Otto II. seine Eheschließung mit der Nichte des byzantinischen Kaisers Johannes I. und überträgt ihr reiche Besitztümer als Heiratsgut. Die prachtvolle Ausgestaltung des Dokuments entspricht der Bedeutung des Inhalts: Durch die Heirat wurde endlich die lange erstrebte Anerkennung des abendländischen Kaisertums durch Ostrom vollzogen. Die Urkunde entstammt dem Archiv des Stifts Gandersheim, wo sie in gerollter Form aufbewahrt wurde; heute liegt sie im Staatsarchiv Wolfenbüttel.

in den Blickpunkt der europäischen Politik. Besonders die Region um den Harz, wo sich Königsgut und ottonisches Hausgut ballten, wurde zu einer Kernlandschaft des Reichs. Die Pfalzen Werla nördlich von Goslar und Grone bei Göttingen waren Stützpunkte der Reichsgewalt, in denen sich die Kaiser, die noch keine feste Residenz kannten, sondern ihr Herrscheramt im stetigen Umherziehen ausübten, oft aufhielten. Aber nicht nur politisch erfuhr der sächsische Raum eine Aufwertung. Auch auf kulturellem Gebiet konnte er mit Leistungen aufwarten, denen keine andere deutsche Stammeslandschaft etwas Gleichwertiges entgegenzusetzen hatte. Das ist umso erstaunlicher, als diese Kulturblüte gleichsam aus dem Nichts heraus entstand und nicht an Vorhandenes anknüpfen konnte; die karolingische Kunstepoche hatte in Norddeutschland kaum Spuren hinterlassen. In der Kirchenarchitektur wurde ein Bautyp entwickelt, der in der Klosterkirche St. Michaelis in Hildesheim seine ideale Vollendung fand. Auch die Stiftskirchen in Gernrode und Quedlinburg, beide am Harz gelegen, sind bemerkenswerte Beispiele der ottonischen Baukunst. Andere Gotteshäuser, wie etwa der Magdeburger Dom, sind später überbaut oder verändert worden; die ursprüngliche Gestalt lässt sich oft nur noch aus den ergrabenen Grundrissen erschließen. Von höchster Qualität waren die Bronzekunstwerke, mit denen Bischof Bernward von Hildesheim (ca. 960–1022) seine Residenz schmücken ließ: die Domtüren und die Bernwardssäule, beide ursprünglich für die Michaeliskirche bestimmt. Bernward, der vor seiner Berufung zum Bischof als Erzieher Ottos III. am kaiserlichen Hof wirkte, war einer der Hauptträger der ottonischen Kultur, die auch in der Goldschmiedekunst und in der Buchmalerei

Die Kirche des Hildesheimer Michaelisklosters (oben) ist neben den Stiftskirchen von Quedlinburg und Gernrode das bedeutendste Bauwerk der ottonischen Zeit. Im Jahr 1010 wurde der Grundstein gelegt, 1033 war die Kirche vollendet. Bauherr war Bischof Bernward (ca. 960–1022). Nach seinem Tod wurde er in der Krypta von St. Michaelis beigesetzt. Nach vielen baulichen Veränderungen im Lauf der Jahrhunderte und der Zerstörung im Zweiten Weltkrieg hat die Kirche jetzt wieder die Gestalt, die ihr der Erbauer geben wollte, und gilt als das Muster ottonischer Baukunst schlechthin. Der Blick in den Innenraum (links) lässt den für die Erbauungszeit typischen „sächsischen Stützenwechsel" der Arkaden des Langhauses erkennen, bei dem auf einen Pfeiler jeweils zwei Säulen folgen. Die für die romanische Baukunst charakteristischen Würfelkapitelle erscheinen hier erstmals in reiner stereometrischer Form.

Das sogenannte „Kostbare Evangeliar" gehört zu den wertvollsten Stücken des Hildesheimer Dom- und Diözesanmuseums. Seinen Namen verdankt es dem prachtvollen Einband und dem Buchschmuck des frühen 11. Jahrhunderts. Bischof Bernward stiftete die Handschrift dem Marienaltar in der Krypta der Michaeliskirche, was er in einem eigenhändigen Eintrag bezeugt. Das Widmungsbild zeigt ihn selbst, wie er einen goldbeschlagenen Kodex auf dem Altar niederlegen will. Die Miniatur zeigt den hohen Stand der Hildesheimer Malschule unter Bernward, der 1192 heiliggesprochen wurde. Seitdem hatte das Evangeliar den Charakter einer Reliquie.

Am Hauptportal an der Westseite des Hildesheimer Doms befinden sich, mit der Schauseite nach innen gerichtet, die berühmten Bronzetüren, die Bischof Bernward 1015 für St. Michael gießen ließ, seine Nachfolger aber in den Dom überführten. In jeweils acht Bildfeldern im Hochrelief sind links Szenen aus dem Alten, rechts aus dem Neuen Testament zueinander in Beziehung gesetzt. Jeder der beiden Türflügel ist in einem Stück gegossen; diese für die Entstehungszeit ungewöhnliche Technik und die künstlerische Qualität der Darstellungen geben den Türen einen ganz besonderen Rang unter den plastischen Kunstwerken des Mittelalters.

Auch die Bernwardssäule (rechts) stand ursprünglich in der Michaeliskirche. Sie stammt aus der Zeit um 1000; nur das Kapitell wurde 1871 ergänzt. Der Kruzifix, den sie einst trug, ist verloren gegangen. In einem sich spiralförmig um den Schaft windenden Bildstreifen schildern 28 Szenen das Leben Christi. An der Basis gießen die vier Paradiesströme ihr Wasser in alle Himmelsrichtungen aus. Das einzigartige Bronzekunstwerk entstammt derselben Werkstatt wie die Domtüren; es ist zweifellos angeregt worden durch die Triumphsäulen römischer Kaiser, die Bernward in Rom gesehen hatte.

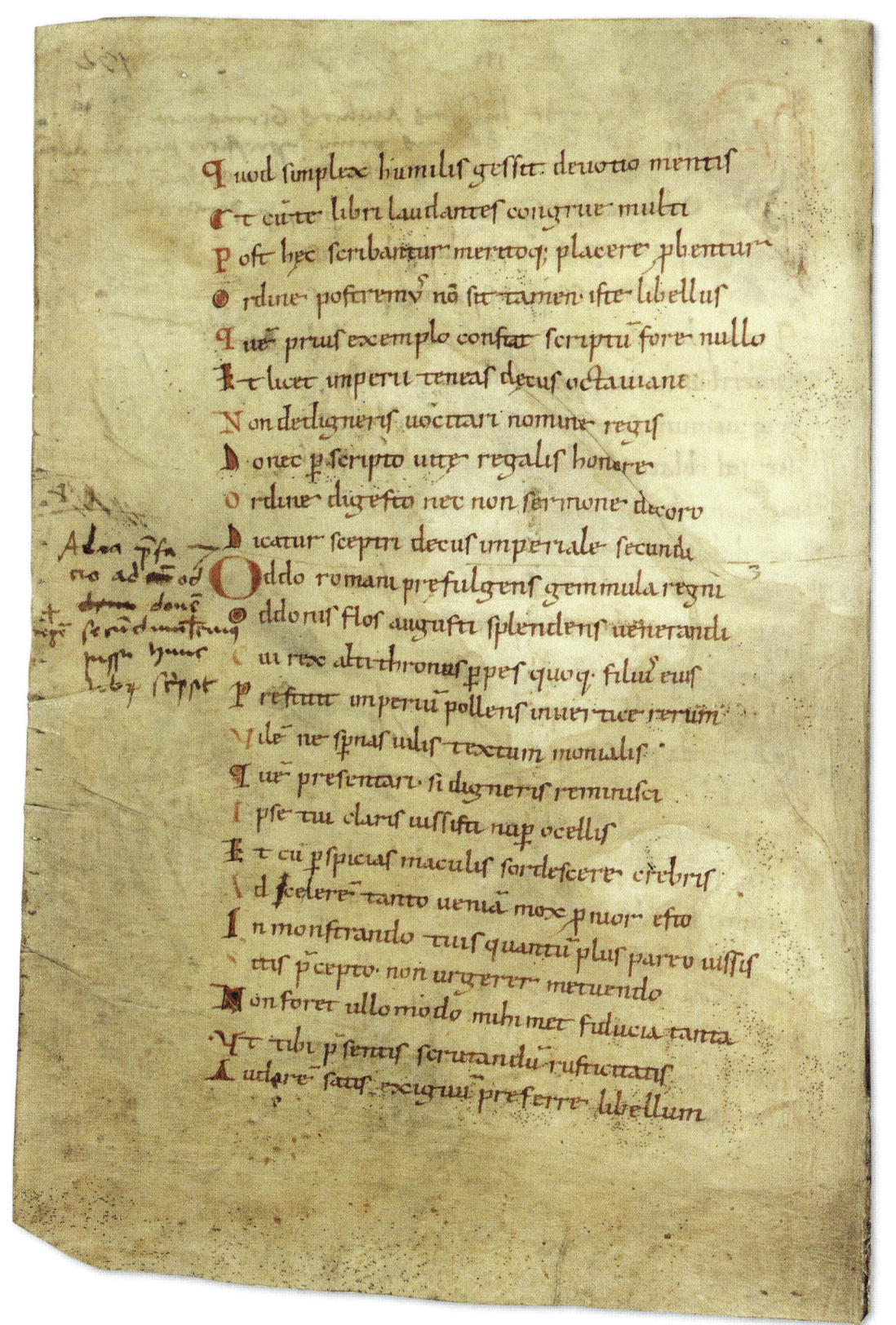

Quod simplex humilis gessit devotio mentis
Et cuiter libri laudantes congrue multi
Post hec scribantur meritoq; placere pbentur
Ordine postremus non sit tamen iste libellus
Qui prius exemplo constat scriptu fore nullo
Et licet imperii teneas decus octaviane
Non dedigneris vocitari nomine regis
Donec pscripto vite regalis honore
Ordine digesto nec non sermone decoro
Dicatur sceptri decus imperiale secundi
Oddo romani prefulgens gemmula regni
Oddonis flos augusti splendens venerandi
Cui rex altithronus ppes quoq; filius eius
Prestitit imperii pollens universitate rerum
Vile ne spernas vilis textum monialis
Quem presentari si digneris reminisci
Ipse tui claris iussisti nap ocellis
Et cu pspicias maculis sordescere crebris
Ad scelerem tanto veniam mox pnior esto
In monstrando tuis quantum plus parvo vissis
Cuius pcepto non urgerer metuendo
Non foret ullomodo mihimet fiducia tanta
Ut tibi psentis scrutandum rusticitatis
Auderem satis exigui preferre libellum

Die *Gesta Ottonis*, die Taten Ottos des Großen, beschrieb die gelehrte Nonne Hrotsvit oder Roswitha aus dem liudolfingischen Hausstift Gandersheim um 965 in einer lateinischen Versdichtung, die den Ruhm des Kaisers verkündet und seine Erfolge auf den Beistand Gottes zurückführt. Das hier abgebildete Widmungsgedicht ist einer Handschrift der Bayerischen Staatsbibliothek München entnommen. Mit ihren Verslegenden, Dramen und historischen Versdichtungen, darunter auch eine Gründungsgeschichte ihres Stifts, gilt Roswitha als die erste deutsche Schriftstellerin.

großartige Werke hervorbrachte. In den Umkreis dieses geistigen und künstlerischen Höhenflugs gehören auch die erste deutsche Dichterin, die Gandersheimer Kanonisse Hrotsvit (Roswitha), die die Taten Ottos des Großen in lateinischen Hexametern rühmte, und Bischof Thietmar von Merseburg, der die Ereignisse in der Regierungszeit der Sachsenkaiser in einer Chronik festhielt, deren Quellenwert nicht hoch genug eingeschätzt werden kann. Den Stolz auf die Führungsrolle des sächsischen Stammes ließ der Mönch Widukind von Corvey in seine *Sachsengeschichte* einfließen.

Sachsen unter den Saliern

Die enge Bindung Sachsens an das Reich lockerte sich, als nach dem Aussterben der Ottonen im Jahr 1024 das salische Kaiserhaus die Führungsrolle übernahm. Als die Salier seit der Mitte des 11. Jahrhunderts den Versuch unternahmen, das Königsgut um den Harz zu erweitern und zu einer Reichslandschaft, einem wirtschaftlichen und militärischen Stützpunkt der Königsherrschaft auszubauen, da schlug das Pendel zur anderen Seite aus. Der sächsischen Adel, zu dessen Lasten diese Reichspolitik teilweise ging, sah seine Interessen gefährdet und geriet in Opposition zum Königtum. Unter Heinrich III. (1017–1056) blieb es noch ruhig; er wählte Goslar zu seiner Lieblingsresidenz, erbaute dort die im Kern noch heute vorhandene Kaiserpfalz und gründete das Stift St. Simon und Juda, in dessen erhalten gebliebener Domvorhalle der Kaiserstuhl an ihn erinnert. Sein Sohn Heinrich IV. aber (1056–1105), erzogen durch Erzbischof Adalbert von Bremen und beraten durch Bischof Benno von Osnabrück, verschärfte durch sein rücksichtsloses Auftreten die Gegensätze, die in Empörung, Aufstände und sogar kriegerische Auseinandersetzungen einmündeten. Hauptgegner Heinrichs und Anführer der Aufständischen war Graf Otto von Northeim; er hatte bei der Königswahl gegen den Salier kandidiert, war aber unterlegen. 1073 musste der König aus Goslar und unter abenteuerlichen Umständen von der gerade neu erbauten Harzburg fliehen, auf der die Sachsen ihn belagert hatten. Ein Jahr später gestand er im Frieden von Gerstungen die Schleifung der Burgen im Harz zu. Der Konflikt war damit aber noch nicht beendet; er dauerte bis in die Regierungszeit Heinrichs V. (1106–1125) hinein. An der Spitze des sächsischen Widerstands gegen eine Ausweitung der Königsmacht stand nun Lothar von Süpplingenburg, Haupterbe der Brunonen und Northeimer und seit 1106 Inhaber der Herzogswürde in Sachsen. In der Schlacht am Welfesholz im sächsisch-thüringischen Grenzgebiet brachte er dem letzten Salier 1115 eine Niederlage bei. Der Griff des Königtums nach dem Harz war damit endgültig gescheitert.

Als Lothar 1125 selbst zum König gewählt wurde, war Sachsen wieder voll in das Reich

Anfang des 11. Jahrhunderts entstand in Goslar unter Kaiser Heinrich II. (973–1024) der erste Bau der Kaiserpfalz, die im Lauf ihrer Geschichte vielfach umgebaut und erneuert wurde, durchgreifend zuletzt im 19. Jahrhundert. Zu den wenigen aus der Frühzeit erhaltenen Bauteilen gehört die Doppelkapelle St. Ulrich, errichtet über dem Grundriss eines griechischen Kreuzes. Seit 1884 hat die Grabplatte Heinrichs III. (gest. 1056), die ursprünglich in der Stiftskirche St. Simon und Juda aufgestellt war, hier ihren Platz. In Goslar wurde entsprechend seinem Testament nur das Herz des Kaisers beigesetzt, sein Leib dagegen in Speyer.

1047 gründete der Salierkaiser Heinrich III. (1017–1056) in Goslar das Pfalzstift St. Simon und Juda, das – seit 1566 evangelisch – 1802 aufgehoben wurde. Seine Kirche, wegen ihrer Bedeutung für die Reichsgeschichte auch „Dom" genannt, musste 1819 wegen Baufälligkeit abgebrochen werden. Erhalten blieb allein die Vorhalle am nördlichen Seitenschiff, die 1160/80 angefügt worden war. Sie enthält zahlreiche Ausstattungsstücke, Grabsteine und Architekturfragmente des Doms, darunter den sogenannten Kaiserstuhl aus dem späten 11. Jahrhundert, ein erhöhter Thronsitz mit Rücken- und Seitenlehnen aus Bronzeguss. Die ihn umgebenden Schranken sind gute Steinmetzarbeiten des frühen 14. Jahrhunderts.

Kaiser Lothar von Süpplingenburg (um 1075–1137) wandelte 1135 ein älteres Frauenstift, das heutige Königslutter, in ein Benediktinerkloster um und bestimmte es zur Grabstätte seiner Familie. Er selbst, seine Gemahlin Richenza und sein Schwiegersohn, der Welfe Heinrich der Stolze, liegen in der Klosterkirche begraben, deren Bau sich bis in das 15. Jahrhundert erstreckte. Ihr auffälligstes Merkmal ist die hervorragende Bauplastik vor allem an den östlichen Teilen. Die Hauptapsis ziert im Untergeschoss ein Rundbogenfries, in den Jagdszenen eingefügt sind. Ihr Symbolgehalt lässt verschiedene Ausdeutungen zu. Offenbar wurden die Arbeiten daran nach oberitalienischen Vorbildern ausgeführt. Die Kirche von Königslutter hatte ihrerseits großen Einfluss auf die romanische Architektur in Sachsen.

integriert, und ein Sachse saß auf dem deutschen Thron. Eine neue Dynastie konnte er nicht begründen, da er bei seinem Tod 1137 keinen männlichen Erben hinterließ. Lothar, der sich mit der Stiftskirche in Königslutter eine großartige Grablege schuf, machte sich verdient um die Wiederaufnahme der Ostkolonisation und die Rückgewinnung der beim Slawenaufstand 983 verloren gegangenen Gebiete. Es war dabei ein entscheidender und in die Zukunft weisender Schritt, dass er in den Grenzprovinzen (Marken) mit Adolf von Schaumburg (Schauenburg) und Albrecht dem Bären aus dem Haus Askanien Angehörige sächsischer Grafenfamilien einsetzte, die es verstanden, die Interessen des Reichs mit ihrem eigenen Streben nach Aufbau eines Herrschaftsbereichs in Einklang zu bringen. Die Schaumburger, die an der mittleren Weser zu Hause waren, leisteten in Holstein, die Askanier in den Gebieten östlich und nordöstlich ihrer Heimat am Harz über mehrere Generationen hinweg in wechselvollen Kämpfen, teils auch im Bündnis mit wendischen Fürsten Pionierarbeit bei der Kolonisierung und Christianisierung der Sachsen vorgelagerten Regionen. Sie hielten dem Druck stand, der im Norden von den Dänen, im Osten von den Obotriten und anderen slawischen Völkerschaften auf Sachsen ausgeübt wurde, drängten die wendische Herrschaft zurück und legten so den Grund für die Ausweitung des deutschen Siedlungsraums bis nach Mitteldeutschland hinein. Sachsen wurde damit auf lange Sicht von einem Grenzland zu einem Binnenland.

Im 11. und frühen 12. Jahrhundert nahm der sächsische Raum voll und ganz an der geistigen Entwicklung der Zeit teil. In Hildesheim, Osnabrück, Goslar und anderen Orten entstanden teils neue Kirchen, teils wurden ältere Bauten umgestaltet, wobei Bischof Benno von Osnabrück sich als versierter Architekt erwies. Ihm und seinem Amtsbruder Godehard von Hildesheim wurden Lebensbeschreibungen gewidmet, deren Quellenwert noch übertroffen wird durch die Biographie des Bremer Erzbischofs Adalbert, die der Domherr Adam von Bremen schrieb. Diese und weitere historiographische Werke lassen ihr Zeitalter erstmals in einer Weise lebendig werden, wie es zuvor noch nicht der Fall war.

Heinrich der Löwe

Zu Beginn des 12. Jahrhunderts betrat ein Geschlecht die Bühne, das in kurzer Zeit an den bisher führenden altansässigen Familien vorbeiziehen und zur bestimmenden Kraft in Sachsen werden sollte: die Welfen. Verwandt mit den Karolingern, hatten sie ihre Ursprünge im fränkischen Reichsadel, wo sie zu hohen Ämtern aufstiegen. Im 10. Jahrhundert hatten sie das Königreich Burgund inne. Ein Zweig der Sippe siedelte in das schwäbisch-bayerische Voralpenland und den Raum nördlich des Bodensees über und errang die Herzogswürde in Bayern. Von dort aus unternahm Heinrich der Schwarze den Schritt nach Sachsen: Er heiratete Wulfhild, eine Tochter des letzten Herzogs Magnus Billung, die ihm die Hälfte des reichen billungischen Erbes mit in die Ehe brachte (die andere Hälfte kam mit ihrer Schwester Eilika an die Askanier). Sein Sohn Heinrich der Stolze vermehrte den Besitz noch beträchtlich durch die Ehe mit Gertrud, der einzigen Tochter Lothars von Süpplingenburg; 1137 fiel ihm auch der Herzogstitel zu. Die Nachfolge auf dem deutschen Thron verhinderte sein hochfahrendes Wesen, mit dem er sich viele Feinde gemacht hatte; die Königswähler entschieden sich für Konrad von Staufen. Das war der Keim für den Antagonismus der beiden Familien, der die Geschichte des 12. Jahrhunderts so nachhaltig geprägt hat.

Auf den Zenit ihrer Machtposition in Norddeutschland aber führte die Welfen erst Heinrich der Löwe (um 1129–1195). Sein Beiname spielt ebenso auf das namengebende Wappentier des Geschlechts an – nicht nur ein junger Hund, auch das Jungtier eines Löwen wurde als Welpe bezeichnet – wie auf die Charaktereigenschaften, die er schon in frühen Jahren entwickelte. Beim Tod des Vaters 1139 war er erst neun oder zehn Jahre alt und stand unter Vormundschaft. Doch

Das sogenannte Löwensiegel Herzog Heinrichs des Löwen (um 1129–1195) an einer Urkunde für das Stift Wunstorf aus dem Jahr 1194. Nach seinem Sturz durch Kaiser Friedrich Barbarossa im Jahr 1180 hatte Heinrich der Löwe die Herzogtümer Sachsen und Bayern verloren. Das bei Reichsfürsten gebräuchliche Reitersiegel ersetzte er seitdem durch das Löwensiegel. Herzoglichen Rang nahm er aber auch weiterhin in Anspruch: Die lateinische Umschrift des Siegels nennt ihn „dux" (Herzog), nun ohne Hinzufügung eines Territoriums, auf das sich die Würde bezieht. Der zum Betrachter herschauende Löwe wird in der Heraldik als Leopard bezeichnet; in dieser Form wurde er zum Wappentier des welfischen Hauses.

Hohes Mittelalter

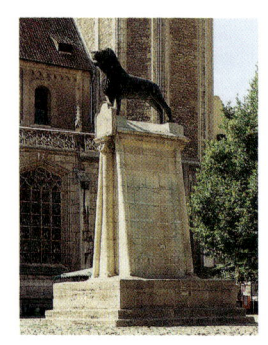

Als ein eindrucksvolles Symbol seines Herrschaftsanspruchs und als Zeichen seiner Gerichtshoheit ließ Herzog Heinrich der Löwe 1166 vor seiner Residenz Dankwarderode auf dem Braunschweiger Burgplatz ein Löwenstandbild errichten. Als freistehende Großplastik ist der Burglöwe für seine Entstehungszeit nördlich der Alpen einzigartig.

Anfang des 11. Jahrhunderts hatte Graf Ludolf aus dem Geschlecht der Brunonen am Burgplatz in Braunschweig das Stift St. Blasius gegründet. Im Rahmen des repräsentativen Ausbaus seiner Residenz ersetzte Heinrich der Löwe seit 1173 die Stiftskirche durch einen Neubau mit einer mächtigen Westfassade, dem „sächsischen Westriegel", und mit oktogonalen (achteckigen) Türmen. Ähnlich wie in Goslar sprach man auch hier bald vom Braunschweiger „Dom", obwohl die Stadt nicht Sitz eines Bischofs war. Als erster einheitlich gewölbter Bau im deutschen Norden war St. Blasius Vorbild und Anregung für viele andere Kirchen im sächsischen Raum und leitete einen neuen Abschnitt in der Architekturgeschichte Sachsens ein.

wenig später nahm er das Heft selbst in die Hand und bewies von Anfang an eine außergewöhnliche Tatkraft, Willensstärke und Zielstrebigkeit. Er musste um sein Erbe kämpfen, da der Vater geächtet gestorben war und ihm beide Herzogtümer abgesprochen worden waren. Heinrich der Löwe erreichte, dass er wieder damit belehnt wurde, und schloss einen Burgfrieden mit seinem Vetter Friedrich Barbarossa (um 1122–1190), der 1152 den deutschen Thron bestiegen hatte. Er unterstützte den Kaiser bei seiner Italienpolitik, der ihm dagegen freie Hand beim Ausbau einer Machtstellung in Nordwestdeutschland ließ, die für die damalige Zeit einmalig war. Heinrich stützte sich dabei auf seine ererbten umfangreichen Eigengüter, auf Lehnsherrschaft, Vogtei- und Grafschaftsrechte und auf die herzogliche Gewalt. Er verband all diese Elemente zu einem Herrschaftsanspruch, der innerhalb Sachsens keine Konkurrenz neben sich duldete. Sein „Staat" deutete schon voraus auf die Landesherrschaft, wie sie sich ein Jahrhundert später überall in Deutschland entwickelte.

Auch die von seinem Großvater Lothar in Gang gesetzte Ostexpansion setzte der Löwenherzog fort, hatte damit aber nicht immer eine glückliche Hand. Ein mit brutaler Härte durchgeführter Kreuzzug gegen die Wenden 1147, der weniger ihrer Bekehrung als ihrer Unterwerfung galt, war ein Fehlschlag und warf das Kolonisationswerk eher zurück. Immerhin konnte Heinrich seinen Machtbereich auf Mecklenburg und bis an die Oder ausdehnen. Die Stadt Schwerin führt ihn als Stadtgründer bis heute in ihrem Wappen. Hier sowie in Ratzeburg und Dannenberg setzte er Grafen als Statthalter ein. Auch in Holstein festigte er die deutsche Herrschaft; Lübeck verdankt ihm seine Gründung. In Schwerin, Ratzeburg und Lübeck errichtete er Bistümer, deren Besetzung mit ergebenen Männern er sich vorbehielt.

Für den sächsischen Raum brachten die vier Jahrzehnte der Herrschaft Heinrichs des Löwen neue kulturelle Anstöße. Sein herrscherliches Selbstverständnis fand Ausdruck

Das jetzt in Cleveland in den USA aufbewahrte Armreliquiar gehörte einst zum Kirchenschatz des Braunschweiger Blasiusstifts, dessen Kern auf eine Schenkung Heinrichs des Löwen zurückgeht. Er hatte von seiner Pilgerfahrt in das Heilige Land zahlreiche Reliquien mitgebracht, sie in kostbare Behältnisse einfügen lassen und dem Stift geschenkt. Nach der Reformation fielen sie dem Welfenhaus zu; seitdem sprach man vom „Welfenschatz", von dem sich nach dem Verkauf vieler Teile heute nur noch ein Restbestand im Berliner Kunstgewerbemuseum befindet. Das hier gezeigte Armreliquiar, wegen der Darstellung der Apostel auf der unteren Borte auch Apostelarm genannt, ist eine niedersächsische Arbeit, entstanden Ende des 12. Jahrhunderts. Der Kern besteht aus Eichenholz, die Ummantelung aus getriebenem und vergoldetem Silberblech. Ob das Reliquiar noch durch den Welfenherzog oder erst später an das Blasiusstift gelangte, ist nicht bekannt.

Durch die spektakulären Umstände seines Erwerbs durch die Länder Niedersachsen und Bayern und die Stiftung Preußischer Kulturbesitz im Jahr 1983 ist das Evangeliar, das Heinrich der Löwe um 1185 im Kloster Helmarshausen für das Braunschweiger Blasiusstift anfertigen ließ, weithin bekannt geworden. Es ist wegen seiner meisterhaften Miniaturen eines der großartigsten Beispiele mittelalterlicher Buchkunst. Besonders im Krönungsbild am Schluss des Bandes drückt sich das Selbstverständnis des Auftraggebers als von Gott in sein Amt eingesetzter und durch ihn bei seinem Handeln geleiteter Herrscher aus. Heinrich und seine Frau Mathilde empfangen aus dem Himmel heraus Kronen auf ihre Häupter, beobachtet von ihren wohlwollend zuschauenden nächsten Vorfahren. Über ihnen thront Christus, den acht Heilige umgeben. Das Bild soll keinen Anspruch auf königlichen Rang ausdrücken, sondern die Gewissheit des Herzogs, dereinst mit der Krone des ewigen Lebens ausgezeichnet zu werden.

in einer repräsentativen Hofhaltung, die zwar hinter der staufischen Hofkultur zurückstand, aber neben ihr doch ein zweites Zentrum künstlerischen Schaffens in Deutschland bildete. Ihr Zentrum hatte sie in Braunschweig, das aus mehreren Siedlungskernen zur bedeutendsten Stadt in Sachsen zusammenwuchs. Hier baute Heinrich die Burg Dankwarderode zu einer Residenz aus, die keinen Vergleich mit königlichen oder kaiserlichen Wohnsitzen zu scheuen brauchte, und errichtete den imposanten Dom für das benachbarte Blasiusstift – die erste voll gewölbte Kirche in Niedersachsen. Seinen Anspruch, auf Augenhöhe mit den mächtigsten Familien des europäischen Hochadels zu stehen, unterstrich seine zweite Ehe mit Mathilde, der Tochter König Heinrichs II. von England; die Trauung wurde 1168 mit großem Aufwand im Dom zu Minden vollzogen. 1172 unternahm Heinrich eine Pilgerreise in das Heilige Land und wurde am byzantinischen Hof wie sonst nur ein König empfangen. Um diese Reise spann sich später die volkstümliche, mit allerhand fabelhaften Abenteuern ausgeschmückte Verserzählung von Heinrich dem Löwen, die vor allem in Norddeutschland weit verbreitet war. Er brachte von ihr eine Fülle von Reliquien mit, die er dem Blasiusstift übergab, eingebettet in prächtige Behältnisse aus Gold, Silber und Edelsteinen – der später so genannte „Welfenschatz", der den hohen Stand der Goldschmiedekunst in Norddeutschland, besonders in Hildesheim bezeugt. Die Fresken der Sigward-Kirche in Idensen bei Wunstorf gehören zum Besten, was die Wandmalerei des frühen 12. Jahrhunderts hervorgebracht hat. Auch die Buchmalerei war von hoher Qualität. Ihr kostbarstes Produkt ist das Evangeliar, das Heinrich der

Bischof Sigward von Minden errichtete um 1125 in dem Dorf Idensen bei Wunstorf ein kleines Gotteshaus, das in fast unveränderter Gestalt bis heute erhalten ist. Vermutlich liegt er dort auch begraben. Von anderen ländlichen Kirchen unterscheidet sich die Idenser durch eine Gestaltung, die an Südwestfrankreich und Byzanz denken lässt. Außen schlicht gehalten, zeigt sie im Innenraum (links) eine wohlproportionierte Gliederung durch Säulen und Gurtbögen, die das Langhaus in drei Joche unterteilen und den Blick zu der lichtdurchfluteten Apsis lenken. Der besondere Reichtum der Idenser Kirche sind die 1889/90 und 1930–34 freigelegten Malereien, die einst sämtliche Wandflächen bedeckten, aber nur teilweise erhalten sind. Die Abbildung oben zeigt die Ausgießung des Heiligen Geistes, eine der am besten erhaltenen Szenen. Sie beweist die hohe Qualität der um 1130 auf dem trockenen Putz ausgeführten Ausmalung, die für diese Zeitstufe weithin keine Parallelen hat.

Zwischen 1220 und 1235 – dem Jahr seines Todes – verfasste der Ritter Eike von Repgow den *Sachsenspiegel*, die erste umfassende Aufzeichnung des Gewohnheitsrechts, wie es in der Praxis in Nord- und Mitteldeutschland gehandhabt wurde. Das Buch fand rasch große Verbreitung und ist in einer Fülle von rund 200 Abschriften überliefert. Auf Bitten des Grafen Hoyer von Falkenstein übertrug Eike es aus dem Lateinischen in die niederdeutsche Sprache. Regional blieb der Sachsenspiegel mit einzelnen Bestimmungen bis zur Einführung des Bürgerlichen Gesetzbuchs 1900 in Kraft. Die Abbildung rechts stammt aus der Oldenburger Bilderhandschrift des Sachsenspiegels. Graf Johann III. von Oldenburg ließ sie im Jahre 1336 im Kloster Rastede von dem Mönch Hinrich Gloyesten anfertigen. Von oben nach unten: Eike von Repgow weist auf den Heiligen Geist, denn das Recht kommt von Gott, daneben das Oldenburger Wappen; Christus als Weltenrichter; Gott bei der Erschaffung des ersten Menschen.

Hohes Mittelalter

Löwe im Kloster Helmarshausen in Auftrag gab. Sein spektakulärer Erwerb aus Privatbesitz erregte im Jahr 1983 großes Aufsehen; jetzt wird es wieder in Wolfenbüttel und damit nahe der Stätte verwahrt, für die es bestimmt war. Die Geschichtsschreibung nahm ebenfalls an dem allgemeinen kulturellen Aufbruch teil. Der Pfarrer Helmolt von Bosau schilderte in seiner *Slawenchronik* das wechselvolle Kolonisationswerk in Nordelbien, und Eike von Repgow, der Verfasser des *Sachsenspiegels*, des bekanntesten deutschen Rechtsbuchs, schrieb die *Sächsische Weltchronik*, eines der ersten Geschichtswerke in niederdeutscher Sprache. Nur die Dichtkunst blieb beträchtlich hinter der des Südens zurück. Der Minnesang fand in Norddeutschland nicht statt, und als Epiker hat sich allein Eilhard von Oberg mit einer Nachdichtung des Versromans von Tristan und Isolde einen Namen gemacht.

Seine fast königsgleiche Machtposition in Sachsen und in den benachbarten Grenzmarken hatte Heinrich der Löwe durch ein rücksichtsloses Vorgehen gegen alle diejenigen errungen, die seinen Plänen im Wege standen. Den Bremer Erzbischof zwang er durch eine rechtswidrige Geiselnahme zur Herausgabe des Erbes der 1144 ausgestorbenen Grafen von Stade. Sogar den ihm treu ergebenen Grafen Adolf von Schaumburg (Schauenburg) zwang er zur Abtretung des Handelsplatzes Lübeck, um dort selbst eine Stadt zu gründen, und er ließ ihm die Salzquellen in Oldesloe zuschütten, um die Konkurrenz für seine eigene Saline in Lüneburg auszuschalten. Durch solche Gewaltakte machte er sich auch bisherige Freunde zu Feinden. Die Zahl seiner Gegner wuchs, und es bildeten sich Koalitionen weltlicher und geistlicher Herren gegen ihn. Lange Zeit konnte er ihnen die Stirn bieten, weil sein Vetter Friedrich Barbarossa Heinrichs Machtpolitik zwar nicht billigte, wohl aber hinnahm, um eine offene Auseinandersetzung zu vermeiden. Doch schließlich überspannte der Welfe den Bogen so weit, dass Barbarossa gezwungen war, seine Zurückhaltung aufzugeben. Das Fass zum Überlaufen brachte 1176 ein Vorfall in Chiavenna nördlich des Comer Sees, wo der Kaiser den Herzog sogar fußfällig um Beistand für einen Feldzug gegen die unbotmäßigen oberitalienischen Städte bat. Heinrich aber verweigerte sich und verlangte als Preis die Abtretung der Stadt Goslar mit den ertragreichen Silbergruben im Rammelsberg, die der Kaiser unmöglich gewähren konnte. Von da an war das Tischtuch zwischen den Vettern zerschnitten. Bei nächster Gelegenheit ließ Barbarossa zu, dass eine Klage der Gegner Heinrichs wegen Gewalttätigkeit und Landfriedensbruchs reichsrechtlich verfolgt wurde. Der Herzog hielt es nicht für nötig, vor dem Hofgericht zu erscheinen, wozu er als Lehnsmann des Kaisers verpflichtet gewesen wäre, und wurde wegen dieser Weigerung 1180 in Gelnhausen in die Acht erklärt. Beide Herzogtümer sowie alle Lehen, Eigengüter und sonstigen Rechte wurden ihm aberkannt. Nach vergeblichem Widerstand gegen das Urteil musste er sich dem Kaiser unterwerfen und erhielt 1181 wenigstens die Eigengüter des welfischen Hauses zurück. Die beiden Herzogtümer aber hatte Barbarossa in andere Hände gegeben: Bayern an die Wittelsbacher, Sachsen an den Askanier Bernhard von Anhalt, wobei allerdings Westfalen abgetrennt wurde und als ein eigenes Herzogtum dem Kölner Erzbischof zufiel. Heinrich der Löwe lebte noch bis 1195; er fand seine letzte Ruhe im Braunschweiger Dom, wo seine Nachkommen ihm ein würdiges Grabmal errichteten.

Im Braunschweiger Blasiusdom fanden Heinrich der Löwe und seine Gemahlin Mathilde ihre letzte Ruhestätte. Die Nachkommen ließen ihnen um 1240 ein Grabmal errichten, das als ein Hauptwerk der Bildhauerkunst des 13. Jahrhunderts gilt und an französische Vorbilder erinnert. Die lebensgroßen Figuren der beiden Verstorbenen sind als jugendliche Idealtypen eines Herrscherpaars dargestellt; individuelle Porträts waren nicht beabsichtigt. Heinrich hält in der linken Hand ein Schwert als Symbol für seine Herrscherrolle, in der rechten ein Modell des Doms, den er gestiftet hat. Die Särge mit den Gebeinen des Herzogpaars befinden sich in einer Gruft unterhalb des Grabmals.

Spätes Mittelalter

Der Sturz des Löwenherzogs und die Zerschlagung des sächsischen Stammesherzogtums hatten eine radikale Veränderung der politischen Landkarte Nordwestdeutschlands zur Folge. Die Askanier waren zu schwach, um die ihnen vom Kaiser zugedachte Rolle ausfüllen zu können; sie blieben auf einige kleinere Gebiete an der Peripherie Sachsens beschränkt: die Altmark, die späteren Herzogtümer Lauenburg und Wittenberg und die anhaltischen Fürstentümer am östlichen Harzrand, dazu das kleine Land Hadeln am Unterlauf der Elbe. Die herzogliche Gewalt im sächsischen Kernbereich konnten sie nicht zur Geltung bringen, und sie zogen sich im Lauf des 13. Jahrhunderts fast ganz daraus zurück. Den sächsischen Herzogstitel aber behielten sie bei, und der Name Sachsen lebte in der Bezeichnung ihrer Herrschaftsgebiete fort. Als der Wittenberger Zweig der Askanier 1422 ausstarb, übernahmen die Wettiner mit dem Herzogtum Sachsen-Wittenberg und der damit verbundenen Kurwürde auch den Sachsennamen und übertrugen ihn auf ihr Territorium an der oberen Elbe, die bisherige Mark Meißen. Dort blieb er haften, und um zwischen diesem neuen Sachsen und dem alten Stammesland unterscheiden zu können, bürgerte sich für das letztere allmählich die Bezeichnung „Niedersachsen" (lateinisch: Saxonia inferior) ein, die schon 1369, also noch in askanischer Zeit, erstmals in den Quellen erscheint.

Dieses Niedersachsen – so wollen wir es nun nennen – war nach 1180 in eine Vielzahl von mittleren und kleineren Territorien zerfallen, deren Inhaber das eingetretene Machtvakuum dazu nutzten, eine eigene Landeshoheit zu entwickeln. Geistliche und weltliche Fürsten und Herren strebten erfolgreich nach Unabhängigkeit von fremder Oberherrschaft, wenn auch die überkommenen Lehnsbindungen häufig wenigstens nominell erhalten blieben. Gegen Ende des Mittelalters gab es auf altsächsischem Gebiet insgesamt 75 Landesherren, davon etwa 40 im Bereich des heutigen Niedersachsens: Erzbischöfe und Bischöfe, Herzöge, Grafen und Edelherren. Anders als in Süddeutschland schafften es dagegen die Städte nicht, sich ihrer Stadtherren zu entledigen; allein Goslar gelang es, den Status einer freien Reichsstadt zu behaupten. Unter den geistlichen Anstalten erlangten nur das Stift Gandersheim und das Kloster Walkenried die Reichsstandschaft, das heißt, sie unterstanden wie die freien Reichsstädte unmittelbar dem Kaiser und hatten Sitz und Stimme im Reichstag.

Die territoriale Zersplitterung hatte zur Folge, dass Nordwestdeutschland für lange Zeit in eine Randlage innerhalb des deutschen Reichs geriet. Keiner der entstandenen Staaten von allenfalls mittlerer Größenordnung hatte Gewicht genug, um sich in der Reichspolitik entscheidend zur Geltung bringen zu können. So verloren auch die deutschen Könige und Kaiser, die ihre Interessen ohnehin zunehmend auf den Süden konzentrierten, den niedersächsischen Raum mehr und mehr aus dem Blick. Man hat das die „Reichsferne" Norddeutschlands genannt, und sie war nicht nur ein politisches Faktum, sondern hatte Auswirkungen auch auf die kulturelle Entwicklung des Nordens, die mancherlei Verzögerungen unterlag.

Die Welfen

Die besten Voraussetzungen, die entstandene Lücke wieder zu füllen, hatten nach wie vor die Welfen, also die Nachkommen Heinrichs des Löwen. Erstaunlich rasch hatten sie sich von dem tiefen Sturz des Herzogs wieder erholt. Der älteste seiner Söhne, ebenfalls Heinrich genannt, erheiratete die Pfalzgrafschaft bei Rhein und stieg damit in die Reihe der Reichsfürsten auf. Der zweite Sohn, Otto IV., kandidierte in der Doppelwahl von 1198 gegen den Staufer Philipp von Schwaben und heizte damit den alten Gegensatz der beiden Geschlechter wieder an. Er wurde nur von einem Teil der deutschen Fürsten zum König gewählt, erlangte zwar die Kaiserkrönung

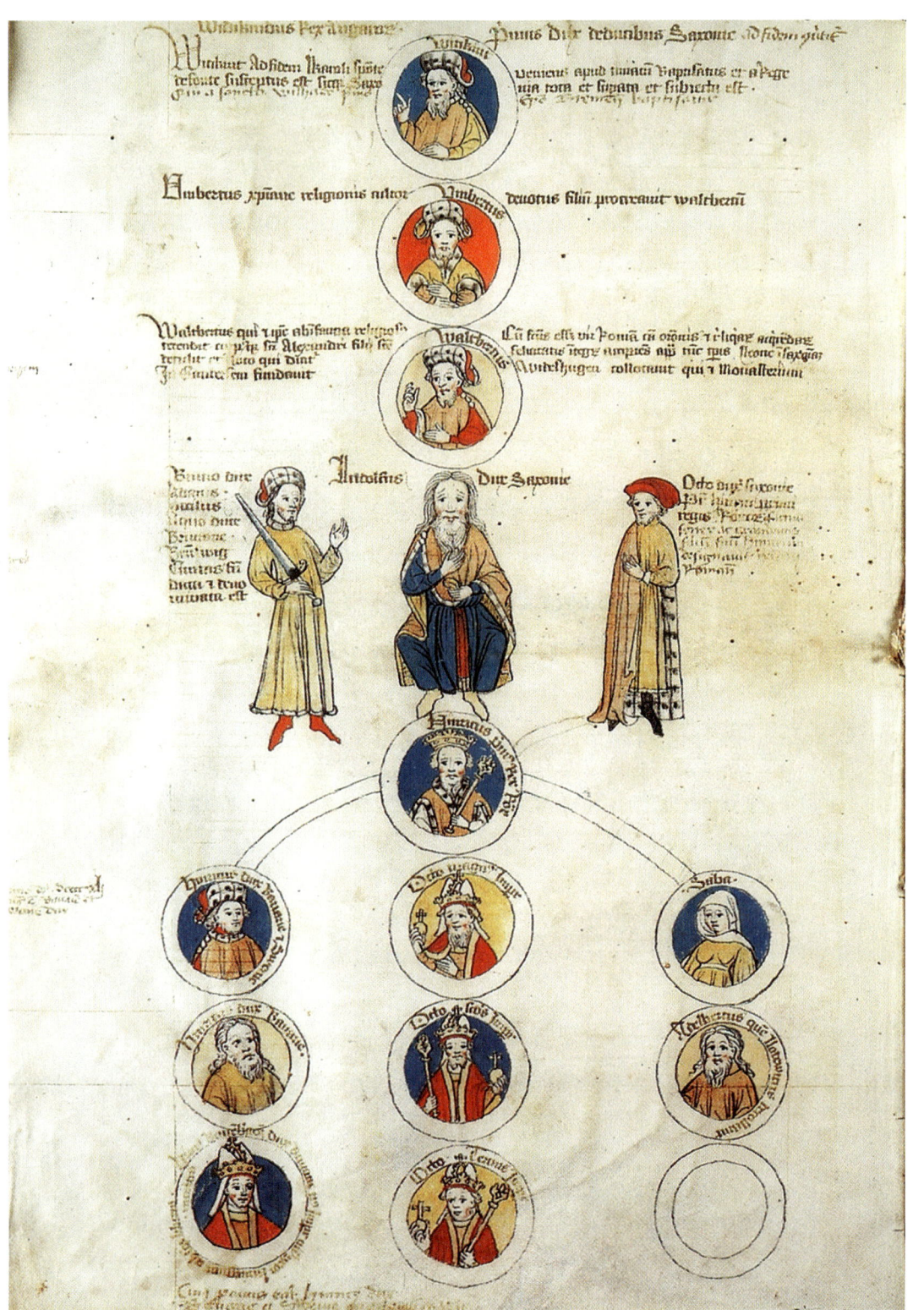

Eine Pergamenthandschrift aus der Mitte des 15. Jahrhunderts in der Wolfenbütteler Herzog August Bibliothek enthält neben mehreren erzählenden Texten zwei Bildtafeln, mit denen der unbekannte Urheber die feste Verankerung des welfischen Hauses in der sächsisch-niedersächsischen Geschichte vor Augen führen wollte. Auf der linken Tafel stehen der Stammvater der Ottonen, Herzog Liudolf, und seine Söhne als Ganzfiguren im Mittelpunkt. Als geistiger Ahnherr wird unter anderem der Sachsenführer Widukind beansprucht, als Nachkommen die ottonischen Kaiser und die Babenberger in Bayern. Die rechte Tafel (Abbildung oben) zeigt 18 Porträtmedaillons welfischer Herzöge von Sachsen oder Braunschweig-Lüneburg, teils mit erläuternden Zusätzen. Auf eine korrekte genealogische Verknüpfung kam es dem Zeichner nicht an; er wollte die Kontinuität und damit die Legitimität welfischer Herrschaft in Niedersachsen verdeutlichen.

Was dem Ehrgeiz Heinrichs des Löwen verwehrt geblieben war, das erreichte sein Sohn Otto IV. (gest. 1218) im Jahr 1198: die Erhebung zum deutschen König, auch wenn er nur von einem Teil der Fürsten anerkannt wurde. Der königliche Rang musste durch einen entsprechenden Ornat sichtbar gemacht werden. Dazu gehörte der Mantel, den das Braunschweiger Herzog Anton Ulrich-Museum in der Burg Dankwarderode ausstellt, gearbeitet im sogenannten „Opus Anglicanum", einer besonderen Technik des Stickens. Sein Grundmuster zeigt den Leoparden, das Wappenbild des welfischen Hauses, neben dem Adler, der das Reich symbolisiert.

durch den Papst, unterlag aber 1214 der staufischen Partei in der Schlacht bei Bouvines und zog sich auf seine Besitzungen in Sachsen zurück. Er starb 1218 auf der Harzburg. Kaiser Friedrich II., der Enkel Barbarossas, führte schließlich die endgültige Aussöhnung mit den Welfen herbei. Er ließ 1235 die umfangreichen welfischen Eigengüter um Lüneburg und Braunschweig sowie um den Oberharz durch deren Erben Otto das Kind, den Enkel des Löwenherzogs, dem Reich übertragen, erhob sie zum Herzogtum Braunschweig-Lüneburg und gab dieses als erbliches Lehen an Otto zurück. Damit waren die Welfen endgültig wieder in den Reichsfürstenstand aufgenommen.

Das neu geschaffene Herzogtum war, wie alle anderen deutschen Herrschaftsbildungen auch, noch kein mit festen Grenzen versehenes, geschlossenes Landgebiet, sondern bestand aus Grundbesitz und aus Rechten der verschiedensten Art, die teils verdichtet, teils in lockerer Streuung über das Land verteilt waren und oft im Gemenge mit Besitz und Rechtstiteln anderer Herren lagen. Erst im Lauf des späteren 13. und des 14. Jahrhunderts vollzog sich die Entwicklung zum einheitlich verwalteten Flächen- oder Territorialstaat, wie er für die Neuzeit selbstverständlich wird.

Von Beginn an ist das Bestreben der Welfen zu erkennen, die Grundlagen ihrer Herrschaft zielstrebig zu erweitern und den Besitz abzurunden. Das gelang ihnen zunächst nur im östlichen Niedersachsen. Das Kerngebiet um die beiden namengebenden Städte des Herzogtums konnte noch im 13. Jahrhundert auf den Raum um Hannover, den Unterlauf der Leine und das Bergland zwischen Leine und Weser ausgedehnt werden. Auch das Harzvorland um Wolfenbüttel und ganz im Süden der Landstrich zwischen Göttingen und Münden kamen schon bald hinzu. Die Grafen und Edelherren, die sich dort nach 1180 ihre Herrschaftsbereiche aufgebaut hatten, wurden nicht etwa mit Krieg überzogen oder mit Gewalt vertrieben; der Landerwerb erfolgte vorwiegend durch eine klug überlegte Heiratspolitik oder, vor allem wenn ein Geschlecht vor dem Aussterben stand, durch den Abschluss von Erb- oder Kaufverträgen. Zu Beginn des 14. Jahrhunderts gelang so der Zugriff auf die Grafschaften Dannenberg und Lüchow im Nordosten und die Grafschaft Wölpe nordwestlich von Hannover. Im 15. Jahrhundert fielen auch die Territorien der Grafen von Roden-Wunstorf, von Hallermund, von Everstein und der Herren von Homburg den Welfen zu. Damit war ein fast geschlossenes Herrschaftsgebiet entstanden, das von der Elbe bis an den Oberlauf der Weser reichte. Nur das Stift Hildesheim schob sich wie ein Riegel zwischen den größeren nördlichen und den kleineren südlichen Teil und war deshalb stets in Gefahr, von den mächtigen Nachbarn überrannt zu werden. Die Weser bildete bis in das 16. Jahrhundert die westliche Begrenzung des welfischen Machtbereichs.

Einer Handschrift des Sachsenspiegels, die der Lüneburger Rat um 1442 anfertigen ließ, entstammt die Miniatur, die ein für die Geschichte Norddeutschlands entscheidendes Ereignis im Bild festhält: die Begründung des Herzogtums Braunschweig-Lüneburg. Der sitzende Kaiser Friedrich II. überreicht dem Welfen Otto dem Kind, einem Enkel Heinrichs des Löwen, eine besiegelte Urkunde über die Belehnung mit den bisherigen Eigengütern des welfischen Hauses. Damit trat die Familie wieder in die oberste Schicht der Reichsfürsten ein, aus der sie 1180 ausgeschlossen worden war.

So hatten die Nachkommen Heinrichs des Löwen schon bald wieder eine Position erreicht, die sie zur mit Abstand stärksten Kraft nicht nur in Niedersachsen, sondern darüber hinaus im gesamten deutschen Norden machte. Dennoch spielten sie auf der politischen Bühne im Reich oder gar in Europa nicht die Rolle, die ihnen auf Grund ihrer ständig erweiterten territorialen Basis eigentlich zugekommen wäre. Sie blieben ein Machtfaktor von regionaler Bedeutung. Auch die Aufnahme in das Kurfürstenkolleg, den engen Kreis der Königswähler, der sich im 13. Jahrhundert verfestigte, blieb ihnen versagt. Schuld daran war in erster Linie die Tatsache, dass die Welfen ihre Ländermasse immer wieder untereinander aufteilten, so dass stets mehrere in ihrer Politik selbständige Staaten mit wechselndem Zuschnitt teils neben-, teils nacheinander bestanden. Diese welfischen Teilstaaten waren ihrer Rechtsstellung nach Fürstentümer; alle zusammen bildeten sie das Herzogtum Braunschweig-Lüneburg, mit dem sie vom Kaiser stets gemeinsam belehnt wurden. Die erste Teilung in die Häuser Braunschweig(-Wolfenbüttel) und Lüneburg nahmen schon 1267 die Söhne Herzog Ottos des Kindes vor. Bis zur letzten im Jahr 1635 erfolgten elf weitere Teilungen, die vor allem den braunschweigischen Anteil betrafen. Ende des 13. Jahrhunderts wurde er aufgesplittert in die Linien Wolfenbüttel, Grubenhagen und Göttingen, die Hauptmasse dann 1495 nochmals aufgeteilt in Calenberg-Göttingen und Wolfenbüttel. 1584 starben die Calenberger Herzöge aus, 1596 auch die Grubenhagener; ihr Landbesitz fiel an Wolfenbüttel zurück, das seinerseits 1634 erlosch. Das Haus Lüneburg war nun Erbe des gesamten Herzogtums, aber es nutzte die Chance zur Bündelung der Kräfte nicht, sondern teilte ein Jahr später erneut auf in die Fürstentümer Lüneburg, Wolfenbüttel und Calenberg. Außerdem gab es zeitweise eigenständige Nebenlinien in Harburg, Dannenberg, Gifhorn und Bevern, die zwar nicht die volle Landeshoheit besaßen, wohl aber erbberechtigt waren.

Die welfischen Vettern, die diese Teilbereiche regierten, folgten dabei in der Regel ihren eigenen Interessen und zogen in Kriegen und Fehden gelegentlich auch gegeneinander zu Felde. Ein Gesamtinteresse des Hauses Braunschweig-Lüneburg ist kaum einmal zu erkennen. Allerdings wurde eisern an dem Grundsatz festgehalten, dass beim Erlöschen einer Linie das Erbe nur innerhalb des Hauses weitergegeben werden durfte. Als 1369 die Lüneburger Vettern ausstarben und Kaiser Karl IV. das Fürstentum im Interesse seiner Hausmachtpolitik und unter Umgehung des Erbrechts den Askaniern in Sachsen-Wittenberg zuschanzen wollte, wehrten sich die Braunschweiger Herzöge mit aller Kraft dagegen und setzten sich 1388 nach der Schlacht bei Winsen an der Aller, die den Lüneburger Erbfolgekrieg beendete, schließlich auch durch.

Die geistlichen Territorien

Einen beträchtlichen Teil der Fläche des heutigen Niedersachsens nahmen bis in die Neuzeit die geistlichen Staaten ein. Allen Bistümern, die die Karolinger im sächsischen Stammesbereich gegründet hatten, war es gelungen, einen weltlichen Hoheitsbereich auszubilden, in dem der geistliche Oberhirte zugleich auch die Landesherrschaft ausübte. Allerdings deckte sich dieses Territorium nicht mit dem kirchlichen Sprengel, sondern war in der Regel erheblich kleiner als dieser. Begrifflich ist daher immer zwischen Diözese als geistlichem und Stift als weltlichem Zuständigkeitsbereich zu unterscheiden.

Die Bremer Erzbischöfe hatten 1236 von den Welfen das reiche Erbe der Grafen von Stade zurückerhalten; es war der Kristallisationskern für ihre Territorialbildung zwischen den Unterläufen von Weser und Elbe, die allerdings das askanische Land Hadeln aussparte und das Land Wursten, eine der alten Bauernrepubliken in den Elb- und Wesermarschen, erst 1525 integrieren konnte. Verwaltungsmittelpunkt war die Burg in Bremervörde, die von den Erzbischöfen zeitweise auch

Das Bistum Verden wurde 849 durch König Ludwig den Deutschen gegründet, blieb aber stets eine der bescheideneren unter den norddeutschen Diözesen. Auf die einstige Funktion als geistlicher Mittelpunkt weist in Verden nur noch der ungewöhnlich große Backsteindom hin, der die Dächer der Bürgerhäuser weit überragt. Die gotische Hallenkirche – links ein Blick in das Innere – wurde auf den Fundamenten von Vorgängerbauten um 1270 begonnen, aber erst 1490 fertiggestellt. Die Ausstattung des späten Mittelalters ist größtenteils verloren; Kanzel, Altaraufsatz und gusseiserne Chorschranken stammen aus dem 19. Jahrhundert. In der Westvorhalle befindet sich die aus Bronze gegossene, ursprünglich im Langhaus aufgestellte Grabplatte des 1502 gestorbenen Bischofs Barthold von Landesbergen (oben). Unter ihm wurde der Bau des Doms vollendet.

Der vielseitig begabte Landmesser Johannes Krabbe schuf 1590 die *Chorographia der Hildesheimer Stiftsfehde*. Auf der Karte ist Norden am unteren, Süden am oberen Rand. In der Fehde hatte das Stift den größeren Teil seines Landgebiets an die welfischen Herzöge von Wolfenbüttel und von Calenberg abtreten müssen. Die Bischöfe versuchten in einem Prozess vor dem Reichskammergericht, das Verlorene zurückzugewinnen. Um die Kriegsschäden zu dokumentieren, ließ der Wolfenbütteler Herzog die Karte anfertigen und dem Gericht überreichen. Sie zeigt brennende Dörfer und Städte, die Heereszüge der Kriegsgegner und die herumstreunende Soldateska. Letztlich mussten die Welfen das sogenannte Große Stift aber wieder herausgeben.

ing, wie vnd welcher ge-
...en dem Thum Capitell
... 519. Erstlich das Stifft
... vnd folgents vom Pete-
...a vorhabens solche Hertzogen
...u Stadt Wunstorff vnd alle
...berauben, insonderheit daß
...her gestalt brennen vnd plu-
...render belagerung die Ste-
...ffer verwüsten außbrennen
...htung Calenberg nichts ab-
...d durch das Ampt Rethen
...oben auch verloren, gepum-
...er Solrauwer heiden ger-
...ertzogen von Braunschwei-

als Residenz genutzt wurde. Der geistliche Sprengel war weitaus größer und schloss neben Ostfriesland und Oldenburg auch Teile Holsteins jenseits der Elbe mit ein. Die Bischöfe von Verden, die trotz der engen Nachbarschaft nicht dem Bremer, sondern dem Mainzer Metropoliten zugeordnet waren, gehörten immer zu den bescheideneren Vertretern ihres Standes, obwohl sich ihre geistliche Jurisdiktion bis weit nach Osten in die Altmark hinein erstreckte. Ihr kleiner Staat beschränkte sich auf den Nahbereich um die Bischofsstadt und die Burg Rotenburg. Auch das Stift Hildesheim umfasste nur den südlichen Teil der nach Norden bis über die Aller hinausreichenden Diözese; einer Ausweitung stellten sich die welfischen Nachbarn in den Weg. Das Bistum Osnabrück schließlich war dadurch behindert, dass schon im 13. Jahrhundert die Bischöfe von Münster auf den Osnabrücker Sprengel übergegriffen und das sogenannte Niederstift um Vechta, Cloppenburg und die mittlere Ems unter ihre weltliche Hoheit gebracht hatten. Es konnte daher nur ein wenig umfangreiches Landgebiet ausbilden. Auch der Erzbischof von Mainz, die Bischöfe von Halberstadt, Paderborn und Minden sowie – in der Grafschaft Bentheim – der Bischof von Utrecht hatten Anteil an niedersächsischen Regionen, allerdings nur kirchenrechtlich, nicht als Landesherren. Eine Ausnahme war das untere Eichsfeld um Duderstadt, das die Welfen im 14. Jahrhundert an das Erzbistum Mainz verpfändeten und niemals wieder einlösten.

Anders als die weltlichen Territorien, die häufigen Veränderungen unterlagen, hatten die geistlichen Staaten nach ihrer Konsolidierung über Jahrhunderte festen Bestand; sie konnten weder geteilt noch vererbt oder verkauft werden. Doch waren sie stets in der Gefahr, in Abhängigkeit von ihren mächtigeren Nachbarn zu geraten, mit denen sie oft in Fehde lagen und gegen die sie sich durch Bündnisse und durch die Anlage von Grenzburgen zu schützen suchten. Die Drohung mit dem Kirchenbann und anderen Strafen reichte nicht immer aus, um Übeltäter abzuschrecken, die sich Teile des kirchlichen Besitzes aneignen wollten. In der Hildesheimer Stiftsfehde (1519–1523), ausgelöst durch einen Streit des Bischofs mit dem Stiftsadel, bildeten sich auf beiden Seiten Bündnisse, die es darauf anlegten, den jeweiligen Gegner so stark wie möglich zu schädigen. Auch die welfischen Vettern aus Lüneburg und Calenberg standen sich feindlich gegenüber und mussten die Verwüstung ihrer Länder hinnehmen. In der blutigen Schlacht bei Soltau siegte 1519 zwar die bischöflich-lüneburgische Partei, doch durch geschickte Diplomatie erreichten letzlich Calenberg und Wolfenbüttel ihr Kriegsziel: Sie teilten sich die Beute, das sogenannte Große Stift Hildesheim. Dem Bischof blieb nur das Kleine Stift, ein bescheidenes Territorium rings um die Stadt. Erst 1642 wurde dieses Ergebnis im Frieden von Goslar revidiert.

Bereits im Jahr 785 gründete Karl der Große in Osnabrück ein Bistum. Unter Einbeziehung von Teilen älterer Vorgängerbauten entstand der Dom St. Peter im Wesentlichen von 1218 bis 1277. Der massige Südwestturm erhielt seine heutige Gestalt allerdings erst im frühen 16. Jahrhundert; damals wurde auch das Westportal neu eingefügt. Auch nach der Einführung der Reformation in der Stadt Osnabrück 1543 blieb der Dom ein katholisches Gotteshaus.

Auf die Vergabe der Bischofsstühle suchten die umliegenden Fürsten häufig Einfluss zu nehmen, nicht nur um genehme Kandidaten zu unterstützen, die ihren Plänen nicht im Wege waren, sondern auch, weil die Bistümer eine willkommene Gelegenheit boten, nachgeborenen Söhnen zu einem standesgemäßen und einträglichen Amt zu verhelfen. Die Welfen standen dabei in vorderster Reihe, aber auch kleinere Herren wie die Grafen von Hoya, von Diepholz und von Schaumburg nutzten diese Versorgungsmöglichkeit und präsentierten den Domkapiteln in Bremen oder Verden, Hildesheim oder Minden Angehörige der eigenen Familie. Oft war das mit der Zusage von finanzieller Unterstützung oder anderen Wahlversprechen verbunden. Wenn der Bewerber akzeptiert wurde, war die eigentliche Wahl dann nur noch eine Formalie. Auch der Einfluss der römischen Kurie auf die Besetzung der norddeutschen Bistümer ging mehr und mehr verloren.

Kleinere Landesherren

Neben den Welfen und den geistlichen Fürsten gelang es im 13. Jahrhundert einer ganzen Reihe weiterer führender Familien des Adels, eine eigene, mehr oder weniger ausgedehnte Landesherrschaft auszubilden und über längere Zeit zu behaupten. Nur die bedeutendsten sollen hier genannt werden. Am nordöstlichen Randbereich des Fürstentums Lüneburg hatten die Grafen von Dannenberg und von Lüchow sich aus der Abhängigkeit, in der Heinrich der Löwe sie gehalten hatte, gelöst. Ihre kleinen Herrschaftsbereiche waren nahezu identisch mit dem später so genannten Hannoverschen Wendland. Hier waren im hohen Mittelalter – der genaue Zeitpunkt ist ungewiss – slawische Polaben über die Elbe gekommen und hatten sich in offenbar friedlicher Nachbarschaft mit der deutschsprachigen Bevölkerung angesiedelt. Ihnen wird eine auffällige Dorfform zugeschrieben, die der Rundlinge, von denen sich einige schöne Beispiele erhalten haben. Auch ihre eigene wendische Sprache und ein besonderes Brauchtum hielten sich bis in das 17. Jahrhundert.

Im und am Harz war das Königsgut, das hier seit der Zeit der Ottonen in besonderer Dichte vorhanden war, nach 1180 an das Reich zurückgefallen und wurde neu zu Lehen vergeben. Das bot einer ganzen Anzahl gräflicher Familien die Chance zum Aufstieg in die Reichsunmittelbarkeit. Es entstanden die Harzgrafschaften Blankenburg, Regenstein, Hohnstein, Scharzfeld, Wernigerode und Stolberg, die ihre Eigenständigkeit zum Teil bis in die Neuzeit bewahren konnten. Weiter südlich, im Göttinger Raum, konnten sich die Edelherren von Plesse in einem kleinen, ursprünglich von den Bischöfen von Paderborn abhängigen Gebiet halten. Um dem Druck der welfischen Herzöge standhalten zu können, trugen sie es 1446 den Landgrafen von Hessen zu Lehen auf. Auch nach dem Aussterben der Edelherren blieb die Plesse eine hessische Exklave.

Auch im Bergland an Weser und Leine gelangte eine Vielzahl von Grafen und Herren zu territorialer Selbständigkeit. Die Grafen von Dassel im Solling, denen Rainald von Dassel, Erzbischof von Köln und Kanzler Friedrich Barbarossas, entstammte, verloren ihren Besitz schon im 13. Jahrhundert an die Welfen und die Bischöfe von Hildesheim. Länger hielten sich die Grafen und Herren von Pyrmont, Homburg, Everstein und Spiegelberg, weiter nördlich die von Hallermund, Roden-Wunstorf und Wölpe. All diese Herrschaften gingen früher oder später an die Welfen über, ausgenommen Pyrmont, das über verschiedene Zwischenstationen an das Fürstentum Waldeck kam und erst 1922 mit dem hannoverschen Kreis Hameln vereinigt wurde. Von Dauer waren in dieser Region nur zwei Herrschaftsbildungen: die der Edelherren zur Lippe und der Grafen von Schaumburg. Beide blieben als Kleinstaaten bis in das 20. Jahrhundert hinein bestehen. Die Lipper waren in ihrer Grenzlage zwischen Niedersachsen und Westfalen auf beide Räume ausgerichtet, entschieden sich aber letztlich für den westlichen Nachbarn. Die

Spätes Mittelalter

Im Hannoverschen Wendland, im Nordosten Niedersachsens, haben sich viele Beispiele einer besonderen Dorfform erhalten: des Rundlings, bei dem alle bäuerlichen Höfe kreisförmig angeordnet sind und ihre Giebelfront einem in der Mitte gelegenen Dorfplatz zuwenden. Diese Dorfgestalt wird auf die slawischen Wenden zurückgeführt, die sich im hohen Mittelalter hier ansiedelten. Satemin bei Lüchow hat seine ursprüngliche Gestalt besonders gut bewahrt. Die in Fachwerk gebauten Häuser stammen aus der ersten Hälfte des 19. Jahrhunderts. Einige von ihnen haben den für das Wendland typischen „Wendenknüppel" als Giebelzier.

Schaumburger hatten zu Beginn des 12. Jahrhunderts im Wesertal um ihre Stammburg zwischen Hameln und Rinteln eine Herrschaft aufgebaut, die bis vor die Tore von Minden reichte. Durch moderne Methoden der Binnenkolonisation hatten sie es bis an das Steinhuder Meer erweitert: Sie rodeten den Dülwald, einen kaum besiedelten Urwald südlich des Steinhuder Meeres, und legten Hagenhufendörfer an, das heißt Siedlungen entlang einem Bach und einer parallel dazu verlaufenden Straße, welche nur einseitig bebaut wird, während auf der gegenüberliegenden Seite die zu den Höfen gehörenden Ackerflächen (Hufen) liegen. Außerdem gründeten sie die Stadt Stadthagen. Dass die Schaumburger weit mehr Geltung genossen, als ihr kleines Land das gerechtfertigt hätte, verdankten sie ihrer erfolgreichen Mitwirkung beim Kampf gegen Dänen und Slawen in Holstein, wo ein Zweig der Familie zum Herzogsrang aufstieg. Die Stammgrafschaft ging seit 1295 eigene Wege und blieb nur mit der Herrschaft Pinneberg vor den Toren Hamburgs verbunden; ihre Inhaber behielten aber den Titel „Grafen von Holstein und Schauenburg" bei.

Westlich der mittleren Weser begründeten die Grafen von Hoya eine Landesherrschaft, zu deren Residenz und Verwaltungszentrum sie die Stadt Nienburg machten. Etwas im Abseits, hinter ausgedehnten Mooren östlich des Dümmer, konnten sich die Edelherren, später Grafen von Diepholz halten. Beide Geschlechter hatten häufig Grenzstreitigkeiten mit den Bischöfen von Minden auszufechten. Seit den zwanziger Jahren des 16. Jahrhunderts besaßen die Landgrafen von Hessen in diesem Bereich drei kleine Exklaven: Auburg, Uchte und Freudenberg. Sie waren ihnen von den Grafen zu Lehen aufgetragen worden und fielen erst 1816 an Hannover. Im westlichen Grenzbereich Niedersachsens, an der Ems, gründete ein Zweig der westfälischen Grafen von Tecklenburg die Grafschaft Lingen, und um die Burg Bentheim gelang einem Zweig der Grafen von Holland der Aufbau eines Territoriums.

Im nördlichen Niedersachsen war im 13. Jahrhundert die Grafschaft Oldenburg entstanden. Sie umfasste anfangs nur einen schmalen Landstreifen an der Hunte, konnte dann aber in Abwehr der an der Küste nach Osten vordringenden Friesen die westliche Wesermarsch mit den „Ländern" Butjadingen und Rüstringen in ihren Besitz bringen. Die Oldenburger Grafen profitierten auch von der Niederlage der Stedinger Bauern, die dem Bremer Erzbischof die schuldigen Abgaben verweigert hatten. Sie wurden zu Ketzern erklärt; ein als Kreuzzug deklarierter Feldzug gegen sie endete mit ihrer Niederlage in der Schlacht bei Altenesch 1234. Danach waren sie gezwungen, die Landeshoheit der Oldenburger anzuerkennen. Zeitweilig residierte eine Nebenlinie des Grafenhauses in Delmenhorst.

Aus einem aus der Ebene sich erhebenden Sandsteinfelsen wächst die Burg Bentheim gleichsam hervor. Die weitläufige Anlage setzt sich aus Bauten verschiedener Zeitstufen und Stile zusammen und bietet einen malerischen Anblick; vielen Künstlern aus dem benachbarten Holland hat sie als Vorlage für Gemälde und Zeichnungen gedient. Im Burghof zieht der „Herrgott von Bentheim" die Blicke der Besucher auf sich, ein frühromanisches Steinkreuz, das im 19. Jahrhundert am Schlossberg gefunden wurde.

Aus den Machtkämpfen der ostfriesischen „Häuptlinge" ging im 15. Jahrhundert das Geschlecht der Cirksena in Greetsiel als Sieger hervor. Ulrich Cirksena konnte einen großen Teil Ostfrieslands unter seine Oberherrschaft bringen. 1464 ließ er sich von Kaiser Friedrich III. in den Reichsgrafenstand erheben. Sein Siegel – oben ein Abdruck aus dem Jahr 1455 – zeigt im Wappenschild eine Harpyie, ein adlerähnliches Fabelwesen mit einem Frauenkopf, das der griechischen Mythologie entlehnt ist.

Am 13. März 1338 schlossen die gesamten „Länder", also die weitgehend selbständigen Landesteile Frieslands, einen Bündnisvertrag mit König Philipp VI. von Frankreich, um sich dessen Beistand gegen die Übergriffe der Grafen von Holland und von Geldern zu sichern. An der links abgebildeten Urkunde hängt der einzige erhaltene Abdruck des „Totius-Frisiae"-Siegels („Siegel von ganz Friesland"), auf dem Maria mit dem Kinde von zwei friesischen Kriegern beschützt wird. Das Siegel gilt als das auffälligste Symbol der von den Bewohnern des Landes in Anspruch genommenen „friesischen Freiheit".

Auf dem „Upstalsboom", einem frühgeschichtlichen Grabhügel bei Aurich, versammelten sich im 13. und 14. Jahrhundert die gewählten Vertreter der friesischen Länder, um Angelegenheiten von gemeinsamem Interesse zu beraten. Eine Steinpyramide erinnert seit 1833 an diese republikanische Tradition.

Im Küstenbereich an der Nordsee, den die Friesen besiedelt hatten, herrschten besondere Verhältnisse. Hier konnte sich lange Zeit keine Landesherrschaft etablieren; auch die fränkische Grafschaftsverfassung war schon früh beiseitegedrängt worden. Die Landesbewohner beriefen sich auf ihre „friesische Freiheit", die ihnen nach einer legendenhaften Überlieferung Karl der Große selbst zum Dank für die Teilnahme an einem Romzug gewährt habe. Zum Symbol dieser Freiheit wurde der Upstalsboom, ein Hügel bei Aurich, an dem sich alljährlich die Vertreter der friesischen Landesgemeinden versammelten, um Recht zu sprechen und über Angelegenheiten von gemeinsamem Interesse zu beraten. Diese Landesgemeinden – Brokmerland, Harlingerland, Emsigerland und andere – sind auch als „Bauernrepubliken" charakterisiert worden; ihre Sprecher oder Richter wurden jedes Jahr neu gewählt. Die Gefahr einer Machtzusammenballung oder gar eines Machtmissbrauchs war dadurch nahezu ausgeschlossen. Erst seit der Mitte des 14. Jahrhunderts, vielleicht im Zusammenhang mit dem Deichbau, der eine straffe Leitung erforderte, schwangen sich einzelne Männer in ihren Landesgemeinden oder Kirchspielen zu „Häuptlingen" auf. Die Funktion wandelte sich in ein Amt, das in den Häuptlingsfamilien erblich wurde. Dem Geschlecht der tom Brok in Aurich gelang es, die Konkurrenten auszuschalten und eine Art Landesherrschaft über ganz Ostfriesland zu errichten. Doch 1427 wurde es gestürzt. Noch einmal schien das Streben nach Freiheit gesiegt zu haben, doch dann errangen die Cirksena von Greetsiel aus die Oberhoheit über den gesamten ostfriesischen Raum, mit Ausnahme des Jeverlandes, das unter den Wimeken eigenständig blieb. Um seine Herrschaft abzusichern, ließ sich Ulrich Cirksena 1464 von Kaiser Friedrich III. mit Ostfriesland belehnen und wurde in den Reichsgra-

Der ostfriesische Ort Hinte war Sitz einer Häuptlingsfamilie, die hier zwei Burgen errichtete. Die Westerburg wurde 1436 in den Häuptlingskämpfen durch die Hamburger zerstört; die Osterburg, eine von Graften umgebene Vierflügelanlage, wurde wieder aufgebaut und kam im 16. Jahrhundert in den Besitz der Familie von Frese, der sie noch heute gehört. Sie ist eine der wenigen in Ostfriesland erhaltenen Wasserburgen.

Eine Erinnerung an die Zeit der Häuptlingsherrschaft in Ostfriesland stellt auch das Steinhaus in Bunderhee im Kreis Leer dar, ein turmartiger Backsteinbau aus dem 14. Jahrhundert, der einst Teil einer Häuptlingsburg war. Auch der flachere Anbau aus der Barockzeit enthält ältere Bausubstanz. Ähnliche feste, ursprünglich durch Wassergräben zusätzlich geschützte Häuser finden sich auch an anderen Orten Ostfrieslands.

fenstand erhoben. Damit hatten sich auch in diesem Teil Niedersachsens endgültig Herrschaftsstreben und Führungswille gegen das so lange hochgehaltene Freiheitsideal durchgesetzt.

Städte in Niedersachsen

Anders als im Süden und Westen Deutschlands, wo die Stadtkultur als wesentlicher Teil der römischen Zivilisation bereits auf eine lange Tradition zurückblicken konnte, existierten in Sachsen zur Zeit der Eroberung durch die Franken noch keine Städte. Wohl aber gab es Handelsplätze, an denen die reisenden Kaufleute ihre Waren feilboten und heimische Produkte aufkauften. Sie lagen meist an der Kreuzung von Fernhandelsstraßen oder an Flussübergängen, unterschieden sich durch Größe und Erscheinungsbild deutlich von den bäuerlich-ländlichen Siedlungen und hatten wohl auch schon gewisse zentrale Funktionen für die nähere Umgebung. Bei der Einrichtung der Kirchenorganisation wurden die Bistumssitze durchweg an solche aus ihrem Umland herausgehobenen Orte vergeben. Sie entwickelten sich dadurch rasch weiter. Der bischöflichen Kurie folgten bald andere kirchliche Institutionen, Klöster, Stifte und Hospitäler nach. Handwerker und Kaufleute siedelten sich vor der Domburg, dem bischöflichen Immunitätsbezirk an und formierten sich zu einer bürgerlichen Gemeinde, die früher oder später eine Ratsverfassung annahm und mit Markt- und Stadtrecht ausgestattet wurde. Hildesheim und Osnabrück wuchsen auf diese Weise schon früh zu ansehnlichen Städten heran; Verden allerdings blieb dahinter zurück, erhielt das Stadtrecht erst 1259 und kam nicht über den Status einer bescheidenen Landstadt hinaus.

Wie die Bistumssitze, so konnten sich auch die Burgen und später die Residenzen der Landesherren als Katalysatoren der Stadtwerdung erweisen. Der große Bedarf an Dienstleistungen und Waren, die Kaufkraft und der gehobene Konsum der Hofgesellschaft bewirkten ein Aufblühen von Handel und Gewerbe und sorgten für Wachstum; der Übergang zu städtischen Lebensformen folgte dann meist von selbst und bedurfte nicht immer einer Privilegierung, das heißt der Ausstattung mit bestimmten (Vor-) Rechten. Es gab auch Städte, die sich ganz aus eigener Kraft, ohne Zutun eines geistlichen oder weltlichen Stadtherrn, günstig entwickelten. In Hannover etwa bewirkte das die Teilnahme am Fernhandel, der von der Lage am Schnittpunkt wichtiger Fernstraßen profitierte. Stade und das ostfriesische Emden nutzten die Möglichkeiten, die ihnen die Schifffahrtswege auf Elbe und Ems boten, zum Ausbau bedeutender Häfen; Stade litt allerdings später unter der übermächtigen Konkurrenz Hamburgs und unter einer Verlagerung der Elbe, die die Versandung der Schwinge zur Folge hatte. Goslar wurde wohlhabend durch die Förderung und Verarbeitung des Silbers und Kupfers im Rammelsberg, dessen Erschließung bereits um die Mitte des 10. Jahrhunderts begann. Die in der Stadt geprägten „Goslarer Pfennige" waren schon in ottonischer Zeit eine begehrte und weit verbreitete Münze. In Lüneburg wurden die Saline und der Salzhandel zur Lebensgrundlage der Stadt, in Einbeck das dort gebraute und bis nach Süddeutschland gelieferte Bier; die Bezeichnung „Bockbier" ist von dem Markennamen „einböckisch bier" abgeleitet.

Die Einwohnerzahlen der mittelalterlichen Städte in Niedersachsen waren erstaunlich gering; nur wenige kamen über 5000 Bewohner hinaus. Eine Ausnahme machte Braunschweig, das mit etwa 20 000 Einwohnern als einzige Großstadt im niedersächsischen Raum gelten kann. Hier waren die Förderung durch die Welfen als Stadtherren und eine frühe Blüte von Handel und Gewerbe zusammengetroffen und hatten einen Aufstieg bewirkt, mit dem keine andere Stadt in Nordwestdeutschland mithalten konnte, die Seehandelsplätze Hamburg und Bremen einmal ausgenommen.

Eine ganze Reihe der niedersächsischen Städte gehörte dem Städtebund der Hanse an, der vom 13. bis zum 16. Jahrhundert

Der Silberreichtum des Rammelsbergs führte dazu, dass Goslar zu einer der bedeutendsten Münzstätten des mittelalterlichen deutschen Reichs wurde. Schon die ottonischen Kaiser ließen hier die berühmten Otto-Adelheid-Pfennige prägen. Unter den Saliern Heinrich III. und Heinrich IV. wurden sie abgelöst durch die Simon-Judas-Pfennige, so benannt nach den Patronen des Pfalzstifts St. Simon und Judas, die auf der Rückseite dargestellt sind. Die Vorderseite zeigt einen bärtigen Kaiserkopf mit Krone und Zepter.

Gegen Ende des 14. Jahrhunderts verlegten die Lüneburger Welfenherzöge ihren Aufenthalt von der Stadt Lüneburg nach Celle, wo sie die vorhandene Burg nach und nach zu einem repräsentativen Residenzschloss ausbauten. Dessen kunstgeschichtlich bedeutendster Raum ist die Schlosskapelle, die ab 1560 einheitlich im Stil der Renaissance neu gestaltet wurde. Die Einrichtung und die Ausmalung sind von hoher Qualität. Auf den Flügeln des Altarbildes knien der Stifter der Kapelle, Herzog Wilhelm der Jüngere, und seine Frau Dorothea von Dänemark. 1865 ließ der letzte hannoversche König, Georg V., die Kapelle restaurieren und an der Wand rechts von der Kanzel sein Porträt anbringen.

Unter den mittelalterlichen Rathäusern in Niedersachsen ist das in Lüneburg gewiss das am prächtigsten ausgeschmückte. Neben dem Ratssaal und dem Fürstensaal bezeugt auch die Große Ratsstube den einstigen Wohlstand der Salzstadt. Sie ist der am reichsten vertäfelte und mit Schnitzereien und Bildwerken ausgestattete Raum. Die Seitenwange des Ratsstuhls im Vordergrund ist ein Meisterwerk der Holzbildhauerei. Sie zeigt unten das Lüneburger Wappen, darüber das Urteil Salomos und die Verkündung der göttlichen Gesetze durch Moses.

Der sogenannte Huldigungssaal, die ehemalige Ratsherrenstube im Rathaus zu Goslar spiegelt das Selbstbewusstsein der Reichsstadt, die durch die Förderung und Verarbeitung von Silber und Kupfer zu Reichtum kam, wider. Die über Wände und Decke gehende Holzvertäfelung des quadratischen Raumes ist mit figürlicher Malerei vom Anfang des 16. Jahrhunderts bedeckt. An der kassettierten Decke sind Szenen aus dem Leben Christi dargestellt: Verkündigung an Maria, Geburt, Anbetung der Könige und Darbringung im Tempel, umgeben von den vier Evangelisten und zwölf Propheten. Die Wände sind mit hölzernen Kielbogenarkaden verblendet, deren Maßwerk sich in verschlungene Ranken auflöst. Die Wandgemälde zeigen die zwölf Sibyllen (Prophetinnen) im Wechsel mit elf Kaisern.

Am Tag seiner Wahl zum deutschen König, am 18. März 1438 in Frankfurt am Main, bestätigte der Habsburger Albrecht II. (1397–1439) der Stadt Braunschweig das von ihr geführte Wappen, dessen Abbildung in den Text der Urkunde eingefügt ist: auf weißem Schild ein aufsteigender roter Löwe mit aufgerichtetem, über den Rücken gelegten Schwanz. Das Wappenbild nimmt auf den Stadtgründer Heinrich den Löwen und auf die welfischen Stadtherren Bezug. An der in Prag ausgestellten Urkunde hängt das große Majestätssiegel des Königs; seine Unterschrift wird durch die Plica, den umgebogenen unteren Rand des Pergaments, verdeckt. Warum die Braunschweiger die Wappenerneuerung für nötig hielten, ist nicht bekannt.

den Warenaustausch zwischen Ost- und Westeuropa beherrschte. Braunschweig war Vorort des sächsischen Viertels oder Quartiers, das die Städte im Binnenland östlich der Weser umfasste. Auch Lüneburg spielte innerhalb des Bundes neben Lübeck, Hamburg und Bremen eine führende Rolle. Die Hanse wurde aktiv, als sich um 1400 die „Vitalienbrüder" genannten Freibeuter und Seeräuber um Klaus Störtebeker und Godeke Michels in Ostfriesland festsetzten, begünstigt durch einige der Häuptlinge, die ihnen Schlupfwinkel zur Verfügung stellten, darunter die Kirche in Marienhafe. Unter Führung Hamburgs sandte die Hanse eine Flotte aus und machte dem Unwesen ein Ende.

Im 13. und 14. Jahrhundert stiegen die Städte insgesamt zu enormer Wirtschaftskraft auf, wie sie sich an vielen Orten in den damals erbauten gewaltigen Kirchen und repräsentativen Rathäusern spiegelt. Ihren Landesherren, die sich in ständiger Geldnot befanden, mussten die Städte finanziell unter die Arme greifen und handelten ihnen dafür Rechte und Privilegien ab, die ihren Einfluss auf die städtischen Angelegenheiten nahezu ausschalteten. Auch innerhalb der Landstände, der Vertretung des Landes gegenüber dem Fürsten, waren die Städte vor den Prälaten und der Ritterschaft meist der bestimmende Stand. Ohne ihr Einverständnis konnten Beschlüsse über die Erhebung von Steuern, die zu einem erheblichen Teil ja sie aufbrachten, kaum gefasst werden. Einige Städte schafften es sogar, die Landesherren aus ihren Mauern zu drängen. In Lüneburg zerstörten die Bürger 1371 während des Erbfolgekriegs die herzogliche Burg auf dem Kalkberg vor den Mauern der Stadt. Die Herzöge verlegten ihren Aufenthalt und ihre Verwaltung daraufhin nach Celle, das sich danach zu einer typischen Residenzstadt entwickelte. Wenig später vereitelten die Göttinger auf die gleiche Weise den Wunsch Herzog Ottos des Quaden, in der Stadt seinen ständigen Aufenthalt zu nehmen. Auch Braunschweig bereitete seinem Fürstenhaus so viele Ungelegenheiten, dass es schon um 1300 vorzog, in das nahe Wolfenbüttel überzusiedeln. Selbst die geistlichen Landesherren lebten häufig in Unfrieden mit ihren Bischofsstädten und wurden mehrmals gezwungen, für längere

Zeit auf eine der Stiftsburgen auszuweichen. So hatten im 14. Jahrhundert die meisten größeren Städte Niedersachsens faktisch, wenn auch nicht rechtlich, eine weitgehende Unabhängigkeit von der Landesherrschaft erkämpft, und ihr Selbstbewusstsein kam dem der freien Reichsstädte gleich. Doch diesen Status erlangte lediglich Goslar, das sich die Reichsunmittelbarkeit 1340 durch König Karl IV. (1316–1378) anerkennen ließ. So blieben die Städte auch auf das Areal innerhalb ihrer Mauern beschränkt und konnten kein eigenes städtisches Territorium erwerben, wie viele der süddeutschen Reichsstädte es besaßen. Nur Bremen unternahm den Versuch, ein Landgebiet aufzubauen; es übernahm 1381 die mitten im Erzstift gelegene Herrschaft Bederkesa, konnte darüber aber niemals die volle Hoheit gewinnen.

Neben den großen und bedeutenden Handelsstädten gab es, vor allem im südlichen Niedersachsen, eine Fülle mittelalterlicher Kleinstädte mit Nahmarktfunktionen für die benachbarten Dörfer. Sie waren häufig in Anlehnung an Burgen des Landesherrn oder des Adels entstanden, doch auch vor den Toren von Klöstern und Stiften entwickelten sich Siedlungen mit städtischen Merkmalen. Zwischen 1200 und 1350 gab es geradezu eine Welle von Stadtgründungen aus wilder Wurzel; auch kleinere Territorialherren versuchten, ihrem Land damit einen Mittelpunkt zu geben und es wirtschaftlich zu fördern. Viele dieser Gründungsstädte blieben in ihrer Entwicklung stecken und erreichten nicht den vollen Stadtcharakter. Als Flecken oder Weichbilde behielten sie lange eine mittlere Stellung zwischen Dorf und Stadt und wurden erst in der Neuzeit zu vollgültigen Städten aufgewertet.

Klöster und Stifte

Nicht nur bei der Verankerung des christlichen Glaubens haben die in Niedersachsen gegründeten Klöster und Stifte eine wesentliche Rolle gespielt; auch ihr Beitrag zur wirtschaftlichen Erschließung und zur Vermittlung von Kultur war beträchtlich. Sie verbreiteten als Erste die Kenntnis des Lesens und Schreibens, bei ihnen lagen die Anfänge der Musikpflege, sie unterhielten Schulen, aus ihnen gingen die ersten Geschichtsschreiber hervor, und ihre Kirchenbauten zählen zu den Glanzpunkten der mittelalterlichen Baukunst. Um ein Einzelstück hervorzuheben: Die Ebstorfer Weltkarte, wohl aus der Zeit um 1240, gehört zu den besten Leistungen der frühen Kartographie. Leider ist sie im Zweiten Weltkrieg verbrannt und nur noch in Reproduktionen zu bewundern.

Die ältesten Männerklöster in Sachsen entstanden bereits in den ersten Jahrzehnten des 9. Jahrhunderts. Den Anfang machte im Jahr 822 Corvey an der Weser, das zwar heute zu Nordrhein-Westfalen gehört, aber weit in das niedersächsische Gebiet hinein ausstrahl-

Die Stadt Braunschweig entstand um 1200 durch das Zusammenwachsen von fünf Siedlungskernen, unter denen der Altstadt ein gewisser Vorrang zukam. Ihr Rathaus aus dem 14. und 15. Jahrhundert, gelegen am Altstadtmarkt, besteht aus zwei Flügeln, die einen Winkel bilden. Es ist der repräsentativste Profanbau Braunschweigs; sein Festsaal, die „Dornse", dient noch heute als Rahmen für besondere Veranstaltungen. Der Fassade des Altstadtrathauses sind im Erdgeschoss und im Obergeschoss Lauben vorgesetzt. Von den Pfeilern zwischen den Arkaden blicken die Statuen von 17 Fürsten aus den Familien der Liudolfinger und der Welfen auf den Betrachter herab.

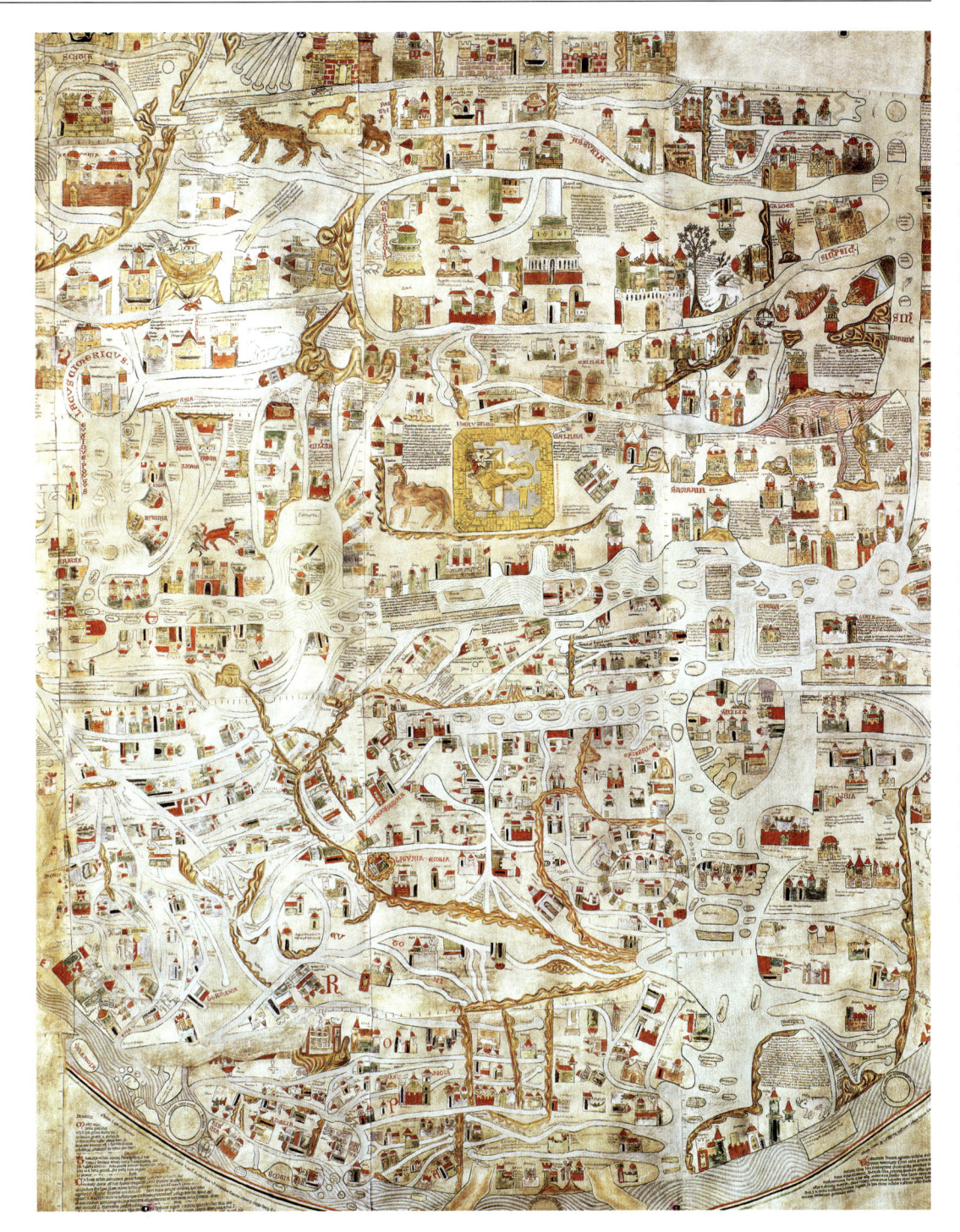

1833 wurde im Kloster Ebstorf bei Uelzen eine auf 30 Pergamentblättern gemalte Karte aus dem ersten Drittel des 13. Jahrhunderts entdeckt, die in Form eines Rades die gesamte damals bekannte Welt abbildet. Der gekreuzigte Christus umspannt die Erdscheibe, in deren Mitte die Stadt Jerusalem steht. In den geographischen Rahmen sind zahlreiche Szenen aus der weltlichen und der biblischen Geschichte hineinkomponiert und teilweise erläutert. Die Karte verbindet umfangreiche Kenntnisse über die Beschaffenheit der Welt mit der Absicht, den Betrachter im Glauben an den göttlichen Heilsplan zu bestärken. Sie ist wohl in Ebstorf selbst entstanden; als ihren geistigen Urheber hat man den Propst Gervasius von Tilbury, einen engen Berater Ottos IV., vermutet. Das Original ist 1943 in Hannover verbrannt; alle späteren Abbildungen, auch die hier gezeigte, beruhen auf Nachbildungen.

te. Als frühe Missionszellen, die sich dann zu Klöstern entwickelten, sind Hameln, Brunshausen bei Gandersheim und Visbek bei Vechta zu nennen. Große Bedeutung hatte das nach 839 gegründete Ludgerikloster in Helmstedt, das eng mit seinem Mutterkloster Werden an der Ruhr verbunden blieb. Im 10. Jahrhundert kamen Pöhlde und die beiden Michaelsklöster in Lüneburg und Hildesheim hinzu. Aus dem 11. Jahrhundert sind die Klöster Bursfelde an der Oberweser, Iburg bei Osnabrück und Rastede bei Oldenburg hervorzuheben. Ebenfalls aus der Frühzeit des Christentums in Niedersachsen stammen die ersten Stifte, in denen Säkularkanoniker, die kein Mönchsgelübde abgelegt hatten, in Konventen zusammenlebten: St. Alexander in Wildeshausen (851), Ramelsloh südlich von Hamburg (wohl noch von Erzbischof Ansgar errichtet, also vor 865) sowie Bücken (882).

Sie alle wurden an Wirksamkeit und Ansehen übertroffen von dem durch Heinrich III. 1047 errichteten Stift St. Simon und Juda in Goslar, das der Kaiser für seine kirchenpolitischen Ziele einsetzte und das man geradezu eine „Pflanzschule des Reichsepiskopats" genannt hat, weil so viele Bischöfe aus ihm hervorgingen.

Die Frauenkonvente der ersten beiden Jahrhunderte nach der Christianisierung waren offenbar durchweg Kanonissenstifte, auch wenn das nicht immer deutlich zu erkennen ist. Dort lebten vorwiegend adelige Frauen in religiöser Gemeinschaft, ohne eine Ordensregel zu befolgen. Dazu gehörten Gandersheim, eine Gründung der Liudolfinger von 852, die sich zu einem glanzvollen Reichsstift entwickeln sollte, ferner aus dem 9. Jahrhundert Lamspringe, Bassum, Wunstorf und Möllenbeck, aus dem 10. Jahrhun-

Das Ludgerikloster in Helmstedt wurde schon im 9. Jahrhundert gegründet. Zu seinen interessantesten Bauteilen gehört die Felicitas-Krypta aus dem 11. Jahrhundert mit Resten des mittelalterlichen Gipsfußbodens, der durch farbige Ritzzeichnungen verziert ist. Erhalten sind unter anderem zwei Figurengruppen, in denen jeweils zwei Weise aus der Antike – hier Pittakos von Mytilene und Solon von Athen – durch Spruchbänder miteinander kommunizieren.
In Bursfelde, am Oberlauf der Weser, errichtete Graf Heinrich von Northeim 1093 ein Benediktinerkloster, von dem 1433 unter dem Abt Johannes Dederoth eine bedeutende Erneuerungsbewegung ausging: die Bursfelder Kongregation, der sich etwa 180 Klöster in ganz Mitteleuropa anschlossen. Der Blick in das Mittelschiff des Chores zeigt den fast unveränderten Zustand aus der Erbauungszeit.

Aus dem 10. Jahrhundert stammen die beiden runden Treppentürme des Klosters Möllenbeck bei Rinteln. 896 war es als Frauenstift nach der Benediktinerregel gegründet worden. Nach dessen Niedergang übernahmen 1441 die Augustiner-Chorherren mit Hilfe der Landesherren, der Grafen von Schaumburg, die Anlage und bauten sie in den folgenden Jahrzehnten völlig neu auf. Dabei wurden die romanischen Türme in den Klausurtrakt vor dem westlichen Abschluss der neuen, spätgotischen Klosterkirche einbezogen. Die gesamte Klosteranlage des späten Mittelalters gehört zu den am besten erhaltenen in Deutschland.

Ebenfalls in der ehemaligen Grafschaft Schaumburg liegt an der Weser das 995 gegründete Kanonissenstift Fischbeck, dessen Konvent sich 1559 dem evangelischen Glauben zuwandte und bis heute fortbesteht. Die Stiftskirche stammt zu großen Teilen noch aus dem 12. Jahrhundert. Äußerlich wirkt sie schlicht; nur der Chor hebt sich mit reichem Baudekor davon ab. Unter ihm erstreckt sich die geräumige dreischiffige Hallenkrypta, die bis unter die Vierung reicht. Ihre schlanken Säulen mit unterschiedlich gestalteten Würfelkapitellen prägen den Eindruck des Raums, der eher an eine Unterkirche als an eine Grablege denken lässt.

dert Fischbeck und Walsrode, um nur einige der bekannteren aufzuzählen. Erst später wurden einige dieser Stifte von den Landesherren oder den zuständigen Bischöfen veranlasst, die Benediktinerregel anzunehmen.

Die Mehrheit der Klöster aber entstand in der großen Gründungswelle des 12. und 13. Jahrhunderts. Viele kapitalkräftige Männer oder Frauen, Ehepaare oder Familien fühlten sich in diesem Zeitabschnitt berufen, eine geistliche Anstalt ins Leben zu rufen. Meist entstammten sie dem Adel, der exklusiven Schicht der Landesherren ebenso wie dem einfachen Landadel. Die Motive waren unterschiedlich: Schlichte Frömmigkeit konnte ebenso den Ausschlag geben wie die Sühne für eine begangene Untat oder der Wunsch, einen geistigen Mittelpunkt innerhalb des eigenen Herrschafts- oder Einflussgebiets zu schaffen, der zugleich die Einrichtung einer Familiengrablege ermöglichte und das Gedenken an die Toten auf – wie man hoffte – ewige Zeiten sicherte. Sicher war bisweilen auch Repräsentationswille mit im Spiel. Immerhin mussten für eine Neugründung ein passender Platz und erhebliche Mittel zur Verfügung gestellt werden. Die Bereitschaft dazu kam den Ordensgemeinschaften, die auf Ausbreitung bedacht waren, sehr entgegen. Vor allem der um 1100 in Frankreich entstandene Orden der Zisterzienser fand auch in Niedersachsen rasch Förderer. Als erste Zisterze – so nennt man die Niederlassungen des Ordens – wurde 1127 das Kloster Walkenried gegründet und mit Mönchen aus dem vier Jahre älteren Kamp am Niederrhein besetzt. Wie die meisten Bruderklöster beteiligte sich Walkenried intensiv an der Urbarmachung von Ödland, vor allem in der Goldenen Aue bei Nordhausen, und gründete meh-

Als einzige geistliche Anstalt in Niedersachsen neben dem Stift Gandersheim besaß das 1127 gegründete Zisterzienserkloster Walkenried am Harz die Reichsstandschaft. Heute sind allein der Kapitelsaal und der Kreuzgang vollständig erhalten (Bild links).

Auch Loccum ist eine zisterziensische Gründung. Die Reformation ließ die seit 1163 hier ansässigen Mönche unbehelligt. Um 1600 wandten sie sich allmählich vom Orden ab und wandelten sich zu einer evangelischen Gemeinschaft, die noch heute besteht. Die Gebäude werden zum Teil von einem Predigerseminar der hannoverschen Landeskirche genutzt; so ist das ehemalige Refektorium zur Seminarbibliothek umfunktioniert worden (Bild rechts).

rere Tochterklöster. Ähnliche Wirkung entfalteten die Zisterzienser von Amelungsborn, Riddagshausen und Loccum, die alle noch im 12. Jahrhundert entstanden. Eine Besonderheit des Ordens war die Einrichtung von Wirtschaftshöfen, sogenannten Grangien, auf denen mit Hilfe von Laienbrüdern Eigenwirtschaft betrieben wurde, statt die Ländereien wie andere Grundherren zu Meierrecht an Bauern auszugeben, das heißt sie gegen Abgaben und Dienstleistungen zu verpachten. Auch Frauenklöster lebten nach der Zisterzienserregel, ohne jedoch dem Ordensverband formal anzugehören, so das 1221 gegründete Wienhausen, das seine mittelalterliche Baugestalt fast unverändert bewahrt hat.

Neben den Zisterziensern fassten weitere Reformorden in Niedersachsen Fuß, wenn auch meist nur mit wenigen Niederlassungen: die Augustiner-Chorherren, die Prämonstratenser und die Bettelorden der Franziskaner und Dominikaner, die nur von den Almosen der Gläubigen lebten und ihre Klöster ausschließlich in den Städten errichteten. Die Ritterorden der Johanniter und Templer und der Deutsche Ritterorden waren mit Kommenden und Komtureien in Niedersachsen vertreten, die Johanniter vor allem in Ostfriesland. Im Rahmen der von den Niederlanden ausgehenden Frömmigkeitsbewegung der „Devotio moderna" entstanden im 15. Jahrhundert in vielen Städten Frater- und Schwesternhäuser nach der sogenannten Dritten Regel Augustins, die auf geistliche Laien zugeschnitten war. Einzelne Gründungen erfolgten noch bis Anfang des 16. Jahrhunderts. Da hatte die Bedeutung der Klöster insgesamt aber bereits ihren Höhepunkt überschritten. Ein allgemeiner wirtschaftlicher und moralischer Niedergang hatte sich seit dem frühen 15. Jahrhundert bemerkbar gemacht. Dem suchten die Bischöfe als geistliche und die Landesherren als weltliche Obrigkeiten mit Visitationen und Reformvorschriften entgegenzusteuern, meist ohne nachhaltige Wirkung. Mehr Erfolg hatten ordensinterne Maßnahmen. Von niedersächsischem Boden ging mit der Bursfelder Kongregation seit 1440 eine Reformbewegung aus, die sich der Rückbesinnung auf den Geist der Benediktinerregel verschrieben hatte. Ihr schlossen sich viele Klöster in Norddeutschland und darüber hinaus an. Ähnlich leiteten die Augustiner-Chorherren der Windesheimer Kongregation eine Reform ein, durch die die eingetretenen Missstände auch bei vielen Männer- und Frauenklöstern, die anderen Ordensregeln verpflichtet waren, erfolgreich abgestellt wurden. Große Verdienste erwarb sich dabei der Propst des Hildesheimer Sülteklosters, Johannes Busch. Viele Landesherren unterstützten die Reform aus echter religiöser Überzeugung. Ein gutes Beispiel dafür bietet Herzog Friedrich von Celle (gest. 1478), dem von der Nachwelt zu Recht der Beiname „der Fromme" zugelegt wurde. Er war selbst tief gläubig, förderte die Kirche nach Kräften und unternahm noch im fort-

Als Nonnenkloster der Zisterzienser wurde Wienhausen 1231 durch Agnes von Meißen, eine Schwiegertochter Heinrichs des Löwen, gegründet und gelangte bald zu wirtschaftlichem Wohlstand. Die erhaltenen Bauten des Klosters versetzen den Betrachter in das späte Mittelalter. Die Backsteingiebel des Westflügels und der Klosterkirche aus dem ersten Drittel des 14. Jahrhunderts bieten einen malerischen Anblick. Innerhalb des Klausurbereichs enthalten die an zwei Kreuzgängen gelegenen Räume zahlreiche Kunstwerke, Möbel und Einrichtungsgegenstände aus älterer Zeit. Bemerkenswert sind die vielen im Obergeschoss aufgestellten gotischen Schränke und Truhen und die zum Teil ausgemalten und vertäfelten Zellen der Nonnen im „Kistengang".

Große Teile der hervorragenden künstlerischen Ausstattung des Klosters Wienhausen haben sich erhalten und werden von den seit der Reformation evangelischen Konventualinnen gepflegt. Einzigartig in Deutschland ist der Nonnenchor an der Klosterkirche, der um 1335 mit Szenen aus dem Leben von Heiligen, dem Leidensweg Christi und Motiven aus dem Alten Testament einheitlich farbig ausgemalt wurde. Der in der Mitte des Chors aufgestellte, ebenfalls bemalte Schrein des Heiligen Grabes, umgeben von vier Prozessionsleuchtern, wurde 1448 gestiftet; der Schnitzaltar von 1519 ist dem Leben der Klosterpatronin Maria gewidmet.

Spätes Mittelalter

Berühmt geworden ist Wienhausen vor allem durch die neun kostbaren Bildteppiche, die seit kurzem in einem besonders klimatisierten Raum ständig ausgestellt sind. Sie sind von den Nonnen des 14. und 15. Jahrhunderts nach Vorlagen aus der Buchmalerei mit Wolle auf Leinen gestickt worden und zeigen auf ihren Bildstreifen teils geistliche Motive wie die Propheten der Bibel oder die Legenden der Heiligen Thomas, Anna und Elisabeth, teils auch weltliche wie die Sage von Tristan und Isolde. Auch derbe Jagdszenen sind dargestellt. Die Abbildung zeigt den großformatigen Heilsspiegelteppich mit Themen aus dem Alten und dem Neuen Testament.

geschrittenen Alter eine Pilgerfahrt nach Rom. Er legte sein Regierungsamt zugunsten seines Sohnes Otto nieder und zog sich für zwölf Jahre als Laienbruder in das Celler Franziskanerkloster zurück, das er selbst gegründet hatte, ließ sich dann aber nach dem Tod des Sohnes wieder in die Pflicht nehmen, da der Enkel Heinrich noch unmündig war, und lud sich für die sieben letzten Lebensjahre die Mühen der Regierung noch einmal auf. Ähnliche Haltungen lassen sich auch bei anderen Fürsten beobachten.

Am Ende des Mittelalters gab es in Niedersachsen etwa 250 Klöster und Stifte, von denen allerdings kaum eines sich an den wohlhabenden und auch politisch einflussreichen Reichsabteien Süddeutschlands messen lassen konnte. Auch die Klosterdichte war im Süden und Westen höher als in Nordwestdeutschland. Dennoch sind auch hier die geistlichen Anstalten von kaum zu überschätzender Bedeutung für die kulturelle und wirtschaftliche Entwicklung des Landes.

Ausklang des Mittelalters

Gegen Ende des 14. Jahrhunderts war die Macht der Landesherren auf einen Tiefpunkt gesunken. Die Landstände – Prälaten, Ritterschaft und Städte – hatten sich formiert und forderten Mitsprache bei der Regierung und Verwaltung. Die Bauern, also der überwiegende Teil der ländlichen Bevölkerung, waren nicht auf den Landtagen vertreten. Sie waren meist nicht freie Eigentümer ihrer Höfe, sondern bewirtschafteten sie für einen Grundherrn, dem sie Abgaben entrichten mussten. Das konnte der Landesherr, eine Familie des Adels oder auch die Kirche sein. Fast überall herrschte das Meierrecht vor, ein vererbbares Pachtverhältnis, das die Bauern vor willkürlicher „Abmeierung" schützte. Die Landesherren verhinderten durch entsprechende Verordnungen das „Bauernlegen", den Einzug der Höfe und die Übernahme in die Eigenwirtschaft des Grundherrn. Dadurch blieb ein wirtschaftlich gesunder Bauernstand erhalten, und es kam nicht zur Bildung von großen ritterschaftlichen Gütern wie im östlichen Deutschland. Nur etwa fünf Prozent des Landes waren in Niedersachsen in der Hand des Adels. Persönliche Unfreiheit gab es nur noch vereinzelt; die Eigenhörigkeit des hohen Mittelalters, die völlige rechtliche und wirtschaftliche Abhängigkeit bedeutete, war weitgehend durch Freilassungen oder Freikäufe abgeschafft worden.

Die Stärke der Landstände und besonders der Städte ergab sich vor allem aus der Finanznot der meisten Landesherren, die zum Teil durch verlustreiche Fehden verursacht, zum Teil aber auch strukturbedingt war. Die welfischen Herzöge und ihre Standesgenossen verfügten über nur wenig eigene Einnahmen etwa aus Zöllen und Geleitgeldern oder aus den Abgaben der Höfe, bei denen der Landesherr zugleich Grundherr war. Die steigenden Ausgaben für die Hofhaltungen und für die Verwaltung mussten überwiegend aus der Bede, der allgemeinen Landsteuer, bestritten werden, und die konnte nicht ohne Bewilligung durch die Landstände erhoben werden. Deren Zustimmung musste durch die Gewährung von Privilegien erkauft werden, was die Macht der Fürsten weiter schwächte. Verweigerten sich die Stände, so blieb nur der Weg, die benötigten Mittel bei privaten Gläubigern gegen Verpfändung von Herrschaftsrechten oder Einnahmen zu beschaffen. Am weitesten ging diese Entwicklung im Fürstentum Lüneburg, wo die Stände mit der Sate (Satzung) von 1392 die Herzöge, die durch den Erbfolgekrieg besonders tief verschuldet waren, fast entmachteten. Diese Schwäche der Landesherrschaft hielt mehrere Jahrzehnte lang an und konnte nur allmählich überwunden werden. So blieb das 15. Jahrhundert eine Zeit der mächtigen Städte, auch wenn diese oft mit inneren Problemen zu kämpfen hatten.

Zunehmend regte sich nämlich Protest dagegen, dass das Stadtregiment in den Händen einer kleinen, abgeschlossenen Gruppe verblieb, die allein die Bürgermeister und Ratsleute stellte und alle Entscheidungen in städtischen Angelegenheiten traf. Gegen

Das späte Mittelalter war auch in Niedersachsen eine Zeit der mächtigen Städte. Davon zeugen noch prächtige Rathäuser und Kirchen wie zum Beispiel die St. Johanniskirche in Lüneburg, eine fünfschiffige gotische Hallenkirche, erbaut 1300 bis 1370, deren 105 Meter hoher Glockenturm ebenfalls im 14. Jahrhundert errichtet und nach einem Brand 1406 erneuert wurde. Das einst reiche Lüneburg sank nach dem Niedergang der Hanse und dem Verfall der Salzpreise seit dem 17. Jahrhundert zu einer unbedeutenden Landstadt herab. Dieser Verarmung ist es zu verdanken, dass das vom Backstein geprägte Stadtbild des späten Mittelalters und der frühen Neuzeit erhalten blieb.

Im alten Rathaus von Flensburg hängt das Porträt König Christians I. von Dänemark (1426–1481). 1448 war der Oldenburger Graf Christian vom dänischen Reichstag zum König gewählt worden. 1460 wurde er auch Herzog von Schleswig und Graf von Holstein. Die bis 1774 dauernde Verbindung zwischen dem skandinavischen Königreich und der norddeutschen Grafschaft brachte für sie wenig Gewinn. Ihrem Grafenhaus eröffneten sich jedoch europäische Perspektiven.

dieses Patriziat rebellierten vor allem die Handwerker und verlangten Mitsprache und Beteiligung. So gab es, besonders heftig in Braunschweig, immer wieder Aufruhr und Empörung, die zum Teil blutig niedergeschlagen wurden und bei denen die Rebellen allenfalls Teilerfolge erzielten. In Lüneburg verband sich der soziale Aufstand im sogenannten „Prälatenkrieg" um die Mitte des 15. Jahrhunderts mit dem Widerstand der geistlichen Anteilseigner an der Saline dagegen, dass sie zur Tilgung der Schulden herangezogen werden sollten, die die Stadt zur Sicherung der Salzförderung und des Salzhandels angehäuft hatte. Nach Einschaltung des Papstes, Bannung und zeitweiliger Vertreibung des Rats endete der Streit 1462 mit einem Kompromiss. Der welfische Landesherr hatte dabei nur eine untergeordnete Rolle gespielt.

Diese Schwäche im Inneren führte dazu, dass das Welfenhaus auch nach außen hin kraftlos auftrat und im deutschen Reich ein entsprechend geringes Ansehen genoss. Die Überlieferung, Herzog Friedrich aus der Braunschweiger Linie sei im Jahr 1400 als Kandidat für die Wahl des deutschen Königs aufgetreten, ist deshalb kaum glaubhaft. Bei der Rückkehr vom Fürstentag in Frankfurt am Main wurde Friedrich in der Nähe von Fritzlar von dem Grafen Heinrich von Waldeck erschlagen – eine Tat, die großes Aufsehen erregte und einen Rachefeldzug der Brüder des Ermordeten nach sich zog. Aus dem Rahmen fällt das Verhalten der Angehörigen der Linie Grubenhagen. Dieses Fürstentum war 1291 aus einer der welfischen Erbteilungen hervorgegangen. Schon die Beinamen seiner Herzöge weisen auf das Außergewöhnliche ihrer Lebensläufe hin: Den Begründer der Linie nannte man Heinrich den Wunderlichen (Mirabilis), seinen Sohn Heinrich von Griechenland (de Graecia), den Enkel Otto von Tarent. Alle drei suchten die mangelnde Bedeutung ihres kleinen Staates, der sich auf einige Landstriche um Einbeck, Osterode und zunächst auch Duderstadt erstreckte, dadurch zu kompensieren, dass sie Verbindungen von europaweiten Dimen-

sionen anknüpften. Heinrich Mirabilis verheiratete eine seiner zahlreichen Töchter mit einem Enkel des byzantinischen Kaisers Andronikos II. und unterstrich damit seinen Geltungswillen. Er war auch der Erste, der 1361 zusätzlich zum welfischen Löwen das Sachsenross in sein Wappen aufnahm, um so den Anspruch der Askanier auf Führerschaft in Altsachsen zurückzuweisen. Sein gleichnamiger Sohn unternahm auf den Spuren seines Ahnherrn Heinrichs des Löwen eine Pilgerfahrt ins Heilige Land und brachte von dort seine zweite Frau aus dem Geschlecht der Könige von Jerusalem und Zypern mit nach Hause. Otto schließlich schloss die Ehe mit der Witwe des Königs Jakob von Mallorca, dann eine zweite mit Königin Johanna von Neapel, die ihm den Titel eines Fürsten von Tarent einbrachte. Dem heimischen Grubenhagen hat dieses Abenteurertum nichts eingebracht; es blieb in ständigen Finanznöten und sah sich gezwungen, seinen Besitz im Eichsfeld dem Erzbischof von Mainz zu verpfänden.

Zukunftsträchtiger war der Schritt, den die Grafen von Oldenburg auf die europäische Bühne machten. 1448 ließ sich Graf Christian zum König von Dänemark wählen; sein Onkel Adolf von Holstein-Schauenburg, Herzog von Schleswig, hatte dabei vermittelt. Damit geriet die Grafschaft unter den Einfluss der dänischen Politik – mit positiven und negativen Auswirkungen. Beide Staaten blieben zwar getrennt, und Christians jüngerer Bruder Gerhard übernahm die Regierung in Oldenburg. Doch sicherte sich die neue dänische Dynastie das Erbrecht, falls die ältere Linie in der Stammgrafschaft aussterben sollte – eine Konstellation, die dann zwei Jahrhunderte später tatsächlich eintreten sollte.

Im 12. und 13. Jahrhundert unternahmen viele Landesherren einen gezielten Ausbau ihrer Territorien durch die Erschließung von Ödland. Waldgebiete wurden gerodet und planmäßig Siedlungen gegründet, häufig in Gestalt von Hagenhufendörfern, deren langgestreckter Grundriss sich etwa im Schaumburgischen oder nördlich von Hannover bis heute erhalten hat. Den Kolonisten wurden, um sie für die harte Arbeit anzuwerben, besonders günstige Bedingungen eingeräumt. Den Bevölkerungsdruck, der sich allmählich aufgebaut hatte, konnte diese Binnenkolonisation aber nicht auffangen. Viele nachgeborene Söhne und Töchter von Bauern und Stadtbürgern hatten daheim kaum Aussichten, einmal selbst einen Hof oder einen Handwerksbetrieb zu übernehmen. Sie folgten deshalb dem Lockruf der Lokatoren, also der Siedlungsunternehmer, die ihnen eine neue Heimat und eine Existenzgrundlage im Neuland jenseits der Elbe versprachen, wo in dieser Zeit die Ostkolonisation bis an die Oder und darüber hinaus vordrang und ständig Nachschub an deutschen Siedlern benötigt wurde. Auf diese Auswanderung geht vermutlich die bekannte Sage vom Rattenfänger von Hameln oder vom Auszug der Hämelschen Kinder im Jahr 1284 zurück; der Pfeifer oder Spielmann, der 130 Jungen und Mädchen aus Rache für den erlittenen Undank aus der Stadt geführt haben soll, könnte einer jener Werber gewesen sein, die dem Siedlungswerk in Mähren, Pommern oder in Brandenburg – für alle drei Gebiete kann die Ortsnamenforschung Belege beibringen – neue Kräfte zuführten.

Etwa um 1350 waren sowohl die Abwanderung nach Osten wie auch die großflächigen Rodungen im Landesinneren zum Abschluss gekommen. Die Bevölkerungszahlen auf dem flachen Land stagnierten oder gingen sogar zurück. Das lag nur zum Teil an der Pest, die zuerst 1349/50 auch Niedersachsen heimsuchte und in manchen Regionen, vor allem in den Städten, bis zu einem Drittel der Bevölkerung hinraffte. Die zahlreichen Wüstungen des späten Mittelalters sind aber wohl weniger dem „schwarzen Tod" zu verdanken, der Norddeutschland bis in das 17. Jahrhundert noch mehrmals heimsuchte, sondern der Landflucht, dem Wegzug der ländlichen Bevölkerung in die Städte, die entsprechend an Einwohnern zunahmen. Dahinter standen die immer wieder auftretenden Agrarkrisen. Missernten und Viehseuchen führten zu Hunger und Fehlernährung, besonders gute Erntejahre zogen Überangebot und Preisverfall nach sich. Beide Extreme ließen sich in einzelnen Jahren verkraften, nicht aber, wenn sie sich wie im 14. Jahrhundert in rascher Folge häuften. Viele Felder wurden nicht mehr bewirtschaftet, die Bauern gaben ihre Höfe auf und suchten ihr Glück in der Stadt. Nach Schätzungen fielen der Wüstungsphase des Spätmittelalters etwa ein Viertel aller Dörfer zum Opfer. Die wenigsten davon wurden später wieder besiedelt. Meist ging der Pflug darüber hinweg, und nur Flurnamen oder Scherbenfunde der Archäologen weisen noch auf die ehemaligen Ortslagen hin.

Viele Legenden ranken sich um den Rattenfänger, der aus Rache für den Undank der Hamelner ihre Kinder im Jahr 1284 ins Verderben geführt haben soll. Die Sage hat die Stadt weltweit bekannt gemacht. Ihr geschichtlicher Hintergrund ist wohl die Auswanderung im Zuge der mittelalterlichen Ostkolonisation, bei der auch junge Leute aus dem Weserbergland ihr Glück in der Ferne suchten und nicht wiederkehrten. Diese Darstellung des Pfeifers stammt aus der Reisechronik des Augustin von Mörsperg (1592).

Frühe Neuzeit

Das Zeitalter der Reformation

Herzog Ernst der Bekenner von Braunschweig-Lüneburg (1497–1546) erhielt seinen Beinamen wegen seiner frühen Hinwendung zur Lehre Martin Luthers, die er in seiner Jugend beim Studium in Wittenberg kennen gelernt hatte. 1529 führte er in seinem Fürstentum Lüneburg gegen manchen Widerstand vor allem in den Frauenklöstern die Reformation ein. Mit Hilfe der ihm dabei zufallenden Kirchengüter gelang es ihm, die vom Vater geerbten Staatsschulden erheblich zu verringern.

Die Forderungen Martin Luthers (1483–1546) nach einer Reform der Kirche und nach einem neuen Glaubensverständnis fanden auch in Niedersachsen rasch großen Anklang. Ihre Umsetzung in die Realität des kirchlichen Lebens wurde von den meisten Landesherren gefördert oder doch zumindest geduldet. Es gab aber auch Widerstände und Verzögerungen. Dass sich in manchen Klöstern die Insassen gegen eine Erneuerungsbewegung wandten, die ihre Lebensform in Frage stellte, überrascht nicht. Besonders die adeligen Frauenklöster und die der Franziskaner sträubten sich heftig, wenn auch vergeblich gegen die Einführung der neuen Lehre. Die meisten der niedersächsischen Klöster fielen früher oder später der Reformation zum Opfer; sie wurden von den Landesherren eingezogen oder lösten sich selbst auf, weil die Zahl der Konventsmitglieder durch Übertritte zum Luthertum stark zurückging.

Die Reformatoren, die dem Volk die neue Glaubenslehre vermittelten und die ersten evangelischen Kirchenordnungen verfassten, kamen meist nicht aus Niedersachsen selbst, sondern aus anderen Teilen Deutschlands: Urbanus Rhegius war Schwabe, Johannes Bugenhagen kam aus Pommern, Anton Corvinus aus Westfalen. Nur Hermann Hamelmann, der in Gandersheim und Oldenburg wirkte, stammte aus Osnabrück. Sie alle konnten natürlich ihr Reformationswerk nur im Einvernehmen mit den Landesherren durchführen, und die verhielten sich recht unterschiedlich.

Zu den frühesten Anhängern Luthers gehörte Herzog Ernst von Lüneburg, der nicht umsonst als „der Bekenner" in die Geschichtsschreibung eingegangen ist. Er hatte selbst in Wittenberg studiert und dort Luther gehört. Sein Vater, Herzog Heinrich der Mittlere, hatte durch eine abenteuerliche Politik enorme Schulden auf das Fürstentum gehäuft, das zudem stark unter der Hildesheimer Stiftsfehde gelitten hatte. Er war in die Reichsacht getan worden und hatte die Regierung seinen drei Söhnen überlassen. Unter ihnen war Ernst der tatkräftigste. Sein Bruder Otto begründete 1527 eine Nebenlinie in Harburg, die bis 1642 blühte; sein Bruder Franz ließ sich 1539 mit Gifhorn abfinden, so dass Ernst seitdem das Regiment allein führte. Schon 1525 hatte er die Weichen für die Einführung der Reformation gestellt und erreichte zwei Jahre später die Zustimmung der Landstände. 1530 berief er den Reformator Urbanus Rhegius nach Celle, der als erster Generalsuperintendent des Fürstentums Lüneburg in kurzer Zeit dem Luthertum zum Sieg verhalf. Die ländliche Bevölkerung nahm den neuen Glauben im Allgemeinen bereitwillig an. In der Stadt Lüneburg, wie auch in anderen niedersächsischen Städten, blockierte dagegen zunächst der konservative Rat die Einführung, musste sich dann aber dem doppelten Druck des Herzogs und der aufbegehrenden Bürgerschaft beugen.

Wie viele andere Fürsten widerstand auch Ernst nicht der Versuchung, den Glaubenswechsel zu einer Minderung der drückenden Landesschulden zu nutzen. Er ließ in den Kirchen des Landes die entbehrlich gewordenen silbernen Messgeräte einziehen und legte die Hand auf den ansehnlichen Besitz der Klöster. Dabei ging er aber nicht so radikal vor wie manche seiner Standesgenossen. Für die sechs Frauenklöster des Landes in Walsrode, Wienhausen, Ebstorf, Lüne, Medingen und Isenhagen hatte sich die Ritterschaft eingesetzt, die dort traditionell ihre unverheirateten Töchter versorgt hatte. Sie verloren zwar die Propsteigüter, behielten aber ihren übrigen Besitz und konnten als evangelische Konvente weiterbestehen. Auch die Männerstifte Bardowick und Ramelsloh und das Lüneburger Michaeliskloster durften in lutherischer Gestalt mit nur mäßigen Abtretungen überdauern. Die drei Männerklöster in Oldenstadt, Scharnebeck und Heiligenthal aber wurden ebenso wie die Häuser der Franziskaner in Celle und Winsen an der Luhe aufgehoben; ihr Vermögen fiel dem Herzog zu. Die Abtretungsurkunden sprechen von Freiwilligkeit – andere Quellen bezeugen, dass davon nicht die Rede sein konnte.

Im benachbarten Fürstentum Calenberg, das seit 1495 mit Göttingen vereinigt war, hielt der Landesherr, Herzog Erich I. (1470–1540), persönlich zum alten Glauben. Das ergab sich aus seiner engen Bindung an Kaiser Maximilian I. und das Haus Habsburg. Er ließ aber zu, dass seine zweite Gemahlin Elisabeth von Brandenburg schon seit 1525 versuchte, dem Luthertum die Bahn zu bereiten. Als sie nach seinem Tod 1540 die Regentschaft für ihren Sohn Erich II. führte, berief sie den Reformator Anton Corvinus als Generalsuperintendenten nach Calenberg. Corvinus hatte bereits als protestantischer Pfarrer in Goslar und als politischer Berater des Landgrafen Philipp von Hessen gewirkt. 1542 verfasste er eine Kirchen- und Klosterordnung für Calenberg-Göttingen. Auch in Calenberg blieben die fünf Frauenklöster als evangelische Konvente bestehen. Ihr Vermögen und das der neun aufgehobenen Klöster fiel nicht dem Staat anheim, sondern entwickelte sich nach und nach zu einem zentralen Klosterfonds, dessen Erträge – wie die Erträge aus Kirchengut entsprechend der Verpflichtung der im Schmalkaldischen Bund zusammengeschlossenen evangelischen Territorien – für die Besoldung der Kirchenbediensteten, den Unterricht an Schulen und die Armenfürsorge verwendet werden sollten. Seit 1818 wird der Klosterfonds von der Klosterkammer Hannover verwaltet.

Die Reform geriet in Gefahr, als Erich II. zum alten Glauben übertrat. 1549 wurde Corvinus auf der Festung Calenberg gefangen gesetzt, doch Elisabeth verhinderte trotzdem die Rekatholisierung des Landes. Ihr Sohn akzeptierte das schließlich. Er führte eine unglückliche Ehe mit Sidonia von Sachsen, die er als Hexe anklagen ließ, und begab sich als Landsknechtsführer in kaiserliche und spanisch-niederländische Dienste. Als er 1584 kinderlos starb, fiel das Fürstentum Calenberg mit Göttingen an seinen Vetter Julius von Wolfenbüttel.

Dessen Vater, Herzog Heinrich der Jüngere, hatte sich als einer der erbittertsten Gegner Luthers erwiesen, der ihn seinerseits in einer Streitschrift als „Hans Worst" verunglimpfte. Die Reformation hatte unter ihm im Fürstentum Wolfenbüttel keine Chance; nur die Stadt Braunschweig trat schon 1528 zu ihr über. Die braunschweigische Kirchenordnung verfasste Johannes Bugenhagen. Als letzten Vorkämpfer des Katholizismus in Niedersachsen vertrieb der Schmalkaldische Bund evangelischer Fürsten und Städte, dem auch die Welfen Ernst der Bekenner von Lüneburg und Philipp von Grubenhagen angehörten, den Wolfenbütteler 1542 aus seinem Fürstentum und führte dort die Lehre Luthers ein. Beim Versuch, sein Land zurückzuerobern, wurde Heinrich gefangen genommen, kam nach der Niederlage der Schmalkaldener gegen Kaiser Karl V. bei Mühlberg 1547 wieder frei und konnte seine Herrschaft nach dem Sieg über Markgraf Albrecht Alcibiades in der blutigen Schlacht bei Sievershausen 1553 endgültig festigen. Ein Jahr zuvor gelang es ihm, die Reichsstadt Goslar im Vertrag von Riechenberg zur Abtretung ihres Anteils am Rammelsberg und ihrer Forsten im Harz zu zwingen. Trotz eines anrüchigen Lebenswandels – seine Geliebte Eva von Trott ließ er zum Schein begraben, versteckte sie auf einer Burg und zeugte mit ihr zehn Kinder – hielt Heinrich der Jüngere weiter fest zur alten Konfession. Erst sein Sohn Julius führte bei der Übernahme der Regierung 1568 sofort die protestantische Lehre ein. Die Wolfenbütteler Kirchenordnung war ein Werk des Superintendenten Martin Chemnitz aus Brandenburg. Das Vermögen der Klöster wurde eingezogen und kirchlichen, karitativen und Bildungszwecken gewidmet. Für die Vermögensverwaltung wurde 1832 der Braunschweigische Kloster- und Studienfonds gegründet.

Auch in den geistlichen Territorien ließ sich der Abfall vom Papsttum auf die Dauer nicht verhindern, obwohl dem natürlich starke Kräfte entgegenstanden. Im Erzstift Bremen und im Stift Verden war es Erzbischof Christoph, ein Bruder Heinrichs des Jünge-

Im welfischen Fürstentum Calenberg-Göttingen war die Wendung zum Protestantismus einer Frau zu verdanken: Elisabeth (1510–1558), Gemahlin Herzog Erichs I. und Tochter des Kurfürsten Joachim I. von Brandenburg. Sie nutzte ihre Regentschaft nach dem Tod ihres Mannes 1540 zur Einführung einer lutherischen Kirchen- und Klosterordnung. Mit ihr legte sie den Grundstein für die spätere Bildung eines Klosterfonds aus eingezogenem Klostervermögen. Noch heute dient dieser Klosterfonds der Förderung kirchlicher, sozialer und schulischer Projekte.

Anders als seine Vettern war Herzog Heinrich der Jüngere von Wolfenbüttel (1489–1568) ein überzeugter Anhänger des alten Glaubens und ein strenger Gegner der Reformation. Damit geriet er in Gegensatz zu den im Schmalkaldischen Bund vereinten evangelischen Fürsten. Kursächsische und hessische Truppen, die von den Städten Braunschweig und Goslar unterstützt wurden, besetzten 1542 das Fürstentum Wolfenbüttel und vertrieben den Herzog aus seinem Land. Kurfürst Johann Friedrich von Sachsen und Landgraf Philipp von Hessen nahmen selbst an dem Feldzug teil, der als ein Vorspiel zum Schmalkaldischen Krieg (1546/47) bezeichnet werden kann. Der Holzschnitt von Lucas Cranach dem Älteren schildert die Belagerung und Beschießung der stark befestigten Residenzstadt Wolfenbüttel, nach deren Fall das Land zunächst einmal der Reformation geöffnet wurde.

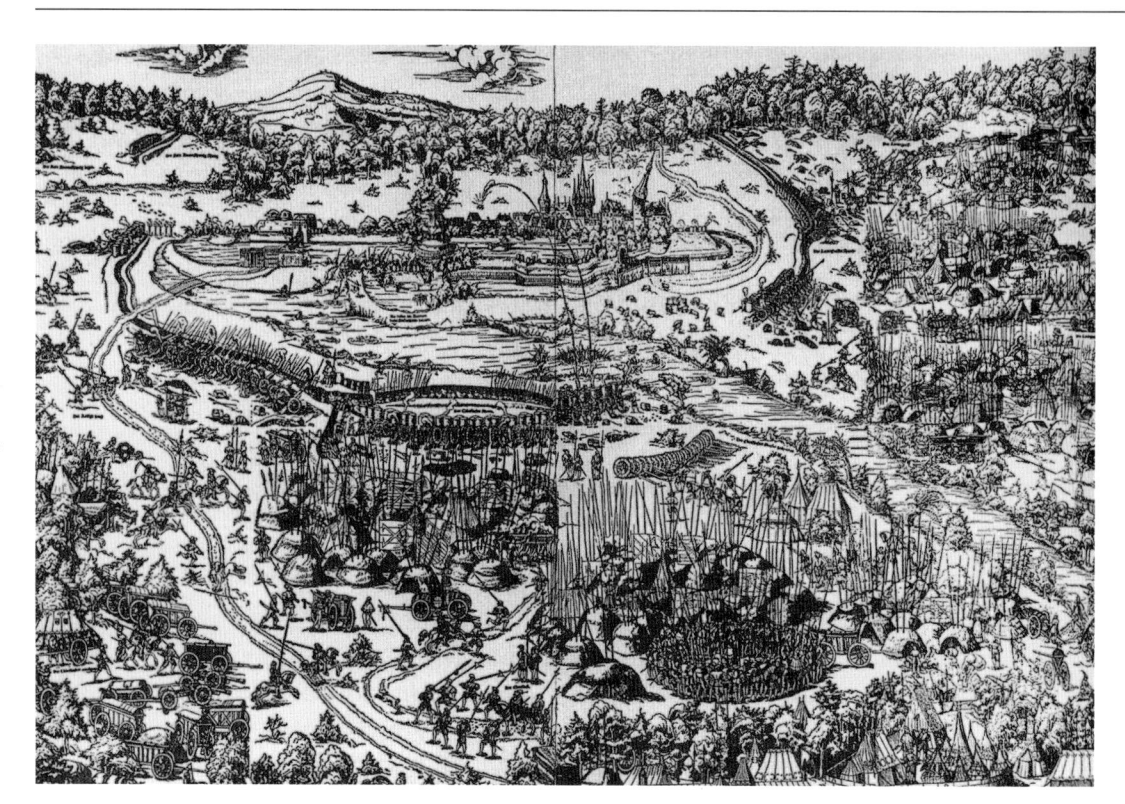

ren von Wolfenbüttel, der als Altgläubiger dem Luthertum die Anerkennung verweigerte, obwohl es in der Bevölkerung bereits viele Anhänger hatte. Erst als ihm nach seinem Tod 1568 protestantische Administratoren nachfolgten, gaben sie den Weg für die neue Lehre in beiden Staaten frei. Im Stift Hildesheim wurden die Landesteile, die nach der Stiftsfehde 1523 von Wolfenbüttel und Calenberg übernommen worden waren, mit diesen welfischen Fürstentümern dem evangelischen Glauben zugeführt und behielten ihn auch nach der Restitution des Großen Stifts 1643. Die Stadt Hildesheim hatte sich 1542 dem Protestantismus geöffnet, ihre nähere Umgebung, das Kleine Stift also, blieb nur teilweise der katholischen Kirche treu, der auch die Bischöfe und das Domkapitel weiter angehörten. Auch in Osnabrück kam es zur Glaubensspaltung: Die Stadt wandte sich 1543 der Reformation zu, für die auch der Bischof Franz von Waldeck Sympathie empfunden hatte; er erließ eine lutherische Kirchenordnung, die er aber schon 1548, nach der Niederlage der Evangelischen im Schmalkaldischen Krieg, widerrufen musste. Danach gab es häufig Spannungen zwischen beiden Konfessionen. Auch im Niederstift Münster und im mainzischen Eichsfeld setzte sich der evangelische Glaube durch.

In den kleineren Grafschaften und Herrschaften war der Sog der größeren Nachbarn meist so stark, dass der Konfessionswechsel nahezu zwangsläufig erfolgte. In Oldenburg wurde bereits 1525 evangelisch gepredigt. Graf Anton I. nutzte die Abkehr vom alten Glauben zur Konfiskation von Kirchen- und Klostergut. Eine lutherische Kirchenordnung wurde erst 1573 erlassen. Auch in Ostfriesland hatte sich die protestantische Lehre schon früh durchgesetzt. Von den Niederlanden her drang hier calvinistisches Gedankengut ein. Nach anfänglichen Auseinandersetzungen fanden Lutheraner und Reformierte zu einem friedlichen Nebeneinander. In der Grafschaft Schaumburg verzögerte sich der Übertritt in das protestantische Lager, weil das Grafenhaus politische Rücksicht zu nehmen hatte: Zwei Brüder Graf Ottos IV. amtierten nacheinander als Erzbischöfe von Köln. So kam es erst 1559 zur offiziellen Anerkennung des Luthertums, das in der Bevölkerung längst verbreitet war.

Um 1580 war fast der gesamte niedersächsische Raum, mit Ausnahme einiger kleiner katholisch gebliebener Gebiete im Hildesheimschen und im Eichsfeld, für den Protestantismus gewonnen. Die Diözesangewalt der Bischöfe war außerhalb ihrer eigenen Territorien erloschen; das landesherrliche Kirchenregiment hatte sich durchgesetzt, und der Fürst stand als „Summus episcopus" selbst an der Spitze seiner sich allmählich formierenden Landeskirche. Noch im 16. Jahrhundert aber begann die Gegenreformation vor allem im Bereich der Stifte mit dem Versuch, das Rad zurückzudrehen. Zu den eifrigsten Helfern der Bischöfe wurden die Jesuiten. Größeren Erfolg hatte die Rekatholisierung aber zunächst nur im Eichsfeld, wo der Mainzer Erzbischof die Evangelischen auch mit der Androhung von Gewalt zurückdrängte. Erst im 17. Jahrhundert, als der Dreißigjährige Krieg (1618–1648) die politischen Voraussetzungen dafür schuf, gewannen auch in anderen Teilen Niedersachsens die Katholiken einen Teil des verlorenen Terrains zurück.

Politische und wirtschaftliche Entwicklung im 16. Jahrhundert

Parallel zum Sieg der Reformation und zum Teil begünstigt durch sie, zeichnete sich in der ersten Hälfte des 16. Jahrhunderts in den meisten Territorien ein Ausbau der landesherrlichen Verwaltung und zugleich eine Stärkung der fürstlichen Machtposition ab. Die Schwächeperiode, die im späten 14. Jahrhundert eingesetzt hatte, war überwunden, und die Abhängigkeit von den Landständen wurde weniger belastend. Zwar waren die meisten Landesherren immer noch hoch verschuldet, doch hatte sich die finanzielle Lage insgesamt durch die Einverleibung der Kirchen- und Klostergüter, vor allem aber durch eine kosequentere Nutzung der Einnahmequellen verbessert. Die Staatsschulden konnten abgebaut, die an Gläubiger verpfändeten Burgen, Zölle und sonstigen Einkünfte nach und nach wieder eingelöst werden.

An die Stelle der Ratgeber aus dem Kreis der Prälaten und des Landadels traten landfremde Juristen, die von den Landesherren als Kanzler und Räte berufen wurden. Das trug zu einer Professionalisierung und Qualitätsverbesserung der Verwaltung bei. In der Zentrale wurden, jedenfalls in den größeren Staaten, Behörden mit besonderer fachlicher Kompetenz eingerichtet: Hofgerichte für die Rechtsprechung, Konsistorien für die kirchlichen Angelegenheiten, Rentkammern für die Finanz- und Wirtschaftsverwaltung. Auf der lokalen Ebene wurde das Netz der Ämter ausgebaut, das sich bereits im 14. Jahrhundert entwickelt hatte. Ein Amtmann oder Drost nahm in seinem Amtsbereich, in dem oft eine Burg den Mittelpunkt bildete, die obrigkeitlichen Rechte und Pflichten wahr, verwaltete den landesherrlichen Besitz, zog die Steuern und Abgaben ein und saß auch zu Gericht. Nur die amtsfreien Städte waren direkt der Zentralverwaltung unterstellt. Umfassende Polizeiordnungen bildeten die Grundlage für das Handeln der Verwaltung und für die Rechte und Pflichten der Untertanen.

Für die welfischen Fürstentümer war es eine glückliche Fügung, dass um 1500 der Bergbau auf Silber und Blei im Oberharz wieder aufgenommen werden konnte, der 150 Jahre zuvor wegen Erschöpfung der oberflächennahen Erzlager zum Erliegen gekommen war. Dazu wurden Bergleute aus dem obersächsischen Revier herbeigeholt, die mit modernen Fördermethoden vertraut waren und auch tiefliegende Flöze zu erschließen wussten. Sie siedelten sich in den neu gegründeten sieben Oberharzer Bergstädten an: Altenau, St. Andreasberg, Bad Grund, Clausthal, Zellerfeld, Lautenthal und Wildemann. Bis um 1880 hielt sich hier eine obersächsische Sprachinsel mitten im niederdeutsch sprechenden Umland. Neben Wolfenbüttel war auch das Fürstentum Grubenhagen an Erzabbau und Verhüttung beteiligt, was bald reichen Gewinn abwarf. Der welfische Anteil an dem höchsten Gebirgszug Norddeutschlands konnte 1593 und 1599 um die Harzgrafschaften Hohnstein und Blankenburg-Regenstein erweitert werden. Als deren Grafenhäuser in männlicher Linie ausstarben, fielen sie als heimgefallene Lehen an Herzog Heinrich Julius von Wolfenbüttel.

Der Bauernkrieg des Jahres 1525 berührte Niedersachsen nur in den südöstlichen Randgebieten. Von Thüringen aus zogen aufständische Bauern aus den Scharen Thomas Müntzers (um 1490–1525) an den Harz und plünderten und verwüsteten das Kloster Walkenried, das sich von diesem Überfall nicht wieder erholte. 1546 traten die letzten verbliebenen Mönche zur evangelischen Lehre über. In Ostfriesland hatte 1491 Graf Edzard I., auch „der Große" genannt, die Regierung

Ab der Zeit um 1500 erfuhr der Bergbau im Oberharz eine neue Blüte, als man begann, die tiefliegenden Silber- und Bleivorkommen zu erschließen. Dazu wurden Bergleute aus dem obersächsischen Revier geholt, die mit modernen Fördermethoden vertraut waren. Die sieben Oberharzer Bergstädte Altenau, St. Andreasberg, Bad Grund, Clausthal, Zellerfeld, Lautenthal und Wildemann wurden gegründet. Als dieses Aquarell mit der Ansicht der Stadt Goslar und des Bergbaureviers am Rammelsberg um 1574 entstand, hatte die Reichsstadt den Zenit ihrer Bedeutung allerdings bereits überschritten.

Ubbo Emmius (1547–1625), Geschichtsschreiber Frieslands und erster Rektor der Universität Groningen, schuf 1595 den abgebildeten Entwurf für eine Karte Ostfrieslands von hoher kartographischer Qualität. Sie ist das Ergebnis systematischer Erkundungen des dargestellten Gebiets und blieb bis in das 19. Jahrhundert Vorbild für alle nachfolgenden Kartenzeichner. Zwischen dem Dollart im Westen und dem Jadebusen im Osten sind Städte und Dörfer, Gewässer und Wälder und die Grenzen der ostfriesischen „Länder" mit der damals größtmöglichen Genauigkeit wiedergegeben.

Graf Edzard I. von Ostfriesland (1462–1528) aus dem Geschlecht der Cirksena festigte die von seinem Vater Ulrich 1464 begründete Landesherrschaft, baute sie aus und verteidigte sie gegen Ansprüche und Angriffe seiner Nachbarn. Er sorgte für einheitliche Rechtsverhältnisse, erließ eine Deichordnung und ordnete das Münzwesen neu. Das oben abgebildete Ölgemälde von Jacob Cornelisz von Amsterdam stammt aus dem Jahr 1517.

angetreten. Er musste es hinnehmen, dass Kaiser Maximilian I. 1498 den Wettiner Albrecht von Sachsen zum Reichsstatthalter über ganz Friesland ernannte. Er geriet dann aber mit dessen Sohn Georg in Streit, der die Reichsacht über Edzard erwirkte, mit einem Söldnerheer unter Herzog Heinrich dem Älteren von Wolfenbüttel 1514 in Ostfriesland einmarschierte und es fast ganz besetzte. Die unverhoffte Rettung kam, als Heinrich bei der Belagerung der Festung Leerort tödlich verwundet wurde und das nun führerlose Heer auseinanderlief. Die Lösung Edzards aus der Acht beendete 1517 diese „Sächsische Fehde". Wenige Jahre zuvor hatten 1509 und 1511 zwei schwere Sturmfluten Ostfriesland heimgesucht, bei denen Dollart und Jadebusen auf ihren größten Umfang ausgedehnt wurden. Trotz der Versuche, das Meer durch Deichbau einzudämmen und eine feste Küstenlinie zu erreichen, mussten die Bewohner des Landes immer noch mit solchen Naturkatastrophen leben, die – wie die berüchtigte Marcellus-Flut von 1219 – bisweilen Tausende von Menschenleben forderten. Kaum davon beeinträchtigt war der Aufstieg Emdens zu einer der bedeutendsten Seefahrtsstädte Europas, der sich seit 1566 mit dem Ausbruch des Freiheitskampfes der Niederlande vollzog, hundert Jahre später aber schon wieder abebbte.

Den Welfen gelang im späteren 16. Jahrhundert erstmals der Schritt über die Weser nach Westen. Aufgrund von Lehnsanwartschaften, die ihnen der Kaiser verliehen hatte, erwarben sie 1582 und 1585 die Grafschaften Hoya und Diepholz und erweiterten damit ihren Herrschaftsraum beträchtlich. Beide Territorien wurden in mehrfachem Wechsel den Fürstentümern Wolfenbüttel, Calenberg und Celle zugeteilt, ehe sie später im hannoverschen Kurstaat aufgingen. Zwei der vier welfischen Linien starben in dieser Zeit aus: Calenberg 1584, Grubenhagen 1596. Das Erbe trat Herzog Heinrich Julius von Wolfenbüttel an, sein Sohn Friedrich Ulrich musste aber Grubenhagen 1617 nach einer Entscheidung des Kaisers an die Lüneburger Vettern herausgeben. Immerhin bestanden nun für einige Jahrzehnte nur noch zwei welfische Staaten. Die Sitte der Erbteilungen hatte sich mehr und mehr als ein Handicap für die weitere Entwicklung erwiesen. Auch im Fürstentum Lüneburg, das lange Zeit von Teilungen verschont geblieben war, hatte sich nach der 1527 begründeten Harburger Nebenlinie 1569 eine zweite in Dannenberg aufgetan, auch sie allerdings ohne volle Landeshoheit. Die sieben Söhne des Celler Herzogs Wilhelms des Jüngeren (gest. 1592) fassten deshalb den vernünftigen Beschluss, auf weitere Teilungen zu verzichten. Nur jeweils einer von ihnen sollte die Regierung führen, und auch nur derjenige, auf den das Los fiel, sollte eine ebenbürtige Ehe eingehen und für das Weiterleben des Familienstammes sorgen dürfen. Daran hielten sie sich und verhinderten so eine weitere Aufsplitterung des Welfenhauses und seiner Besitzungen.

Emden ist die größte und bedeutendste Stadt Ostfrieslands. Ihr Wohlstand, der in der zweiten Hälfte des 16. Jahrhunderts seinen Höhepunkt erreichte, beruhte auf dem Schiffsverkehr und dem Handel nach Übersee. Lange Zeit konnte sie sich der gräflichen Landesherrschaft praktisch entziehen. Aus dieser Blütezeit stammten das 1574–76 erbaute imposante Renaissance-Rathaus am Delft, dem historischen Hafen, und viele repräsentative Bürgerbauten (Kupferstich von G. A. Lehmann). Die Bomben des Zweiten Weltkriegs haben kaum etwas davon übrig gelassen. Das Rathaus ist in schlichteren Formen wieder aufgebaut worden.

Um 1370 entstand in und um die Stadt Jever eine selbständige kleine Herrschaft, die sich lange Zeit gegen den Druck der mächtigeren Nachbarn Ostfriesland und Oldenburg behaupten konnte. Die letzte Regentin, Fräulein Maria von Jever (1500–1575), die ihr Land dem Oldenburger Grafenhaus vermachte, errichtete ihrem 1511 gestorbenen Vater Edo Wiemken in einer Kapelle an der Stadtkirche ein großartiges Grabdenkmal. Unter einem hölzernen Baldachin, der von Säulen und Karyatiden (in der Architektur der Antike weibliche Statue mit langem Gewand, die an Stelle einer Säule das Gebälk eines Bauwerkes trägt) getragen wird, ruht auf einem Sarkophag die überlebensgroße Figur des friesischen Häuptlings. Das Grabmal wurde zwischen 1561 und 1564 von der Werkstatt des Cornelis Floris in Antwerpen geschaffen.

Kleinere territoriale Verschiebungen gab es auch im Norden. Bischof Heinrich von Münster hatte 1482 die Grafschaft Delmenhorst besetzt, die zuvor längere Zeit Sitz von oldenburgischen Nebenlinien gewesen war. Er rechtfertigte das als Strafaktion gegen Graf Gerhard von Oldenburg, dem er Straßenräuberei vorwarf. Im Schmalkaldischen Krieg gelang Graf Anton I. von Oldenburg 1547 die Rückeroberung der Grafschaft. Von 1577 bis 1647 saß dann nochmals eine Nebenlinie in Delmenhorst. Auch in der Auseinandersetzung mit dem Haus Cirksena, das seine ostfriesische Herrschaft nach Osten ausdehnen wollte, konnte Oldenburg Gewinne verbuchen. Stadland und Butjadingen an der Weser waren mit Hilfe einer Söldnertruppe, der „Schwarzen Garde", 1499 erobert und erfolgreich verteidigt worden. Die Lehnshoheit über die Herrschaft Jever blieb lange umstritten. Vor allem die ostfriesischen Cirksena übten Druck darauf aus und suchten die letzte Regentin, Fräulein Maria von Jever, mit Eheversprechen günstig zu stimmen. Die aber fühlte sich getäuscht und vermachte ihr kleines Gebiet testamentarisch Graf Johann von Oldenburg, der das Erbe 1575 antrat. Das benachbarte Harlingerland um Esens, das seine Selbständigkeit ebenfalls hatte behaupten können, fiel 1581 durch eine Heiratsverbindung den Cirksena zu. An der Ems mussten die Tecklenburger die Niedergrafschaft Lingen 1548 – nach ihrer Beteiligung am Schmalkaldischen Bund – an Kaiser Karl V. als Herzog von Geldern abtreten. Lingen drohte dadurch ein Teil der Niederlande zu werden und öffnete sich auch dem reformierten Bekenntnis, kehrte aber 1702 mit der Besitzergreifung durch Preußen in das niedersächsische Umfeld zurück.

In der zweiten Hälfte des 16. Jahrhunderts entwickelte sich an den fürstlichen Höfen, aber auch in den Städten und beim Adel eine erstaunlich große Bereitschaft, kulturelle und künstlerische Anregungen aufzunehmen und zu verarbeiten. Die Renaissance strahlte nach Niedersachsen aus und weckte geistige Impulse, die zuvor nicht sichtbar gewesen waren. Auffälligste Zeugnisse dafür sind die Bauten der Weserrenaissance, einer spezifischen Ausformung des europäischen Baustils, der von Italien aus nach Deutschland gelangt war. Seine typischen Elemente und Zierformen finden sich an zahlreichen fürstlichen Schlössern, Adels- und Bürgerbauten entlang der Weser, von Münden über Hameln bis Nienburg. Großen Anteil an dieser Baukultur hatten die hier ansässigen ritterschaftlichen Familien, besonders die von Münchhausen, die im mittleren Niedersachsen reich begütert waren und ihre städtischen Adelssitze und ländlichen Herrenhäuser repräsentativ ausbauen ließen. Zwei der prächtigsten Schlossbauten gehen auf sie zurück: Schwöbber bei Aerzen, von dem Obristen Hilmar von Münchhausen mit dem Geld errichtet, das er, wie mancher seiner adeligen Standesgenossen auch, als Söldnerführer im Dienst

Vom Oldenburger Grafenhaus spaltete sich eine Nebenlinie ab, die in der Wasserburg Delmenhorst residierte. Von hier aus beraubte Graf Gerhard „der Mutige" vorbeiziehende Kaufleute; das veranlasste den Bischof von Münster, die Burg 1482 zu erstürmen und in der Hand zu behalten. Doch 1547 gelang es Graf Anton I., sie im Handstreich zurückzuerobern. Das zeigt die Abbildung in Hermann Hamelmanns 1599 erschienener Oldenburgischer Chronik. Die Zugbrücke über dem Burggraben ist zwar hochgeklappt, aber die Angreifer setzen mit Booten über das Wasser, um die Mauern mit Leitern zu erklimmen.

Der Obrist Hilmar von Münchhausen, Spross einer weitverzweigten niedersächsischen Adelsfamilie, war als Landsknechtsführer zu Geld gekommen und plante auf dem Lehngut Schwöbber bei Aerzen, südwestlich von Hameln, einen Herrensitz, den sein gleichnamiger Sohn 1573 bis 1606 als Wasserschloss im Stil der Weserrenaissance durch den Baumeister Cord Tönnies errichten ließ. Die dreiflügelige Anlage hat trotz mancher Veränderungen ihren Charakter gut bewahrt und wird heute als Hotel genutzt. Hinter dem Schloss erstreckt sich einer der frühesten Landschaftsgärten in Norddeutschland.

Auch Schloss Bevern bei Holzminden im Weserbergland ist ein Münchhausen-Bau, errichtet 1603–1612 durch den Hamelner Baumeister Johann Hundertossen. Der Bauherr Statius von Münchhausen verschuldete sich jedoch und übertrug die Anlage seinen Lehnsherren, den Herzögen von Braunschweig-Wolfenbüttel. Seit 1667 war Bevern Sitz einer braunschweigischen Nebenlinie, die 1735 die Regierung des Fürstentums übernahm. Später diente das Schloss verschiedenen Zwecken, unter anderem als Erziehungsanstalt. Die Innenausstattung ging dabei verloren. Nach umfangreichen Restaurierungen beherbergt es heute kulturelle Einrichtungen des Landkreises Holzminden.

Das Rattenfängerhaus in Hameln, so genannt wegen einer Inschrift vom Kinderauszug an der westlichen Längswand, zählt zu den besten Leistungen der Weserrenaissance. In seiner üppigen horizontalen und vertikalen Fassadengliederung weist es all die Zierformen auf, die diesen Baustil kennzeichnen: Gesimse und Pilaster, Bandwerk, Buckelquader und Kerbschnitt-Bossensteine (Zierquadern mit geometrischen Ornamenten) in verschiedenen Variationen. Die Fassade aus Obernkirchener Sandstein, die dem Fachwerk-Baukörper nur vorgehängt ist, war früher farbig gefasst. Ihr Volutengiebel ist reich mit Rollwerk, aufgesetzten Kugeln und Obelisken geschmückt; die Utlucht (der vorkragende Erker links vom Portal) zeigt Girlanden, Masken und Löwenköpfe.

Die Hämelschenburg im Tal der Emmer wird als der stolzeste Bau der Weserrenaissance bezeichnet. Seit seiner Erbauung Ende des 16. Jahrhunderts ist dieser ursprünglich mit Wall und Graben befestigte Herrensitz im Eigentum der Familie von Klencke, die ihn noch heute bewohnt. Ein repräsentatives Brückentor führt über den Burggraben in den von drei Wohntrakten umgebenen Innenhof. Einmalig ist die Verbindung von Schloss, Gutskapelle (heute Gemeindekirche) und Wirtschaftshof zu einem Ensemble, das seit seiner Entstehung kaum Veränderungen erfahren hat.

In der schaumburgischen Stadt Rinteln besaßen die von Münchhausen seit dem frühen 16. Jahrhundert einen Burgmannshof. Davon ist neben einer großen Scheune von 1598 nur das sogenannte Archivhäuschen erhalten, ein kleiner Pavillon, der wohl einmal als Gartenhaus gedient hat. 1546 wurde es von Cord Tönnies aus Hameln für den Obristen Hilmar errichtet. Stilistisch bewegt es sich zwischen Spätgotik und Frührenaissance. Gleich zweimal finden sich die Porträts des Bauherrn und seiner Frau Lucia von Reden an der Fassade: in Medaillons auf der Brüstung unter den Fenstern neben ihren Familienwappen und in den Halbkreisen des Giebelaufsatzes.

Frühe Neuzeit

An der Stelle einer 1255 zerstörten Adelsburg erbaute Herzog Heinrich, genannt „der Wunderliche", um 1283 in Wolfenbüttel ein Schloss, das von 1432 bis 1754 als Residenz der Braunschweiger Linie des Welfenhauses diente. Nach Beschädigungen bei der Beschießung durch die Schmalkaldener 1542 erfolgte ein großzügiger Ausbau. 1614 erhielt der Hausmannsturm seine jetzige Gestalt, und 1714–16 versah der herzogliche Baumeister Hermann Korb die alten Gebäude mit neuen dreigeschossigen Außenfassaden, die heute das Erscheinungsbild prägen. Sie lassen nicht erkennen, dass es sich im Wesentlichen um einen Fachwerkbau handelt. Der reiche Figurenschmuck im Eingangsbereich und die Prunkpforte bilden ein Gegengewicht zu der strengen Gliederung der Fensterfront.

verschiedener Herren verdient hatte, und Bevern bei Holzminden, von Hilmars Sohn Statius erbaut, aber schon bald den Herzögen von Braunschweig-Wolfenbüttel überlassen. Auch die Hämelschenburg der von Klencke südlich von Hameln ist ein hervorragendes Beispiel für den anspruchsvollen Bauwillen einer Generation, die ein halbes Jahrhundert lang im eigenen Land keinen Krieg erlebte und ihre Kräfte auf die Verbesserung der eigenen Lebensqualität konzentrieren konnte. Die Städte standen dem nicht nach. Ihre Rathäuser und sonstigen öffentlichen Gebäude, aber auch Privathäuser wohlhabender Bürger nahmen die Stilelemente der Weserrenaissance auf und führten sie zur Vollendung, wie etwa das Rattenfängerhaus und das Hochzeitshaus in Hameln.

Die fürstliche Hofkultur der Zeit fand ihre stärkste Ausprägung in Wolfenbüttel. Dort hatte Herzog Julius, der Sohn des Luther-Verächters Heinrichs des Jüngeren, das Fürstentum aus der Krise herausgeführt, hatte die Staatsschulden abgebaut, sich der Modernisierung der Land- und Forstwirtschaft angenommen und durch die Anlage von Talsperren und Kanälen die Infrastruktur verbessert. Er hing der Lehre des Merkantilismus an, die darauf setzte, durch staatliche Lenkungsmaßnahmen die Wirtschaftskraft des Landes zu stärken, es von der Einfuhr von Waren unabhängig zu machen und so das Geld im Lande zu halten. Er war damit so erfolgreich, dass er es wagen konnte, in Helmstedt 1576 die Academia Julia zu gründen, die erste Universität in Niedersachsen. Sie wurde rasch zu einer der bedeutendsten Hochschulen Deutschlands, vor allem durch ihre Theologen und Juristen; hier lehrten der Philosoph Giordano Bruno, der Theologe Georg Calixt und der in Norden geborene Universalgelehrte Hermann Conring. Ihr von Paul Francke errichtetes Hauptgebäude, das Juleum, ist einer der östlichsten Ausläufer der Weserrenaissance.

Julius' Nachfolger, sein Sohn Heinrich Julius, galt als einer der gelehrtesten Fürsten seiner Zeit. Er war zugleich Administrator des Bistums Halberstadt, wo er der Reformation endgültig zum Sieg verhalf. Im Landtagsabschied von Salzdahlum legte er 1597 die Erblichkeit und Unteilbarkeit der Meiergüter fest – ein Schritt, der dem Bauerntum seine Existenz sicherte und es vor dem Zugriff der Grundherren schützte. Vier Jahre später dehnte er im Abschied von Gandersheim diese Bestimmung auf das Fürstentum Calenberg aus, das seit 1584 mit Wolfenbüttel verbunden war. In die Literaturgeschichte ging Heinrich Julius als Verfasser von elf deutschsprachigen Dramen, die zu den frühesten ihrer Gattung zählen, ein. Er war auch der Erste, der eine englische Schauspielertruppe nach Deutschland holte und in seiner Residenz auftreten ließ. In seiner Regierungszeit wurde 1609 in Wolfenbüttel der „Aviso" gedruckt, der als die älteste deutsche Zeitung gilt. Unter Heinrich Julius begann

Herzog Heinrich Julius (1564–1613) aus der Braunschweiger Linie des Welfenhauses war einer der gelehrtesten Fürsten seiner Zeit. Er unterhielt in Wolfenbüttel einen glanzvollen Hof. Seine besondere Leidenschaft war das Theater.

In Gandersheim hatte Herzog Julius von Wolfenbüttel ein Pädagogium, eine Gelehrtenschule gegründet, die er nach Helmstedt verlegte und 1576 in eine Universität umwandelte. Sie wurde rasch zu einer der bedeutendsten protestantischen Hochschulen in Deutschland, an der bis zu ihrer Aufhebung 1810 viele bekannte Juristen und Theologen lehrten. Die Universitätsbauten der Frühzeit sind bis heute erhalten: in der Mitte das „Juleum", das – hier perspektivisch verkleinerte – Hörsaalgebäude von Paul Francke (1538–1615) mit hohem Treppenturm, eines der besten Bauwerke seiner Zeit. Darin sind noch die Reste der Universitätsbibliothek aufgestellt. Die beiden schlichteren Flügelbauten dienten der Unterkunft der Professoren und Studenten.

Paul Francke auch mit der Errichtung der Wolfenbütteler Marienkirche, des ersten bedeutenden Kirchenbaus in Deutschland seit der Reformation. Vollendet wurde er erst nach dem Tod des Herzogs, der 1613 als Erster darin beigesetzt wurde.

Etwas später als in Wolfenbüttel entstand in Bückeburg, der Residenzstadt der Grafschaft Schaumburg, eine zweite Kulturstätte von überregionaler Bedeutung. Sie ist verbunden mit dem Namen des Grafen Ernst von Holstein-Schaumburg, der 1601 seinem Bruder Adolf XIV. nachfolgte. Mit einer klug angelegten Wirtschaftspolitik verstand es Ernst, die beschränkten Möglichkeiten seines kleinen Landes restlos auszuschöpfen und die zur Verfügung stehenden Mittel durch einträgliche Geldgeschäfte zu vermehren. Er nutzte sie zu einer auf Repräsentation bedachten Hofhaltung, wobei der Musik eine wichtige Rolle zukam. Ernst gründete eine Hofkapelle und berief, beraten durch Heinrich Schütz und Michael Praetorius, hervorragende Vokalisten und Instrumentalisten aus Deutschland und England. Mit der neu erbauten Stadtkirche erhielt Bückeburg ein architektonisches Kleinod, das gleichrangig neben der Wolfenbütteler Marienkirche steht. Für das 1610 von ihm gegründete Akademische Gymnasium in Stadthagen erreichte der Graf von Kaiser Ferdinand II. die Erhebung zu einer Universität, die er 1621 nach Rinteln verlegte. 1619 verlieh der Kaiser dem Schaumburger den Fürstentitel; das war die Krönung seines ehrgeizigen Strebens nach Geltung für sich und sein Land. Schon 1622 starb Ernst; sein Grabmal hatte er rechtzeitig bei dem berühmten Bronzebildhauer Adriaen de Vries in Prag bestellt, die Aufstellung im Mausoleum an der Stadthagener Stadtkirche

Um 1300 erbauten die Grafen von Schaumburg in Bückeburg eine Wasserburg, die mehrmals erweitert wurde und seit 1563 ständige Residenz des Grafenhauses war. Der unsymmetrisch angelegte Gebäudekomplex, hier vom Schlosspark aus gesehen, umfasst Bauteile aus verschiedenen Zeiten: den im Kern mittelalterlichen Bergfried mit einem barocken Aufsatz, die Vierflügelanlage des 16. Jahrhunderts mit Elementen der Weserrenaissance, die Erneuerungen und Ergänzungen des 18. und 19. Jahrhunderts. Die dem Schlosshof zugewandte Seite wurde 1894–98 mit einer Fassade versehen, die das Ganze optisch zu einer Einheit zusammenfasst.

Fürst Ernst zu Holstein-Schaumburg (1569–1622) schuf mit der Neuausstattung der Kapelle und des Goldenen Saals die kunstgeschichtlich wertvollsten Räume des Bückeburger Schlosses. Er prägte auch das Stadtbild Bückeburgs, indem er die Vorbauten des Schlossbezirks durch ein repräsentatives Eingangstor mit dem neu angelegten Marktplatz verband, auf dem sich zwei Straßenachsen kreuzen. Dadurch entstand eine der ersten frühbarocken städtebaulichen Gesamtanlagen in Deutschland. Auch die von ihm errichtete Stadtkirche trägt zum Residenzcharakter Bückeburgs bei.

Rechtzeitig vor seinem Tod sorgte Fürst Ernst zu Holstein-Schaumburg für eine seinem Rang angemessene Grablege. An der Martinikirche in Stadthagen ließ er nach Plänen des kursächsischen Hofbaumeisters Giovanni Maria Nosseni (1544–1620) ein Mausoleum errichten, das an Vorbilder aus der italienischen Renaissance erinnert. Das darin aufgestellte Grabmal bestellte er in Prag bei Adriaen de Vries (1545–1626), der ihm bereits zwei Figurengruppen für die Bückeburger Schlossbrücke geliefert hatte. Auf dem Scheinsarkophag – die Beisetzung erfolgte in der Gruft unter dem Mausoleum – steht der auferstandene Christus, umlagert von vier schlafenden Grabwächtern. Architektur und Bildhauerkunst vereinigen sich zu einem eindrucksvollen Gesamtkunstwerk.

aber nicht mehr erlebt. Am Tag seiner Beisetzung fiel erstmals die plündernde Soldateska des Dreißigjährigen Kriegs in die Grafschaft Schaumburg ein.

Der Dreißigjährige Krieg

Der große Krieg, der von den europäischen Mächten drei Jahrzehnte lang auf deutschem Boden ausgetragen wurde, begann 1618 fern von Niedersachsen als „böhmische Unruhe" und schien die nordwestdeutschen Territorien zunächst gar nicht interessieren zu müssen. Es war ein Welfe, der den Krieg nach Niedersachsen zog: Herzog Christian von Braunschweig-Wolfenbüttel, Administrator des Stifts Halberstadt, wegen seines Draufgängertums auch der „tolle Halberstädter" genannt. Er machte sich selbst zum Anwalt und Vorkämpfer der protestantischen Sache; sein Wahlspruch lautete: „Gottes Freund, der Pfaffen Feind". 1621 stellte er ein eigenes Heer auf, um dem böhmischen „Winterkönig" Friedrich V. von der Pfalz und dessen Frau Elisabeth, seiner Cousine, nach der Schlacht am Weißen Berge zu Hilfe zu eilen. Doch der Feldherr der katholischen Liga, General Tilly, stellte sich ihm entgegen und schlug ihn 1622 bei Höchst am Main. Christian zog sich nach Norddeutschland zurück und besetzte die Grafschaften Hoya und Diepholz sowie die Stadt Rinteln. Zugleich zog Graf Ernst von Mansfeld, der zweite protestantische Truppenführer, über Bentheim und das Niederstift Münster nach Ostfriesland und quartierte sich dort für mehr als ein Jahr ein – zum großen Schaden des Landes, das den unwillkommenen Gästen Pest und Hungersnot zu verdanken hatte. Tilly folgte den Gegnern mit 25 000 Mann nach Norden und schlug den Halberstädter 1623 vernichtend bei Stadtlohn nahe der holländischen Grenze. Danach stand ihm das gesamte nördliche Niedersachsen offen; auch die Stifte Bremen und Verden wurden mit Einquartierungen überzogen. Nur dem oldenburgischen Grafen Anton Günther gelang es jetzt und auch in den folgenden Jahren, die Gefahr der Besetzung für sein Land durch Geldzahlungen und Geschenke vor allem von Pferden, deren Zucht in Oldenburg ein hohes Niveau erreicht hatte, abzuwenden.

Im Sommer 1625 griff König Christian von Dänemark in den Krieg ein. Er war zum Kreisobersten des Niedersächsischen Reichskreises gewählt worden, dem er in seiner Eigenschaft als Herzog von Holstein angehörte. Die 1512 eingerichteten Kreise nahmen Funktionen bei der Friedenswahrung und Rechtssicherung wahr; dem niedersächsischen gehörten alle Territorien östlich der Weser an, mit Ausnahme von Verden und Schaumburg, die zum Westfälischen Kreis

Als der „tolle Halberstädter" ist Herzog Christian von Braunschweig-Wolfenbüttel (1599–1626) in die Geschichte eingegangen. Sein Leben war von Abenteuerlust geprägt. Mit 17 Jahren wurde er zum evangelischen Administrator des Bistums Halberstadt gewählt. Das Amt hinderte ihn nicht, sich als Heerführer auf der Seite der Protestanten an den Feldzügen der ersten Phase des Dreißigjährigen Krieges zu beteiligen, in den er Norddeutschland hineinzog. Dabei überwogen die Misserfolge. Bei Stadtlohn erlitt er 1623 eine entscheidende Niederlage gegen den kaiserlichen Feldherrn Tilly. Persönliche Tapferkeit, aber auch Rücksichtslosigkeit zeichneten ihn aus. Den bei einem Gefecht schwer verletzten linken Unterarm soll er sich selbst amputiert haben. Er starb aber nicht auf dem Schlachtfeld, sondern an einer plötzlich aufgetretenen fiebrigen Erkrankung. Gemälde von Paulus Moreelse.

geschlagen worden waren, außerdem Holstein und Mecklenburg, Magdeburg und Halberstadt. Bei der ihm zugedachten Aufgabe versagte der Kreis jedoch. Die bewaffnete Neutralität, mit der er den Truppen der katholischen Liga den Einfall in Niederdeutschland hätte verwehren können, kam nicht zustande. So handelte der dänische König, den die Aussicht auf Gewinn der säkularisierten Stifte Bremen und Verden, Halberstadt und Osnabrück lockte, auf eigene Faust. Er überschritt mit seinem Heer die Elbe und zog weseraufwärts bis Hameln. Daraufhin fiel Tilly in das Fürstentum Wolfenbüttel ein und besetzte es. Damit begann die Phase des Dreißigjährigen Krieges, die als „niedersächsisch-dänischer Krieg" bezeichnet wird. Sie belastete die betroffenen Territorien schwer. Auf beiden Seiten verübten die marodierenden Soldaten Plünderungen, Verwüstungen und andere Gräuel gegen die Bevölkerung. Dem südlichen Niedersachsen ging es nicht besser. Hier war Wallenstein mit einer zweiten kaiserlichen Armee eingedrungen und hatte auch die Harzgrafschaften sowie Halberstadt und Magdeburg besetzt. Die welfischen Fürstentümer fanden in dieser Lage nicht zu einer gemeinsamen Politik, sondern verfolgten jeweils nur die eigenen Interessen. In Celle entschied sich Herzog Christian für Neutralität, sein Bruder Georg dagegen blieb dem Kaiser treu, und Friedrich Ulrich von Wolfenbüttel konnte sich für keine klare Linie entscheiden.

In dieser Situation ergriff Christian IV. die Initiative und rückte Tilly entgegen, der ihn am 27. August 1626 bei Lutter am Barenberge vernichtend besiegte. Die Dänen mussten sich aus Norddeutschland zurückziehen, das von Tilly und Wallenstein vollständig besetzt wurde. Sie schieden 1629 endgültig aus dem Krieg aus. Da auch Christian von Halberstadt und Graf Mansfeld beide bereits 1626 gestorben waren, schien der Weg nun frei zu sein für die Verwirklichung eines der Ziele, die sich der Kaiser und die mit ihm verbündeten Reichsstände gesteckt hatten: die Eindämmung des Protestantismus und die Rückführung wenigstens eines Teils der protestantisch gewordenen Länder zur katholischen Konfession. Am 6. März 1629 erließ Kaiser Ferdinand II. das Restitutionsedikt, das die strikte Handhabung des Augsburger Religionsfriedens von 1555 und damit die Rückgabe aller nach dem Passauer Vertrag von 1552 säkularisierten, reformierten oder aufgehobenen Bistümer, Klöster und Ordensniederlassungen an die katholische Kirche anordnete. Niedersachsen war davon in erheblichem Maß betroffen, vor allem die erst spät zum Luthertum übergetretenen Territorien Verden, Schaumburg und Wolfenbüttel. Mit der Durchführung des Edikts im niedersächsischen Reichskreis wurde der Osnabrücker

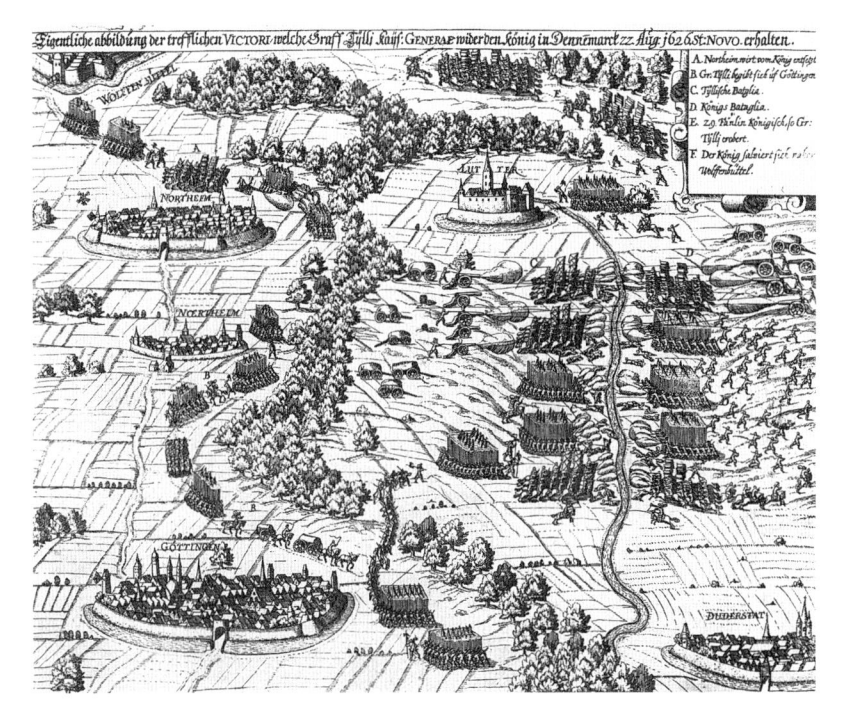

Um einem erwarteten Angriff des Dänenkönigs Christian IV. zuvorzukommen, drang der kaiserliche General Graf Tilly 1625 in das südliche Niedersachsen ein und besetzte Göttingen und Hannoversch Münden. Christian IV. zog sich daraufhin nach Wolfenbüttel zurück, doch Tilly stellte ihn im nordwestlichen Harzvorland bei Lutter am Barenberge am 27. August 1626 zur Schlacht und fügte ihm eine vernichtende Niederlage bei. Der Kupferstich schildert den Verlauf der Schlacht in ihren einzelnen Abschnitten: die Entsetzung der Stadt Northeim durch König Christian, das Ausweichen Tillys nach Göttingen, die Aufstellung der Heerhaufen entlang dem Bach Neile, die Flucht der geschlagenen Dänen und das Absetzen des Königs in Richtung Wolfenbüttel.

Herzog Georg von Calenberg (1583–1641) bemühte sich während des Dreißigjährigen Kriegs, eine eigene Position zwischen den Fronten der konfessionellen Bündnisse zu behaupten. Zunächst auf Seiten des Kaisers, schloss er sich später Gustav Adolf von Schweden an, weil er die Folgen des Restitutionsedikts von 1629 nicht hinnehmen wollte. Bei seinen welfischen Vettern setzte er die Aufstellung eines gemeinsamen stehenden Heeres durch. Sein Tod – möglicherweise wurde er vergiftet – beendete diese Phase einer eigenständigen Politik; die welfischen Fürstentümer wurden wieder zum Spielball der größeren Mächte.

Bischof Franz Wilhelm von Wartenberg beauftragt, der dann auch die Bistümer Verden und Minden erhielt. Kommissionen wurden eingesetzt, die vor Ort die Verhältnisse prüften, sich in Zweifelsfällen stets für die Restitution entschieden und diese mit Hilfe der im Land verbliebenen Truppen der katholischen Liga auch durchzusetzen versuchten. In vielen Klöstern, die den evangelischen Glauben angenommen hatten, wurden die Konvente vertrieben und durch Angehörige katholischer Orden ersetzt; entfremdete Güter wurden zurückgefordert, in den ehemals geistlichen Staaten auch evangelische Pfarrer durch Katholiken ersetzt.

Ehe die Restitution ihr Werk aber vollenden konnte, trat wiederum eine Wende ein. König Gustav Adolf von Schweden entschloss sich, dem protestantischen Lager Beistand zu leisten und in den Konflikt einzugreifen. Herzog Georg wechselte daraufhin die Fronten, stellte ein Heer auf und begann, die kaiserlichen Truppen aus Niedersachsen zu vertreiben. Auch sein Vetter Friedrich Ulrich von Wolfenbüttel ging nun ein Bündnis mit Gustav Adolf ein. Dessen Tod in der Schlacht bei Lützen brachte noch einmal Unsicherheit, doch nachdem Georg gemeinsam mit den Schweden die Kaiserlichen unter Graf Gronsfeld am 28. Juni 1633 bei Hessisch Oldendorf besiegt hatte, konnten die restlichen Regimenter der Liga Schritt für Schritt zum Abzug genötigt werden. Die Gefahr einer Rekatholisierung Norddeutschlands war damit endgültig gebannt, auch wenn die Gegenreformation in Hildesheim, im Niederstift Münster und im Eichsfeld weiter daran arbeitete und dort auch beachtliche Erfolge erzielte. Im Prager Frieden verzichtete der Kaiser 1635 auf die Durchführung des Restitutionsedikts, das sich nun nicht mehr durchsetzen ließ.

Im Jahr 1634 starb mit Herzog Friedrich Ulrich die Linie Wolfenbüttel des Welfenhauses aus. Die günstige Gelegenheit, allen welfischen Besitz in einer Hand zu vereinen, ließ die allein überlebende Linie Lüneburg wieder einmal verstreichen und teilte erneut. Nicht nur die drei überlebenden der „sieben Celler Brüder", die einst den Verzicht auf weitere Teilungen erklärt hatten, auch die Vettern aus den abgeteilten Nebenlinien Harburg und Dannenberg erhoben Ansprüche. Nach längeren Verhandlungen einigte man sich 1635. Herzog Georg, der seine Tatkraft als Heerführer bewiesen hatte, erhielt das Fürstentum Calenberg mit Göttingen. Er richtete seine Residenz in Hannover ein und gab damit den Startschuss für die künftige Entwicklung der Stadt. Seine Brüder August – er starb bereits 1636 – und Friedrich blieben in Celle, und Wolfenbüttel mit Grubenhagen fiel an August den Jüngeren aus der Dannenberger Nebenlinie. Die Harburger, die bereits 1642 ausstarben, wurden mit der Grafschaft Blankenburg, einem Teil von Hoya und einer Rente abgefunden. Die Universität Helmstedt blieb eine Einrichtung des Gesamthauses, und auch der größte Teil des Harzes mit seinen gewinnträchtigen Bergwerken wurde als „Kommunionharz" einer gemeinsamen Verwaltung unterstellt und erst 1788 zwischen Kurhannover und Braunschweig aufgeteilt.

Der Krieg ging ungeachtet dieser dynastischen Veränderungen weiter, und er weitete sich durch das Eingreifen Frankreichs sogar aus. Unter Führung Georgs von Calenberg einigten sich die welfischen Herzöge nun auf eine gemeinsame neutrale Haltung, zu deren Schutz sie ein stehendes Heer unterhalten wollten. Doch nach Georgs Tod wurde diese Position 1641 bereits wieder aufgegeben. Man suchte den Frieden mit dem Kaiser, stimmte im Frieden von Goslar 1642 der Rückgabe des Großen Stifts an Hildesheim zu und entließ die Truppen. So stand man, als die Friedensverhandlungen in Osnabrück und Münster 1643 begannen, schutzlos und ohne jedes Faustpfand da und drohte zum Spielball der größeren Mächte zu werden. Das Ergebnis der Verhandlungen, wie es 1648 im Westfälischen Friedensvertrag festgeschrieben wurde, war deshalb für die Welfen in jeder Hinsicht enttäuschend. Keines der benachbarten Bistümer, die man doch durch die Entsendung evangelischer Bischöfe und Administratoren aus dem Welfenhaus schon fest in der Hand zu haben glaubte, konnte gehalten werden. Kurbrandenburg und Schweden waren die großen Gewinner in Norddeutschland. Schweden brachte die Stifte Bremen und Verden, die zu weltlichen Herzogtümern umgewandelt wurden, in seinen Besitz. Da Schweden auf Kosten Brandenburgs auch Vorpommern beanspruchte, pochten die Hohenzollern auf Entschädigung aus der Verfügungsmasse der säkularisierten Bistümer und erhielten Halberstadt und Magdeburg im Osten sowie Minden im Westen des welfischen Interessenbereichs. Dem Haus Braunschweig-Lüneburg blieb nur das Kloster Walkenried und die „Alternation" im Stift Osnabrück, das kurios anmutende Recht, im Wechsel mit katholischen Bischöfen den Bischofsstuhl mit evangelischen Welfenprinzen zu besetzen.

Gewinner von 1648 war unter den niedersächsischen Staaten nur die Grafschaft Oldenburg. Sie erfuhr zwar keinen territorialen Zuwachs, aber Graf Anton Günther erreichte, dass der Friedenskongress das Zollprivileg bestätigte, welches der Kaiser ihm 1623 verliehen hatte. Dieser bei Elsfleth an der Weser erhobene Schifffahrtszoll brachte erhebliche Einnahmen, die von 13 000 Reichstalern im Jahr 1650 auf 120 000 Reichstaler gegen Ende des 18. Jahrhunderts stiegen und einen beträchtlichen Anteil des oldenburgischen Staatshaushalts finanzierten. Vergebens hatte die Stadt Bremen als die Hauptbetroffene dagegen protestiert; sie konnte als Trost wenigtens die Anerkennung ihrer Reichsfreiheit im Jahr 1646 verbuchen.

Während des Krieges war 1640 mit dem Tod des Grafen Otto V. aus der Gemener Nebenlinie das Schaumburger Grafenhaus erloschen. Es gab langwierige Auseinandersetzungen um das Erbe. Die Landgrafen von Hessen, die Schweden als damalige Inhaber des Stifts Minden und die Welfen stellten lehnsherrliche Ansprüche, das Haus Lippe berief sich auf nahe Verwandtschaft. 1647 kam es schließlich zur Teilung. Graf Philipp zur Lippe-Alverdissen erhielt die eine Hälfte Schaumburgs um Stadthagen und Bückeburg, an Hessen fiel die andere mit Rinteln und Obernkirchen. Randstücke fielen an das Fürstentum Calenberg. Im Frieden von Münster und Osnabrück wurde diese Einigung abgesegnet. Im Übrigen sind auf der Landkarte Niedersachsens nur geringfügige Veränderungen zu verzeichnen. Dennoch war das Ergebnis des Krieges für den nordwestdeutschen Raum von einschneidender Bedeutung. Das Haus Braunschweig-Lüneburg hatte durch seine schwächliche Politik die Chance verpasst, eine Position aufzubauen, die es auf Augenhöhe mit den größeren Staaten im deutschen Reich gehoben hätte. Und was noch gravierender war: Brandenburg hatte ohne allzu große Anstrengungen die Machterweiterung erreicht, die die Welfen eigentlich sich selbst zugedacht hatten. Der Wettstreit um die Vorherrschaft in Norddeutschland deutete sich zwar gerade erst an, aber die Hohenzollern hatten nun die günstigere Ausgangsbasis und einen Vorsprung, der trotz aller Anstrengungen nicht mehr aufzuholen war.

Im Friedenssaal des Osnabrücker Rathauses, der ehemaligen Großen Ratsstube, berieten 1643–1648 die Abgesandten des Kaisers und der evangelischen Mächte über die Beendigung des Dreißigjährigen Kriegs, also die seit 1618 tobenden Glaubensauseinandersetzungen und die von ihnen ausgelösten territorialen Veränderungen. Die katholischen Staaten tagten im benachbarten Münster. Ein umfangreiches Vertragswerk stand am Ende der Beratungen und wurde als Teil des Westfälischen Friedens grundlegend für die künftige Verfassung des deutschen Reichs. In dem recht schlicht ausgestatteten Saal hängen die Porträts der an den Verhandlungen beteiligten Gesandten und ihrer fürstlichen Auftraggeber.

Elend und Glanz der Nachkriegszeit

Die materiellen Auswirkungen des Krieges waren insgesamt gewaltig, aber die einzelnen Regionen Niedersachsens waren davon sehr ungleich betroffen. Es gab Gebiete wie die Grafschaft Oldenburg, die das Kriegsgeschehen nur am Rande oder gar nicht berührt hatte. Auch waren generell die Städte weniger in Mitleidenschaft gezogen worden als das flache Land. Die größten Schäden und Verluste waren dort entstanden, wo immer wieder die Heere der Kriegsparteien durchzogen, etwa im Lüneburgischen oder in den Flusstälern von Leine und Weser. Zwischen Freund und Feind gab es da keinen großen Unterschied. Die Truppen verpflegten sich aus dem Land, in dem sie sich gerade aufhielten, und trieben Kriegssteuern oder Kontributionen ein. Mit zunehmender Kriegsdauer verrohten die Soldaten, und es häuften sich Fälle von grausamen Misshandlungen, Mord und Totschlag. In einigen Gegenden war der Rückgang der Bevölkerung erheblich; genaue Zahlen sind allerdings nicht zu ermitteln. Noch nach Jahrzehnten verzeichnen die Steuerregister viele wüste Höfe, die niedergebrannt oder von den Bewohnern verlassen worden waren. Die Verarmung nahm bisher nicht gekannte Ausmaße an, und darunter litten auch die Wirtschaft und der Staat, dessen Steuereinnahmen entsprechend sanken. Es dauerte ein halbes Jahrhundert, bis Niedersachsen als Ganzes sich von der Erschütterung durch den Krieg einigermaßen wieder erholt hatte.

Dabei verlief die Aufwärtsentwicklung in den einzelnen Territorien je nach Ausgangslage sehr unterschiedlich. Am raschesten fing sich das Fürstentum Wolfenbüttel, obwohl

Hermann Korb errichtete 1705–1711 am Wolfenbütteler Schlossplatz das Gebäude für die Büchersammlung Herzog Augusts: einen ovalen, nur von oben beleuchteten Zentralraum als Lesesaal mit einem Umgang, von dem aus die Nebenräume erreichbar waren. Die Kuppel trug einen Himmelsglobus. Die Rotunde war das erste freistehende Bibliotheksgebäude der Neuzeit. 1887 wurde der Fachwerkbau – nur die Eingangsfront war aus Stein – abgerissen und durch einen Neubau ersetzt.

Herzog August der Jüngere von Wolfenbüttel (1579–1666) war ein leidenschaftlicher Bücherfreund und galt als Gelehrter auf dem Fürstenthron. Sein Porträt eines unbekannten Malers entstand etwa 1645.

auch hier die Kriegsschäden enorm waren. Herzog August der Jüngere erwies sich als ein tatkräftiger Regent, unter dessen patriarchalischer Leitung der Wiederaufbau gut vorankam. Sein Name lebt vor allem fort in der berühmten Wolfenbütteler Bibliothek, zu der er den Grundstock bereits in seiner dannenbergischen Nebenresidenz Hitzacker gelegt hatte. Auch als Sammler von Kunst und Kuriositäten und als Gelehrter trat er hervor. Seine Söhne Rudolf August und Anton Ulrich regierten das Land seit 1667 formell gemeinsam; der dritte Bruder Ferdinand Albrecht ließ sich mit dem Haus Bevern bei Holzminden abfinden und begründete dort eine Wolfenbütteler Nebenlinie. Anton Ulrich drängte seinen Mitregenten bald in den Hintergrund. 1671 brachte er seine Vettern in Celle und Hannover dazu, gemeinsam gegen die Stadt Braunschweig vorzugehen und die von ihr in Anspruch genommenen Freiheiten gewaltsam zu beenden; sie wurde jetzt auch faktisch der Herrschaft des Landesherrn unterworfen. Die Mithoheit der anderen Linien kaufte Anton Ulrich ihnen durch Überlassung des Dannenberger Besitzes an Celle und des wertvollen Reliquienschatzes des Blasiusstifts an Hannover ab. 1679, nach Beendigung des sogenannten Holländischen Krieges, musste Schweden das kleine Amt Thedinghausen bei Verden an die verschiedenen Linien der Welfen abtreten; der Wolfenbütteler Anteil daran gehörte noch bis 1972 verwaltungspolitisch zu Braunschweig.

Anton Ulrich war wie sein Vater ein großer Förderer von Musik und Theater. Die von ihm gesammelten Kunstschätze verwahrt das nach ihm benannte Museum in Braunschweig. Hier und in Wolfenbüttel ließ er Opernhäuser und in Salzdahlum ein Schloss

Herzog Anton Ulrich (1633–1714), hier in einem Porträt von 1695, hatte politisch wenig Erfolg. Mehr Ruhm erlangte er als Dichter, Kunstsammler und Förderer von Musik und Theater.

In Salzdahlum bei Wolfenbüttel ließ er 1688–1694 durch Johann Balthasar Lauterbach und Hermann Korb ein Lustschloss errichten. Wie die Radierung von Romeyn de Hooghe (links) zeigt, umfasste die 1813 abgebrochene Anlage mehrere Seitenflügel und Ehrenhöfe. Eine Galerie in dem Komplex beherbergte als erster selbständiger Museumsbau in Deutschland die Gemäldesammlung des Herzogs. Sie befindet sich heute in dem nach ihm benannten Museum in Braunschweig.

mit einem barocken Garten errichten, der dem in Herrenhausen nicht nachstand. Er selbst ging als Barockdichter in die Literaturgeschichte ein; seine vielbändigen heroisch-galanten Romane, besonders die *Römische Octavia*, ein Schlüsselroman, der die verwickelten Verhältnisse am hannoverschen Hof zum Thema nimmt, fanden eine große Leserschaft. Den Aufstieg des Hauses Hannover zur Kurwürde wollte Anton Ulrich nicht anerkennen, weil er sich dadurch zurückgesetzt fühlte; als seine Opposition durch ein Bündnis mit Frankreich und die Aufstellung einer Armee gefährlich wurde, besetzten Hannover und Celle gemeinsam das Land und zwangen den Vetter 1702 zur Kapitulation. Das Streben nach Aufwertung seines bescheidenen Fürstentums setzte er aber fort, nun durch eine ehrgeizige Heiratspolitik. Eine Enkelin gab er dem späteren Kaiser Karl VI. zur Frau (sie wurde die Mutter von Maria Theresia), eine andere Alexej, dem Sohn Zar Peters I. von Russland. Selbst den Übertritt zur katholischen Konfession scheute er gegen Ende seines Lebens nicht; die davon erhofften politischen Vorteile blieben aber aus.

In den beiden anderen welfischen Staaten, den Fürstentümern Lüneburg und Calenberg, gab es einen etwas verwirrenden Regentenwechsel. Herzog Georg von Calenberg hatte 1641 vier Söhne hinterlassen. Davon war Christian Ludwig, der älteste, ihm in Hannover nachgefolgt. Als 1648 das Fürstentum Lüneburg durch den Tod ihres Onkels Herzog Friedrich vakant wurde, überließ Christian Ludwig dem nächstjüngeren Bruder Georg Wilhelm das Calenberger Erbe und ging nach Celle. Er starb 1665, und nun kam auch der dritte Sohn zum Zuge: Johann Friedrich, der 1651 katholisch geworden war. Er erhielt Calenberg mit Grubenhagen, Diepholz und Hoya, während Georg Wilhelm nach Celle wechselte, wo unter seiner Regierung noch einmal barocker Glanz entfaltet wurde. Der jüngste Bruder, Ernst August, war 1661 evangelischer Bischof von Osnabrück geworden. Er war verheiratet mit Sophie von der Pfalz, einer Tochter des „Winterkönigs" und Enkelin König Jakobs I. von England. Mit ihr hatte sich 1658 Georg Wilhelm verlobt, hatte die Braut dann aber dem Bruder überlassen und versprochen, selbst ehelos zu bleiben. In einer nicht standesgemäßen Ehe verband er sich später dennoch mit Eleonore d'Olbreuse, der Tochter eines französischen Edelmanns, hielt aber an der Zusage fest, das Fürstentum Lüneburg nach seinem Tod mit Calenberg zu vereinigen. 1679 starb Johann Friedrich, und Ernst August wurde in Hannover sein Nachfolger. Er und seine Frau Sophie führten dort im Leineschloss und im Sommersitz Herrenhausen eine glanzvolle Hofhaltung, welche die immer noch bescheidene Residenzstadt weithin bekannt machte. Der barocke Große Garten von Herrenhausen wurde rasch zu einer Sehenswürdigkeit. Neben Sophie selbst war der Universalgelehrte Gottfried Wilhelm Leibniz, den schon

Schon Herzog Johann Friedrich von Calenberg hatte 1666 in Herrenhausen bei Hannover eine Sommerresidenz und ein schlichtes Lusthaus errichtet, das später zum Schloss umgebaut wurde. Auf Betreiben der Kurfürstin Sophie wurden die zugehörigen Gärten seit 1689 zum „Großen Garten" erweitert. Es entstand eine der großartigsten barocken Anlagen mit Bassins und Fontänen, Kaskade und Grotte, Irrgarten und Pavillons und mit reicher Gartenplastik. Das Heckentheater (hier im Bild) ist das älteste der Barockzeit; es wird noch heute bespielt. Der Garten hat seine ursprüngliche Gestalt weitgehend bewahrt, das Schloss jedoch ist 1943 durch einen Luftangriff zerstört worden.

Johann Friedrich 1676 nach Hannover geholt hatte, der Mittelpunkt einer für die geistigen Strömungen der Zeit aufgeschlossenen und künstlerisch interessierten Hofgesellschaft. Für sie schrieb der Komponist Agostino Steffani die Oper „Enrico Leone", mit der die ruhmvolle Vergangenheit des Welfenhauses beschworen und zugleich ein Geltungsanspruch auch für die Gegenwart angemeldet wurde. Auch Georg Friedrich Händel wirkte, ehe er nach London ging, am hannoverschen Hof. Zudem wurde die Geselligkeit gepflegt; der Karneval im Leineschloss war weithin berühmt und zog viele Gäste aus befreundeten Fürstenhäusern an. Die „goldenen Tage von Herrenhausen" blieben als ein Höhepunkt der Geschichte Hannovers noch lange im Gedächtnis.

Bereits Johann Friedrich hatte den Blick auf die Kurwürde gerichtet, also das Recht, als einer der Kurfürsten den König zu wählen. Ernst August griff das auf und erreichte nach langen Verhandlungen und unter Einsatz erheblicher Geldmittel, dass Kaiser Leopold I. dem hannoverschen Zweig des Hauses Braunschweig-Lüneburg 1692 die Kurwürde verlieh – die neunte, denn zu den ursprünglich sieben Königswählern war 1648 ein achter gekommen, als der Pfalz der 1623 aberkannte Kurrang zurückgegeben wurde. Voraussetzung dafür war eine Erstgeburtsordnung, die künftige Landesteilungen verhinderte; Ernst August hat sie 1682 gegen den Widerstand der eigenen nachgeborenen Söhne erlassen. Der neue Kurstaat wurde bald allgemein „Kurhannover" genannt, obwohl man korrekt vom Kurfürstentum Braunschweig-Lüneburg sprechen müsste. Seine territoriale Basis war 1689 verbreitert worden, als es gelang – gestützt auf etwas fragwürdige juristische Begründungen von Leibniz und anderen –, den Erwerb des Herzogtums Sachsen-Lauenburg nach dem Aussterben der dortigen Askanier durchzusetzen. Die besseren Rechte Augusts des Starken von Sachsen waren ihm abgekauft worden. Das ebenfalls askanische Land Hadeln kam allerdings zunächst unter kaiserliche Verwaltung und fiel erst später an Hannover. Ein weiterer Zuwachs war in Bälde zu erwarten: der mit Georg Wilhelm vereinbarte Anfall des Fürstentums Lüneburg. Um ihn vollends abzusichern, vereinbarte Ernst August mit dem Bruder die Heirat zwischen dessen einziger Tochter Sophie Dorothea und seinem ältesten Sohn Georg Ludwig. Die Ehe verlief wegen unterschiedlicher Temperamente der Partner unglücklich. Sophie Dorothea ging eine Beziehung mit Philipp Christoph Graf Königsmarck ein, der als Offizier am hannoverschen Hof Dienst tat. 1694 wurde das Verhältnis entdeckt und Königsmarck von vier Höflingen ermordet. Seine Leiche ist nie gefunden worden. Die Ehe Sophie Dorotheas wurde geschieden, sie selbst in das abgelegene Amtshaus in Ahlden an der Aller verbannt, wo sie noch bis 1726 lebte, ohne ihre beiden Kinder je wiederzusehen. Die Affäre

Die überragende Persönlichkeit am hannoverschen Hof in den Jahren des Aufstiegs zur Kurfürstenwürde war Gottfried Wilhelm Leibniz (1646–1716), Mathematiker, Philosoph, Historiker und Universalgelehrter. 1676 kam er als Hofrat und Bibliothekar nach Hannover.

Durch ihre Mutter Elisabeth Stuart war Sophie von der Pfalz (1630–1714) mit dem englischen Königshaus verwandt. Als sie die Ehe mit dem Welfenherzog Ernst August (1629–1698) einging, erschien aber eine Thronfolge in London noch völlig außerhalb ihrer Vorstellungen. Sophie hat sie denn auch nicht mehr erlebt. Ihre Welt war der hannoversche Hof, dem sie mit ihrer Persönlichkeit, mit Freude an intelligenter Unterhaltung und zwangloser Geselligkeit ihren Stempel aufdrückte. Leibniz hat sie als seine kompetente Gesprächspartnerin verehrt. Ihr lebendiger Geist spiegelt sich besonders eindrucksvoll im Briefwechsel mit ihrer Nichte Liselotte von der Pfalz.

Die allegorische Darstellung eines unbekannten Malers zeigt die Erhebung Herzog Ernst Augusts zum Kurfürsten von Hannover. Die Göttin Minerva überreicht ihm die Fahne des Heiligen Römischen Reichs mit Krone und Adler, ein Putto hält den Kurhut bereit. Der Schlüssel auf dem Purpurkissen verweist auf das mit der neunten Kurwürde verbundene Amt des Erzschatzmeisters. Die Welfen hatten lange nach dieser Rangerhöhung gestrebt. Erst Ernst August, der 1680 das Fürstentum Calenberg übernahm, gelang der Erwerb, nachdem er durch eine Erstgeburtsordnung die Unteilbarkeit seines Staates gesetzlich verankert hatte. Er musste allerdings etwa zwei Millionen Reichstaler aufwenden, um den Kaiser günstig zu stimmen und den Widerstand im Kurfürstenkolleg zu überwinden. Die förmliche Einführung in den Kreis der Königswähler im Jahr 1708 hat er selbst nicht mehr erlebt.

um die „Prinzessin von Ahlden" erregte großes Aufsehen und ist bis heute ein beliebtes Motiv für literarische Bearbeitungen.

Auf das Hochstift Bremen und das Stift Verden hatten die Schweden seit ihrem Eingreifen in den Dreißigjährigen Krieg ein Auge geworfen. Doch auch die Dänen hatten sich Hoffnungen gemacht und einen dänischen Prinzen zum Koadjutor in Bremen und Administrator in Verden bestellen lassen. In den letzten Kriegsjahren wurden sie jedoch von den Schweden verdrängt, die sich den Erwerb als Reichslehen im Westfälischen Frieden bestätigen ließen. Begründet wurde das mit dem Recht auf Entschädigung für die aufgewendeten Kriegskosten. Die Schweden richteten in Stade eine Regierung ein; erster Generalgouverneur wurde Hans Christoph von Königsmarck, der Vater des Opfers der hannoverschen Affäre von 1694. Schweden machte nicht den Versuch, die beiden Herzogtümer Bremen und Verden – so wurden sie nach der endgültigen Säkularisierung im Jahr 1648 bezeichnet – in den Gesamtstaat zu integrieren. Es sah in ihnen nur einen Außenposten, von dem aus Einfluss auf das Geschehen in Mitteleuropa genommen werden konnte, und es machte sich die Steuerkraft der Bevölkerung zunutze. Die verlangten Kontributionen lasteten schwer auf dem Land, das die schwedische Krone 1657 gegen Dänemark und 1676 gegen eine von Brandenburg angeführte Koalition verteidigen musste, die eine vom Reichstags beschlossene Strafmaßnahme (Reichsexekution) gegen Schweden zur Aufgabe seiner reichsfeindlichen Politik durchführen sollte. Auch mit der Stadt Bremen gab es mehrfach militärische Auseinandersetzungen. 1667 wurde Bremen zur Anerkennung der schwedischen Landeshoheit gezwungen. Der Große Nordische Krieg in den Jahren 1700 bis 1721 führte dann das Ende der Schwedenherrschaft herbei.

In Oldenburg drückte die herausragende Persönlichkeit des Grafen Anton Günther (gest. 1667) der Entwicklung auch über 1648 hinaus ihren Stempel auf. Die Stände waren hier schon im 16. Jahrhundert entmachtet worden, so dass der Landesherr fast nach Belieben schalten und walten konnte. Da er ohne legitime Nachkommen blieb, sah er sich veranlasst, seine Nachfolge schon zu Lebzeiten zu regeln. Dass die Hauptmasse des Erbes an das verwandte dänische Königshaus fallen sollte, war vertraglich festgeschrieben worden. Die Herrschaft Jever vermachte Anton Günther dem Sohn seiner Schwester Magdalene, Fürst Johann von Anhalt-Zerbst; erst 1818 fiel Jever an Oldenburg zurück. Der natürliche Sohn Anton, Reichsgraf von Aldenburg, erhielt das Amt Varel und die Herrschaft Kniphausen, die Anton Günther 1624 erworben hatte. Gemäß diesen Bestimmungen wurde beim Tod des Grafen dann auch verfahren. König Friedrich III. von Dänemark nahm die Grafschaften Oldenburg und Delmenhorst zunächst

Als Entschädigung für die Kosten ihrer Teilnahme am Dreißigjährigen Krieg hatten die Schweden sich 1648 neben Vorpommern auch die Herzogtümer Bremen und Verden gesichert. Den Sitz ihrer Verwaltung richteten sie in Stade ein, das sie zu einer starken Festung ausbauten. Sichtbares Zeichen ihrer bis 1712 dauernden Herrschaft ist, neben dem ehemaligen Zeughaus am Pferdemarkt, der 1692 am „Wasser West", einem alten Hafenbecken der Schwinge, errichtete Schwedenspeicher. Der zweigeschossige, mehr als 40 Meter lange Backsteinbau diente als Proviantlager für die schwedische Besatzung der Festung. Das Sandsteinportal an der Schmalseite trägt das Monogramm Königs Karls XII. von Schweden.

Der volkstümlichste der Oldenburger Landesherren ist zweifellos Graf Anton Günther (1583–1667). 1603 übernahm er die Regierung, die er kompetent und erfolgreich führte. Sein Hauptverdienst war es, dass er seiner Grafschaft den Dreißigjährigen Krieg fernhielt. Das gelang ihm mit großzügigen Geschenken und Bestechungsgeldern. Die Mittel dafür verschafften ihm seine blühende Pferdezucht und der 1623 gegen den Widerstand der Stadt Bremen eingerichtete Weserzoll bei Elsfleth. Mit Graf Anton Günther starb 1667 das Haus Oldenburg aus; das Land fiel an Dänemark und die Herzöge von Holstein-Gottorp.

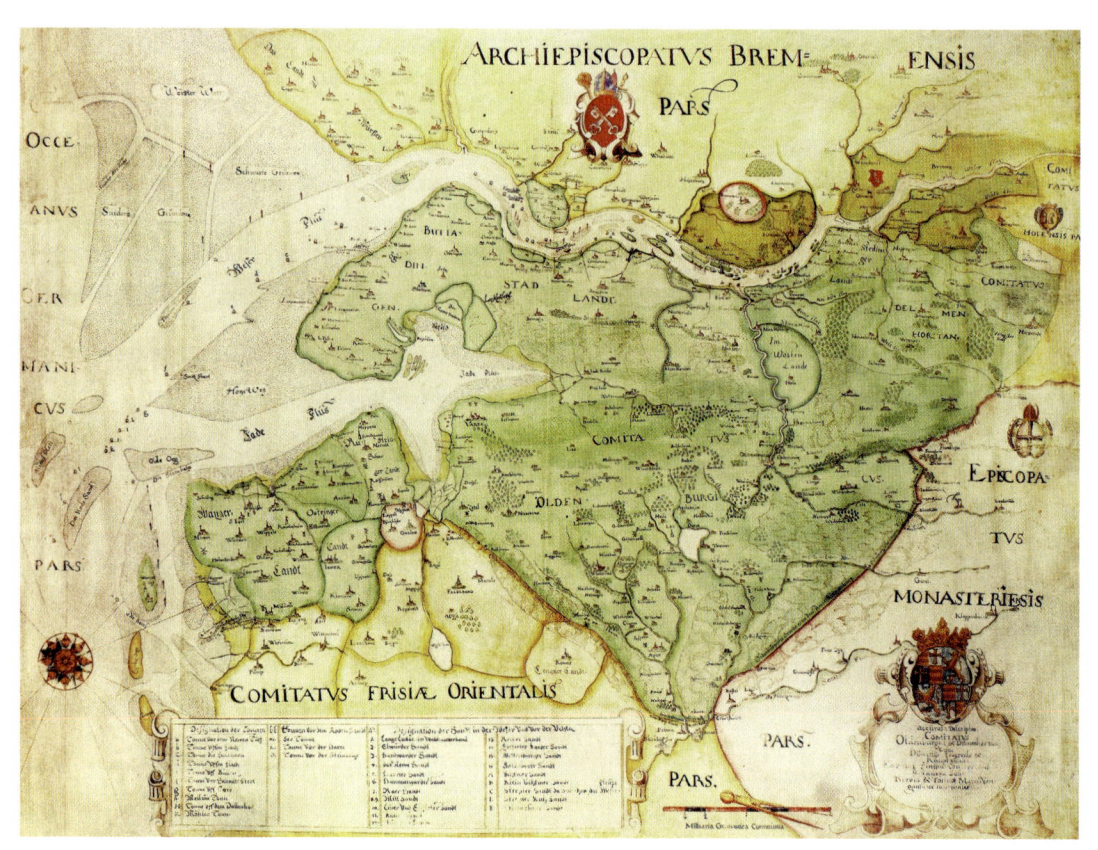

Um 1648 entstand diese Karte der Grafschaft Oldenburg, die zu den schönsten ihrer Art und Zeit gehört. Sie ist auf Pergament gemalt und fast künstlerisch ausgeführt. Das Oldenburger Territorium ist grün koloriert, die Nachbarländer – das Stift Münster, die Grafschaft Ostfriesland, das Erzstift Bremen, die Grafschaft Hoya – , denen ihre Wappen zugeordnet sind, werden farbig davon abgesetzt. Besondere Aufmerksamkeit widmete die Karte, die nicht nach Norden, sondern nach Osten ausgerichtet ist, zum einen dem genauen Verlauf der Grenzen, zum anderen dem Küstenbereich mit seinen Wattflächen und Schifffahrtswegen, Tonnen und Seezeichen. Auch die Inseln oder Sandbänke im Unterlauf der Weser sind sorgfältig verzeichnet. Als Urheber der Karte vermutet man Johann Conrad Musculus, einen Landmesser, der im Auftrag Graf Anton Günthers zahlreiche weitere Karten gezeichnet und 1625/26 auch einen Deichatlas angefertigt hat.

gemeinsam mit Herzog Christian Albrecht von Holstein-Gottorf in Besitz; das Kondominium (Doppelherrschaft) endete aber bereits 1675. In der Hauptstadt Oldenburg wurden Statthalter eingesetzt. Wie Bremen und Verden für die Schweden, so war Oldenburg für die Dänen vor allem eine Quelle, aus der sie Steuern erheben und die reichen Einnahmen aus dem Weserzoll abschöpfen konnten. Für die innere Entwicklung des Landes haben sie wenig getan.

In Ostfriesland war schon das 16. Jahrhundert von langwierigen Auseinandersetzungen zwischen Landesherrn und Ständen geprägt gewesen. In der „Emder Revolution" hatte sich die führende Stadt des Landes 1595 eine weitgehende Unabhängigkeit erstritten, die der Rechtslehrer Johannes Althusius, seit 1604 Syndikus in Emden, in seinen Schriften über die Volkssouveränität gegen den Landesherrn verteidigte. 1611 wurde der „Osterhusische Akkord" geschlossen, ein Vergleich, welcher der Herrschaft der Cirksenas enge Grenzen zog und die weithin einzigartige Machtstellung der Stände – der Stadt Emden, des Adels und der reichen Bauern – begründete. Dennoch kam es häufig zu Differenzen und zu Versuchen beider Parteien, die Gewichte zu ihren Gunsten zu verändern. Den Generalstaaten der Niederlande fiel in dieser Konstellation oft die Rolle eines Schiedsrichters oder gar eines Protektors zu. Der Prestigeerfolg, den Graf Enno Ludwig 1654 mit der Verleihung der Reichsfürstenwürde durch den Kaiser errang, brachte ihm innenpolitisch nichts ein. Die innerostfriesischen Gegensätze dauerten an und mussten noch mehrmals durch Vergleiche überbrückt werden. Die Stände suchten und fanden Rückhalt beim Kaiser. Gedeckt durch dessen Schutzauftrag landete 1682 Kurfürst Friedrich Wilhelm von Brandenburg in Greetsiel, gründete in Emden die Afrikanische Handelskompanie und unterhielt zu deren Schutz in der Stadt eine Garnison. Er nutzte damit die Gelegenheit, einen Zugang zur Nordsee zu erhalten, der für die Beteiligung am Überseehandel von kaum zu überschätzendem Wert war. Die brandenburgischen Ziele waren aber noch weiter gesteckt: 1694 erreichte Kurfürst Friedrich III. von Kaiser Leopold I. die Lehnsanwartschaft auf Ostfriesland für den Fall des Aussterbens des Hauses Cirksena. Drei Jahre zuvor hatte zwar der hannoversche Kurfürst Ernst August einen Erbverbrüderungsvertrag mit den Cirksenas geschlossen, doch als der Erbfall dann eintrat, sollte sich zeigen, dass die Hohenzollern den stärkeren Rechtstitel vorweisen konnten.

Im Niederstift Münster, das zuletzt die Schweden besetzt gehalten hatten, erlangte nach dem Friedensschluss 1648 Bischof Christoph Bernhard von Galen wieder die Landeshoheit. Er war ein energischer Mann, der absolutistisch regierte und mit einer aggressiven Politik – allerdings vergeblich – versuchte, seinen Herrschaftsbereich auf Kosten der Nachbarn nach allen Seiten hin aus-

1665 versuchte Christine Charlotte, die Witwe Graf Georg Christians, die von den Ostfriesischen Ständen beanspruchte Militärhoheit auszuhebeln. Sie wandte sich an den Reichshofrat in Wien, der aber wie Kaiser Leopold I. für ihre Gegner Partei ergriff und deren Rechte zu schützen versprach. Bildhaften Ausdruck fand diese Unterstützung 1678 in der Verleihung eines Wappens an die Ostfriesischen Stände. Es zeigt den von einem Krieger gehaltenen Upstalsboom, das alte Symbol der „friesischen Freiheit". Die Abbildung im Wappenbrief Leopolds I. betont den Hoheitscharakter der Wappengewährung: Sie zeigt den Kaiser mit seinen Insignien auf dem Thron sitzend, umgeben von den acht Kurfürsten (Hannover war noch nicht dabei).

Auf einer Reise nach Deutschland besuchte der holländische Landschaftsmaler Jacob van Ruisdael (ca. 1628–1682) auch Bentheim. Er war vom Anblick des Schlosses auf dem Sandsteinfelsen fasziniert und machte mehrere Skizzen, nach denen er eine ganze Serie von Gemälden ausführte. 1650/51 malte er diese Ansicht des Schlosses, die heute im Kloster Frenswegen zu sehen ist. Durch das dramatische Wolkenspiel, die wilde Landschaft und die perspektivische Überhöhung des Felsens, auf dem sich das Schloss wie eine Festung erhebt, hat das Bild eine fast romantische Anmutung.

zudehnen. Er förderte auch den inneren Landesausbau, besonders durch die Moorkolonisation und die Anlage von Fehnsiedlungen – entlang einem Kanal angelegte Ortschaften auf kultivierten ehemaligen Moorflächen – im Gebiet um Papenburg. Die Grafschaft Bentheim hatte im frühen 17. Jahrhundert durch Erbteilungen an Bedeutung verloren und war zum Spielball auswärtiger Interessen und Einflüsse geworden. Der 1688 zur katholischen Konfession übergetretene Graf Ernst Wilhelm überging seine Söhne und setzte den ebenfalls konvertierten Grafen Arnold Moritz Wilhelm von Steinfurt als Nachfolger ein.

Im Stift Osnabrück, in das die Welfen mit dem protestantischen Bischof Philipp Sigismund aus der Wolfenbütteler Linie bereits einen Fuß gesetzt hatten, wählte das katholisch gebliebene Domkapitel 1625 Franz Wilhelm von Wartenberg zum Bischof, einen entschiedenen Anhänger der alten Lehre, der in seinem Bistum und darüber hinaus die Gegenreformation förderte. Der Kriegsverlauf verhinderte aber auch hier die Rekatholisierung; es blieb beim Nebeneinander der beiden Konfessionen. Gemäß der im Friedensvertrag von 1648 vereinbarten Alternation folgte ihm 1661 Herzog Ernst August von Braunschweig-Lüneburg nach. Er verlegte die Residenz von der zu eng gewordenen Iburg nach Osnabrück in das neu erbaute Schloss. Als Ernst August 1679 nach Hannover überwechselte, wurde Osnabrück für ihn zu einem Nebenland, dessen Wert hauptsächlich an seinem Steuerertrag bemessen wurde. Nach seinem Tod führte dann ab 1698 mit Karl Joseph von Lothringen wieder ein altgläubiger Bischof die Regierung des Stifts. Hildesheim dagegen hatte durchgehend katholische Bischöfe und Landesherren behalten, obwohl das Land und auch die Stadt Hildesheim ganz überwiegend evangelisch waren. Auch die Restitution (Rückgabe) des Großen Stifts, das im Rahmen der Hildesheimer Stiftsfehde (1519–1523) an Calenberg und Wolfenbüttel gekommen war, änderte daran nichts, und größere Erfolge der Gegenreformation verhinderten die welfischen Schutzherren. Das Domkapitel blieb katholisch; da aber der Landadel zum Luthertum übergetreten war, rekrutierte es sich jetzt vor allem aus westfälischen und rheinländischen Familien. Bei den Bischofswahlen setzten sich meist die Kandidaten aus dem Hause Wittelsbach durch, das sich damit eine feste Machtposition in Norddeutschland aufbaute, welche es aber, ebenso wie in den westfälischen und rheinischen Bistümern, auf Dauer nicht halten konnte.

In der 1647 geteilten Grafschaft Schaumburg gab es nun zwei Landesherren. Im lippischen Anteil regierte zunächst Graf Philipp aus der Alverdisser Linie, dessen kleiner Staat die Bezeichnung Schaumburg-Lippe führte. Er hatte kaum Möglichkeiten zu einer eigenständigen Politik. Ohne weiterzielenden Ehrgeiz begnügte er sich damit, Verwaltung und

Die Osnabrücker Bischöfe des späten Mittelalters hatten sich häufig auf die Burg Iburg zurückgezogen, die schließlich zu ihrer ständigen Residenz wurde. Dem ersten evangelischen Bischof, Ernst August von Braunschweig-Lüneburg, der 1661 mit seiner Gemahlin Sophie hier einzog, wurde die Burg bald zu eng. In der Stadt Osnabrück ließ er ein Schloss errichten, das seinem Repräsentationsbedürfnis entsprach. Er war viel gereist und hatte in mehreren Ländern Europas, besonders in Italien, Anregungen empfangen, die in den Bau eingingen. 1945 brannte das Schloss aus, heute ist es Sitz der Universität Osnabrück. Der kolorierte Kupferstich von 1777 zeigt die Anlage seitenverkehrt.

Wirtschaft des Landes nach den Kriegsschäden wieder zur Normalität zurückzuführen. Die Universität Rinteln, die im Teilungsrezess (Rezess = Vertrag) zu gemeinsamem Eigentum erklärt worden war, überließ er 1665 ganz dem hessischen Landgrafen. Sein Sohn Friedrich Christian (1681–1728) war zwar begabt, aber zügellos und launenhaft; seine Gemahlin Johanna Sophie flüchtete mit ihren Kindern vor seinen Nachstellungen an den Londoner Hof. Er brachte das Land an den Rand des finanziellen Ruins und machte sogar Anstalten, es ganz an den nominellen Lehnsherrn, den hessischen Landgrafen, zu verkaufen. Das verhinderten die Stände, die im Übrigen klein gehalten wurden, und die Intervention des Kaisers und der benachbarten Welfen. Sein Sohn Albrecht Wolfgang führte die Grafschaft dann wieder in ein ruhigeres Fahrwasser. Den an Hessen gefallenen Landesteil, der weiterhin als Grafschaft Schaumburg bezeichnet wurde, ließen die Landgrafen durch eine eigene Regierungskommission verwalten, die ihren Sitz in Rinteln hatte und aus einem Kanzleidirektor und zwei Regierungsräten bestand. Sie war auch für die Exklaven Auburg, Uchte und Freudenberg zuständig. Die Stadt Rinteln wurde ab 1665 zu einer modernen Festung ausgebaut.

In allen niedersächsischen Territorien, mit Ausnahme Ostfrieslands, setzte sich in der zweiten Hälfte des 17. Jahrhunderts die absolutistische Regierungsform durch, wenn auch in unterschiedlicher Intensität. Die ständischen Vertretungen wurden in ihren Rechten beschnitten, die Landtage kaum noch einberufen, die unvermeidbare Beteiligung, etwa bei der Steuerbewilligung, auf die ständischen Ausschüsse beschränkt. Mit der Akzise und dem Licent, beides Verbrauchssteuern,

Fürst Ernst von Holstein-Schaumburg verlegte 1621 die von ihm gegründete Lateinschule von Stadthagen nach Rinteln und wandelte sie in eine Universität um. Das dazu nötige Privileg hatte er von Kaiser Ferdinand II. erworben. Für einen Neubau war kein Geld vorhanden; die junge Hochschule zog in das seit der Reformation leerstehende Gebäude des ehemaligen Benediktiner-Nonnenklosters St. Jakobi ein und blieb dort bis zur Aufhebung durch die Franzosen 1810. Die Professoren zogen es allerdings meist vor, die Vorlesungen in ihren Wohnungen abzuhalten. Die Universität gelangte nie über eine regionale Bedeutung hinaus und stand im Schatten von Helmstedt und später von Göttingen. Das Gebäude wurde um 1900 abgerissen.

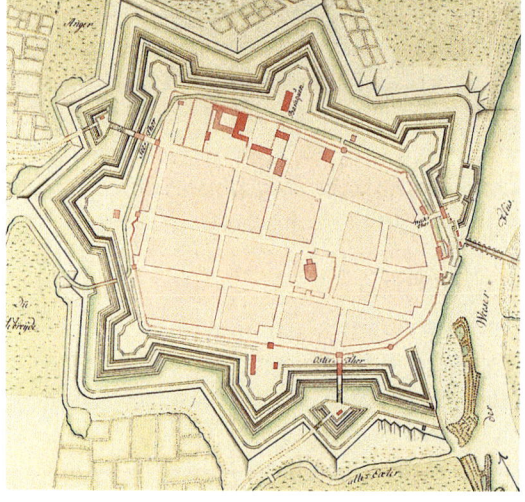

Das regelmäßige Straßennetz der Altstadt von Rinteln lässt noch heute erkennen, dass die Stadt planmäßig angelegt worden ist. Gründer war Graf Adolf IV. von Schaumburg, der hier einen wichtigen Weserübergang sichern wollte. Nachdem die Stadt 1647 hessisch geworden war, bauten die Landgrafen sie 1665 bis 1671 zu einer modernen Festung mit sieben Bastionen aus. Sie ist niemals angegriffen oder belagert worden. Auf Anordnung Napoleons wurden die Festungswerke 1806 und 1807 geschleift; der Wall im Westen der Stadt blieb jedoch erhalten.

erschlossen sich die Fürsten neue Finanzquellen, aus denen sie die steigenden Ausgaben für die stetig ausgebaute Verwaltung, für das Militär und die meist aufwendige Hofhaltung bestreiten konnten. Leidtragende der Entwicklung im frühneuzeitlichen Staat waren vor allem die Städte. Ihre Blütezeit hatte sich schon um 1600 dem Ende genähert, und der Krieg hatte den wirtschaftlichen Abstieg noch beschleunigt. Nun waren sie, oft auch durch innerstädtische Konflikte geschwächt, nicht mehr in der Lage, ihre bisherigen Freiheiten gegenüber den Landesherren zu behaupten. Sie mussten sich dem Machtanspruch des Staates unterwerfen und wurden in dessen Herrschaftssystem eingebunden. Städten wie Hannover und Celle, Wolfenbüttel, Bückeburg und Oldenburg, in deren Mauern die Fürsten ihre Residenzen errichtet hatten, boten die wirtschaftlichen und kulturellen Impulse, die von den Höfen ausgingen, eine ausreichende Entschädigung für den Verlust an Autonomie.

Niedersachsen im 18. Jahrhundert

Das neue Jahrhundert begann für die hannoverschen Welfen verheißungsvoll. 1701 verabschiedete das englische Parlament den „Act of Settlement". Damit erkannte es den Anspruch der Kurfürstin Sophie, der Witwe Ernst Augusts, auf die Nachfolge auf den Thron des Inselreichs an. Sophie hatte diesen Anspruch von ihrer Mutter Elisabeth, einer Tochter König Jakobs I., geerbt. Als sie 1658 in das Welfenhaus heiratete, stand eine Realisierung noch in weiter Ferne. Inzwischen waren aber alle näherberechtigten Anwärter gestorben oder sie schieden wegen ihrer katholischen Konfession für die Thronfolge aus. So rückte Sophie an die erste Stelle. Sie selbst hat den Eintritt des Erbfalls nicht mehr erlebt; im hohen Alter von 84 Jahren starb sie im Juni 1714, nur wenige Wochen vor Anna, der letzten englischen Monarchin aus dem Hause Stuart. Sophies Rechte gingen auf ihren Sohn Georg Ludwig über, der im selben Jahr als Georg I. den Thron in London bestieg. Damit wurde die Personalunion zwischen dem Königreich Großbritannien und Kurhannover begründet, die 123 Jahre dauern sollte. Beide Staaten blieben voneinander unabhängig und hatten eigene Regierungen; verbunden waren sie allein durch die gemeinsamen Monarchen, die ihren ständigen Wohnsitz in London hatten und nur zu immer seltener werdenden Besuchen in das Kurfürstentum kamen. Ein kleiner Stab bei der Person des Königs, die „Deutsche Kanzlei", vermittelte die Verständigung zwischen ihm und den Geheimen Räten, die in Hannover das Regierungskollegium bildeten. Ein Regierungsreglement schrieb fest, bei welchen Themen sich der Monarch die Entscheidung vorbehielt und welche die Geheimen Räte selbständig bearbeiten durften. Es war vorauszusehen, dass bei einer solchen Konstellation eine streng absolutistische Herr-

Die hier abgebildete Gedenkmedaille auf die englische Thronfolge des Hauses Hannover wurde 1714 von G. W. Westner geprägt. Auf der Vorderseite zeigt sie den Kopf König Georgs I. im Profil, auf der Rückseite das Sachsenross als Symbol für das Welfenhaus, wie es von Hannover nach England hinüberspringt.

Kurfürst Georg Ludwig (1660–1727), der 1698 die Regierung in Hannover antrat, erntete die Früchte der von seinem Vater Ernst August betriebenen Politik: die Vereinigung seines Fürstentums mit Lüneburg und später auch mit den Herzogtümern Bremen und Verden, die Aufnahme in den erlauchten Kreis der Kurfürsten und schließlich, als Krönung, den Gewinn des englischen Throns. Als Georg I. eröffnete er 1714 die Reihe der Könige von Großbritannien und Irland aus dem Haus Hannover. Auch in London, wo er nun residierte, blieb er dem Heimatland eng verbunden und besuchte es, so oft er konnte. Auf einer dieser Reisen ist er in Osnabrück gestorben.

Die Karte des Fürstentums Lüneburg wurde 1708 von Joseph Mulder in Amsterdam herausgegeben und dem hannoverschen Kronprinzen Georg August gewidmet, der später als Georg II. den englischen Thron bestieg. Gottfried Wilhelm Leibniz hat sie korrigiert und verbessert. Außer den Grenzen der lüneburgischen Ämter und Vogteien, den Städten und Dörfern, Flüssen, Wäldern und Mooren sind an passender Stelle jeweils die Wappen der adeligen Familien eingezeichnet, die dort Besitz hatten. In der Umrahmung kehren diese Adelswappen wieder. Vermutlich wollte man deren Inhaber als finanzkräftige Abnehmer der Karte ansprechen. Die obere Leiste zeigt das große Staatswappen des Hauses Braunschweig-Lüneburg, in dessen zwölf Feldern alle Territorien vertreten sind, die der welfische Gesamtstaat an sich gebracht hatte, daneben die Wappenschilder lüneburgischer Klöster und Stifte. Die oben rechts dargestellte Jagd hinter der Meute war auch in Niedersachsen ein dem Adel oder den Landesherren vorbehaltenes Vergnügen.

schaft nicht möglich sein würde, und so blieb denn auch die monarchische Gewalt in Hannover im 18. Jahrhundert zwar nicht verfassungsmäßig, aber faktisch eingeschränkt.

Für das welfische Stammland brachte die Verbindung mit dem so viel größeren England Vorteile und Nachteile gleichermaßen mit sich. Einerseits gab die Partnerschaft mit einer europäischen Großmacht natürlich politischen Rückhalt, der sich in kritischen Situationen auch mehrmals bewährte. Andererseits war Hannover stets in der Gefahr, als Prügelknabe herhalten zu müssen, wenn eigentlich England gemeint war; es war, wie man gesagt hat, Englands Achillesferse auf dem Kontinent. Aus der Sicht des britischen Parlaments und der britischen Presse war Hannover nur ein Nebenland der Krone, auf das man leider gelegentlich Rücksicht zu nehmen hatte. Das war schon im Nordischen Krieg der Fall. Die Schwäche Schwedens nach der Niederlage seines Königs Karls XII. gegen Russland in der Schlacht bei Poltava 1709 nutzte drei Jahre später Dänemark zu einem Überfall auf die Herzogtümer Bremen und Verden; Hannover verhinderte eine vollständige Besetzung. 1715 kaufte Kurfürst Georg Ludwig, nun schon auf dem englischen Thron sitzend, den Dänen ihre Ansprüche ab und löste danach auch das schwedische Besitzrecht durch Zahlung von einer Million Reichstalern ab. Im Frieden von Stockholm wurden Hannover 1719 die beiden ehemals geistlichen Territorien mit englischer Unterstützung dann endgültig zugesprochen. Die Reichsstandschaft der Stadt Bremen, die Schweden immer verneint hatte, blieb umstritten, doch 1741 erkannte der Kurstaat sie endgültig an. Nur der Grundbesitz des Erzbischofs und des Domkapitels blieb bis 1803 eine hannoversche Exklave mitten in der Stadt.

1718 beauftragte der Kaiser die beiden welfischen Staaten Kurhannover und Braunschweig mit der Reichsexekution gegen Herzog Karl Leopold von Mecklenburg-Schwerin, der in erbittertem Streit mit seinen Landständen lag. Hannoversche und braunschweigische Truppen marschierten in Mecklenburg ein und besetzten das Land, bis der Herzog 1728 abdankte. Um die Kosten der Exekution wieder hereinzuholen, behielt Hannover noch längere Zeit eine Anzahl mecklenburgischer Ämter in Pfandbesitz.

Schon 1705 war nach dem Tod Georg Wilhelms, des „letzten Heideherzogs", die seit langem verabredete Vereinigung des Fürstentums Lüneburg mit Kurhannover erfolgt, das damit erheblich an Gewicht gewann. Celle verlor seinen Residenzcharakter und wurde zu einer Stadt des Landadels und der Beamten, vor allem durch das 1711 errichtete Oberappellationsgericht, das sich bald einen ausgezeichneten Ruf erwarb. Weniger erfreut waren die Bürger der Stadt über das Zucht- und Irrenhaus, das hier 1714 in einem schlossartigen Barockstil erbaut wurde. Der Celler Premierminister Andreas Gottlieb von Bernstorff, der die Politik Georg Wilhelms geleitet hatte, wechselte nach Hannover und nahm auch hier einen führenden Rang ein.

Im Konkurrenzverhältnis zu Brandenburg-Preußen um die führende Rolle in Norddeutschland hatte das Haus Braunschweig-Lüneburg durch die Erwerbung der Kurwürde und die englische Sukzession ein Stück weit aufgeholt, doch blieb der Vorsprung der Hohenzollern erhalten, zumal sie 1702 durch Erbschaft von den Oraniern die Grafschaft Lingen übernahmen und 1744 gegen hannoversche Proteste auch von Ostfriesland Besitz ergriffen. Die Beziehungen zwischen den beiden Fürstenhäusern wurden jedoch gestärkt durch zwei Eheverbindungen: Sophie Charlotte, die von Leibniz als Gesprächspartnerin geschätzte Schwester Georgs I., heiratete 1684 König Friedrich I., der ihr in Berlin das Schloss Charlottenburg erbaute. Ihr Sohn Friedrich Wilhelm I. verband sich mit Sophie Dorothea, der Schwester Georgs II. Misslich war nur, dass zwischen den beiden Schwägern in der zweiten Generation eine heftige persönliche Abneigung bestand; einmal wäre es fast zu einem Duell gekommen. Die Regeln der Höflichkeit wurden zwischen den Verwandten zwar eingehalten, aber ein Rest an Misstrauen blieb doch vorhanden und konnte auch in der Politik nie ganz ausgeschaltet werden.

König Georg I. von England starb 1727 auf einer Reise in die Heimat in Osnabrück; er wurde in Hannover beigesetzt. Auch sein Sohn Georg August (1683–1760) hing als englischer König Georg II. noch an dem welfischen Stammland, das er oft besuchte. Er förderte es nach Kräften. Die hannoversche Politik wurde nach Bernstorffs Tod – er starb 1726 – über lange Zeit geprägt durch den Premierminister Gerlach Adolph von Münchhausen, der aus einer in Leitzkau östlich von Magdeburg ansässigen Linie dieser weit verzweigten Familie kam. Er hatte das Vertrauen sowohl Georgs II. wie Georgs III. und genoss großes Ansehen auch über Hannover hinaus. Seine größte Leistung war die Gründung der Universität Göttingen, der „Georgia Augus-

Auch Georg II. von Großbritannien (1683–1760), als hannoverscher Kurfürst Georg August genannt, wurde noch im welfischen Stammland geboren. 1727 folgte er seinem Vater in beiden durch die Personalunion verbundenen Staaten nach. Sowohl in Hannover wie in London dienten ihm fähige Minister, die ihn von der Mühe des Regierens entlasteten. Er selbst zeichnete sich im Österreichischen Erbfolgekrieg 1743–45 als Feldherr der von ihm aufgestellten „Pragmatischen Armee" aus. Sein Name lebt fort in der „Georgia Augusta", der 1734 unter seiner Regierung gegründeten Universität Göttingen. 1750 genehmigte er die Gründung der heute noch bestehenden Landschaftlichen Brandkasse in Hannover.

ta", wie sie nach dem Landesherrn genannt wurde – Spötter meinten allerdings, das Monogramm „G. A." würde besser mit „Gerlaco Adolphina" aufgelöst. Bereits 1734 wurde sie mit den ersten Vorlesungen eröffnet, drei Jahre später erfolgte die feierliche Inauguration. Münchhausen verstand es, hervorragende und bewährte Professoren nach Göttingen zu berufen und die Universität nach einem modernen Reformkonzept auszurichten, das sie in kurzer Zeit in die Reihe der angesehensten europäischen Hochschulen aufsteigen ließ. Bis zu seinem Tod 1770 hat er sie persönlich als Kurator betreut. Auch zur Gründung der Göttinger Akademie der Wissenschaften gab er 1751 den Anstoß. Er kümmerte sich aber ebenso um die Hebung der Wirtschaftskraft des Kurstaats, besonders um die Förderung der Landwirtschaft. Dass 1735 in Celle ein Landgestüt errichtet wurde, das der seit je bedeutenden hannoverschen Pferdezucht weiteren Auftrieb gab, ist sein Verdienst. Von dieser bedeutsamen Leistung abgesehen konnte aber auch Münchhausen nicht verhindern, dass den durchweg adeligen Geheimen Räten, die die hannoversche Regierung bildeten, der Sinn eher nach Festhalten am bewährten Alten als nach Modernisierung des Staatswesens stand. Neue Ideen hatten es schwer, sich durchzusetzen, und es fehlten die Anregungen, wie sie von einem ständig präsenten Hof ausgegangen wären.

Das war anders im Herzogtum Braunschweig, dem kleineren der welfischen Staaten. Hier starb die Hauptlinie des Hauses Wolfenbüttel 1735 aus; das Erbe übernahm die Nebenlinie Bevern. Ihr erster Vertreter, Ferdinand Albrecht II., starb nach wenigen Monaten. Sein Sohn Karl I. regierte bis 1780 und brachte das Land in dieser langen Zeit

Sowohl unter Georg II. wie in den Anfangsjahren seines Nachfolgers Georgs III. war Gerlach Adolph von Münchhausen (1688–1770) – links auf einem Gemälde von Gottfried Boy – der eigentliche Leiter der hannoverschen Politik. Im Kollegium der Geheimen Räte, später als Premierminister stellte er die Weichen für die Entscheidungen, die formell der König in London traf. Seine bedeutendste Leistung war die Gründung der Universität Göttingen. Parallel dazu betrieb er den Aufbau einer wissenschaftlichen Bibliothek, die sich in kurzer Zeit einen ausgezeichneten Ruf erwarb. Sie wurde im seit der Reformation leerstehenden Dominikaner- oder Paulinerkloster untergebracht. Die Konventgebäude wurden seit 1737 als Vorlesungsräume genutzt, die Kirche 1809 zur Universitätsbibliothek umgestaltet. Die oben abgebildete aquarellierte Federzeichnung von Friedrich Besemann zeigt den Großen Bibliothekssaal um 1820.

Im Jahr 1770 wurde Gotthold Ephraim Lessing (1729–1781) von Herzog Karl I. zum Leiter der Wolfenbütteler Bibliothek berufen. Hier vollendete er das Schauspiel *Emilia Galotti* und schrieb sein bekanntestes Stück, das Toleranzdrama *Nathan der Weise*.

ein gutes Stück voran. Er war für moderne Entwicklungen aufgeschlossen und ließ sein Herzogtum daran teilhaben. 1745 gründete er das Collegium Carolinum, aus dem sich die erste technische Hochschule Deutschlands entwickelte und 1754 die bis heute bestehende Braunschweigische Landesbrandversicherungsanstalt. Sein Oberjägermeister Johann Georg von Langen war die treibende Kraft bei der merkantilistischen Bevölkerungs- und Wirtschaftspolitik des Herzogs. Er reformierte das Forstwesen und richtete 1747 im Schloss Fürstenberg an der Weser eine Porzellanmanufaktur ein. 1744 entstand im Hils eine bedeutende Spiegelglashütte mit Arbeitersiedlung. Auch eine erste Landesvermessung geht auf ihn zurück. 1753 verlegte Karl I. seine Residenz von Wolfenbüttel nach Braunschweig, wo Oper und Schauspiel weiterhin auf hohem Niveau gepflegt wurden. 1770 wurde Gotthold Ephraim Lessing als Bibliothekar nach Wolfenbüttel berufen, wo er seine letzten Lebensjahre verbrachte und mit *Nathan der Weise* sein wohl bedeutendstes Drama schrieb. Unter Karl I. bahnte sich auch die Anlehnung an den östlichen Nachbarn Preußen an, die zu einer festen Größe in der Außenpolitik des Herzogtums Braunschweig werden sollte. Seine Schwester Elisabeth Christine hatte 1733 Friedrich den Großen geheiratet, er selbst nahm Friedrichs Schwester Philippine zur Frau. Seine Tochter Anna Amalia heiratete 1756 nach Weimar und hatte großen Anteil daran, dass die Stadt zu einem Zentrum des Kultur- und Geisteslebens in Deutschland wurde. Goethe verehrte die Mutter seines herzoglichen Freundes Carl August ebenso wie Wieland und Herder.

Im Österreichischen Erbfolgekrieg, der sich seit 1740 im Süden und Südosten des Reichs zwischen Österreich und seinen Gegner Preußen und Frankreich abspielte, sowie in den beiden ersten Schlesischen Kriegen zwischen Preußen und Österreich (1740–42, 1744/45) blieben die niedersächsischen Staaten unbeteiligt. Es berührte die Neutralität Kurhannovers nicht, dass sein Landesherr Georg II., der als englischer König mit den Habsburgern verbündet war, in der Schlacht bei Dettingen 1743 an der Spitze der für die Habsburger Interessen kämpfenden „Pragmatischen Armee" einen Sieg über die Franzosen erzielte. Dabei kämpften auch hannoversche Soldaten im englischen Sold auf österreichischer Seite mit. Im dritten Schlesischen Krieg aber, dem sogenannten Siebenjährigen Krieg (1756–63), verfing die Berufung auf den neutralen Status des Landes nicht mehr. Hannover wurde in den Konflikt hineingezogen, weil infolge der berühmten „Umkehr der Bündnisse" von 1756 König Georg II. sich von Österreich gelöst hatte und an die Seite Preußens getreten war. Ein Grund dafür war, dass er fürchtete, der britische Konflikt mit Frankreich um die amerikanischen Kolonien würde auf Europa übergreifen; in diesem Fall wollte er sein welfisches Stammland nicht schutzlos dastehen lassen.

Die braunschweigische Burg Fürstenberg wurde kurz vor 1350 am Rande des Sollings hoch über der Weser zur Sicherung der Grenze gegen die Stadt Höxter und das Kloster Corvey erbaut. Nach wiederholten Zerstörungen ließ Herzog Heinrich Julius sie zu einem Renaissanceschloss umbauen. Herzog Karl I. brachte hier seine 1747 gegründete Porzellanmanufaktur unter. Die Dichterin Annette von Droste-Hülshoff nannte Fürstenberg daher einmal das „rauchende Schloss". Nach Meißen ist die Fürstenberger Porzellanmanufaktur die älteste noch bestehende derartige Anlage in Deutschland. Ab 1972 wurde die Produktion in Nachbargebäude verlagert und im Schloss ein Museum mit einer umfangreichen Schausammlung von Stücken seit der Produktionsaufnahme 1750 eingerichtet.

Der braunschweigische Herzog Karl I. (1713–1780) gründete im Rahmen seiner merkantilistischen Politik 1747 in Fürstenberg eine Porzellanmanufaktur. Ihre Erzeugnisse erwarben sich rasch einen guten Ruf. Die abgebildete Gruppe „Kaffeegesellschaft" des Figurenmodelleurs Jean Jacques Desoches stammt aus dem Jahr 1771 und zählt zu den wichtigsten Arbeiten der Porzellanmanufaktur aus dieser Zeit: Eine Kinderfrau kümmert sich um zwei Kinder. Schuhe und Kleidung zeigen, dass sie aus höherem Stand sind. Dagegen sind die beiden Landkinder barfüßig, im Hemd und mit kurzen Hosen. Sie dürfen jedoch mit den adeligen Kindern spielen. Barfüßig ist auch die Dienstmagd. Die harmonische Szene um die Kinder und das Personal steht im Gegensatz zu der Szene im Hintergrund: Ein älterer Höfling bedrängt eine darüber missvergnügte junge Dame. Die liebenswürdige Darstellung des „dritten Standes" steht der höfischen Sittenverderbtheit gegenüber. Die „Kaffeegesellschaft" ist damit eine Kritik an der Ständegesellschaft des ausgehenden 18. Jahrhunderts.

Die Rechnung ging aber nicht auf. 1757 setzten sich die Franzosen über Hannovers Neutralität hinweg und besetzten das Land, um damit das wegen seiner Insellage unangreifbare England zu treffen. Den Vorwand zum Einmarsch lieferte die zum Schutz Hannovers gebildete Observationsarmee, an der sich auch Braunschweig und Schaumburg-Lippe mit kleineren Kontingenten beteiligten. Sie unterstand dem Herzog Wilhelm August von Cumberland, einem Sohn Georgs II. Der trat den Franzosen zwar entgegen und stellte sich am 26. Juli bei Hastenbeck nahe Hameln zur Schlacht, gab diese aber vorschnell verloren und trat den Rückzug nach Stade an. Nach der Kapitulation von Kloster Zeven im September 1757, die Georg II. niemals anerkannte, stand das gesamte Kurfürstentum den französischen Truppen offen, die im selben Zuge auch das Herzogtum Braunschweig-Wolfenbüttel besetzten. Karl I. musste sich in das als neutral geltende Fürstentum Blankenburg zurückziehen, das seit 1731 mit Wolfenbüttel verbunden war. In beiden Ländern richteten die Franzosen Militärverwaltungen ein, die vor allem dem Zweck dienten, Kriegskontributionen einzutreiben.

König Georg II. war über das Verhalten seines Sohnes erbost und löste ihn ab. Herzog Ferdinand von Braunschweig, ein Bruder Karls I., wurde zum Oberkommandierenden der verbündeten preußisch-englisch-hannoverschen Truppen bestellt. Das erwies sich als ein Glücksgriff. Ferdinand stellte eine neue Armee auf (die Observationsarmee war nach der Kapitulation entlassen worden) und kündigte den Waffenstillstand. Von Stade aus nahm er den Kampf wieder auf, zog nach Süden, vertrieb die französischen Truppen aus weiten Teilen des Landes und stieß bis an den Rhein vor. Zwar musste er sich dann wieder zurückziehen, aber in der Schlacht bei Minden brachte er den Franzosen am 1. August 1759 eine entscheidende Niederlage bei, bei der die Artillerie unter dem „Kanonengrafen" Wilhelm von Schaumburg-Lippe eine entscheidende Rolle spielte. Danach hielten sich französische Einheiten nur noch im

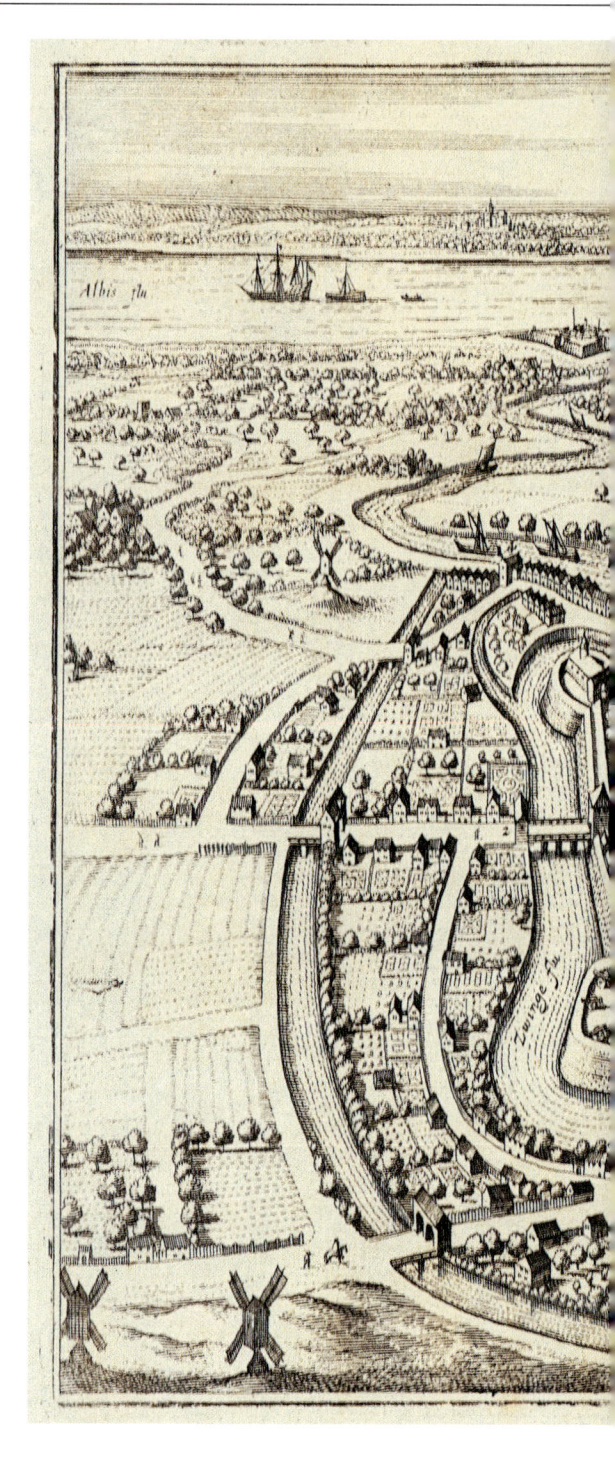

STADA.

1. Sayser thor.
2. Caen thor.
3. Haffenvlit thor.
4. Stegher thor.
5. Sault thor.
6. Groten thor.
7. Bischoffs hoff.
8. Die Berch Kirch.
9. S. Willat.
10. S. Nicolaus.
11. S. Cosmus.
12. S. Iohann.
13. Abtey.
14. S. Ioris.
15. Rahthauße.
16. Hospital.
17. Mercatorn Basilica.
18. Pferd marckt.
19. Zante.
20. Die Wage.

Die Elb flu.

Der Blick auf Stade aus der Vogelschau in Matthäus Merians Topographie aus dem Jahr 1647 zeigt die alten Befestigungsanlagen, die noch im dritten Schlesischen Krieg zwischen Preußen und Österreich, dem sogenannten Siebenjährigen Krieg (1756–1763), in den das Kurfürstentum Hannover aufgrund seiner Verbindung mit England hineingezogen wurde, als strategische Eckpunkte des Militärs dienten. Herzog Wilhelm August von Cumberland, ein Sohn des englischen Königs Georg II., der die hannoversche Armee führte, zog sich nach der verlorenen Schlacht gegen die Franzosen vom 26. Juli 1757 bei Hastenbeck nahe Hameln nach Stade zurück. Von hier aus nahm sein Nachfolger Herzog Ferdinand von Braunschweig, ein Bruder Karls I., als Oberkommandierender der verbündeten preußisch-englisch-hannoverschen Truppen den Kampf gegen die französischen Besatzer 1759 wieder auf.

südlichen Niedersachsen, von wo aus sie mit einzelnen Streifzügen aber weiterhin für Unruhe sorgten. Die Okkupation blieb der Bevölkerung in den betroffenen Ländern noch lange als eine Zeit der Leiden und Bedrückungen im Gedächtnis. Zwar kamen Plünderungen und Gewalttaten anders als im Dreißigjährigen Krieg kaum vor, aber die Durchzüge und Kämpfe, Belagerungen und Einquartierungen waren dennoch eine schwere Belastung. Nicht nur Proviantlieferungen, auch hohe Geldsummen wurden immer wieder erpresst und führten dazu, dass vor allem die Städte sich enorme Schulden aufbürden mussten, die sie noch lange abzuzahlen hatten.

Der Kriegsverlauf hatte gezeigt, dass die Befestigungen, mit denen sich viele Städte im späten Mittelalter umgeben hatten, kaum noch militärischen Wert hatten. Viele von ihnen wurden nun geschleift, so in Hannover ab 1767, in Oldenburg 1773. Als Festungen erhalten und teilweise noch ausgebaut wurden Hameln, Nienburg, Stade und Harburg; sie dienten als strategische Eckpunkte des Militärs, das im Übrigen in fast allen Staaten kräftig abgebaut wurde. In der Heimat selbst blieben ihm Einsätze bis zum Ende des Jahrhunderts erspart. Auch im amerikanischen Unabhängigkeitskrieg verzichtete London auf die Mitwirkung hannoverscher Truppen, doch wurden ab 1773 Hannoveraner zum Schutz der englischen Besitzungen Menorca und Gibraltar eingesetzt. Sie bewährten sich besonders bei der Belagerung Gibraltars durch die Spanier und Franzosen. 1782 bis 1789 kämpften zwei hannoversche Regimenter im Sold der Ostindischen Kompanie, einer britischen Handelsgesellschaft, aber letztlich für die Interessen ihres Landesherrn

Als jüngerer Bruder Herzog Karls I. schlug Ferdinand von Braunschweig (1721–1792, Bild links) die militärische Laufbahn ein und kämpfte im preußischen Heer für seinen Schwager Friedrich den Großen. Im Siebenjährigen Krieg übernahm er die Führung des Koalitionsheers, das die Franzosen aus Norddeutschland vertrieb.

Als „Kanonengraf" ist Wilhelm von Schaumburg-Lippe (1724–1777) bekannt geworden (Bild rechts). Den Beinamen verdankte er seiner Begeisterung für das Militär, besonders für die Artillerie, mit der er 1759 bei Minden als hannoverscher Generalfeldzeugmeister entscheidend zum Sieg der Verbündeten Preußens über die Franzosen beitrug.

in Indien gegen einheimische und französische Truppen. Nur ein Drittel der Mannschaft kehrte nach Hause zurück. Der in Finanznöten steckende Braunschweiger Herzog Karl I. überließ der englischen Regierung gegen die Zahlung von Subsidien zwei seiner Divisionen, die in Kanada gegen Frankreich zum Einsatz kamen – ein Verkauf von Soldaten also, der einen Schatten auf das Bild dieses aufgeklärten Fürsten wirft. Auch hier waren die Verluste hoch: Von rund 4000 Mann fielen 900, und 400 blieben in Amerika.

1760 starb König Georg II. Ihm folgte sein Enkel Georg III., der erste bereits in England geborene Monarch aus dem Haus Hannover. Er hat bis 1820 regiert und in dieser langen Zeit sein hannoversches Kurfürstentum kein einziges Mal besucht. Dabei war er an der Entwicklung des welfischen Stammlands durchaus interessiert, besonders an Ackerbau und Viehzucht, worauf schon sein Spitzname „Farmer George" hinweist, und manche Anregungen aus England wurden gerade auf diesem Gebiet in Hannover aufgegriffen. 1764 wurde in Celle die Königliche Landwirtschaftsgesellschaft gegründet. Sie bemühte sich um die Verbesserung der traditionellen Anbaumethoden, ebenso wie der 1752 geborene Celler Arzt Albrecht Thaer, der auf seinem Mustergut den Fruchtwechsel und die Stallfütterung erprobte. Er gilt als der Vater der modernen, auf wissenschaftlicher Grundlage betriebenen Landwirtschaft. Die hannoverschen Geheimen Räte genossen infolge der räumlichen Distanz zum Londoner Hof und auch wegen der in seinen letzten Lebensjahrzehnten ausbrechenden, möglicherweise durch arsenhaltige Medikamente ausgelösten Erkrankung Georgs III. – er litt vermutlich an Porphyrie, einer folgenschweren Stoffwechselstörung – ein erhöhtes Maß an Autonomie. Sie nutzten diese aber auch jetzt nicht, sondern blieben ihrem adelig-konservativen Standesdenken verhaftet, das vor jeder Reformidee zurückscheute. Bei allem wirtschaftlichen Wohlstand geriet der Kurstaat so in einen Zustand der Erstarrung; Ansätze zu zukunftsträchtigen Neuerungen wurden meist im Keim erstickt. Die Arbeit in den Ressorts der Staatsverwaltung ruhte vor allem auf den Schultern der durchweg bürgerlichen Sekretäre, die eine eigene gesellschaftliche Schicht, das sogenannte Staatspatriziat, bildeten. Sie waren oft fortschrittlicher gesinnt als ihre Vorgesetzten, mussten sich aber deren Weisungen beugen.

Das Herzogtum Braunschweig galt gegen Ende des 18. Jahrhunderts als einer der bestregierten deutschen Staaten. Das Fürstenhaus unterhielt weiterhin enge freundschaftliche Beziehungen nach Berlin. Karl August von Hardenberg, der spätere preußische Reformer, war braunschweigischer Minister, ehe er 1790 in hohenzollernsche Dienste nach Ansbach-Bayreuth ging. Herzog Karl Wilhelm Ferdinand, der Sohn und Nachfolger Karls I., berief 1786 den Pädagogen Joachim Heinrich Campe zum Schulrat, der aber

Karl August von Hardenberg (1750–1822), Spross einer niedersächsischen Adelsfamilie, begann seine Laufbahn in hannoverschen Diensten, ging dann als Minister nach Braunschweig und Ansbach-Bayreuth und 1798 nach Berlin, wo er zu einem der wichtigsten Erneuerer des Hohenzollernstaates wurde.

Als einziger der fünf Herrscher der Personalunion hat König Georg III. (1738–1820) sein hannoversches Stammland während seiner 60-jährigen Regierungszeit niemals besucht. Er war in England geboren und von seiner Mutter nach dem frühen Tod des Vaters als Engländer erzogen worden. Dennoch hat er das Kurfürstentum nicht vernachlässigt und sich bemüht, die Nachteile auszugleichen, die Hannover im Siebenjährigen Krieg und in der Ära Napoleons durch die Bindung an England hinnehmen musste. Sein besonderes Interesse galt der Entwicklung der Landwirtschaft. Seine letzten Lebensjahre verbrachte er erblindet und in geistiger Umnachtung.

Heute ist sie ein beliebtes Ausflugsziel – für den schaumburg-lippischen „Kanonengrafen" Wilhelm war die Festung Wilhelmstein Bestandteil einer Strategie, die sein kleines Land in einen verteidigungsfähigen Zustand versetzen sollte. 1761 bis 1767 ließ er im Steinhuder Meer die 16 kleinen „Wilhelms-Insuln" aufschütten, die später zu einer Fläche vereint wurden, und errichtete darauf eine kleine Musterfestung als Sternschanze mit vier Bastionen und einer Zitadelle, deren Rundturm zunächst als Sternwarte genutzt wurde. Die Festung diente als Kriegsschule, an der auch Offiziere benachbarter Staaten ihre Ausbildung erhielten.

wegen seiner fortschrittlichen Ansichten später Schwierigkeiten bekam. Der Landesherr machte sich einen Namen als Feldherr; 1787 führte er eine preußische Armee, die in Holland einmarschierte, um in der Auseinandersetzung zwischen der Bewegung der „Patrioten" und dem Haus Oranien zugunsten des Fürstenhauses zu intervenieren.

In Schaumburg-Lippe trat 1748 Graf Wilhelm die Regierung an, ein Mann von vielseitigem Interesse, der nach einem Wort Goethes „zu groß für sein Land" war. Er berief 1750 einen der Bach-Söhne, Johann Christoph Friedrich, als Mitglied der Hofkapelle und ernannte ihn 1759 zum Konzertmeister, holte 1765 den Rintelner Professor Thomas Abbt und 1771 Johann Gottfried Herder als Konsistorialräte an den Bückeburger Hof, verehrte in Friedrich II. von Preußen sein großes Vorbild und korrespondierte mit Voltaire, Christoph Friedrich Nicolai und Moses Mendelssohn. Seine Leidenschaft war das Militär. Nach der Bewährung im Siebenjährigen Krieg übernahm er auf Wunsch König Georgs III. 1762 den Befehl über die britischen und portugiesischen Truppen und verteidigte Englands Verbündeten Portugal gegen den Angriff der Franzosen und Spanier. Sein eigenes Land wollte er in die Lage versetzen, sich gegen jeden Angreifer verteidigen zu können. Dazu führte er die Wehrpflicht ein und plante ein ganzes Netz von Befestigungen, von denen nur die 1761 bis 1767 erbaute Inselfestung Wilhelmstein im Steinhuder Meer die Zeit überdauert hat. Auf dem Meer ließ er Versuche mit einem Tauchboot, dem „Steinhuder Hecht", durchführen. Mit all dem überschätzte er die Kräfte seines kleinen Landes und hinterließ bei seinem Tod 1777 einen riesigen Schuldenberg, den sein Nachfolger Philipp II. Ernst aus der Alverdisser Linie des Hauses Lippe mühsam abzutragen versuchte. Dessen Erbberechtigung hatte der hessische Landgraf als Lehnsherr der Grafschaft Schaumburg-Lippe bestritten. Er wollte sie als Lehen einziehen und ließ das Land militärisch besetzen; nur den Wilhelmstein, auf den die Landeskasse gerettet worden war, konnte er nicht einnehmen, und so bewies die kleine Festung dieses eine Mal ihren Wert. Hannover als Schutzmacht, Preußen und der Kaiser schritten gemeinsam ein und vereitelten den hessischen Annexionsversuch. Philipp Ernst starb 1787. Seine junge Witwe Juliane, eine lebenslustige und couragierte Frau, führte für ihren unmündigen Sohn Georg Wilhelm die

Regentschaft, unterstützt von dem Grafen Johann Ludwig von Wallmoden-Gimborn, einem natürlichen Sohn Georgs II. Sie brachte die Grafschaft gut durch die Wirren der napoleonischen Zeit. 1791 gründete sie unweit der Residenz Bückeburg das Schwefelbad Eilsen. Nicht weit entfernt entstand seit 1787 im hessischen Teil Schaumburgs, in Nenndorf, auf Initiative des Landgrafen Wilhelm IX. von Hessen-Kassel ebenfalls ein Bad. Beide erfreuten sich im 19. Jahrhundert eines guten Rufs und zogen viele Badegäste an, konnten aber nicht in die Reihe der großen Modebäder wie Pyrmont aufsteigen.

Das Interesse Dänemarks an seinem deutschen Außenposten Oldenburg hatte im Lauf des 18. Jahrhunderts stark nachgelassen; die Belastung erschien größer als der daraus zu ziehende Gewinn. Nachdem 1762 der russische Zar Peter III. aus dem Hause Gottorf gestorben war und seine Witwe Katharina II. (1729–1796) die Regentschaft für ihren Sohn Paul übernommen hatte, entwickelte König Christian VII. von Dänemark zusammen mit ihr den Plan zu einem Ländertausch. Noch in dänischer Zeit wurde 1764 die heute noch tätige Oldenburgische Landesbrandkasse gegründet. Gegen das Miteigentum am Herzogtum Holstein-Gottorf wollte Dänemark die Grafschaften Oldenburg und Delmenhorst an Paul abtreten, der sie einem Mitglied der jüngeren Gottorfer Linie überlassen sollte. So wurde es 1767 vereinbart, aber erst 1773 nach Erreichen der Großjährigkeit Pauls I. durchgeführt. Der begünstigte Verwandte war der Lübecker Fürstbischof Friedrich August, der nun die Landesherrschaft in Oldenburg übernahm. Zugleich erhob Kaiser Joseph II. die beiden Grafschaften Oldenburg und Delmenhorst zu einem Herzogtum mit Sitz und Stimme im Reichstag. Damit schied das Land aus dem dänischen Staatsverband aus, mit dem es seit 1448 verbunden gewesen war. Das Fürstbistum Lübeck und das neue Herzogtum wurden von Friedrich August in Personalunion regiert. 1776 berief er seinen Neffen Peter Friedrich Ludwig zum Koadjutor; sein eigener Sohn taugte wegen Geistesschwäche nicht zur Nachfolge. Die Herrschaft Jever war seit 1667 im Besitz der Fürsten von Anhalt-Zerbst. 1793 starb dieses Haus in männlicher Linie aus, und Jever fiel an die Zarin Katharina II. als nächste weibliche Angehörige und damit an Russland.

In Ostfriesland, das zu Weihnachten 1717 ebenso wie Oldenburg erneut von einer verheerenden Sturmflut getroffen worden war, die mehrere tausend Menschen das Leben gekostet hatte, versuchte der Kanzler Enno Rudolf Brenneysen seit 1720, für seinen

Fürsten Georg Albrecht Cirksena ein absolutistisches Herrschaftssystem zu installieren. Im Appelle-Krieg, so genannt nach einem der Hauptstreiter, kam es zu einer Spaltung der Stände und zunächst zu einem Sieg der fürstlichen Partei, die von Kaiser Karl VI. Unterstützung erhielt, doch schon um 1730 stellte sich die alte Gewichtsverteilung wieder her, und damit lebten auch die gewohnten Spannungen wieder auf.

1744 starb mit Carl Edzard der letzte Cirksena. Preußen hatte die Besitzergreifung des Landes gut vorbereitet und vollzog sie ohne Probleme, wenn auch unter Protest aus Hannover. Die Bevölkerung begrüßte die Anbindung an den Hohenzollernstaat, auch als dieser nach anfänglicher Schonung ostfriesischer Traditionen bald die preußische Behördenorganisation auf Ostfriesland übertrug. In Aurich wurden eine Regierung und eine Kriegs- und Domänenkammer eingerichtet. Die Opposition der Stände fand mit dem Aufgehen in Preußen ein Ende. Auch die Stadt Emden, die von der nun einsetzenden Förde-

In Schaumburg-Lippe regierte seit 1777 Graf Philipp II. Ernst aus der Linie Alverdissen. In zweiter Ehe heiratete er 1780 Juliane von Hessen-Philippsthal (1761–1799, Bild oben). Als er 1787 starb, übernahm sie bis zu ihrem Tod die Regentschaft für ihren Sohn Georg Wilhelm. Die tüchtige und energische, dabei lebenslustige und unkonventionelle Fürstin gründete unter anderem das Schwefelbad Eilsen.

Bei Bad Nenndorf im hessischen Teil der Grafschaft Schaumburg war seit dem 16. Jahrhundert eine Schwefelquelle bekannt, die von der Bevölkerung zu Heilzwecken genutzt wurde. Landgraf Wilhelm IX. ließ sie 1787 zu einem Thermalbad ausbauen. Durch ihn und seine Nachfolger wurde der Badeort zu einer Art Sommerresidenz der landgräflichen Familie. Das bald nach 1900 erbaute tempelartige Brunnenhaus und das ebenfalls klassizistische, jetzt als Hotel genutzte Badehaus im Hintergrund sind architektonische Zeugen für die einstige Blüte des heutigen Staatsbades.

Als Historiker und aufgeklärter Publizist machte sich der Osnabrücker Justus Möser (1720–1794) einen Namen. Als 1764 der einjährige Welfenprinz Friedrich von York zum evangelischen Bischof von Osnabrück ausersehen wurde, leitete Möser während dessen Minderjährigkeit bis 1783 die Landesverwaltung. Das Porträt von Ernst August Howind zeigt ihn in der Uniform des Syndikus der Ritterschaft.

Der Wittelsbacher Clemens August (1700–1761), Kurfürst und Erzbischof von Köln, Herr über mehrere weitere Bistümer und Hochmeister des Deutschen Ordens, war ein großer Freund der Jagd. Auf dem Hümmling bei Sögel im Niederstift Münster ließ er sich von Johann Conrad Schlaun 1737 bis 1747 ein Jagdschloss erbauen, von dem aus er in dem umgebenden Waldgebiet seiner Leidenschaft nachgehen konnte. Schloss Clemenswerth wird von acht Pavillons umgeben. Die ganz im ursprünglichen Zustand erhaltene Anlage ist eine der reizvollsten Hinterlassenschaften des fürstlichen Absolutismus in Norddeutschland.

rung ihres Seehandels profitierte, fügte sich in den Fortfall ihrer bisher so heftig verteidigten Sonderrechte.

Im Fürstbistum Osnabrück ging es mit dem Wechsel katholischer und evangelischer Bischöfe weiter. 1715 waren die Protestanten an der Reihe; die Welfen präsentierten Ernst August, einen Bruder König Georgs I. 1728 wurde er von Clemens August von Wittelsbach abgelöst, dem „Herrn von Fünfkirchen" – er hatte zugleich das Erzbistum Köln und die Bistümer Hildesheim, Münster und Paderborn inne und war außerdem Hochmeister des Deutschen Ordens. Ihm ist der Bau des barocken Jagdschlosses Clemenswerth im Hümmling zu verdanken; um die beiden niedersächsischen Territorien konnte er sich wegen seiner sonstigen Verpflichtungen nicht viel kümmern. Nach seinem Tod wurde 1764 der damals noch nicht einmal ein Jahr alte Prinz Friedrich von York zum Nachfolger gewählt; er konnte aber erst nach Erreichen der Volljährigkeit 1783 in sein Amt eingeführt werden. Eigentlicher Leiter der Landesverwaltung war in diesen Jahren Justus Möser, der als Regierungsbevollmächtigter und Syndikus der Ritterschaft zwischen den Interessen des Landesherrn und der Stände vermittelte und sich um die Wohlfahrt des Landes große Verdienste erwarb. Als Publizist im Geist der Aufklärung wirkte er mit seinen Einsichten in die geschichtliche Bedingtheit aller Erscheinungen und Verhältnisse der Gegenwart weit über Osnabrück hinaus.

Graf Friedrich Karl von Bentheim verpfändete sein Land 1752/53 wegen der hohen Schulden, die darauf lasteten, an Kurhannover. Formal blieb die Grafschaft ein eigener Reichsstand, doch wurde sie von Hannover wie ein Nebenland verwaltet. Ein Versuch des Grafen, während des Siebenjährigen Krieges die Pfandschaft wieder abzuschütteln, schlug fehl. Von einer Unterbrechung in der napoleonischen Zeit abgesehen blieb Bentheim auf Dauer mit Hannover verbunden. Die verbliebenen standesherrlichen Rechte der Bentheimer Grafen wurden 1848 endgültig abgelöst.

Für die meisten der Staaten im niedersächsischen Raum gilt, dass sie in der zweiten Hälfte des 18. Jahrhunderts verstärkt Anstrengungen unternahmen, mit der Zeit zu gehen und sich der wirtschaftlichen und gesellschaftlichen Entwicklung anzupassen. Die Verwaltungen wurden mit dem Ziel größerer Effizienz neu organisiert, statistische Erhebungen ermöglichten tiefere Einblicke in die Struktur und die Leistungskraft der Bevölkerung. Der Schulunterricht und die Ausbildung der Lehrer wurden verbessert. Mit der Kurhannoverschen Landesvermessung wurde von 1764 bis 1786 die erste moderne kartographische Erfassung des Landes vorgenommen, die ursprünglich für Militärzwecke bestimmt war, dann aber auch von zivilen Behörden genutzt wurde. Ähnliche Kartenwerke entstanden in Braunschweig, Oldenburg, Osnabrück und Schaumburg-Lippe.

Das Teufelsmoor um Worpswede nordöstlich von Bremen war bis in die Neuzeit ein unerschlossenes und schwer zugängliches Gebiet. Bald nach 1750 begann die Kultivierung durch den Bau von Kanälen und die Anlage von Moorsiedlungen. Sie wurde geplant und durchgeführt durch den Moorkommissar Jürgen Christian Findorff und hat den Charakter der Region stark verändert. Ihr landschaftlicher Reiz aber blieb erhalten. Er veranlasste Ende des 19. Jahrhunderts eine Reihe von Malern und Bildhauern dazu, sich hier niederzulassen. In Worpswede bildete sich eine Kolonie von Künstlern, die ihre Motive in der natürlichen Schönheit der Umgebung entdeckten und mit ihren Werken großen Erfolg hatten.

Adolph Freiherr Knigge, 1752 in Bredenbeck bei Hannover geboren und 1796 in Bremen verstorben, ist vor allem durch seine Schrift *Über den Umgang mit Menschen* bekannt, die zur sittlichen Erneuerung der Menschheit beitragen sollte. Durch sein unkonventionelles Auftreten schuf er sich allerdings viele Feinde.

Eine Reihe junger Dichter schloss 1772 in Göttingen den „Hainbund", der gegen den Gefühle nur vortäuschenden Dichtungsstil der Aufklärung und des Rokoko protestieren wollte. Natürliches Empfinden sollte an die Stelle gezierter und gekünstelter literarischer Produktion treten. Bekannteste Mitglieder waren Johann Heinrich Voß und Ludwig Hölty. Auch Klopstock, Matthias Claudius und Gottfried August Bürger standen ihm nahe. Obwohl der Bund nur wenige Jahre bestand, erlangte er große Bedeutung für die Entwicklung der deutschen Literatur am Vorabend der Klassik. Rechts eine romantisierende Darstellung der Gründung von Woldemar Friedrich.

Der wirtschaftlichen Erschließung dienten der Bau von Straßen und Kanälen, die Kultivierung von Mooren und die Anlage von Kolonien, wobei sich der Moorkommissar Jürgen Christian Findorff im Teufelsmoor nördlich von Bremen besonders auszeichnete. Die Errichtung von Manufakturen wurde staatlich gefördert, erste Schritte zur Ablösung der bäuerlichen Lasten wurden unternommen. Auch das kulturelle Leben blühte vor allem in den größeren Städten auf, zum Beispiel in neu gegründeten Clubs, Lesegesellschaften und Freimaurerlogen. In Göttingen gründeten junge Dichter 1772 den „Hainbund", in Hannover entstanden Diskussionszirkel um den fürstlichen Leibarzt Johann Georg Zimmermann und seinen Antipoden Adolph Freiherr Knigge. Auch in Braunschweig und Oldenburg erfasste das Bedürfnis nach geistiger Anregung und anspruchsvoller Geselligkeit breite Kreise der Hofgesellschaft und des Bürgertums. Eine neue Bildungsschicht entstand, die bereit war, literarische und künstlerische Anregungen aufzunehmen und weiterzutragen.

Die auffällige Reformbereitschaft seit etwa 1780 war auch eine Reaktion auf die Unruhen, die sich in verschiedenen Regionen Niedersachsens bemerkbar gemacht hatten. Sie nahmen vor allem an der als ungerecht empfundenen Steuererhebung Anstoß und gingen nicht etwa von den gesellschaftlichen Unterschichten aus, sondern von den Bessergestellten, die die größten Steuerlasten zu tragen hatten. Die Französische Revolution des Jahres 1789 verstärkte die Protestbereitschaft noch. Sie hatte zunächst viele Sympathisanten auch in Kreisen des gehobenen Bürgertums; selbst der Freiherr Knigge begrüßte sie, blieb damit unter seinen adeligen Standesgenossen aber allein und handelte sich Kritik von Zimmermann und von dem konservativen Kabinettsrat August Wilhelm Rehberg ein, der in diesen Jahren beträchtlichen Einfluss auf die Politik Hannovers hatte. Noch 1789 reiste der Braunschweiger Schulrat Campe, ein Jahr später auch der oldenburgische Kanzleirat Gerhard Anton von Halem nach Frankreich, um sich persönlich ein Bild von der Revolution und ihren Auswirkungen zu machen. Bei den Regierungen herrschte Furcht vor einem Übergreifen der revolutionären Ideen auch nach Norddeutschland. Sie versuchten, die Verbreitung einschlägiger Schriften durch Zensur und Verbote zu verhindern und Sympathiekundgebungen zu unterdrücken. Das blieb natürlich ein vergebliches Bemühen. Es gab weiterhin an vielen Orten Protestkundgebungen und Eingaben an die Behörden, die von revolutionärem Geist getragen waren, in den Städten auch Gesellenunruhen gegen die starren Zunftverfassungen und die Allmacht der Meister. Auch die ländliche Bevölkerung wurde von der Protestwelle ergriffen. Dienste wurden verweigert und Steuerpflichten in Frage gestellt. In Schaumburg-Lippe eskalierte ein Konflikt um Steuern zur offenen Revolte, die im „Kuckshäger Krieg" 1793 unter Einsatz von preußischem und hannoverschem Militär niedergeschlagen wurde.

1792 führte Herzog Karl Wilhelm Ferdinand von Braunschweig die preußisch-österreichische Armee, die das revolutionäre Geschehen in Frankreich eindämmen sollte. Er wagte aber nicht die offene Feldschlacht; nach der Kanonade von Valmy zog er sich zurück. Die Franzosen rückten nach und begannen die Offensive, die die letzte Phase des Römischen Reiches Deutscher Nation einläutete. Nachdem der Regensburger Reichstag den Krieg gegen Frankreich ausgerufen hatte, verdrängte eine Koalitionsarmee aus Hannoveranern, Hessen und Briten unter dem Kommando des Osnabrücker Fürstbischofs Friedrich von York den Feind 1793 aus den südlichen Niederlanden. Doch im Jahr darauf stießen die Franzosen wieder nach Norden vor und bedrohten nun auch den niedersächsischen Raum. Im März 1795 musste Bentheim vor ihnen kapitulieren. Ehe sie weiter vordrangen, erwirkte Preußen im Frieden von Basel, dass Norddeutschland für neutral erklärt wurde und aus dem Krieg ausschied. Das linke Rheinufer wurde Frankreich preisgegeben. Die hannoverschen Truppen blieben aber weiter in Kampfbereitschaft, weil man in London den Absichten der Franzosen weiterhin misstraute. Preußen, Hannover und Braunschweig stellten eine Observationsarmee auf, die erneut Herzog Karl Wilhelm Ferdinand unterstellt wurde.

Unter dem Schirm der Neutralität konnten die niedersächsischen Staaten einige Jahre des Friedens genießen. Wider Erwarten war es eine Zeit des wirtschaftlichen Wohlstands. Besonders Emden erlebte wie andere

Die Eisen- und Salzquellen bei Pyrmont waren schon in germanischer Zeit als heilkräftig bekannt und hatten im 16. Jahrhundert großen Zulauf. Fürst Georg Friedrich von Waldeck ließ 1668 über der Hauptquelle ein Brunnenhaus errichten und gab damit den Anstoß zum Ausbau des Ortes zu einem der bekanntesten Kurbäder Deutschlands. Im späten 17. und im 18. Jahrhundert war Pyrmont das Modebad der europäischen Fürsten und der höfischen Gesellschaft. In den Gästelisten finden sich zahlreiche Namen gekrönter Häupter, darunter Kurfürst Friedrich Wilhelm von Brandenburg, Zar Peter der Große, die Könige Georg I. von England und Friedrich II. von Preußen und Königin Luise. Auch Geistesgrößen wie Klopstock, Claudius, Herder, Goethe und Wilhelm von Humboldt suchten Erholung bei Trink- und Badekuren. Oben eine Ansicht des Brunnens um 1780, links ein Blick in den Kurpark.

Hafenstädte auch eine Hochkonjunktur. Das tägliche Leben blieb vom Kriegsgeschehen im fernen Süden unberührt. In Pyrmont, schon seit dem 17. Jahrhundert Modebad des europäischen Hochadels und der bürgerlichen Oberschicht, versammelte sich 1797 ein ganzes Aufgebot deutscher Fürsten zu Erholung und geselliger Muße. Auf Norderney wurde um diese Zeit die Eröffnung eines der ersten deutschen Seebäder vorbereitet, das dann im Jahr 1800 seinen Betrieb aufnahm.

Die Idylle trog jedoch: Eine große Zahl französischer Emigranten strömte in das Land und ließ die Revolution und ihre Folgen stets gegenwärtig sein. Unter ihnen war auch der Thronanwärter Ludwig XVIII., der 1796 in Blankenburg Zuflucht suchte. Als das Pariser revolutionäre Direktorium seine Ausweisung forderte, kam er dem zuvor und reiste nach Russland weiter. 1798 rüsteten sich Großbritannien, Russland und andere europäische Länder zum zweiten Koalitionskrieg gegen Frankreich. Preußen hatte seine Teilnahme an dem Bündnis zwar abgelehnt, aber die norddeutsche Neutralität ließ sich angesichts der Kriegsvorbereitungen dennoch nicht durchhalten. Daher zogen Hannover und Braunschweig ihre Truppen aus der Observationsarmee ab, ohne sich aber formell dem Lager der Frankreichgegner anzuschließen. Dennoch drohte ihnen Napoleon, der 1799 als Erster Konsul die Macht in Frankreich übernommen hatte, mit einem Einmarsch. Um ihn zu verhindern, entsandte Preußen im April 1801 Truppen unter dem Befehl des Grafen Friedrich Wilhelm von der Schulenburg-Kehnert in den welfischen Kurstaat und hielt ihn bis zum Oktober besetzt. Die hannoversche Regierung sah darin weniger einen Akt der Fürsorge als vielmehr eine versteckte Warnung vor den möglichen Folgen einer mit Preußens Interessen nicht übereinstimmenden Politik. Der Frieden von Lunéville hatte bereits im Februar 1801 den Krieg zwischen Frankreich und Österreich beendet. Nun konnte man darangehen, die 1795 vereinbarten Entschädigungen für den Verlust der von deutschen Staaten an Frankreich abgetretenen linksrheinischen Gebiete auszuhandeln. Damit beauftragte der Reichstag eine Deputation aus mehreren Reichsfürsten, deren Vorschlag im Frühjahr 1803 zum Gesetz erhoben wurde.

Der Auricher Landarzt Friedrich Wilhelm von Halem entwickelte 1797 den Vorschlag, auf der Insel Norderney ein Seebad zu errichten. Die Ostfriesische Landschaft und die preußischen Behörden griffen den Plan auf und schufen die Voraussetzungen für Transport und Unterbringung der Badegäste. Dem verheißungsvollen Beginn des Kurbetriebs machte die Franzosenzeit zunächst ein Ende, doch seit 1815 förderte die hannoversche Regierung den weiteren Ausbau nach Kräften und erklärte Norderney 1819 zum Staatsbad. Der blinde König Georg V. suchte die Insel mit seiner Familie regelmäßig auf und verhalf ihr zu internationalem Ruf. Zu den prominenten Gästen zählten Heinrich Heine, Theodor Fontane und Otto von Bismarck. Der Stich von 1850 zeigt einen Blick über die Dünen auf das damals noch idyllische Inseldorf (seit 1948 Stadt) mit dem 1837 erbauten Großen Logierhaus.

„Dame im Bade" – so der Titel der um 1890 fotografierten gestellten Strandszene. Der Badekarren wurde von den Badefrauen in das flache Wasser des Spülsaums geschoben. Die Badende hockt in dem knöcheltiefen Wasser, ihr zur Seite steht eine Badedienerin mit einem Holzeimer für die Salzwassergüsse. Die Korkweste sowie die Flaggen in der Hand weisen die Frau in der Mitte des Bildes als Schwimmerin und Badeaufsicht aus.

Im Laufe des 19. Jahrhunderts wurde das alte Fischerdorf Norderney zu einem mondänen Seebad ausgebaut. Das Foto aus der Zeit um 1890 zeigt den Kurplatz mit dem Kurhaus in der Mitte und dem Bazargebäude rechts. Das mehrfach umgebaute Kurhaus, ehemals „Königliches Conversationshaus" und zur Saison 1800 schon genutzt, gehört zu den ersten Gebäuden und Einrichtungen des Bades; das Foto zeigt den Zustand nach dem letzten Umbau 1840 und dem Anbau des östlichen Flügels 1856. Das Bazargebäude, 1858 in Backstein erbaut, geht auf eine Ansammlung von Bretterbuden zurück, in denen festländische Händler während der Badesaison ihre Waren feilboten.

Das 19. Jahrhundert

Die Jahre der Fremdherrschaft

Der Reichsdeputationshauptschluss vom 25. Februar 1803 bedeutete auch für den niedersächsischen Raum einen weiteren Schritt von der Kleinstaaterei hin zu größeren staatlichen Einheiten. Der Flurbereinigung fielen vor allem die geistlichen Territorien zum Opfer. Das Hochstift Osnabrück gelangte jetzt endgültig an das Kurfürstentum Hannover, während Preußen die Hand auf das Hochstift Hildesheim legte und auch die alte, nun mediatisierte, das heißt ihrer Reichsunmittelbarkeit beraubte Reichsstadt Goslar und das bisher kurmainzische Eichsfeld an sich brachte. Das Herzogtum Oldenburg musste auf den einträglichen Elsflether Weserzoll verzichten, wurde dafür aber reichlich entschädigt: Es erhielt aus dem Erbe des säkularisierten Fürstbistums Münster den größten Teil des Niederstifts, die Ämter Vechta und Cloppenburg, und konnte sein Staatsgebiet mit diesem seitdem als Oldenburger Münsterland bezeichneten Zugewinn fast verdoppeln. Das Bistum Lübeck wurde dem Herzog Peter Friedrich Ludwig von Oldenburg als Erbfürstentum zugesprochen; von Kurhannover ließ er sich das Amt Wildeshausen abtreten. Im Emsland wurde ein kurzlebiges Herzogtum Arenberg-Meppen geschaffen, um das Haus Arenberg für den Verlust seines linksrheinischen, an Frankreich gefallenen Territoriums zu entschädigen.

Doch war diese Veränderung der Landkarte, bei der Hannover mit weitergehenden Wünschen wiederum an Preußen gescheitert war, nur von kurzer Dauer. Der Zwist zwischen England und Frankreich, den der Frieden von Basel 1795 nur scheinbar beigelegt hatte, brach wieder aus. Wie schon im Siebenjährigen Krieg war das Stammland der englischen Könige erneut das Opfer, das für den auf seiner Insel unangreifbaren eigentlichen Kriegsgegner herhalten musste. Französische Truppen unter dem General Eduard Mortier besetzten Hannover schon im Sommer 1803, ohne auf großen Widerstand zu stoßen. Die schlecht vorbereitete hannoversche Armee war nicht in der Lage, die mit 35 000 Mann auch zahlenmäßig überlegenen Eindringlinge aufzuhalten. Bei Sulingen und nochmals bei Artlenburg an der Elbe schloss die Armeeführung eine Konvention, eine Übereinkunft, die einer Kapitulation gleichkam. Die Truppen wurden entlassen und nach Hause geschickt. Viele der Offiziere und einfachen Soldaten begaben sich jedoch nach England und kämpften in den folgenden Jahren als „The King's German Legion" (Königlich Deutsche Legion) unter britischer Flagge auf verschiedenen europäischen Kriegsschauplätzen gegen Napoleon: in Dänemark und Holland, Italien, Spanien und Portugal. Aus der Heimat erhielten diese hannoverschen Legionäre laufend Zuwachs durch junge und auch ältere Männer, die sich dem Zugriff der Franzosen und der zwangsweisen Rekrutierung für Napoleons Armeen entziehen wollten. Die Truppe wuchs allmählich bis auf 15 000 Köpfe an und wurde zu einem Symbol der Hoffnung auf eine Wende der politischen und militärischen Lage in Nordwestdeutschland.

Damit hatte es aber noch gute Weile. Vorerst hielten die Franzosen die besetzten Gebiete fest im Griff. Dass König Georg III. die Konvention von Sulingen und Artlenburg nicht anerkannte, änderte nichts an der realen Situation. Die Verwaltung des Kurfürstentums wurde französischer Militäraufsicht unterstellt; Proteste aus London verhallten ungehört. Und die Fremdherrschaft lastete schwer auf der Bevölkerung; erst als 1804 Napoleons Schwager Bernadotte, der spätere König von Schweden, den Oberbefehl übernahm, spürte man eine gewisse Erleichterung. Weder war Hilfe von anderen deutschen Fürsten zu erwarten, die ja um ihre eigene Existenz fürchten mussten, noch verfing die Berufung auf die formale Neutralität Hannovers, das sich aus der Auseinandersetzung der europäischen Großmächte so gern herausgehalten hätte. In dem welfischen

Stammland machte sich das Gefühl breit, nicht nur von England, sondern auch vom Reich im Stich gelassen worden zu sein, dessen Ende sich ja ohnehin abzeichnete und dann mit dem Verzicht Franz' II. auf die Würde des Römischen Kaisers im August 1806 besiegelt wurde.

Schon bald zeigte sich, dass es Napoleon gar nicht um den Besitz Hannovers ging; vielmehr betrachtete er es als Manövriermasse im großen Spiel um die Macht in Europa. Um einen Keil zwischen England und Preußen zu treiben, drängte er das Kurfürstentum im Dezember 1805 im Vertrag von Schönbrunn dem Hohenzollernstaat auf, der Anfang 1806 in Hannover einmarschierte. Beschwichtigend erklärte man in Berlin, es gehe nur darum, das welfische Stammland vor dem Schicksal der Zerschlagung oder Aufteilung zu bewahren. Aber nicht ohne Grund argwöhnten Georg III. und seine Geheimen Räte, dass Preußen die günstige Gelegenheit zu einer Machterweiterung auf Kosten Hannovers nutzen wollte. Eine Proklamation, in der Graf Schulenburg-Kehnert als Generalgouverneur zu den Hannoveranern wie zu preußischen Untertanen sprach, verstärkte im April 1806 solche Befürchtungen; das alte Misstrauen gegen die preußische Politik erhielt neue Nahrung. Doch noch 1806, ehe die Besitzergreifung wirklich vollzogen war, wechselte Preußen die Fronten. Dazu trug wohl auch bei, dass Napoleon hinter dem Rücken des preußischen Königs versucht hatte, Georg III. mit der Aussicht auf eine Rückgabe Hannovers zu ködern. Die Preußen erlitten bei Jena und Auerstedt am 14. Oktober 1806 eine vernichtende Niederlage gegen Napoleon und mussten sich fast fluchtartig aus Hannover zurückziehen, wobei die stark ausgebaute Festung Hameln sich unrühmlich ergab. Sie wurde in den folgenden Jahren geschleift, ebenso wie die zweitstärkste Festung des Kurstaats, Nienburg an der Weser. Norddeutschland war dem Usurpator nun schutzlos preisgegeben.

Nach dem Frieden von Tilsit (Juli 1807), der die Ohnmacht des Hohenzollernstaats besiegelte, veränderte Napoleon, der sich anschickte, ganz Europa seinem Machtanspruch zu unterwerfen, das territoriale Gefüge Nordwestdeutschlands erneut. Für seinen Bruder Jérôme schuf er durch ein Dekret vom 18. August 1807 das Königreich Westphalen, ein Gebilde ohne alle historischen Wurzeln, dem außer dem südlichen Teil des Kurfürstentums Hannover, Braunschweig und Hildesheim auch Teile des Kurfürstentums Hessen und der preußischen Altmark zugeschlagen wurden. Auch der hessische Anteil der alten Grafschaft Schaumburg gehörte dazu. Der Rest des hannoverschen Staates kam wieder unter französische Militärverwaltung. Das Herzogtum Braunschweig hatte bereits seit Ende 1806 das Schicksal der Besetzung mit dem hannoverschen Nachbarstaat geteilt. Herzog Karl Wilhelm Ferdinand hatte bei Jena und Auerstedt als preußischer

Herzog Karl Wilhelm Ferdinand von Braunschweig (1735–1806) übernahm 1780 die Regierung seines Heimatstaats, die er vorbildlich führte, blieb aber seiner militärischen Laufbahn als General der preußischen Armee treu. 1792–94 befehligte er die Koalitionstruppen gegen das revolutionäre Frankreich. 1806 wurde er erneut mit dem Oberbefehl über die preußisch-sächsischen Truppen betraut, war aber mitverantwortlich für deren Niederlage gegen Napoleon bei Jena und Auerstedt. In der Schlacht wurde er schwer verwundet, verlor das Augenlicht und starb auf der Flucht vor den Franzosen in der Nähe von Hamburg.

Oberbefehlshaber mitgekämpft, war in der Schlacht schwer verwundet worden und hatte das Augenlicht verloren. Auf der Flucht vor den Franzosen wurde er zunächst in seine Residenz Braunschweig und dann weiter nach Ottensen bei Hamburg gebracht, wo er im November 1806 seinen Verletzungen erlag. Napoleon hatte ihn da bereits für abgesetzt erklären und seine Truppen in Braunschweig einmarschieren lassen. Der provisorischen französischen Verwaltung, der das Herzogtum unterstellt wurde, gehörte von 1806 bis 1808 als Kriegskommissar auch Marie-Henri Beyle an, der unter seinem Schriftstellernamen Stendhal später berühmt werden sollte.

Seine Residenz und seine zentrale Regierungsbehörde richtete „Bruder Lustig", wie Jérôme wegen seines hauptsächlich auf Vergnügungen ausgerichteten Lebensstils genannt wurde, in Kassel ein. Anfangs wurden ihm von seinen neuen Untertanen durchaus Sympathien entgegengebracht, doch wichen sie bald der Ernüchterung und Enttäuschung. Er stülpte seinem Herrschaftsgebiet eine ganz neue Verwaltungsgliederung über, welche die überkommenen Gegebenheiten völlig ignorierte. Das Land wurde in Departements eingeteilt, für die wie in Frankreich meist die größeren Flüsse namengebend waren: Elbe und Weser, Leine, Fulda, Werra, Oker und Saale, dazu der Harz. Auf der regionalen und lokalen Ebene gliederten sich die Departements in Distrikte, Kantone und Mairien. An die Stelle der einzelnen landständischen Vertretungen trat ein in Kassel tagendes Parlament, das den Gesamtstaat repräsentierte. Zugleich führte Jérôme auf Weisung Napoleons eine Reihe von Reformen durch, welche die Errungenschaften der Französischen Revolution aufgriffen und durchaus zukunftweisend waren. Die überholten Standesvorrechte wurden ebenso aufgehoben wie der Zunftzwang, der die wirtschaftliche Entwicklung behindert hatte; Justiz und Verwaltung wurden voneinander getrennt, der Code Napoléon (Zivilrecht) als verbindliche Rechtsgrundlage eingeführt, die teils bedrückenden Lasten der Bauern und die Patrimonialgerichtsbarkeit des Adels abgeschafft und Maße und Gewichte, die sich regional stark voneinander unterschieden, auf einen einheitlichen Stand gebracht. Den Bürgern jüdischen Glaubens wurde die rechtliche Gleichstellung gewährt. Mit diesen Maßnahmen hätte sich der König von Napoleons Gnaden einen ehrenvollen Platz in der Geschichte sichern können. Doch zum einen wurde sein Regiment als Fremdherrschaft empfunden und schon deshalb in seinen positiven Aspekten niemals recht gewürdigt, zum anderen existierte es zu kurze Zeit, um bleibende Spuren hinterlassen zu können. Die 1809 von Jérôme verfügte Aufhebung der Universitäten Helmstedt und Rinteln hatte allerdings Bestand und ließ Göttingen als einzige Hochschule im nordwestdeutschen Raum zurück.

Kassel war die Hauptstadt und Residenz des Königreichs Westphalen, das Napoleon nach dem Frieden von Tilsit 1807 für seinen Bruder Jérôme Bonaparte (1784–1860) aus mehreren Staaten des nördlichen Deutschlands zusammengefügt hatte. Nicht als seriöser Regent, sondern als leichtlebiger, prachtliebender und verschwenderischer „König Lustig" blieb Jérôme der Nachwelt in Erinnerung. Dabei brachten die sechs kurzen Jahre seiner Herrschaft dem Land durchaus fortschrittliche Eingriffe in die rechtlichen, gesellschaftlichen und wirtschaftlichen Verhältnisse. Sie waren jedoch weniger auf Jérôme als auf seinen kaiserlichen Bruder zurückzuführen und wurden nach dem Sturz der Franzosenherrschaft rasch wieder beseitigt. – Das Bild zeigt Jérôme in Kassel.

Im Königreich Westphalen und auch in den Landesteilen, die 1810 zum Kaiserreich Frankreich geschlagen wurden, führten die französischen Behörden eine neue, rational geplante Verwaltungsgliederung ein, die auf die historisch gewachsenen Verhältnisse und Grenzen keinerlei Rücksicht nahm. An die Stelle der Provinzen, Ämter und Gemeinden traten Departements, Kantone und Mairien. Amtliche Verlautbarungen wurden in französischer und deutscher Sprache veröffentlicht. Auch die Titel der Beamten änderten sich. Die Einwohner mussten das hinnehmen, hielten aber ihren Spott nicht zurück. So wurde in Hannover ein „Municipalrat" zum „unnützer Prahlrat" verballhornt. – In dem links abgebildeten Ausschnitt einer Ämterkarte von 1773/1781 sind mit rotem Stift die Grenzen der 1810 eingerichteten Kantone um die Städte Braunschweig und Wolfenbüttel eingezeichnet.

1806 nötigte Napoleon 16 Staaten im Süden Deutschlands zu einem förmlichen Bündnis, dem Rheinbund, dem bald fast alle deutschen Staaten beitraten. Die Medaille symbolisiert seine Gründung, die die Existenz des Heiligen Römischen Reichs Deutscher Nation beendete.

Als letzter aller deutschen Staaten trat das Herzogtum Oldenburg am 27. Oktober 1808 dem Rheinbund bei. Der repräsentativ gestaltete Einband der Ratifikationsurkunde zeigt in den vier Ecken den gekrönten Adler als Zeichen der Kaiserwürde, in der Mitte die Initiale Napoleons. Herzog Peter Friedrich Ludwig hoffte, durch diesen Schritt die Eigenstaatlichkeit seines Landes erhalten zu können. Das erwies sich als trügerisch. Als Napoleon, um die 1806 verhängte Kontinentalsperre gegen England wirksamer überwachen zu können, 1810 die Küstenregionen an der Nordsee dem französischen Kaiserreich zuschlug, blieb auch Oldenburg nicht ausgespart. Der Herzog emigrierte nach Russland und kehrte erst nach der Völkerschlacht von Leipzig 1813 in die Heimat zurück.

Oldenburg war 1808 dem Rheinbund beigetreten, den Napoleon zwei Jahre zuvor als eine Allianz seiner Vasallenstaaten ins Leben gerufen hatte. Es konnte seine Eigenständigkeit damit zunächst noch bewahren. Ostfriesland wurde 1807 dem Königreich Holland zugeteilt, wobei das westlich der Ems gelegene Reiderland zum Departement Groningen kam. 1810 wurde dann auch der nördliche Teil Kurhannovers, mit Ausnahme des Herzogtums Lauenburg, dem Königreich Westphalen zugeschlagen. Im August 1810 nahm Jérôme in der welfischen Residenzstadt Hannover die Huldigung der Bürgerschaft entgegen. Noch im selben Jahr jedoch gliederte Napoleon die küstennahen Regionen einschließlich Ostfriesland, Arenberg-Meppen und Oldenburg unmittelbar dem Kaiserreich Frankreich an, um die von ihm gegen England verhängte Kontinentalsperre wirksamer überwachen zu können. Er gliederte sie in die drei Departements der Oberems, der Weser- und der Elbmündungen, die auch als „Hanseatische Departements" zusammengefasst wurden.

Für die Bevölkerung der von diesem raschen Wechsel der Staatszugehörigkeit betroffenen Gebiete war das erste Jahrzehnt des 19. Jahrhunderts eine Zeit der ständigen Unruhe, der Leiden und Entbehrungen. Die besetzten Gebiete hatten in erheblichem Umfang Steuern und Zwangsanleihen aufzubringen und mussten die Lasten der Einquartierungen und des Unterhalts der fremden Truppen tragen. Allein für die zwei Jahre von 1803 bis 1805 hat man die Besatzungskosten im hannoverschen Kurstaat auf 26 Millionen Taler berechnet. Das Land drohte auszubluten. Handel und Verkehr wurden behindert, und die Verarmung breiter Schichten nahm in kurzer Zeit rapide zu. Männer im wehrfähigen Alter wurden in die französische Armee gezwungen; etwa 25 000 mussten Napoleons gescheiterten Feldzug nach Moskau mitmachen, und nur 6000 von ihnen sahen die Heimat wieder. Schon bald regten sich Empörung und Auflehnung, die sich mit dem allmählich erwachenden Nationalgefühl verbanden. Doch mit einem straffen Polizeiregiment erstickten die Besatzer zunächst jeden Versuch offenen Widerstands im Keim. Je stärker aber der Druck zu verspüren war, desto öfter kam es zu lokalen Regungen des Unmuts und des Aufbegehrens. Im Sommer 1809 zog der vertriebene Herzog Friedrich Wilhelm von Braunschweig-Oels, wegen der Farbe seiner Uniform der „Schwarze Herzog" genannt, mit einer Freischar durch Norddeutschland. Er wurde mit Jubel begrüßt, konnte sich in seiner Residenzstadt vorübergehend festsetzen und behauptete sich bei Ölper in einem Gefecht mit einer westphälischen Division, musste dann aber vor den Franzosen weichen und schiffte sich mit seiner Truppe von Elsfleth und Brake aus nach England ein. Auch die Freischar des Majors von Schill berührte auf ihren Streifzügen durch Norddeutschland die Gegenden um Uelzen und Lüneburg.

Nach Napoleons verlustreichem Rückzug aus Russland keimte die Hoffnung auf, das drückende Joch endlich abschütteln zu können. Sie war aber verfrüht; noch waren die fremden Herren stark genug, um lokale Aufstandsbewegungen niederschlagen zu können. Seit dem März 1813 setzten zunächst russische Einheiten über die Elbe und drängten, von heimischen Freiwilligen unterstützt, die Franzosen und ihre westphälischen Hilfstruppen zurück, doch gab es mehrfach Rückschläge. Mit drakonischen Maßnahmen suchte die Besatzungsmacht eine allgemeine Abfallbewegung zu verhindern oder wenigstens aufzuhalten. In Lüneburg entgingen hundert Bürger, die sich vorschnell zur nationalen Erhebung bekannt hatten, nur knapp einer Exekution; in Oldenburg wurden zwei hohe Beamte wegen vermeintlicher Anstiftung zum Aufruhr von den Franzosen erschossen. In einem Gefecht beim Forst Göhrde im Nordosten des Lüneburger Landes gelang es im September 1813 dem Grafen Ludwig Georg Thedel von Wallmoden-Gimborn, mit einer bunt zusammengesetzten Truppe von Freiwilligen, darunter Lützowschen Husaren und Jägern, eine französische Division unter dem General Pécheux zu besiegen. Er warf sie bis auf Harburg zurück, das die Franzosen bis zum Ende des Krieges in der Hand behielten. Dies war ein Augenblickserfolg, der strategisch nicht viel einbrachte, aber den Widerstandswillen erheblich beflügelte. Bei dem Kampf fiel auch eine junge Frau, Eleonore Prochaska, die sich in patriotischem Eifer als Mann verkleidet und unter dem Namen August Renz bei den Lützower Jägern hatte anwerben lassen. Ihr wurde später im benachbarten Dannenberg ein Denkmal gesetzt.

Eine wesentliche Grundlage dafür, dass die europäischen Staaten sich von der napoleonischen Herrschaft schließlich doch befreien konnten, war das Wiedererstarken Preußens als Ergebnis der Stein-Hardenbergschen Reformen. Bedeutenden Anteil daran hatte ein Hannoveraner, der 1755 in Bordenau bei Neustadt am Rübenberge als Sohn eines Gutspächters geborene General Gerhard von Scharnhorst. Seine militärische Grundausbildung erhielt er in Schaumburg-Lippe, 1778 trat er in hannoversche, 1801 in preußische Dienste über und wurde hier zum Reformator und Reorganisator der nach Jena und Auerstedt völlig darniederliegenden preußischen Armee. Zum Beispiel führte er ein Reservistensystem ein und wirkte auf die Abschaffung der Prügelstrafe im Heer hin. Die endgültige Niederwerfung Napoleons hat er nicht mehr erlebt; er starb 1813 an den Folgen einer auf dem Schlachtfeld erlittenen Verwundung.

Erst nach der Niederlage Napoleons in der Völkerschlacht bei Leipzig im Oktober 1813 mussten die Reste seiner Armeen endgültig das Feld räumen. Der Rheinbund löste sich auf, Jérôme floh aus Kassel, und die französischen Beamten und Militärs taten es ihm

Gerhard von Scharnhorst (1755–1813) stammte aus Bordenau bei Neustadt am Rübenberge. Als Offizier trat er in hannoversche und 1801 in preußische Dienste. Seit 1807 war er der Motor der preußischen Heeresreform, ohne die das Abschütteln der französischen Fremdherrschaft kaum möglich gewesen wäre.

Herzog Friedrich Wilhelm von Braunschweig, der „Schwarze Herzog", geboren 1771, ergriff als jüngster Sohn Karl Wilhelm Ferdinands den Beruf des Soldaten, erbte 1805 das kleine schlesische Herzogtum Oels und trat ein Jahr später die Nachfolge in Braunschweig an. Von den Franzosen von dort vertrieben, warb er in Schlesien ein Freikorps an, das nach der Farbe seiner Uniformen das „Schwarze Korps" genannt wurde, und schlug sich in einem aufsehenerregenden Zug bis in das Königreich Westphalen durch. Bei Ölper vor den Toren Braunschweigs lieferte er am 1. August 1809 einer westphälischen Division ein Gefecht, das mit seinem Rückzug endete. Der Kupferstich zeigt ihn im Feldlager vor dem Braunschweiger Petritor, umringt von Bürgern der Stadt. 1815 beteiligte er sich erneut an der endgültigen Niederringung Napoleons. In der Schlacht bei Quatre Bras im Vorfeld von Waterloo fand er den Tod.

nach. Manche von ihnen mussten die Dotationen im Stich lassen, die ihnen Napoleon und sein Bruder aus Domänengütern oder aus dem Besitz der aufgehobenen Klöster großzügig verschrieben hatten. Im November nahm das hannoversche Ministerium seine Tätigkeit wieder auf. Der Landesherr, König Georg III., war schon seit längerem infolge einer geistigen Erkrankung nicht mehr voll in der Lage, die Regierung zu führen; sein Sohn Georg, Prinz von Wales, hatte 1811 die Regentschaft übernommen. Im Kurfürstentum Hannover wurde 1813 dessen jüngster Bruder, Herzog Adolf Friedrich von Cambridge, zunächst als Statthalter und dann als Generalgouverneur eingesetzt, ein Amt, dem mehr repräsentative als administrative Aufgaben zugedacht waren. Bei seinem Einzug in die Residenzstadt Hannover wurde er begeistert gefeiert. Er erwarb sich auch in den folgenden Jahren, zuletzt als Vizekönig, durch seine volkstümliche Art viele Sympathien in der Bürgerschaft. Auch in Braunschweig hatte Herzog Friedrich Wilhelm schon im September 1813 die Herrschaft wieder antreten können. Der Oldenburger Herzog Peter Friedrich Ludwig war bei der Besetzung seines Landes in das russische Exil ausgewichen; er hatte sich geweigert, ein neu zu schaffendes Fürstentum Erfurt als Entschädigung für sein von Napoleon annektiertes Stammland anzunehmen. Im November 1813 kehrte er in die befreite Heimat zurück.

In allen drei Staaten wurde nun das Rad der Geschichte wieder zurückgedreht. Die Jahre der Fremdherrschaft sollten möglichst rasch in Vergessenheit geraten. Daher wurden so gut wie alle Neuerungen, die in französischer und westphälischer Zeit eingeführt worden waren, mit einem Federstrich beseitigt, ohne dass man die Frage stellte, ob sie Sinn gehabt und sich bewährt hatten oder nicht. Allein die allgemeine Wehrpflicht, die Napoleon eingeführt hatte, wurde beibehalten. Gesetzgebung, Rechtsprechung und Verwaltung sollten möglichst nahtlos wieder an die Zustände vor der Okkupation angeglichen werden. Vor der Tatsache, dass viele der revolutionären Errungenschaften und der napoleonischen Reformen auch für die deutschen Staaten, denen sie übergestülpt worden waren, einen Schritt in die Zukunft bedeutet hatten, verschloss man die Augen. Der Frieden von Paris, in dem Napoleon im Mai 1814 auf sein Kaisertum verzichtete, schien einen Schlusspunkt unter seine Ära zu setzen.

Aber es gab noch ein Nachspiel. Mitten in den Wiener Kongress (1814–15), der zusammengetreten war, um die Neuordnung Europas auszuhandeln, platzte die Nachricht, dass Napoleon sein Exil auf der Insel Elba verlassen und am 1. März 1815 wieder französischen Boden betreten hatte, um sein verlorenes Imperium zurückzuerobern. Ein letzter Kraftakt war erforderlich, um ihn endgültig in die Schranken zu weisen. An seiner Niederwerfung in der Schlacht bei Waterloo am 18. Juni 1815 waren niedersächsische Ein-

Der Rückzug der Franzosen aus den besetzten niedersächsischen Gebieten nach der Niederlage Napoleons vor Moskau im Jahr 1813 wurde überall mit Genugtuung, teils auch mit offenem Jubel begrüßt. Die Erleichterung mischte sich jedoch mit der Trauer um die vielen in Russland gefallenen oder auf dem fluchtartigen Rückmarsch umgekommenen Männer, die zur Teilnahme an dem Feldzug gezwungen worden waren. Nicht überall verlief der Abmarsch der Franzosen so geordnet, wie Friedrich Adam Barnutz es sich auf seinem 1844 geschaffenen Gemälde für die Stadt Jever vorstellte. Es sind auch Fälle von überstürzter Flucht bekannt, und hier und da wurden die Besatzer erst durch einrückende Koalitionstruppen vertrieben.

heiten in vorderster Linie beteiligt. In der Armee des britischen Feldmarschalls Wellington kämpften die neu aufgestellten hannoverschen Landwehrbataillone unter dem General Carl August von Alten. Auch die Königlich Deutsche Legion bewährte sich hier ein letztes Mal vor ihrer Auflösung. Die Braunschweiger Husaren wurden von Herzog Friedrich Wilhelm persönlich angeführt; bei Quatre Bras fand er an der Spitze seiner Truppen den Tod.

Nach diesem unverhofften Zwischenspiel konnte der Kongress in Wien seinen Fortgang nehmen. Die Interessen Hannovers wurden dabei durch Ernst Friedrich Herbert Graf Münster wahrgenommen, der als Leiter der Deutschen Kanzlei in London und als Vertrauter des Königs und des Prinzregenten bereits seit 1805 eine entscheidende Position eingenommen und die Weichen der hannoverschen Politik gestellt hatte. Für Braunschweig saß der Geheime Rat Justus von Schmidt-Phiseldeck am Verhandlungstisch. Einen Zugewinn, etwa in Gestalt einer Landbrücke zwischen dem Kernland und dem Weserdistrikt, konnte er nicht erzielen, aber immerhin gelang es ihm mit Unterstützung Preußens, den Fortbestand seines Staates im bisherigen Umfang zu sichern, ein Ergebnis, mit dem sich auch Schaumburg-Lippe zufrieden geben musste. Für einen Rückgewinn des 1647 an Kurhessen gefallenen Teils der alten Grafschaft Schaumburg hatte es nie eine ernsthafte Chance gegeben. Oldenburg, das sich eine Vergrößerung nach Westen bis an die holländische Grenze erhofft hatte, musste sich mit dem Fürstentum Birkenfeld begnügen, drei Ämtern aus ehemals pfälzischem Besitz links des Rheins an der Nahe, die an Preußen gelangt waren und von ihm abgetreten wurden. Da auch das Fürstbistum Lübeck mit Oldenburg verbunden blieb, setzte sich der oldenburgische Gesamtstaat nun aus drei voneinander weit entfernten Ländermassen zusammen. Eine Abrundung erfuhr das oldenburgische Stammland mit der Übertragung der Herrschaft Jever durch Zar Alexander von Russland an seinen Onkel, den Oldenburger Peter Friedrich Ludwig, im Jahr 1813; die förmliche Abtretung erfolgte fünf Jahre später. Zugleich ging die kleine halbautonome Herrschaft Kniphausen an das Herzogtum Oldenburg über, doch blieben dem Reichsgrafen Wilhelm von Bentinck darin für einige Zeit noch gewisse standesherrliche Rechte vorbehalten. 1854 kaufte Oldenburg dessen Erben ihre Ansprüche für zwei Millionen Taler ab.

Das Kurfürstentum Hannover aber, das eben noch die nachteiligen Auswirkungen der Personalunion zu spüren bekommen hatte, konnte nun endlich auch einmal die Früchte der engen Verbindung mit England genießen: Dank der aus London gewährten Unterstützung übernahm es von Preußen das Stift Hildesheim, Ostfriesland, das nördliche Eichsfeld um Duderstadt und die Stadt Goslar und trat dafür lediglich das Herzog-

Ernst Friedrich Herbert Graf Münster (1766–1839) war von 1805 bis 1831 Staats- und Kabinettsminister und Leiter der Deutschen Kanzlei in London. Von dort aus bestimmte er die Politik des Kurfürstentums Hannover.

Am 16. Juni 1815 verteidigten britische, holländische und deutsche Truppen den kleinen belgischen Ort Quatre Bras, südlich von Waterloo, gegen die Franzosen. Nach Bekanntwerden der preußischen Niederlage im östlich gelegenen Ligny räumten die alliierten Truppen Quatre Bras und zogen sich nach Norden zurück. Letzten Endes konnte Napoleon am 18. Juni in Waterloo geschlagen werden. In der Schlacht um das strategisch wichtige Quatre Bras fiel auf Seiten der Braunschweiger der „Schwarze Herzog", Friedrich Wilhelm von Braunschweig-Lüneburg. Das Aquarell „Die Braunschweiger bei Quatre Bras" stammt von Richard Knötel (1857–1914).

Herzog Peter Friedrich Ludwig von Oldenburg (1755–1829) regierte seit 1785 als Vormund seines geisteskranken Vetters Peter Friedrich Wilhelm, ab 1823 als dessen Nachfolger. Das Herzogtum Oldenburg verwaltete er patriarchalisch im Geist des aufgeklärten Absolutismus. Er modernisierte den Verwaltungsapparat, förderte Handel und Verkehr und den inneren Ausbau des Landes durch Kolonisation.

Die im Wiener Kongress 1815 beschlossenen Gebietsveränderungen führten zusammen mit den Ergebnissen des Reichsdeputationshauptschlusses von 1803 auch in Nordwestdeutschland zu einer erheblichen Vereinfachung des Kartenbildes. Im niedersächsischen Raum gab es, wenn man den hessischen Anteil der Grafschaft Schaumburg außer Acht lässt, seitdem nur noch vier Staaten: Hannover, Oldenburg, Braunschweig und Schaumburg-Lippe. Deren Grenzen haben sich bis 1945 nur noch unwesentlich verändert. Die geistlichen Territorien waren verschwunden, ebenso die Grafschaften an der Ems. Preußen hatte sich mit der Aufgabe von Ostfriesland, Hildesheim und dem Untereichsfeld vorläufig aus Niedersachsen zurückgezogen.

tum Lauenburg ab, das die Preußen im Zuge eines komplizierten Ringtauschs sogleich an Dänemark weiterreichten. Ferner wurden Hannover in der Wiener Schlussakte vom 9. Juni 1815 das Herzogtum Arenberg-Meppen und die Niedergrafschaft Lingen zugesprochen, womit nun das gesamte Emsland in hannoverscher Hand war und zugleich Ostfriesland an das Staatsgebiet angeschlossen wurde. Dazu kamen noch einige kleinere, bisher kurhessische Exklaven: die Herrschaft Plesse, nördlich von Göttingen gelegen, und die Ämter Auburg, Uchte und Freudenberg. Noch weiter reichende Wünsche Graf Münsters, der an einen mit Preußen auf Augenhöhe stehenden nordwestdeutschen Großstaat dachte, erfüllten sich zwar nicht. Aber der Zugewinn war doch beachtlich, und er sicherte Hannover unter den 41 Mitgliedstaaten des beim Wiener Kongress aus der Taufe gehobenen Deutschen Bundes nach der Einwohnerzahl (1 305 531) den fünften, nach der Fläche (38 425 Quadratkilometer) gar den vierten Rang.

Als ein besonderes und noch heute viel beachtetes Ergebnis der territorialen Erweiterung Hannovers gilt die Gründung der Klosterkammer Hannover durch den Prinzregenten Georg am 8. Mai 1818. Mit dem bereits durch den Reichsdeputationshauptschluss übernommenen Bistum Osnabrück sowie dem nach dem Wiener Kongress von Preußen übernommenen Bistum Hildesheim war auch umfangreiches säkularisiertes Klostervermögen an Hannover gefallen. Dieses Vermögen wurde nun im Zuge der Neuordnung des gesamten hannoverschen Staatswesens mit dem in den Jahrhunderten nach der Reformation gewachsenen sogenannten Klostervorrat vereint und daraus der hannoversche Klosterfonds unter Verwaltung der Klosterkammer gebildet. Der Klosterfonds gehört heute zu den größten öffentlichen Stiftungsvermögen in Deutschland und wirkt sich sehr segensreich für Niedersachsen aus.

Auf vier Monarchien ganz unterschiedlichen Zuschnitts – dem Herzogtum Oldenburg, dem Herzogtum Braunschweig, dem Fürstentum Schaumburg-Lippe und dem Kurfürstentum Hannover – war als Ergebnis des Wiener Kongresses 1815 die Zahl der selbständigen Territorien im niedersächsischen Raum reduziert worden. Natürlich kam Hannover unter ihnen auch weiterhin das größte Gewicht zu. Um diesen Sachverhalt angemessen zur Geltung zu bringen, erhob der Prinzregent Georg von Wales das Kurfürstentum am 15. Dezember 1814 in den Rang eines Königreichs. In Schaumburg-Lippe hatte sich Graf Georg Wilhelm schon 1807 selbst den Fürstentitel zugelegt. Der Oldenburger Landesherr Peter Friedrich Ludwig stieg in der Wiener Schlussakte zum Großherzog auf; erst sein Nachfolger machte aber ab 1829 von der Rangerhöhung Gebrauch. Nur Karl II. von Braunschweig zog es vor, bei dem traditionellen Herzogstitel zu bleiben. Die Bezeichnung „Großherzogtum" kam übrigens nur dem oldenburgischen Gesamtstaat zu; dessen niedersächsisches Kerngebiet allein firmierte weiterhin als Herzogtum.

Der Wiederaufbau der überkommenen Verwaltungsstrukturen in den restituierten Staaten vollzog sich erstaunlich rasch und unproblematisch. Die Beamtenschaft hatte in der Mehrheit ihre Tätigkeit auch während der Okkupationszeit ausgeübt, teils von den Franzosen dazu genötigt, teils auch freiwillig, um das Land nicht im Chaos versinken zu lassen. Einigen Männern, vor allem in führenden Positionen, nahm man jedoch ihren allzu raschen Loyalitätswechsel übel; unter dem Vorwurf der Kollaboration mit den Feinden wurde in Hannover 39 von ihnen der Prozess gemacht. Nur in wenigen Fällen kam es aber zu Verurteilungen oder zu Strafversetzungen.

Die Zeit der Restauration

Die Bilanz, welche die vier nach der Flurbereinigung im niedersächsischen Raum verbliebenen Staaten am Ende der napoleonischen Ära ziehen konnten, fiel gemischt aus. Braunschweig und Schaumburg-Lippe hatten zwar ihre staatliche Existenz bewahrt, aber der Spielraum für eine eigenständige Politik war noch geringer geworden als zuvor – zum einen durch das weitere Erstarken der Nachbarn Preußen und Hannover, deren doppeltem Druck es zu widerstehen galt, zum anderen durch die Einbindung in den Deutschen Bund, dessen in der Bundesakte festgeschriebene und vom Bundestag in Frankfurt überwachte Vorgaben künftig einen Rahmen setzten, der zu beachten war. Andererseits bot der Bund eine gewisse Garantie gegen Zumutungen und Übergriffe, solange die Großmächte ihrerseits die Regeln des staatlichen Zusammenlebens respektierten.

Die von der Bundesverfassung gesetzten Schranken galten natürlich auch für Hannover und für Oldenburg, das – wenn man von den Außenposten Lübeck und Birkenfeld absieht – nun gänzlich von hannoverschem Staatsgebiet umgeben war. Es war nur vernünftig, dass die oldenburgische Politik sich in den nächsten Jahrzehnten weitgehend an die des größeren Nachbarn anlehnte. Herzog Peter Friedrich Ludwig hatte schon seit 1785 für seinen geisteskranken Vetter Peter Friedrich Wilhelm die Regentschaft geführt; 1823 folgte er ihm auch offiziell nach. Er war vom Geist der Aufklärung geprägt und bemühte sich um eine behutsame Umformung der gesellschaftlichen und wirtschaftlichen Strukturen seines Landes, hielt aber an einer autokratischen Regierungsweise im Stil des Ancien régime fest. Deshalb verlief der Modernisierungsprozess in Oldenburg eher schleppend und schwerfällig. Dennoch wurden in der langen Amtszeit Peters die Grundlagen für den neuzeitlichen oldenburgischen Staat gelegt. Verwaltung und Gerichtswesen wurden 1814 und 1816 reorganisiert. Von einer stärkeren Beteiligung der Bürger an der Gestaltung des Staates hielt der Herzog allerdings nicht viel und gab dem Verlangen danach nur zögerlich nach. Die Verwandtschaft mit dem russischen Zaren- und dem dänischen Königshaus gab ihm Rückhalt bei seiner Politik, die sich gegenüber Preußen zunächst reserviert verhielt, später aber zunehmend auf Berliner Vorstellungen und Wünsche einging. Die Staatsfinanzen mussten nach dem Verlust des Weserzolls, der noch bis 1820 erhoben werden durfte und in Spitzenjahren bis zu 140 000 Taler eingebracht hatte, neu austariert werden. Die oldenburgische Wirtschaft hatte während der Franzosenzeit einen herben Rückschlag erlitten. An deren Ende hatte das Großherzogtum mit einer Schuldenlast von 1 200 000 Talern fertig zu werden, die durch die französischen Kriegsentschädigungen nur teilweise ausgeglichen werden konnte. Seit 1821 war der Jurist Günther Heinrich von Berg (1765–1843), der seine Karriere in Schaumburg-Lippe begonnen hatte, der führende Kopf im Kabinettsministerium.

Für Oldenburg wie für Hannover war es eine vordringliche Aufgabe, die neu erworbenen Landesteile in den Gesamtstaat zu integrieren. Im Königreich Hannover gelang das

Die Schlussakte beim Wiener Kongress von 1815 hatte in ihrem 13. Artikel allen Staaten des Deutschen Bundes auferlegt, Verfassungen zu verabschieden, die den Landständen, den historisch überkommenen Vertretungen des Landes gegenüber dem Monarchen, eine Mitwirkung an Verwaltung und Gesetzgebung garantierten. Das Fürstentum Schaumburg-Lippe gehörte zu den ersten Bundesgliedern, die dieser Aufforderung nachkamen. In seiner von Fürst Georg Wilhelm verordneten Verfassung mischen sich traditionelle altständische Elemente mit solchen, die bereits auf eine moderne Repräsentativvertretung hindeuten.

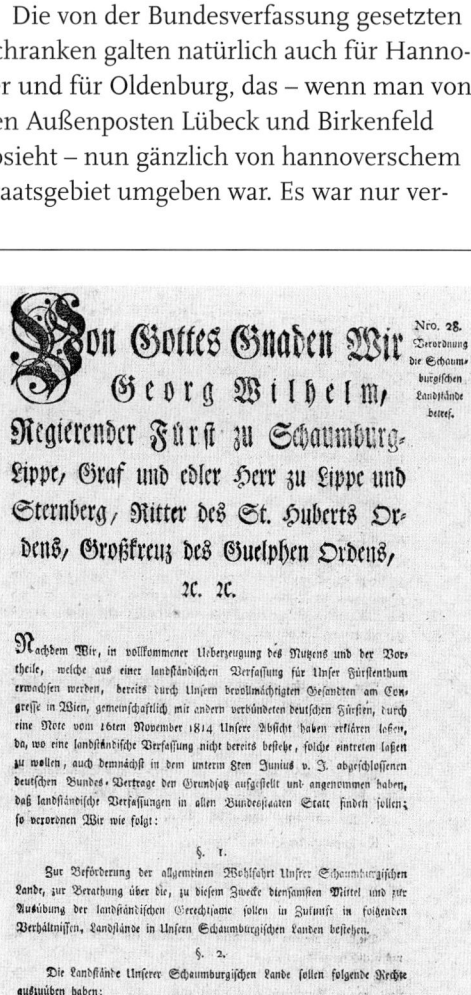

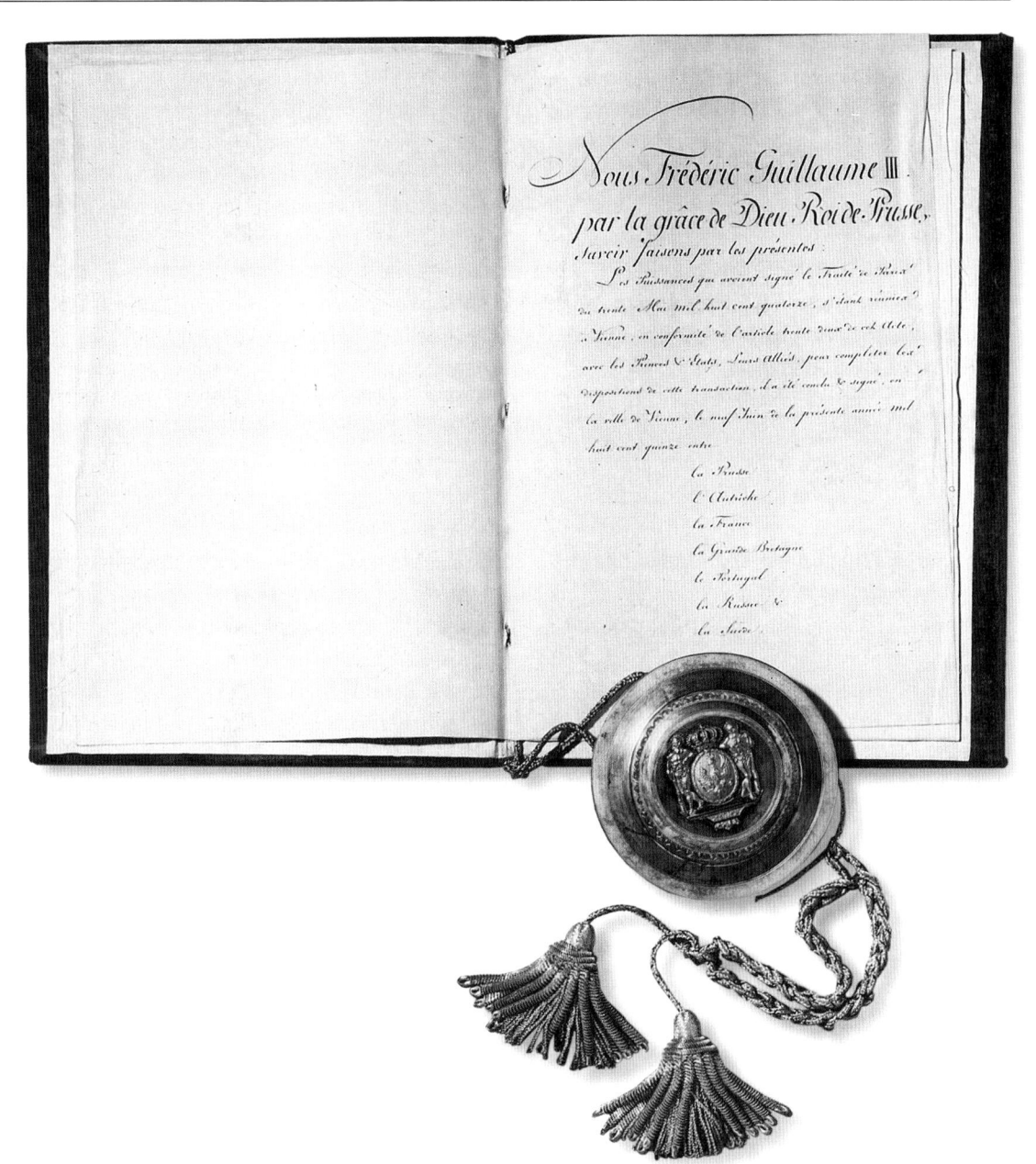

Der vom September 1814 bis zum Juni 1815 tagende Wiener Kongress zog den Schlussstrich unter die napoleonische Zeit. Er wollte die politische Grundordnung in Europa wiederherstellen, wie sie vor 1792 bestanden hatte, und dabei die Prinzipien der Legitimität monarchischer Herrschaft und des Gleichgewichts der Kräfte auf dem Kontinent wahren. Der in Wien beschlossene Deutsche Bund sicherte für ein halbes Jahrhundert den Frieden, barg jedoch durch den Antagonismus zwischen Österreich und Preußen den Keim des Zerfalls schon in sich. Abgebildet ist die Urkunde, mit der König Friedrich Wilhelm III. von Preußen den Vertrag am 12. November 1815 ratifizierte.

In Oldenburg weigerte sich Herzog Peter Friedrich Ludwig, dem Herzogtum eine landständische Verfassung zu gewähren. Er wollte lieber bei seinem patriarchalisch-absolutistischen Regierungsstil bleiben. Als 1830 Petitionen aus dem Land die Umsetzung des Art. 13 der Wiener Schlussakte verlangten, ließ Großherzog Paul Friedrich August zwar eine Verfassung ausarbeiten, war aber ganz zufrieden, als seine zur Mitsprache berechtigten Verwandten, die Monarchen von Russland und Dänemark, den Entwurf ablehnten. So blieb Oldenburg bis 1849 ohne Verfassung. Der Landesherr brachte seinen Herrschaftsanspruch 1829 in einem neuen Staatswappen zum Ausdruck. In elf Feldern enthält es die Wappenbilder aller Territorien, die zum Großherzogtum gehörten oder auf die ein möglicher Anspruch durch Erbfolge bestand.

ohne größere Probleme, obwohl es ja in dem bisher fast rein protestantischen Staat nun erstmals einen beachtlichen katholischen Bevölkerungsanteil gab. Eine liberale Konfessionspolitik trug dazu bei, dass aufkommende Animositäten in der Regel rasch ausgeräumt werden konnten. Zwar scheiterten die Verhandlungen mit dem Vatikan über ein Konkordat, doch wurde das Bistum Hildesheim restituiert und später auch Osnabrück wieder mit einem katholischen Oberhirten besetzt. Weniger gut gelang es, die antihannoverschen Gefühle und Stimmungen zu überwinden, die sich in Ostfriesland und abgeschwächt auch im Hildesheimischen bemerkbar machten. Beide Regionen waren gegen ihren Willen in das Königreich Hannover eingegliedert worden und fanden sich bis zu dessen Ende nur ungern damit ab. Auch in Oldenburg blieben die Mentalitäts- und vor allem die Konfessionsunterschiede zwischen dem alten Landesteil und dem Münsterland noch lange spürbar. Sie verhinderten aber nicht das Zusammenwachsen, das durch die Errichtung eines Bischöflich Münsterschen Offizialats, also eines Vertreters (Offizial) des Bischofs von Münster, im oldenburgischen Vechta 1831 gefördert wurde. Die Außenposten Lübeck und Birkenfeld allerdings genossen weitgehende administrative Selbständigkeit. Das Großherzogtum war kein Einheitsstaat und wollte das auch gar nicht sein.

Die Wiener Schlussakte hatte allen Bundesgliedern aufgegeben, sich eine Konstitution auf landständischer Basis zu geben. Die vier niedersächsischen Staaten reagierten darauf in unterschiedlicher Weise, am raschesten Schaumburg-Lippe. Hier erließ Fürst Georg Wilhelm schon im Januar 1816 eine landständische Verfassung, die ganz auf die überschaubaren Verhältnisse in dem von ihm patriarchalisch regierten Kleinstaat zugeschnitten war. Er billigte den Ständen, darunter auch Vertreter der Bauern, Mitsprache bei der Steuerbewilligung und der Beratung von Gesetzen zu. Da es aber meist nicht viel zu beraten gab, trat der Landtag nur selten zusammen – ohne dass sich dagegen Protest erhob.

Auch Hannover hatte schon 1814 eine provisorische allgemeine Ständeversammlung einberufen, die eine für alle Landesteile gleichermaßen geltende Verfassung beschließen sollte. Das war ein wichtiger Schritt in Richtung auf die gewünschte Integration; bisher hatte die Regierung jeweils mit den Landständen der einzelnen „Provinzen" zu verhandeln gehabt, die nun den größten Teil ihrer Kompetenzen verloren. Die Ständeversammlung repräsentierte keineswegs die gesamte Bevölkerung des hannoverschen Staates – im Gegenteil, nur etwa zwei Prozent hatten die Möglichkeit, sich an den Wahlen zu beteiligen, und auch dies meist nur indirekt durch Wahlmänner. Ausgeschlossen blieben fast die gesamte bäuerliche und auch die Mehrheit der städtischen Bevölkerung. So war die Versammlung wie in der älteren Zeit dominiert von den Besitzern von Rittergütern und den Repräsentanten des städtischen Besitzbürgertums. Gegen manche Bedenken, vor allem des Grafen Münster, oktroyierte die Regierung dem Land im Dezember 1819 eine Verfassung mit einem Zweikammersystem als Repräsentationsorgan des Volkes. In der ersten Kammer dominierte der Adel, in der zweiten hatten die Deputierten der Städte das Sagen. Den Bauernstand aber suchte man unter den Abgeordneten weiterhin vergebens; er war, wie ein zeitgenössisches Diktum es formulierte, „in der Verfassung unerfindlich". Beide Kammern waren gleichberechtigt; jede konnte die andere blockieren und damit gemeinsame Beschlüsse verhindern, was bei den unterschiedlich gelagerten Interessen nicht selten vorkam.

In Braunschweig entwickelten sich die Verhältnisse ganz ähnlich. Hier berief man 1819 die alten Stände wieder ein und verabschiedete ein Jahr später eine Verfassung, die „Erneuerte Landschaftsordnung", die ebenfalls zwei Kammern oder Sektionen der Landstände vorsah. Neben Adel und Städten wurde hier erstmals auch den nicht an einen Grundherrn gebundenen Bauern eine Vertretung eingeräumt, doch blieb der größte Teil der Bevölkerung auch in diesem kleineren welfischen Staat unberücksichtigt. Neben überkommenen Elementen wies die Landschaftsordnung durchaus moderne Züge auf, vor allem insofern, als sie den Ständen erstmals einen Einfluss auf die Finanzverwaltung einräumte. Die Grafschaft Blankenburg, die bisher eine eigene Ständeversammlung gehabt hatte, wurde in die Gesamtvertretung einbezogen.

Oldenburg dagegen tanzte aus der Reihe. Zwar gab es Petitionen aus dem Lande, die den Herzog um die Gewährung einer Verfassung ersuchten, doch Peter Friedrich Ludwig sah die Notwendigkeit, die Möglichkeiten und Grenzen seiner monarchischen Gewalt festzuschreiben, nicht ein und behandelte alle Entwürfe, darunter auch seinen eigenen, hinhaltend. In Oldenburg fehlte, anders als in Hannover, eine Adelsschicht, die ihre Privilegien durch Festschreibung in einer Konstitution hätte sichern wollen. So fehlte die treibende Kraft, und es blieb bis in das Jahr 1849 bei dem verfassungslosen Zustand, gegen den der Deutsche Bund eigentlich hätte einschreiten müssen.

Die auf Drängen des österreichischen Staatskanzlers Metternich betriebene Politik des Bundes, zur Unterdrückung aller freiheitlichen Regungen die volle Autorität der Obrigkeit einzusetzen, wurde von den vier niedersächsischen Staaten zwar formell befolgt, aber in der Praxis doch nur halbherzig umgesetzt. Vor allem die Karlsbader Beschlüsse aus dem Jahr 1819, die unter anderem eine strenge Zensur aller Zeitungen, Bücher und Flugschriften vorsahen, wurden ausgesprochen liberal gehandhabt. In Hannover war das auch dem Einfluss des konservativen, aber dennoch für behutsame Veränderungen aufgeschlossenen Geheimen Kabinettsrats August Wilhelm Rehberg zu verdanken. Er wurde allerdings 1821 durch Graf Münster, der in London am längeren Hebel saß und zunehmend stärker der Reaktion zuneigte, zum Rücktritt gedrängt.

Graf Münster, den der König für seine Verhandlungsführung auf dem Wiener Kongress mit dem Klostergut Derneburg bei Hildesheim belohnt hatte, war im folgenden Jahrzehnt – immer noch von London aus – die treibende Kraft der hannoverschen Politik, der er einen gemäßigt konservativen Kurs verordnete. Manche nicht mehr zeitgemäßen Auswüchse des Ancien régime wurden nun gekappt. Die Verwaltung des Landes konsolidierte sich; als mittlere Ebene zwischen den Ministerien und den Ämtern wurden anstelle der alten „Provinzen" sechs Landdrosteien mit Sitz in Aurich, Stade, Lüneburg, Osnabrück, Hannover und Hildesheim eingerichtet, daneben als ein Sonderbezirk die Berghauptmannschaft Clausthal im Harz. Als mit Georg IV. im Jahr 1821 erstmals nach 66-jähriger Pause wieder ein Landesherr das Königreich besuchte, wurde er von der Bevölkerung zumindest der Kernlande mit aufrichtigem Jubel empfangen. Die Treue zum angestammten Fürstenhaus wurde noch von nie-

König Georg IV. von Großbritannien und Hannover (1762–1830) vertrat seit 1811 seinen geisteskranken Vater Georg III., 1820 wurde er sein Nachfolger. 1821 kam er zum ersten Besuch eines Landesherrn seit 1755 nach Hannover und wurde dort herzlich empfangen.

Mit dem Einzug des Hauses Holstein-Gottorp begann für die Stadt Oldenburg 1773 eine Phase des Aufschwungs. Sie entwickelte sich nach einer großzügigen Stadtplanung über die von der Befestigung vorgegebenen Grenzen der Altstadt hinaus und wurde bereichert durch eine große Zahl architektonisch wertvoller klassizistischer Bauten, die häufig vom Hof in Auftrag gegeben wurden. Dazu gehört das Prinzenpalais am Damm, das Herzog Peter Friedrich Ludwig 1820 bis 1826 durch Carl-Heinrich Slevogt für seine Enkel erbauen ließ und das hier auf einer Gouache von Theodor Presuhn d. Ä. dargestellt ist. Oldenburg erhielt so das einheitliche Aussehen einer klassizistischen Residenz.

mandem ernsthaft in Frage gestellt, auch nicht in Oldenburg, Braunschweig und Schaumburg-Lippe. Selbst die Ostfriesen und die Hildesheimer bekannten sich in ihrer Mehrheit schließlich zu der Dynastie, die ihnen ungefragt verordnet worden war. Der Herzog Adolf Friedrich von Cambridge, ein Bruder des Königs, hielt schon seit 1813 in Hannover als Generalgouverneur, später als Vizekönig Hof. Die Bürger Hannovers waren davon angetan, dass nun ein Mitglied des Welfenhauses ständig in ihrer Stadt weilte. Die damit verbundene Aufwertung wurde jedermann dadurch deutlich vor Augen geführt, dass jetzt die städtebauliche Umgestaltung zu einer modernen Residenz einsetzte. Sie erhielt vor allem durch die klassizistischen Bauten des Hofarchitekten Georg Ludwig Friedrich Laves ihre Prägung. Eine vergleichbare Entwicklung vollzog sich in Oldenburg, wo der Residenzcharakter der Landeshauptstadt durch eine anspruchsvolle bürgerliche und staatliche Bautätigkeit betont wurde.

Dass die Denkanstöße der Revolution und der Franzosenzeit über die Ära der Restauration hinweg fortwirkten, zeigte sich gegen Ende der 1830er Jahre. Das politische Klima änderte sich, zunächst kaum wahrnehmbar, dann aber doch deutlich. Ein staatsbürgerliches Bewusstsein kam auf, das nicht mehr bereit war, Regierungsmaßnahmen ergeben und ungefragt hinzunehmen. An der Gestaltung des eigenen Schicksals wollte man, wenn auch vorerst noch in einem sehr bescheidenen Maß, beteiligt sein, und pflichtwidriges Verhalten – sei es der Regierungen, sei es auch der Monarchen selbst – ließ man nicht länger durchgehen. Das zeigte sich exemplarisch in Braunschweig. 1823 trat hier Herzog Karl II., nachdem er mündig geworden war, selbst die Herrschaft an, die bis dahin Georg IV., sein Vetter aus der hannoverschen Linie, als Regent für ihn geführt hatte. Zu Anfang von der Bevölkerung durchaus freundlich aufgenommen, verscherzte er sich bald alle Sympathien durch seine krankhafte Empfindlichkeit, Willkür und Unberechenbarkeit. Er geriet in Konflikt mit der Beamtenschaft und dem Adel des Landes, provozierte den Grafen Münster mit unberechtigten Vorwürfen und sogar einer Duellforderung und weigerte sich, die Erneuerte Landschaftsordnung anzuerkennen, wodurch er die Gefahr einer Bundesexekution auf sein Land zog. All das untergrub sein Ansehen und seine Autorität bei den führenden Schichten ebenso wie bei den einfachen Leuten, die ihm vorwarfen, er unternehme nichts, um ihre durch Missernten und Teuerung spürbar verschlechterte wirtschaftliche Lage zu verbessern. So steigerten sich politische und soziale Kritikpunkte zu einem Unmut, der in offenen Aufruhr mündete. Im September 1830 wurde das Braunschweiger Residenzschloss von einer aufgebrachten Volksmenge gestürmt und in Brand gesteckt, wobei es Tote und Verwundete und auch Plünderungen gab. Der Herzog flüchtete aus

Sichtbarste Hinterlassenschaft der monarchischen Zeit in Oldenburg ist das Großherzogliche Schloss, in dem jetzt das Landesmuseum für Kunst und Kulturgeschichte untergebracht ist. Es steht auf dem Grund einer mittelalterlichen Wasserburg. Graf Anton Günther ließ sie 1603 zu einem Renaissanceschloss umbauen, dem die im Bild zu sehende Hauptfassade am Markt angehört. Das Portal wurde um 1740 neu gestaltet, die Fassade Ende des 19. Jahrhunderts durch einen Anbau im gleichen Stil erweitert. An den Haupttrakt schließen sich der nach einem Minister benannte Holmer-Flügel und der Bibliotheksflügel an. Das Schloss fiel 1918 an den Staat; die großherzogliche Familie nahm ihren Wohnsitz in Rastede.

Der sprunghafte und exzentrische Braunschweiger Herzog Karl II. (1804–1873) brachte durch willkürliche und unbedachte Maßnahmen weite Kreise der Bevölkerung gegen sich auf. Als er sich unfähig zeigte, Arbeitslosigkeit und Teuerung wirksam zu bekämpfen, steigerte sich der Unmut zur Revolte. Demonstranten drangen am 7. September 1830 in das Residenzschloss in Braunschweig ein, plünderten es und setzten es in Brand. Der Herzog war kurz zuvor außer Landes geflohen. Der Aufruhr wurde danach rasch erstickt.

dem Land, sein Bruder Wilhelm übernahm die Regierung. Karls Versuche, auf den Thron zurückzukehren, scheiterten, weil auch der Deutsche Bund und die Großmächte, eigentlich die Hüter des Legitimitätsprinzips, von seiner Regierungsunfähigkeit überzeugt waren. So konnte die Braunschweiger Revolution von 1830 ihren Erfolg feiern. Sie war weder von den Pariser Juliunruhen ausgelöst, noch von einer kleinen Schar von Verschwörern inszeniert worden, wie man eilfertig glauben machen wollte, sondern die Folge einer berechtigten und große Teile der Bevölkerung erfassenden Unzufriedenheit und Erbitterung über einen Landesherrn, der seinem Amt nicht gewachsen war. Karl verbrachte den Rest seines Lebens im Ausland. Bei seinem Tod 1873 vermachte er sein beträchtliches Privatvermögen der Stadt Genf, die dem „Diamantenherzog" dafür mit dem „Monument Brunswick" am Ufer des Genfer Sees ein stattliches Denkmal setzte.

In Oldenburg und in Schaumburg-Lippe kannte man solche Probleme nicht. In beiden Ländern war ohnehin kein großes Protestpotential vorhanden – im Schaumburgischen, weil man mit der patriarchalischen Regierungsweise des Fürsten rundum zufrieden war, in Oldenburg, weil vor allem bei der ländlichen Bevölkerung ein politisches Interesse noch kaum vorhanden war und weil auch die Regierung des Großherzogs Paul Friedrich August sich bemüht hatte, der durch die Teuerung drohenden Verarmung entgegenzuwirken. So blieb es 1830 in beiden Staaten ruhig. Anders im Königreich Hannover: Hier kam es in einer ganzen Reihe von Städten zu Unruhen, die teils auf wirtschaftliche Not, teils auf Unzufriedenheit mit den rückständigen kommunalen Verfassungen zurückzuführen waren, durch die weiterhin dem Großteil der Einwohner die Teilhabe am politischen Leben verwehrt blieb. Die Empörung kulminierte im Süden Niedersachsens: In der kleinen Industriestadt Osterode am Harz verfasste der Advokat Dr. Georg Friedrich König eine Schrift mit dem Titel „Anklage des Ministeriums Münster vor der öffentlichen Meinung", in der er mit dem System der Reaktionszeit abrechnete. Sie hatte große Wirkung weit über die Stadt hinaus und führte hier und im Januar 1831 auch im benachbarten Göttingen zu Unruhen, die nur durch den Einsatz von Militär unterdrückt werden konnten. König wurde als Hauptanstifter verhaftet und zu zehn Jahren Zuchthaus verurteilt. Der Stadt Göttingen, wo kurzfristig sogar der Magistrat entmachtet worden war und wo die Studenten und auch einige Dozenten den Aufruhr angeheizt hatten, drohte die Regierung gar mit einer Verlegung der Universität. Die Ruhe wurde dann aber rasch wiederhergestellt.

Der Vormärz

Folgenlos blieben diese revolutionären Aufwallungen aber nicht. Sie weckten bei den herrschenden Kreisen die Einsicht, dass doch wohl nicht alles beim Alten bleiben könne, und förderten die Bereitschaft zu Kurskorrekturen und zum Eingehen auf liberale Reformwünsche. In Braunschweig wurde 1832 die Neue Landschaftsordnung beschlossen, eine durchaus fortschrittliche Verfassung, die die Rechte der Ständeversammlung beträchtlich stärkte und unter anderem auch den Katholiken des Landes die Gleichberechtigung gewährte. Zwei Jahre später wurden die Ablösungs- und die Gemeinheitsteilungsordnung erlassen, welche die Bauern von den schon lange nicht mehr zeitgemäßen grundherrlichen Abgaben und Diensten befreiten und die Basis für die günstige Entwicklung der Landwirtschaft in den kommenden Jahrzehnten bildeten. Überhaupt galt das Herzogtum in der ersten Hälfte des 19. Jahrhunderts als einer der am besten verwalteten Staaten in Deutschland.

Im Königreich Hannover hatten die Unruhen zur Entlassung des Grafen Münster geführt; damit war auch hier ein Zeichen für einen Kurswechsel gesetzt, den König Wilhelm IV., der 1830 seinem Bruder Georg IV. nachgefolgt war, ohne Vorbehalt unterstützte. Von ihm erbat die zweite Kammer der Ständeversammlung im März 1831 eine Verfassung, die erstmals konstitutionelle Elemente enthielt. Vor allem sah sie die Zusammenlegung der beiden bisher voneinander getrennten staatlichen Kassen vor, der Generalsteuerkasse, die von den Ständen überwacht worden war, und der Königlichen Generalkasse, jeweils mit unterschiedlichen Einnahmeberechtigungen und Ausgabeverpflichtungen. 1833 wurde diese Kassenvereinigung im Staatsgrundgesetz festgeschrieben. Damit erhielt die Landesvertretung erstmals das Recht der Kontrolle und Bewilligung des gesamten Staatshaushalts. Mit einer wenn auch beschränkten Ministerverantwortlichkeit gegenüber den Ständen und mit der vorsichtigen Öffnung der Ständeversammlung auch für Bürger und Bauern enthielt die neue Verfassung weitere in die Zukunft weisende Züge. Ihr Text war in der Hauptsache von dem Göttinger Historiker Friedrich Christoph Dahlmann (1785–1860) formuliert worden. Politisch auf den Weg gebracht und gegen konservative Widersacher wie den Freiherrn Georg von Schele durchgesetzt wurde sie von dessen Osnabrücker Landsmann Johann Carl Bertram Stüve (1798–1872). Beide waren noch weit entfernt von demokratischen Vorstellungen wie gleichem Wahlrecht oder gar Beteiligung der Frauen an der politischen Willensbildung. Aber sie standen doch am Beginn einer Epoche, in der liberale Forderungen immer mehr zum Gemeingut wurden und schließlich auch von den Vertretern der alten Denkschule nicht mehr einfach beiseite geschoben werden konnten. Vor allem Stüve hat diesen Weg entscheidend mit vorbereitet; er blieb in den nächsten zwei Jahrzehnten einer der einflussreichsten Staatsmänner des Königreichs Hannover. Auch für

Der Osnabrücker Jurist Johann Carl Bertram Stüve (1798–1872) nahm entscheidenden Einfluss auf die hannoversche Politik. 1848 zum Innenminister berufen, konnte er eine gemäßigt liberale Verfassung durchsetzen.

König Ernst August (1771–1851; Bild links) begann seine Regierung 1837 mit einem Paukenschlag: er hob das gemäßigt fortschrittliche Staatsgrundgesetz von 1833 auf.

Weil sie ihren Diensteid auf die Verfassung geschworen hatten, protestierten sieben Professoren der Universität Göttingen 1837 öffentlich gegen den „Staatsstreich" König Ernst Augusts. Sie wurden mit Amtsenthebung, einige mit Landesverweisung bestraft. Die Lithographie zeigt von oben links nach unten rechts die „Göttinger Sieben": der Historiker Georg Gottfried Gervinus, der Jurist Wilhelm Eduard Albrecht, der Orientalist Heinrich Ewald, der Historiker Friedrich Christoph Dahlmann, der Physiker Wilhelm Weber und die Philologen Wilhelm und Jacob Grimm.

die Bauernbefreiung, die ein Gesetz von 1831 in Gang brachte, hat er wichtige Impulse gegeben. Wie in Braunschweig, so wurde auch in Hannover die endgültige Ablösung der bäuerlichen Dienste und Pflichten, die seit dem Mittelalter auf den meist zu Meierrecht verliehenen Höfen lasteten, nicht mit Landabtretungen an die Grundherren, sondern mit Geldzahlungen abgegolten, wofür besondere Kreditanstalten eingerichtet wurden. Die Höfe blieben auf diese Weise intakt. Schaumburg-Lippe zog mit einem entsprechenden Gesetz 1845 nach.

Das hannoversche Staatsgrundgesetz hatte nur einen Mangel: Herzog Ernst August von Cumberland, bei einem kinderlosen Tod seines Bruders Wilhelm IV. nächster Anwärter auf den hannoverschen Thron, hatte ihm nicht zugestimmt, weil er, als ein extrem konservativ gesinnter Mann, darin die Rechte des Monarchen zu stark eingeengt sah. 1837 trat die Nachfolge tatsächlich ein. Ernst August, bereits 66-jährig und trotz langen Aufenthalts in Berlin der deutschen Sprache nur bedingt mächtig, zog in Hannover ein und wurde dort mit Jubel begrüßt; in England hingegen wurde Viktoria, die Tochter seines nächstjüngeren Bruders Eduard, zur Königin gekrönt. Die Personalunion fand damit nach 123 Jahren wegen unterschiedlicher Thronfolgeregelungen in England, wo Frauen gleichberechtigt waren, und Hannover, wo sie erst zum Zuge kamen, wenn keine männlichen Anwärter vorhanden waren, ein Ende. Hannover war wieder frei von allen Bindungen an das britische Weltreich und brauchte auf die Londoner Politik nicht mehr Rücksicht zu nehmen als auf die jeder anderen europäischen Großmacht. Und in der Landeshauptstadt regierte und residierte nun wieder ein Monarch in eigener Person.

Doch schon bald sollte sich zeigen, dass die neue Ära nicht nur höfischen Glanz, sondern auch politische Schatten mit sich brachte. Der König, beraten von Georg von Schele, den er an die Spitze seines Ministeriums stellte, ließ seinen Zweifeln am hannoverschen Staatsgrundgesetz die Tat folgen. Er holte mehrere Gutachten ein, die seine Auffassung bestätigten, und setzte 1837 das Gesetz durch einen einseitigen Akt und ohne Beteiligung der Ständeversammlung außer Kraft. Ob er dazu berechtigt war und ob sein Vorgehen streng juristisch als Staatsstreich und Verfassungsbruch zu werten ist oder nicht, darüber wird bis heute viel diskutiert. Verheerend war in jedem Fall die politische Wirkung, nicht nur in Hannover, sondern auch in anderen deutschen Staaten. Die Tragweite dieses Schritts wurde vielen erst bewusst, als sieben Professoren der Universität Göttingen, darunter Friedrich Christoph Dahlmann und die Brüder Jacob und Wilhelm Grimm, öffentlich dagegen protestierten und erklärten, sie fühlten sich weiterhin an ihren Amtseid auf die Verfassung gebunden. Ernst August empfand das als eine Provokation und verfügte, auch um ein Exempel zu statuieren, umgehend die Entlassung der Göttinger Sieben; einige von ihnen wurden sogar aus dem Lande gewiesen.

Erst dieser von einer Gewissensentscheidung getragene Protest löste eine Welle der Empörung über das Vorgehen des Königs aus. An vielen Orten bildeten sich Komitees zur Unterstützung der Professoren, vereinzelt kam es sogar zu Steuerverweigerungen, und Petitionen wurden an den König, an die Ständeversammlung und auch an den Deutschen Bund gerichtet, von dem man erwartete, dass er eine legal zustande gekommene Verfassung gegen einen monarchischen Willkürakt schützen würde. Darin hatte man sich getäuscht; die Bundesversammlung lehnte mit Mehrheit ein Einschreiten ab. Der hannoversche Stadtdirektor Wilhelm Rumann aber, der eine Petition des Magistrats unterzeichnet hatte, wurde vom König abgesetzt und wegen Hochverrats vor ein Gericht gestellt, das ihn allerdings freisprach. Andere Angeklagte wurden begnadigt, nachdem sich der Sturm gelegt hatte. Hannover aber hatte sich vor aller Welt den Ruf eines im Kern reaktionären Staates eingehandelt, auch wenn dieses Urteil der weiteren Amtsführung des Königs nicht gerecht wurde.

Nach längeren Verhandlungen mit den Ständen wurde 1840 eine neue Konstitution beschlossen, das Landesverfassungsgesetz. Es stellte insgesamt einen Kompromiss zwischen den ursprünglichen Vorstellungen des Königs und den Wünschen der zweiten Kammer der Ständeversammlung dar, bedeutete aber einen Rückschritt auf dem Weg zum modernen Staat: Die Ministerverantwortlichkeit wurde zurückgenommen, die Kassen wurden erneut getrennt und damit der Einfluss der Stände auf das alte Maß reduziert, und dem monarchischen Prinzip wurde wieder der ihm nach Meinung Ernst Augusts gebührende Rang eingeräumt. Nebenbei wurde auch ein Problem beseitigt, das dem König zu schaffen gemacht hatte: Sein einziger Sohn Georg, geboren 1819, hatte schon als Kind das Augenlicht verloren, was Zweifel an der Regierungsfähigkeit des Kronprinzen hervorgerufen hatte. Auch aus Berlin waren solche Bedenken vorgebracht worden – aus durchsichtigen Gründen, da man heimlich hoffte, über die Regentschaft eines preußischen Prinzen einen Fuß in die Tür des Nachbarn setzen zu können. Nun sollte nicht mehr ein körperliches, sondern nur noch ein geistiges Gebrechen von der Thronfolge ausschließen können, so dass der Nachfolge keine rechtlichen Hindernisse mehr im Wege standen.

Die letzten Jahre des Vormärz verliefen im gesamten niedersächsischen Raum ohne größere Ereignisse. König Ernst August blieb zwar bei seiner konservativen Linie, doch gemessen an seinen Anfängen hielt er sich bei der konkreten Umsetzung erstaunlich zurück. Sein hohes Alter und der Verlust seiner 1841 gestorbenen Gemahlin Friederike von Mecklenburg-Strelitz mögen dazu beigetragen haben. Verwaltung und Gesetzgebung konnten ohne Behinderung durch politische Querelen ihren Lauf nehmen. 1840 wurde ein Kriminalgesetzbuch beschlossen, das die letzten bis dahin gültigen Bestimmungen der Peinlichen Halsgerichtsordnung Kaiser Karls V. von 1532 außer Kraft setzte. 1842 leitete das Gesetz über Verkoppelungen eine Flurbereinigung ein, die der Landwirtschaft ein rationelleres Arbeiten ermöglichte. Auch das 1847 erlassene Gewerbegesetz war zukunftsweisend, da es zwar die alte Zunftverfassung bestehen ließ, aber der Gewerbefreiheit ein Stück weit Raum verschaffte. Es stieß aber bei den Städten als Sachwalter der Handwerkerinteressen auf wenig Gegenliebe, geriet in den Trubel der Revolution von 1848 und trat nicht mehr in Kraft.

In Oldenburg fanden revolutionäre Bewegungen auch weiterhin keinen rechten Nährboden. So blieb die spätabsolutistische Politik des Großherzogs, dem der liberale Zeitgeist ein Gräuel war, ohne öffentlichen Widerspruch. Wie die Verfassung, so wusste er auch ein Ablösungsgesetz, also die Befreiung der Bauern von den herkömmlichen Lasten, zu verhindern. Lediglich der Erlass einer Landgemeindeordnung, in der die Kirchspiele den Zuschnitt der kommunalen Einheiten vorgaben, war eine Reaktion auf die Forderungen nach mehr Bürgerbeteiligung, die es auch im Oldenburgischen gab. Von einer wirklichen Selbstverwaltung der Gemeinden konnte allerdings noch keine Rede sein. Es musste schon fortschrittlich wirken, wenn wenigstens verbal der Begriff „Untertan" durch „Staatsbürger" ersetzt wurde.

Veränderungsprozesse setzten in Niedersachsen im zweiten Drittel des 19. Jahrhunderts nicht nur auf dem Feld der Politik ein; auch die Gesellschaft wandelte sich in ihrem Selbstverständnis ebenso wie in ihren materiellen Grundlagen. Von der „Bauernbefreiung" hatten die ländlichen Unterschichten kaum profitiert, auch nicht von der Aufteilung der Gemeinheiten, also der gemeinschaftlich genutzten Teile der Dorfgemarkungen, auf die einzelnen Höfe. Not und Armut nahmen eher zu als ab. Der Gefahr, dass eine massenhafte Abwanderung vom Lande in die Städte erfolgte und dort zu Verelendung und Proletarisierung führte, suchte die hannoversche Regierung mit einer Domizil- und Trauscheinordnung zu begegnen, welche den Ortswechsel behinderte und Eheschließungen erschwerte. Auf der Suche nach Beschäftigung mussten Saisonarbeiter weite Wege in Kauf nehmen, etwa aus dem Eichsfeld nicht nur nach Göttingen, sondern auch nach Hannover oder Braunschweig. Die „Hollandgängerei" des 18. Jahrhunderts, also Saisonarbeit in Holland, hatte ihren Höhepunkt überwunden; nun wanderten immer mehr Menschen nach Amerika aus, um dem Druck zu entgehen, der nicht nur von der wirtschaftlichen Situation, sondern auch von der beständigen Zunahme der Bevölkerung in allen Landesteilen ausging.

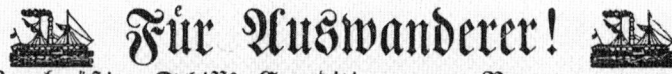

Anstöße für eine Wende zum Besseren konnten nur von einer positiven Entwicklung des gewerblichen Sektors ausgehen, vor allem von einer Öffnung für industrielle Unternehmungen, mit der England längst vorausgegangen war. Erstaunlicherweise hatte das aber kaum auf Hannover ausgestrahlt. Mit Ausnahme des Harzes, der aber seine Bedeutung als hochentwickelte Bergbauregion bereits einzubüßen begann, hatte Niedersachsen um 1800 noch keinerlei industrielle Schwerpunkte aufzuweisen. Lediglich allererste Ansätze dazu regten sich schon während der Franzosenzeit, und sie beruhten auf privaten Initiativen. Ein Musterbeispiel dafür ist der 1772 geborene Hannoveraner Johann Egestorff. Er war der Sohn eines Kleinbauern und konnte weder lesen noch schreiben – dennoch machte er eine beispielhafte Karriere als Unternehmer. 1803 übernahm er eine Kalkbrennerei vor der Stadt, betrieb dann selbst die zugehörigen Kalkbrüche und verschiffte den Kalk mit einer eigenen Schiffsflotte auf Leine, Aller und Weser bis Bremen. Später pachtete er außerdem die Kohlengruben am Deister und errichtete eine Zuckerfabrik. Bei seinem Tod 1834 beschäftigte er bereits 400 Arbeiter. Sein Sohn Georg baute das Werk des Vaters aus, 1831 hatte er in Badenstedt bei Hannover eine Saline gegründet und errichtete 1835 in Linden eine Maschinenfabrik, die sich schnell zum bedeutendsten industriellen Unternehmen im Königreich entwickeln sollte. Unter dem Namen „Hanomag" wurde sie, allerdings erst als sie in andere Hände übergegangen war, weltweit bekannt.

Der hannoversche Staat tat sich zunächst schwer damit, die Ansiedlung von Industrie zu fördern. Mit einer Politik der niedrigen Einfuhrzölle erleichterte er den Import vor allem englischer industrieller Produkte; so kamen die ersten in Hannover eingesetzten Dampfmaschinen aus England. Schon 1832 aber wurde das erste Exemplar im Lande gebaut, und vier Jahre später stieg auch Egestorff in die Produktion ein – mit Hilfe aus England geholter Maschinen. Inzwischen war die Einsicht in Sinn und Nutzen einer bewussten Industrie- und Gewerbeförderung gewachsen. Private und staatliche Interessen gingen dabei Hand in Hand. 1831 gründete der gebürtige Wiener Karl Karmarsch in Hannover eine Höhere Gewerbeschule, die den Nachwuchs für die künftig benötigten technischen und Ingenieursberufe ausbilden sollte.

```
2249        60. Stück.  März 1859.        2250

            Für Auswanderer!
    Regelmäßige Schiffs=Expeditionen von Bremen vermit=
              telst Dampf= und Segelschiffen.
        Die regelmäßigen Fahrten der Passagierschiffe nehmen am 1. März d. J. wieder
    ihren Anfang und erbiete ich mich von diesem Termine an, am 1. und 15. eines jeden
    Monats nach Newyork und Baltimore, nach New-Orleans und Galveston im Früh=
    jahr und Herbst, sowie nach andern Häfen Amerika's und Australien's, große ge=
    kupferte, für die Passagierfahrt eigens erbaute Segelschiffe, die mit hohem geräumi=
    gen Zwischendeck und elegant eingerichteten Cajüten versehen, und mit gutem Proviant
    reichlich ausgerüstet sind.
        Für die zwischen hier und Newyork regelmäßig fahrenden großen, prachtvoll ein=
    gerichteten Dampfschiffe des Norddeutschen Lloyd bin ich beauftragt Passagiere anzu=
    nehmen, für erste Cajüte und Zwischendeck zu herabgesetzten Preisen.
        Ueber die billig gestellten Passagepreise und sonstigen Bedingungen ertheilen gern
    auf Anfragen meine conceffionirten Herren Agenten:
                in Braunschweig Herr C. H. Stoot,
    sowie ich direct, jede gewünschte Auskunft unentgeltlich.
        Bremen, Februar 1859.
                            gez. Carl Joh. Klingenberg.
```

Bevölkerungswachstum, Mangel an Arbeitsplätzen und soziale Not führten im 19. Jahrhundert dazu, dass viele Menschen sich entschlossen, in der Ferne ihr Glück zu suchen. Um die Jahrhundertmitte kam es zu einer regelrechten Auswanderungswelle auch aus Niedersachsen. Allein aus dem Gebiet der ehemaligen Grafschaft Schaumburg wanderten zwischen 1820 und 1914 rund 10 500 Personen aus, davon etwa 8000 nach Nordamerika. Für die Reedereien war der Transport mit Segelschiffen, später auch mit Dampfschiffen ein gutes Geschäft. In Zeitungen und Magazinen warben sie um Passagiere.

Bevorzugter Hafen für die Auswandererschiffe wurde das 1827 vom Bremer Bürgermeister Johann Smidt gegründete Bremerhaven an der Wesermündung. Der Norddeutsche Lloyd ließ von hier aus die meisten seiner Schiffe nach Übersee auslaufen. Bis 1939 sollen etwa sieben Millionen Menschen ihre Heimat auf dem Weg über Bremerhaven verlassen haben. Die oft leidvollen und beschwerlichen Umstände der Ausreise können im Deutschen Auswandererhaus Bremerhaven nacherlebt werden. Der Stahlstich von 1841 zeigt die Hafenanlagen noch in ihrer ersten Entstehungsphase.

Das in letzter Zeit gestiegene Interesse der Nachkommen der Auswanderer an ihrer Herkunft hat dazu geführt, dass die in den Archiven vorhandenen Quellen – Passagierlisten und Zollabfertigungen, Kirchenbücher und standesamtliche Unterlagen, Polizeivermerke, Militärakten und anderes mehr – systematisch erfasst und ausgewertet werden. In einer zentralen Datenbank sind sie im Historischen Museum Bremerhaven für jedermann zugänglich. Die abgebildete Passagierliste führt als ersten Eintrag einen Auswanderer aus Hannover mit dem Ziel New York.

Als Zeichner humoristisch-grotesker Bildergeschichten ist Wilhelm Busch aus Wiedensahl (1832–1908) berühmt geworden. In Hannover ist ihm und seinem Werk ein eigenes Museum gewidmet. Das Foto zeigt ihn als 16-jährigen Studenten des Polytechnikums.

Sie entwickelte sich 1847 zur Polytechnischen Schule; an ihr studierte um 1850 auch Wilhelm Busch aus dem hannoverschen Wiedensahl, der dann später aber die Künstlerlaufbahn einschlug und mit seinen humoristischen Bildergeschichten berühmt wurde. 1834 wurde ein Gewerbeverein ins Leben gerufen; er veranstaltete ein Jahr später die erste Gewerbeausstellung in Hannover. Die Hauptstadt selbst blieb noch längere Zeit frei von Industrie, auch weil Ernst August in seiner Residenz keine rauchenden Schlote sehen wollte. Umso rasanter verlief der Aufstieg des Vororts Linden vom ehemals schönsten Dorf des Königreichs – so wurde der Ort noch 1837 genannt – zum ersten Industriestandort, nicht nur durch die Egestorff'schen Fabriken, sondern auch durch Werke der Textilverarbeitung, die massenhaft Arbeitskräfte an sich zogen.

Braunschweig blieb in dieser Beziehung zunächst hinter Hannover zurück. Hier hatte der Rückgang des Metallbergbaus im Harz, dessen Produkte zum guten Teil im Land weiterverarbeitet worden waren, eine Lücke hinterlassen, die nur schwer gefüllt werden konnte. Erst um 1850 gewann der Maschinenbau in der Stadt Braunschweig an Bedeutung, später dann auch die Zuckerindustrie. In einem Punkt allerdings war das Herzogtum dem größeren Nachbarn voraus. Schon 1838 fuhr die erste Eisenbahn von Braunschweig nach Wolfenbüttel. Man hatte die zukunftsträchtige Bedeutung dieses modernen Verkehrsmittels rascher erkannt als in Hannover, wo man sich abwartend verhielt und politische und wirtschaftliche Bedenken ins Feld führte. Von König Ernst August ist der Ausspruch überliefert, er wolle nicht, dass jeder Schusterjunge genau so schnell über Land reisen könne wie er. Ob er dies wirklich so gesagt hat, ist aber fraglich. Er hat den Eisenbahnbau, der dann ab 1842 in Angriff genommen wurde, jedenfalls nicht verhindert. Lediglich seine Residenz sollte nicht zu sehr unter der Betriebsamkeit des Schienenverkehrs leiden; die Anschlussstrecken an die Hauptlinie endeten deshalb zunächst außerhalb, in Lehrte und Wunstorf. 1844 konnte man per Bahn von Hannover nach Braunschweig und weiter nach Magdeburg fahren, 1847 auch nach Bremen und Harburg. Der weitere Ausbau des hannoverschen Eisenbahnnetzes erfolgte dann zügig. 1866 umfasste es bereits 900 Kilometer Schienenlänge. An die Strecke nach Minden wurde auch Schaumburg-Lippe angebunden; hier zahlte der Fürst die Kosten für den Abschnitt, der durch sein Land führte, aus eigener Tasche. In Oldenburg dagegen sah man vorerst keine Notwendigkeit, den Nachbarn nachzueifern, sondern konzentrierte sich lieber auf den Ausbau der Straßen.

Die enorme Bedeutung der Eisenbahn für die Erschließung des Landes und die Ankurbelung der Wirtschaft zeigte sich in den nächsten Jahrzehnten. Nicht nur für den Aufstieg des Industriestandorts Hannover/Linden war das

1831 gründete Karl Karmarsch aus Wien (1803–1879) in Hannover eine Höhere Gewerbeschule, aus der 1847 das Polytechnikum hervorging, der Vorläufer der Technischen Universität. Wilhelm Busch studierte hier von 1847 bis 1851 Maschinenbau, brach das Studium aber ab, um sich in Düsseldorf zum Maler ausbilden zu lassen. Das Schulgebäude an der Georgstraße wurde 1837 fertiggestellt. 1879 zog die Lehranstalt in das Welfenschloss um.

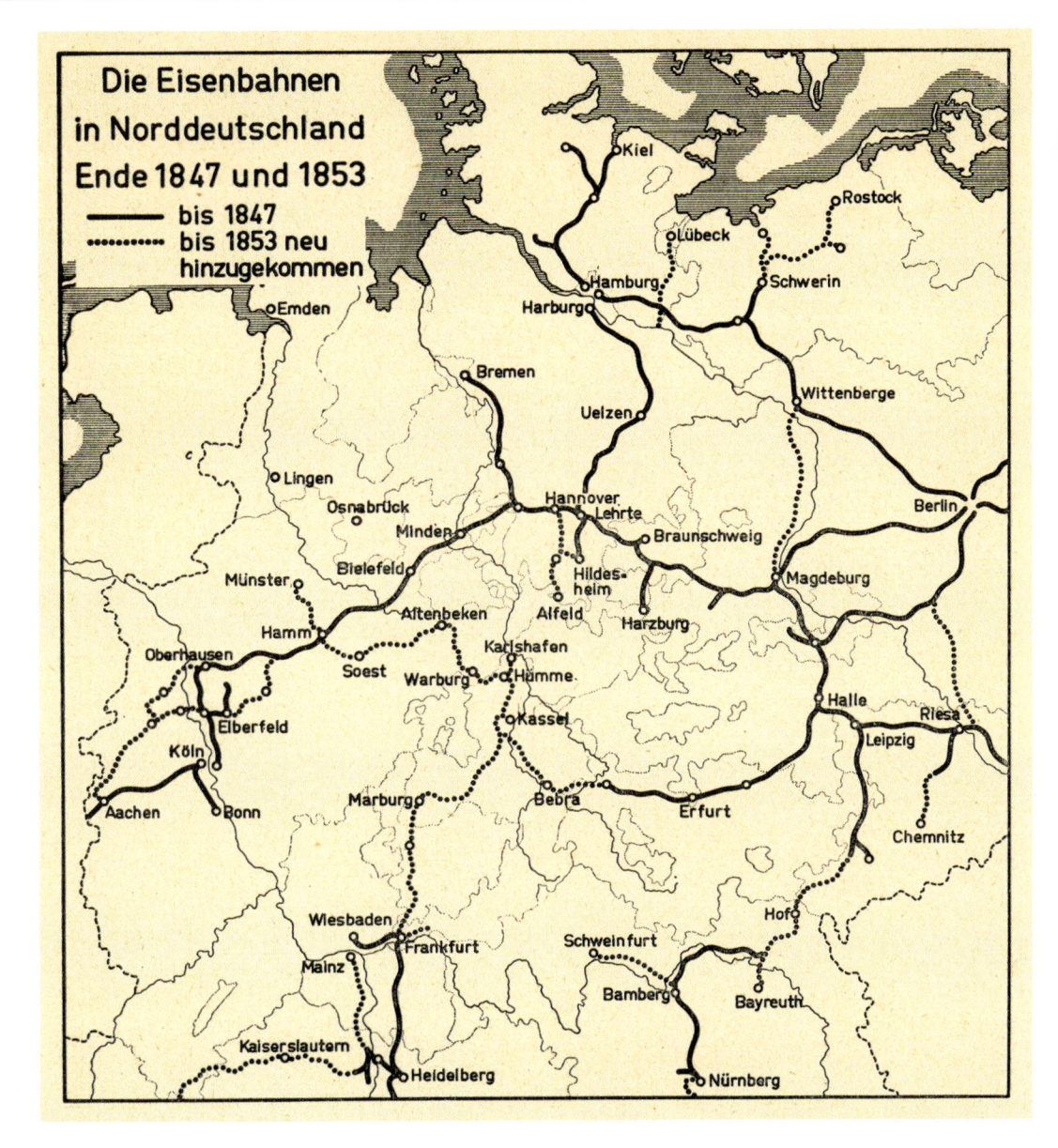

Die Eisenbahnen in Norddeutschland Ende 1847 und 1853

— bis 1847
····· bis 1853 neu hinzugekommen

1 A 1-Lokomotive der ehemaligen Hannoverschen Staatsbahn
gebaut von
Georg Egestorff, Hannover-Linden, im Jahre 1846.
Fabrik-Nummer 1.

Die erste Eisenbahn in Niedersachsen fuhr seit 1838 zwischen Braunschweig und Wolfenbüttel. Betreiber war der Staat. 1841 wurde die Strecke nach Bad Harzburg verlängert. Sie wurde ein voller Erfolg, der auch darauf zurückzuführen ist, dass die Fahrgäste mit touristischen Attraktionen wie einem Türkischen Kaffeehaus in Wolfenbüttel oder den Kureinrichtungen in Harzburg angelockt wurden. Zur Eröffnung brachte die Porzellanmanufaktur Fürstenberg einen Teller mit der Ansicht des Wolfenbütteler Bahnhofs vor dem Panorama der Stadt heraus.

Wie die Karte links zeigt, waren die Eisenbahnen im nordwestdeutschen Raum bis 1847 vorwiegend in Ostwestrichtung angelegt, während zwischen 1848 und 1853 bedeutende Nordsüdverbindungen hinzukamen.

Die erste Lokomotive, benannt nach König Ernst August, aus der 1835 in Linden bei Hannover gegründeten Egestorff'schen Maschinenfabrik wurde 1846 gebaut (Bild unten links). Sie lehnte sich noch stark an englische Vorbilder an und wog nur etwa 20 Tonnen.

schnelle und billige Transportmittel eine unabdingbare Voraussetzung; auch in anderen Städten, die von der Streckenführung begünstigt wurden, stieß die Eisenbahn eine Entwicklung an, die ohne sie nicht denkbar gewesen wäre. Andere dagegen stagnierten, weil sie nicht das Glück hatten, an das Schienennetz angeschlossen zu werden. Am Beispiel der Stadt Braunschweig werden die negativen Folgen einer nicht optimalen Verkehrsplanung deutlich: Trotz der frühen Anbindung blieben die wirtschaftlichen Effekte der Eisenbahn bescheiden, weil zum einen der alte Kopfbahnhof am Rand der Altstadt einem größeren Verkehrsaufkommen nicht gewachsen war und weil zum anderen eine gut ausgebaute Nord-Süd-Verbindung fehlte, anders als in Hannover, das sich entgegen den Hoffnungen Ernst Augusts rasch zu einem bedeutenden Verkehrsknotenpunkt entwickelte.

Die Bedeutung, die man in Braunschweig dem Eisenbahnwesen zumaß, spiegelt sich auch in dem repräsentativen zweiten Empfangsgebäude der Residenzstadt, das nach Plänen von Carl Theodor Ottmer 1843–45 im klassizistischen Stil errichtet wurde. Wegen der gewünschten Nähe zum Stadtzentrum entschied man sich für einen Sackbahnhof. Das erwies sich später als Nachteil; nach dem Zweiten Weltkrieg wurde ein moderner Durchgangsbahnhof an der Peripherie der Stadt gebaut. Der Ottmer-Bau dient heute der Norddeutschen Landesbank als Verwaltungsgebäude.

Die Revolution von 1848

Die Eisenbahn sorgte auch dafür, dass die Nachrichten von den Pariser revolutionären Unruhen vom Februar 1848 schnell nach Niedersachsen drangen. Sie lösten hier eine Bewegung aus, die man angesichts der relativen Ruhe in den voraufgegangenen Jahren wohl kaum erwartet hatte. Doch war die politische Bewusstseinsbildung nicht nur bei den gebildeten Schichten, sondern auch darüber hinaus seit 1830 weiter vorangeschritten, und soziale Unruhen hatten hier und da den Blick für die Notwendigkeit gesellschaftlicher Veränderungen geschärft. Die Ziele der Revolution stießen daher bei großen Teilen der Bevölkerung auf Verständnis und Zustimmung. Aus vielen Städten wurden Petitionen an die Regierungen gerichtet, die sich die wesentlichen Forderungen der Revolutionäre zu eigen machten: Aufhebung der immer noch vorhandenen Standesprivilegien, Presse- und Versammlungsfreiheit, Wegfall der Zensur, Reformen in Justiz und Verwaltung, Öffentlichkeit der Gerichtsverhandlungen und anderes mehr, in Hannover auch Wiederherstellung der Kassenvereinigung. In Bürgerversammlungen wurden diese Forderungen lautstark vertreten. Doch kam es nirgends zu Ausschreitungen; die Märzrevolution verlief in den niedersächsischen Staaten fast durchweg friedlich. Die mit Zustimmung der Obrigkeit gebildeten Bürgerkompanien garantierten Sicherheit und Ordnung. Einzelne Heißsporne wurden von ihnen meist schnell zur Vernunft gebracht oder wurden, wie der Hildesheimer Advokat Friedrich Weinhagen, als Unruhestifter vor Gericht gestellt und abgeurteilt. Vor allem aber reagierten die Fürsten und ihre Berater mit Augenmaß auf das Aufbegehren. Sie ließen es nicht zur Konfrontation kommen, sondern nahmen den Revolutionären den Wind aus den Segeln, indem sie einen Teil ihrer Wünsche erfüllten. Dadurch gelang es ihnen, das Feuer zu löschen, ehe es zum Flächenbrand werden konnte. Am meisten Entgegenkommen zeigte König Ernst August von Hannover. Wie er es aus England kannte, berief er den Führer der Opposition, Johann Carl Bertram Stüve, als Innenminister in das neu gebildete Ministerium, das von Graf Alexander von Bennigsen geleitet wurde, und gab ihm freie Hand für die als notwendig erkannten Reformen. Auch in Schaumburg-Lippe, in Oldenburg und Braunschweig wurde durch das Eingehen auf die vorgebrachten Petitionen Öl auf die Wogen gegossen. Bezeichnenderweise blieb Wilhelm Johann Heinrich Carl von Schleinitz (1794–1856), der die Braunschweiger Politik im Vormärz wesentlich mitgeprägt hatte, als einziger deutscher Minister über die Revolutionsjahre hinweg im Amt.

Die Revolutionäre von 1848 hatten sich aber nicht nur den Kampf um innerstaatliche Reformen, sondern auch die Umgestaltung des Deutschen Bundes, die Bildung eines Nationalstaats und die Einrichtung einer gesamtdeutschen Volksvertretung auf die Fahnen geschrieben. Zu der Nationalversammlung in der Frankfurter Paulskirche, von der man erste Schritte auf dem Weg zu einem Einheitsstaat erhoffte, entsandten Hannover 26, Braunschweig und Oldenburg je vier Abgeordnete, die in indirekter Wahl durch Wahlmänner bestimmt worden waren – bei allerdings nur geringer Wahlbeteiligung, woran sichtbar wird, dass die nationale Begeisterung noch keineswegs das ganze Volk erfasst hatte. Bei der Eröffnungssitzung des Paulskirchenparlaments fungierte übrigens ein Niedersachse, der Syndikus Dr. Friedrich Lang aus Verden, als Alterspräsident. Der prominenteste unter den hannoverschen Abgeordneten war der Advokat Johann Hermann Detmold, der schon 1837 seine Stimme gegen den Staatsstreich von König Ernst August erhoben hatte. Er hielt seine Frankfurter Eindrücke in der Satire *Taten und Meinungen des Herrn Piepmeyer* fest. 1849 wurde er als Justizminister in die provisorische Reichsregierung berufen.

Die Haltung der niedersächsischen Staaten zur deutschen Einheitsfrage war unterschiedlich. Der Wahl Erzherzog Johanns von Österreich zum Reichsverweser wurde zwar überall zugestimmt, die verlangte Huldigung des Militärs aber verweigerte Ernst August, der eine zu starke Beeinträchtigung seiner Souveränität fürchtete. Vielfache Proteste aus dem Lande konnten daran nichts ändern. Braunschweig dagegen hatte keine Bedenken, die Huldigung zu gestatten. Auch mit der in Frankfurt beschlossenen Reichsverfassung und mit dem Erbkaisertum wollte der hannoversche König sich nicht abfinden, während die drei anderen Fürsten beidem zustimmten. Als die Delegation der Nationalversammlung, die Friedrich Wilhelm IV. von Preußen die Kaiserkrone antragen sollte, in Hannover Station machte, wurde sie von der Bürgerschaft begeistert gefeiert, ebenso bei der Durchreise in Braunschweig. Die Weigerung Friedrich Wilhelms IV., die Kaiserkrone anzunehmen, bedeutete jedoch im April 1849 das vorläufige Ende der nationalen Einheitsbestrebungen.

In der Frankfurter Nationalversammlung, die am 18. Mai 1848 zusammentrat, um einen deutschen Nationalstaat zu schaffen und ihm eine liberale Verfassung zu geben, waren auch Abgeordnete der niedersächsischen Staaten vertreten. Sie bekannten sich durchweg zu einer gemäßigt konstitutionellen Politik und lehnten radikale Umbrüche ab. Parteien im heutigen Verständnis gab es noch nicht; es bildeten sich Fraktionen von Männern mit gleichen politischen Vorstellungen heraus, die nach den Lokalen benannt wurden, in denen sie sich versammelten. Die Lithographie von Friedrich Pecht zeigt den Club des Casino, in dem sich Anhänger der Linken zusammengetan hatten. Er war mit 120 Mitgliedern die stärkste Gruppierung des Parlaments. Vorn am Tisch sitzt Friedrich Christoph Dahlmann, einer der „Göttinger Sieben", der für die Casinofraktion den Entwurf einer Reichsverfassung ausarbeitete.

In den Einzelstaaten aber hatte die revolutionäre Bewegung beim Bürgertum eine politische Bewusstseinsbildung angestoßen, die ihre Langzeitwirkung erst noch entfalten sollte. Sie fand ihren Ausdruck in Volksversammlungen und Vereinsgründungen, in Petitionen und Flugschriften. Auch der Vierte Stand – Lohnarbeiter, besitzlose Einwohner der Städte – begann sich zu formieren; Arbeitervereine bildeten sich, die sich aber zumeist weniger den Umsturz der bestehenden Gesellschaftsordnung als den sozialen Aufstieg ihrer Mitglieder durch Vermittlung von Bildung zum Ziel gesetzt hatten.

Einen unmittelbaren Fortschritt auf dem Wege zur Modernisierung und Liberalisierung von Verwaltung und Rechtspflege stellten zahlreiche gesetzliche Reformmaßnahmen dar, die 1848 und 1849 aus dem Geist der Zeit heraus in allen vier niedersächsischen Staaten beschlossen und verabschiedet wurden: neue Pressegesetze in Braunschweig und Hannover, die Beseitigung von Rechtsungleichheiten, die Beseitigung der Gerichtsbarkeit der geistlichen Konsistorien und anderes mehr – bis hin zur Entschädigung für Wildschäden durch die meist adeligen Inhaber der Jagdrechte. In Hannover gipfelte diese Reformwelle in der Einigung der beiden Kammern der Ständeversammlung auf eine neue Landesverfassung, die am 5. September 1848 verkündet wurde. Sie schrieb einige der vormärzlichen Forderungen wie Presse- und Versammlungsfreiheit, Abschaffung der Adelsprivilegien und Gleichberechtigung der Staatsbürger jüdischen Glaubens fest und verfügte die künftige Trennung von Justiz und Verwaltung und die Wiedervereinigung der beiden Landeskassen. Die kommunale Selbstverwaltung sollte ausgebaut und die Ständeversammlung durch das Budgetrecht und das Initiativrecht bei der Gesetzgebung gestärkt werden. Wichtig war auch das mit der Verfassung verbundene neue Wahlgesetz. Es hielt am Zweikammersystem fest, nahm dem Adel aber seine bisherige Vormachtstellung in der Ersten Kammer. Das Wahlrecht wurde auf etwa 15 Prozent der Einwohner des Landes erweitert. Noch immer blieb also eine große Mehrheit, darunter alle Frauen, von der Wahl ausgeschlossen; immer noch blieben einzelne Berufsstände vor anderen repräsentiert, und es wurde weiterhin nicht direkt, sondern durch Wahlmänner abgestimmt. Dennoch ist der Fortschritt insgesamt nicht zu verkennen.

Oldenburg konnte sich dem Druck, nun endlich auch in die Reihe der konstitutionellen Staaten einzutreten, nicht länger entziehen. Nach Jahren der Ruhe war seit Anfang 1847 die Forderung nach einer Verfassung bei dem politisch interessierten Teil der Bevölkerung wieder in den Vordergrund gerückt. Das zwang den Großherzog zum Handeln. Eine Versammlung von 34 aus den Städten und Ämtern zu delegierenden Männern wurde im April 1848 einberufen, um einen Verfassungsentwurf zu beraten – die

Die revolutionäre Bewegung von 1848 veranlasste endlich auch Großherzog Paul von Oldenburg dazu, seinem Land eine Verfassung zu gewähren – 33 Jahre, nachdem ihn die Wiener Bundesakte dazu verpflichtet hatte. Soziale Unruhen unter den Landarbeitern in Nordoldenburg und den „Heuerleuten" (Kleinlandwirten) im Süden sowie Petitionen aus dem liberalen Bürgertum bewogen ihn, seine Verweigerungshaltung aufzugeben. Auf Grund der Verordnung vom 10. März 1848 wurde ein Landtag gewählt, der am 18. Februar 1849 ein Staatsgrundgesetz beschloss und verkündete. Damit hatte auch in Oldenburg die absolutistische Regierungsform ein Ende gefunden.

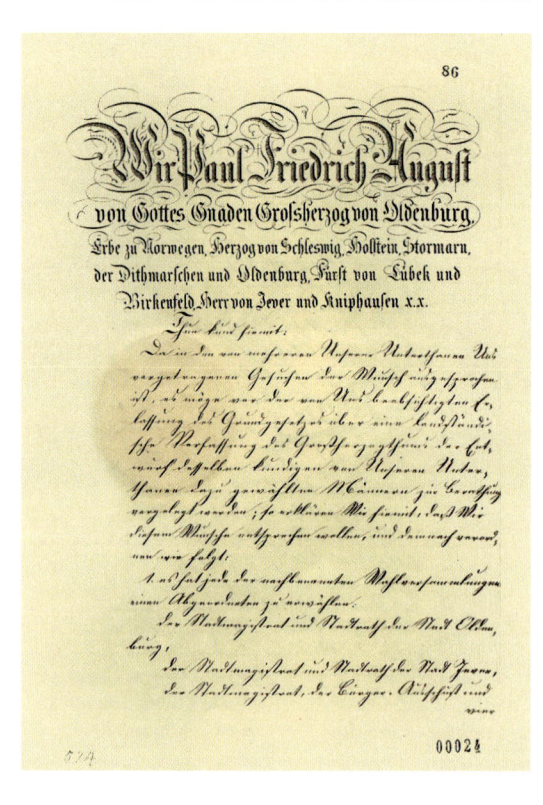

erste Volksvertretung des Landes. Sie lehnte den Entwurf zwar ab, doch ein neuer, weniger am Alten orientierter wurde von einer eigens dafür eingesetzten sechsköpfigen Kommission gebilligt. Ein aus Wahlen hervorgegangener, in seiner Mehrheit liberaler Landtag billigte im September 1848 den Text, der am 18. Februar 1849 als Staatsgrundgesetz verkündet wurde. Es beschritt einen Mittelweg zwischen den Vorstellungen der konservativen Regierung und der demokratischen Linken, wies aber insgesamt einen sehr liberalen Grundton auf. Auch in Oldenburg wurden nun Rechtsprechung und Verwaltung getrennt, und der Landtag wurde durch Ministerverantwortlichkeit und Gesetzesinitiativrecht in seinen Rechten gestärkt. Die Ära des aufgeklärten Absolutismus, wie ihn der konservative, aber nicht reaktionäre Großherzog Paul Friedrich August bis dahin gepflegt hatte, war nun zu Ende gegangen. Der Landesherr stand der Verfassung auch in der Folgezeit skeptisch gegenüber, respektierte sie aber und trug damit zur weiteren ruhigen Entwicklung seines Landes bei.

Schaumburg-Lippe stand demgegenüber nicht zurück: Auch hier sind der Ausbau der ständischen Mitwirkung bei Gesetzgebung und Kontrolle des Finanzwesens sowie ein erheblich verbessertes Wahlrecht zu verzeichnen – immer ausgerichtet auf die engen und überschaubaren Verhältnisse des Kleinstaats. Die Emanzipation der Juden wurde nicht in der erneuerten Verfassung, sondern mit einem besonderen Gesetz vom 5. Dezember 1848 vollzogen. In Braunschweig sah man keine Notwendigkeit, das Staatsgrundgesetz von 1832 zu korrigieren; jedoch gab es Änderungen in der Zusammensetzung der Landesversammlung, die nun in direkter, wenn auch noch keineswegs gleicher Wahl bestimmt wurde. Die von der Frankfurter Nationalversammlung verabschiedeten Grundrechte des deutschen Volkes wurden in Oldenburg und Braunschweig als geltendes Recht übernommen, während in Hannover sowohl König Ernst August wie die Regierung Stüve sie skeptisch beurteilten, sie auf Drängen der Zweiten Kammer aber dann wenigstens bekannt machten, ohne sie förmlich anzuerkennen.

Die Ära der Reaktion

Hannover
Nur wenig Zeit blieb dem hannoverschen Ministerium Bennigsen-Stüve, die von der liberalen Bewegung erkämpften Zugeständnisse in politisches Handeln umzusetzen. Schon im Oktober 1850 mussten die Minister unter dem Eindruck des sich abzeichnenden Scheiterns der Frankfurter Nationalversammlung und zermürbt durch heftige Auseinandersetzungen mit der Ständeversammlung ihren Rücktritt erklären. Das neue, gemäßigt konservative Ministerium unter Alexander von Münchhausen und auch König Ernst August ließen die eingeleiteten Reformen aber in Kraft. Erst Ernst Augusts Tod am 18. November 1851 leitete eine Wende ein. Mit seinem Sohn und Nachfolger Georg V. trat ein Mann an die Spitze des Königreichs, der aus seiner extrem konservativen Gesinnung schon in jungen Jahren kein Hehl gemacht hatte. Sein fast mittelalterliches Herrschaftsverständnis beruhte auf einer längst nicht mehr zeitgemäßen Vorstellung vom Gottesgnadentum weltlicher Macht. Er war deshalb strikt gegen die Konzessionen gewesen, die Ernst August 1848 zugelassen hatte, und seine erklärte Absicht war es, das „monarchische Prinzip" der uneingeschränkten Herrschergewalt wieder zur Geltung zu bringen, das er durch die Verfassungsänderungen eingeschränkt sah. Sogleich nach seinem Amtsantritt entließ er das Ministerium Münchhausen und berief ein neues unter seinem Vertrauten Eduard von Schele (Sohn Georg von Scheles), dem auch der spätere Zentrumsführer Ludwig Windthorst angehörte – der erste Katholik, der im welfischen Königreich zu diesem hohen Amt aufstieg.

Zwar ließ auch Georg zunächst die liberalen Neuerungen fortbestehen und die eingeleiteten Reformen ihren Fortgang nehmen, doch verlor er darüber sein Ziel nicht aus den

Augen, die Märzverfassung wieder zu beseitigen. Er hatte ihr zwar selbst zugestimmt – aber nur unter Druck und erst, nachdem ihm gesagt worden war, nach der Regierungsübernahme habe er das Recht, sie zu ändern. Dazu fand sich aber die Allgemeine Ständeversammlung trotz mehrfacher Auflösung nicht bereit. Doch bot sich ein anderer Weg an, der mit Hilfe des wieder erstarkten Deutschen Bundes beschritten werden konnte. Durch ein schon 1848 ins Auge gefasstes, 1851 dann erlassenes Gesetz waren die Provinziallandschaften, die ständischen Vertretungen der einzelnen Landesteile, neu formiert worden; die Ritterschaften, also der Adel, hatten dabei erheblich an Gewicht eingebüßt und ihre bisherigen Privilegien ebenso verloren wie die beherrschende Stellung in der ersten Kammer der Ständeversammlung durch die Verfassung von 1848. Dagegen legten mehrere Ritterschaften Protest bei der Bundesversammlung ein. Die hatte nach ihrer Restitution 1850 verlangt, dass alle Bundesglieder ihre Verfassungen dem vor 1848 geltenden Recht anpassen sollten. Sie beschloss nun nach längeren Diskussionen im Jahr 1855, die hannoversche Verfassung der Ära Stüve stehe im Widerspruch zu den in der Wiener Schlussakte (1815) festgelegten Grundsätzen, und dem Adel sei seine traditionelle Vertretung in der ersten Kammer wieder einzuräumen.

Georg V. hatte sich zunächst dagegen gesträubt, die Hilfe des Bundes in einem innerhannoverschen Konflikt in Anspruch zu nehmen. Doch nachdem ihm Otto von Bismarck, damals preußischer Gesandter beim Bundestag, dazu geraten hatte, gab er sein Zögern auf und entschloss sich, den Bundestagsbeschluss auch ohne Mitwirkung der Stände durchzusetzen. Mit einer Verordnung verfügte er eigenmächtig die Verfassungsänderungen, die im Wesentlichen die Rückkehr zum Landesverfassungsgesetz von 1840 bedeuteten. Dieser Schritt ist ihm von der Opposition im Lande alsbald als ein Verfassungsbruch, als ein zweiter Staatsstreich nach dem durch seinen Vater Ernst August von 1837 („Göttinger Sieben") angekreidet worden. Überall im Land gab es Proteste dagegen, die allerdings nicht das damalige Ausmaß erreichten.

Für Hannover bedeutete das Vorgehen des Königs den eigentlichen Beginn der Reaktionsära. Georg V. wechselte zweimal das Ministerium aus und berief ein neues, das bereit war, ihm auf seinem Weg zur autokratischen Regierungsweise zu folgen. Die zentrale Figur war darin der Innenminister Wilhelm von Borries, dem wie seinem Herrn die absolute Monarchie als ideale Staatsform vorschwebte. Alle Andersdenkenden, Liberale wie Demokraten oder auch nur die Befürworter eines parlamentarischen Konstitutionalismus, verfolgte Borries mit einem geradezu persönlich gefärbten Hass. Beamte, die nicht auf seiner Linie lagen, wurden gemaßregelt, Kaufleute und Handwerker von staatlichen Aufträgen ausgeschlossen. Bei der Beobachtung und Bespitzelung stand ihm der Polizeidirektor Karl Wermuth zur Seite. Er baute ein ausgeklügeltes System der Überwachung missliebiger Personen und „subversiver" Vereinigungen auf und machte sich durch seinen Eifer bei der Verfolgung einer angeblichen „Kommunistenverschwörung" über Hannover hinaus einen Namen. Diese beiden waren die Hauptverantwortlichen für eine Politik der Einschüchterung und der Gesinnungsverfolgung, welche das Klima im Lande vergiftete, vielfachen Anlass zur Opposition gegen die Regierung gab und Hannover den Ruf verschaffte, mit an der Spitze der Reaktion in Deutschland zu marschieren.

Der König selbst hatte zunächst viele Sympathien auf sich gezogen. Er trat in der richtigen Mischung aus Würde und Volkstümlichkeit auf und genoss vor allem in der Residenzstadt Hannover Respekt und Verehrung als fürsorglicher Familienvater und als Förderer der Künste. In seiner 15-jährigen Regierungszeit wurde Hannover zu einer Hochburg der Musikpflege. Das von Laves noch unter Ernst August erbaute, 1852 eröffnete Opernhaus erlebte eine Blüte; der König verdoppelte seinen Etat und nahm selbst Einfluss auf die Programme von Konzert und Theater. Der Ausbau der Residenz wurde fortgesetzt, wobei die führende Rolle allmählich auf den neugotischen Architekten Conrad Wilhelm Hase überging, der auch die Marienburg bei Nordstemmen südlich von Hannover entwarf, ein königliches Geschenk Georgs an seine Frau Marie von Sachsen-Altenburg.

Doch mehr und mehr geriet auch Georg V. in die Kritik, und das nicht zu Unrecht. Er wollte, wie er einem Vertrauten schrieb, sein eigener Ministerpräsident sein und lenkte letztlich selbst die Politik seiner Kabinette, die er noch mehrfach auswechselte. Bis ins Detail wollte er über die Vorgänge in Regierung und Verwaltung informiert werden und behielt sich in allem die letzte Entscheidung vor; die Minister wurden dabei oft übergangen und in ihrer Verantwortung eingeschränkt. Misslich war vor allem, dass der König sich mit inoffiziellen Ratgebern umgab, die ihm nach dem Munde redeten und ihn über die wahre Stimmung im Lande hinwegtäuschten. Als Blinder konnte er nicht erkennen, ob der Jubel, der ihm bei Reisen durch das Land entgegenschlug, echt oder nur inszeniert war. In seiner auf tiefer Religiosität und auf dem Glauben an die Auserwähltheit des Welfengeschlechts beruhenden Selbstgewissheit ließ er Zweifel an seinem Weg nicht aufkommen. Ein Einschwenken auf eine gemäßigtere Linie, das durch einen Volksaufstand gegen die Einführung eines lutherisch-orthodoxen Katechismus im Jahr 1862 veranlasst wurde, war von kurzer Dauer. Einen Sturm der Entrüstung rief auch ein Gesetz hervor, das einen Teil der Domänen, und zwar gerade die einträglichsten, der alleinigen Verfügungsgewalt des Königs zusprach und den weniger ertragreichen Rest dem Fiskus überließ. Das alles war Wasser auf die Mühlen der liberalen Opposition, die trotz mancher Wahlbehinderungen die zweite Kammer der Ständeversammlung beherrschte. Als ihr Führer profilierten sich der junge Rudolf von Bennigsen, Spross einer Familie des hannoverschen Uradels und damit ein Außenseiter innerhalb seines Geburtsstands,

sowie neben ihm auch der Osnabrücker Johannes Miquel – beide sollten später im Bismarckreich eine bedeutende Rolle auf der politischen Bühne spielen.

Trotz aller politischen Gärung blieb aber Hannover auch in den Jahren der Reaktion ein im Grunde gut verwaltetes Land, dessen Gesetzgebung für manche anderen Staaten, selbst für Preußen, als Vorbild dienen konnte. Im Zuge der Trennung von Verwaltung und Justiz wurden die Amtsgerichte eingerichtet; zugleich wurde 1852 die Zahl der Amtsbezirke von 127 auf 175 vermehrt, um eine größere Bürgernähe zu erreichen. Doch erwies sich dieser Teil der Reform als nicht praktikabel und wurde 1859 weitgehend wieder zurückgenommen. Von Bestand noch über das Ende der hannoverschen Selbständigkeit hinaus waren dagegen die revidierte Städteordnung von 1858, die die bürgerliche

Johannes Miquel (1828–1901) war neben Rudolf von Bennigsen einer der führenden Köpfe der hannoverschen Nationalliberalen. Nach Stationen in Osnabrück und Frankfurt am Main wurde er 1890 preußischer Finanzminister.

Der Ausbau Hannovers zur „vorzeigbaren" Residenzstadt beschleunigte sich, nachdem seit 1837 wieder ein Monarch hier seine Hofhaltung hatte. König Ernst August (1771–1851) erteilte dem Hofbaumeister Georg Friedrich Laves den Auftrag zur Errichtung eines neuen Opernhauses, das den alten Opernsaal im Leineschloss ersetzen sollte. Die Fertigstellung 1852 hat er nicht mehr erlebt. Sein Sohn Georg V. (1819–1878) eröffnete den Bau und sorgte dafür, dass sich darin ein reges künstlerisches Leben entfaltete. Das Foto zeigt die Gestaltung des Opernplatzes im Jahr 1903.

Selbstverwaltung stärkte, die Landgemeindeordnung von 1859 und die Synodalordnung von 1864, die der hannoverschen Landeskirche erstmals eine Verfassung gab.

In den letzten Jahren der Personalunion mit England (bis 1837) hatte Hannover sich gegen einen Beitritt zu dem von Preußen inspirierten, 1834 gegründeten Deutschen Zollverein gesperrt, weil es seine wirtschaftlichen Interessen durch die preußische Einfuhrzollpolitik gefährdet sah. Stattdessen gründete es zusammen mit Braunschweig 1834 den Steuerverein, dem 1836 Oldenburg und 1837 auch Schaumburg-Lippe beitraten. Damit wurde ein Wirtschaftsraum geschaffen, der mit dem späteren Land Niedersachsen fast identisch war. Braunschweig gab allerdings schon 1842 dem preußischen Werben nach und trat zum Zollverein über, die drei anderen Staaten hielten noch bis 1854 am Steuerverein fest und wechselten erst dann in den größeren Wirtschaftsverband, der dem Handel und auch der aufkommenden Industrie bessere Marktchancen bot.

Oldenburg

In den niedersächsischen Nachbarstaaten verliefen die Jahre nach den Unruhen von 1848 wesentlich ruhiger. Die bürgerliche Revolution hatte überall nur Teilerfolge erzielt; ihr Gedankengut wirkte aber weiter in den Köpfen und veranlasste die Regierungen, anders als in Hannover, zu behutsamem Vorgehen. Um einem Eingreifen des Deutschen Bundes zuvorzukommen, einigten sich in Oldenburg Großherzog, Ministerium und Landtag auf eine vorsichtige Überarbeitung des Grundgesetzes, die ihm seine als allzu demokratisch angesehenen Tendenzen nahm. Doch ist auch das Revidierte

Der oldenburgische Hafen Brake an der Unterweser war einer der Standorte der Reichsmarine, die auf Beschluss der Nationalversammlung 1849 ins Leben gerufen wurde. Auf Betreiben des oldenburgischen Flottenkommissars Erdmann und des Gesandten Mosle entstand in Brake ein Winterhafen für die kleineren Einheiten der Bundesflotte. Das hätte der Stadt, die gegen die Konkurrenz Bremerhavens einen schweren Stand hatte, großen Auftrieb geben können, doch war der Flotte keine lange Lebensdauer beschieden. Die Darstellung von Uwe Lütgen zeigt den Hafen Brake mit Handels- und Kriegsschiffen um das Jahr 1850.

Staatsgrundgesetz von 1852, das bis 1919 gültig bleiben sollte, immer noch als so liberal anzusehen, wie die Zeit es eben zuließ. Das neue Wahlgesetz aus dem selben Jahr führte allerdings das Dreiklassenwahlrecht wieder ein, wodurch einseitig das Besitzbürgertum begünstigt wurde. Die Folge war eine extrem geringe Wahlbeteiligung in den kommenden Jahrzehnten. Einen bedeutsamen Fortschritt brachte dagegen die Gemeindeordnung von 1855, welche die Kirchspiele als lokale Organisationseinheiten durch politische Gemeinden ersetzte. 1857/58 wurden auch in Oldenburg, wie in den meisten anderen Staaten schon eher, Justiz und Verwaltung voneinander getrennt und beide Zweige zugleich neu strukturiert. 1861 wurde im gesamten Großherzogtum die Gewerbefreiheit eingeführt und damit ein wichtiger Meilenstein für eine günstige wirtschaftliche Entwicklung gesetzt.

Das politische Leben war in Oldenburg nach 1850 weitgehend erlahmt. Das war nicht Schuld der Behörden, welche die auf Unterdrückung der liberalen und demokratischen Tendenzen zielenden Vorgaben des Bundes sehr zurückhaltend umsetzten. Vielmehr war das politische Interesse auf eine kleine Schicht von Beamten und gebildeten Bürgern beschränkt, die sich nach dem Abebben der Begeisterungswelle von 1848 allerdings erst einmal frustriert von der Tagespolitik abwandte. Außenpolitisch lehnte sich Oldenburg zunehmend an Preußen an – auch um ein Gegengewicht gegen das vergrößerte Hannover aufzubauen, von dem das Herzogtum umgeben war. 1849 trat Oldenburg der Erfurter Union, einem durch Preußen, Sachsen und Hannover ins Leben gerufenen Bündnis bei; um die Ratifizierung des Vertrags gab es heftige Auseinandersetzungen zwischen der Regierung und dem Landtag, der trotz mehrmaliger Auflösung bei seinem Nein blieb, weil er eine zu enge Bindung an den Hohenzollernstaat vermeiden wollte.

Anlässlich des Krieges mit Dänemark um Schleswig-Holstein (1848–1851), an dem sich auch ein oldenburgisches Kontingent beteiligte, hatte 1848 die Nationalversammlung den Aufbau einer deutschen Kriegsmarine beschlossen. Sie sollte vor allem die Nordseeküste gegen Angriffe zur See schützen. Als Küstenstaat war Oldenburg ebenso wie Hannover an dem Projekt besonders interessiert. Es erreichte, dass ein Teil der Flotte im oldenburgischen Hafen Brake an der Unterweser stationiert wurde. Nach dem Ende der Frankfurter Einheitsbemühungen beschloss der wiederbelebte Bundestag auf Betreiben Preußens, aber gegen die Stimmen Oldenburgs und auch Hannovers die Auflösung der Flotte. In Brake wurde ein Teil der Schiffe 1852 und 1853 durch den oldenburgischen Staatsrat Laurenz Hannibal Fischer versteigert.

Preußen hatte da wohl schon den Aufbau einer eigenen Nordseeflotte im Auge. Seit der Abtretung Ostfrieslands an Hannover besaß es aber keinen für die Stationierung in Frage

Nach dem Scheitern der Frankfurter Nationalversammlung und dem Zusammenbruch der Reichsgewalt stand die Bundesflotte zur Disposition. Man konnte sich nicht über die weitere Finanzierung und die Trägerschaft einigen. So wurden die Schiffe – wie hier die Fregatte „Deutschland" – gegen die Wünsche Hannovers und Oldenburgs 1852 und 1853 von dem vormaligen oldenburgischen Staatsrat Laurenz Hannibal Fischer in Brake und Bremerhaven versteigert.

kommenden Hafen mehr. Um das zu ändern, schloss es 1853 mit Oldenburg einen Vertrag über den Erwerb einer Landfläche von 310 Hektar am Jadebusen, um dort einen Kriegshafen zu errichten. Die Verhandlungen wurden vor Hannover verheimlicht, das sich nach Bekanntwerden denn auch empört zeigte und den Bau einer Bahnstrecke von Minden nach Wilhelmshaven – diesen Namen erhielt die um die Hafenanlagen entstehende Stadt 1869 – jahrelang blockierte. Die küstennahen Regionen Oldenburgs gerieten rasch in den Sog des aufblühenden „Marineetablissements". 1911 schlossen sich die Nachbargemeinden zur Stadt Rüstringen zusammen, die bis 1918 auf über 57 000 Einwohner anwuchs, Wilhelmshaven selbst auf gut 24 000.

In den Streit um Schleswig-Holstein war Oldenburg in den Jahren um 1860 noch einmal stark involviert. Großherzog Peter vertrat dabei persönliche Interessen; unterstützt vom russischen Zaren hoffte er, bei einem Aussterben des Mannesstamms des dänischen Königshauses Erbansprüche auf die schleswig-holsteinischen Herzogtümer geltend machen zu können. Damit trat er in Konkurrenz zum Herzog von Schleswig-Holstein-Augustenburg, dem Kandidaten der beiden deutschen Großmächte Österreich und Preußen. Doch in der deutschen Öffentlichkeit und selbst im eigenen Land stießen seine Pläne auf Ablehnung. Die Annexion der Herzogtümer durch Preußen 1866 ließ seine Hoffnungen dann ohnehin verfliegen.

Braunschweig und Schaumburg-Lippe
Auch in Braunschweig und Schaumburg-Lippe fuhren die Regenten und die Regierungen in der Reaktionszeit einen vergleichsweise milden Kurs. Für beide Staaten gilt, dass die Revolution den Hauch von biedermeierlicher Beschaulichkeit nicht hatte vertreiben können, der zum guten Teil der Kleinheit der Verhältnisse geschuldet war. Verfolgung oder polizeiliche Maßnahmen gegen die führenden Köpfe der demokratischen und republikanischen Bewegung wurden in Braunschweig nicht für nötig gehalten; in Schaumburg-Lippe unterblieben sie schon deshalb, weil es eine solche Bewegung gar nicht gab. Hier trat 1860 Fürst Adolf Georg die Nachfolge seines Vaters Georg Wilhelm an, der in seiner langen Regierungszeit durch kluge Finanzgeschäfte ein beträchtliches privates Vermögen angesammelt hatte, von dem der Etat seines Ländchens in den folgenden Jahrzehnten erheblich profitieren sollte. In ihrer Politik hielten sich die Schaumburg-Lipper traditionell an Hannover. Ähnlich wie Oldenburg tendierte Braunschweig dagegen aus Gründen der Selbsterhaltung zunehmend dazu, sich an den östlichen Nachbarn Preußen anzulehnen, der im Konfliktfall größere Sicherheit bot als das „stammverwandte" Hannover, zu dem eine auf Gegenseitigkeit beruhende mentale Distanz immer deutlicher spürbar wurde.

Preußens Streben nach einem Kriegshafen an der Nordsee, mit dem es seine Vorherrschaft in Norddeutschland ausbauen wollte, führte 1853 zu einem zunächst geheim gehaltenen Vertrag mit Oldenburg über die Abtretung eines Landstreifens am Jadebusen. Hannover, das sich selbst als Seemacht verstand, war nicht informiert worden und reagierte entsprechend verärgert. Am 23. November 1854 wurde das Jadegebiet feierlich an den Prinzen Adalbert von Preußen übergeben. Die Anlage des Marinestandorts Wilhelmshaven konnte beginnen.

Die Krise von 1866

Seit der Mitte der 1850er Jahre hatten der Gegensatz der beiden deutschen Großmächte Österreich und Preußen und die daraus resultierende Krise des Deutschen Bundes auch die niedersächsischen Staaten und besonders Hannover immer stärker in ihren Bann gezogen. Die hannoversche Politik verfolgte in diesem Konflikt keine klare Linie. 1849 war das Königreich der Erfurter Union mit Preußen und Sachsen beigetreten, die sich zum Kern eines kleindeutschen Staatenbunds hätte entwickeln sollen, verließ sie aber schon ein Jahr später wieder, aus Furcht vor einem zu starken preußischen Übergewicht. Hannover schwankte in den folgenden Jahren zwischen dem Versuch, durch ein Bündnis der Mittelstaaten (unter anderem Sachsen und Bayern) den preußisch-österreichischen Gegensatz zu neutralisieren, einer engen Anlehnung an den Deutschen Bund und einer Annäherung an Österreich. Das Verhältnis zu Berlin blieb trotz der verwandtschaftlichen Beziehungen zu den Hohenzollern gespannt. Georg V. wollte nicht zugeben, dass der Wettstreit um die Vormachtstellung im nördlichen Deutschland längst zugunsten Preußens entschieden war. Er beanspruchte für sich und sein Land die Gleichrangigkeit und war nicht bereit, sich dem Nachbarn unterzuordnen und auf Teile seiner Souveränität zu verzichten. Darin kam der Welfenstolz zum Ausdruck, der einen wesentlichen Teil seines Charakters ausmachte.

Seine Haltung versteifte sich noch, als 1859 von Hannover ausgehend der Nationalverein gegründet wurde, der sich der Einigung Deutschlands unter preußischer Führung verschrieben hatte und den Zusammentritt eines gesamtdeutschen Parlaments forderte. Ausgerechnet der Hannoveraner Rudolf von Bennigsen wurde sein Führer, und in Hannover hatte er eine seiner Hochburgen. Georg V. sah nun seine monarchische Gewalt nicht nur von außen, sondern durch das Verlangen nach einer konstitutionellen Regierungsform auch von innen bedroht, und er war nicht bereit, sich von seinen Rechten auch nur das Geringste abhandeln zu lassen. Lange Zeit hoffte er, sich zwischen den beiden Großmächten durchlavieren oder sie gar gegeneinander ausspielen zu können. Seinem Außenminister Graf Adolf Ludwig Karl von Platen gab er die Linie vor, sich scheinbar einer Reform des Deutschen Bundes, wie Preußen sie verlangte, Österreich jedoch ablehnten, geneigt zu zeigen, sie in Wahrheit aber zu verhindern.

Als dann aber im Frühjahr 1866 die Bundeskrise sich zum offenen Konflikt auswuchs, sah Hannover sich vor die Notwendigkeit gestellt, eine Entscheidung zu treffen. Im Bewusstsein der akuten Gefährdung seines Staates zögerte der König zunächst, schlug dann aber das preußische Angebot einer unbewaffneten Neutralität aus, die ihm die Krone erhalten, ihn aber zugleich auf den Weg zur Abhängigkeit geführt hätte. Als im Bundestag der Antrag Österreichs auf Mobilmachung aller nichtpreußischen Armeekorps zur Abstimmung stand, ließ er ihm zustimmen, obwohl Bismarck erklärt hatte, er werde das als Kriegsgrund betrachten. Georgs Argument, er habe sich doch nur streng an das Bundesrecht gehalten, war formal richtig, politisch aber kaum glaubwürdig, denn natürlich wusste er genau, dass er sich mit seinem Votum auf die Seite der Habsburger und gegen Preußen gestellt hatte. Es war ihm aber nicht möglich gewesen, über seinen Schatten zu springen. Alle Versuche, ihn in letzter Minute zum Einlenken zu bewegen, scheiterten. Er blieb bei der Haltung, die er beim Empfang einer Abordnung des hannoverschen Magistrats auf die knappe Formel brachte: „Als Christ, Monarch und Welf kann ich nicht anders handeln."

Braunschweig und Oldenburg bewiesen mehr Realismus; sie stimmten gegen den österreichischen Mobilmachungsantrag, auch wenn in Braunschweig die Entscheidung erst in letzter Minute fiel, und retteten dadurch ihre staatliche Existenz. Schaumburg-Lippe zog den Hals gerade noch einmal aus der Schlinge: Sein Gesandter am Bundestag,

Rudolf von Bennigsen (1824–1902) war einer der wenigen hannoverschen Adligen, die sich zur Opposition gegen das reaktionäre Regiment König Georgs V. entschlossen. Als Vorsitzender des Nationalvereins warb er für einen kleindeutschen Bundesstaat unter Preußens Führung. Nach der Annexion Hannovers war er nationalliberaler Parteiführer und einer der einflussreichsten Parlamentarier im Bismarckreich. Im fortgeschrittenen Alter wurde er noch zum Oberpräsidenten seiner Heimatprovinz ernannt.

Viktor von Strauß, stimmte dem österreichischen Antrag zwar zu, weil er keine Instruktionen erhalten hatte, doch als die Folgen sich abzeichneten, beeilte sich Fürst Adolf Georg zu erklären, der Gesandte sei zu seinem Votum nicht autorisiert gewesen. Preußen gab sich mit dieser Kurskorrektur zufrieden und beließ dem Kleinstaat seine Existenz.

Mit dem angedrohten militärischen Vorgehen gegen Hannover zögerte Preußen aber keinen Tag. Noch vor der offiziellen Kriegserklärung setzte es von Schleswig-Holstein und Westfalen aus Truppen in Marsch, die das welfische Königreich in kurzer Zeit besetzten. Die hannoversche Armee war nicht in der Lage, ihnen Widerstand zu leisten. Sie sammelte sich in Göttingen und zog mit dem König an der Spitze nach Süden, in der Hoffnung, sich mit den Bayern vereinigen zu können, die sich ebenfalls an die Seite Österreichs gestellt hatten. Bei Langensalza im östlichen Thüringen trat ihr ein zahlenmäßig unterlegenes preußisches Korps entgegen. Die Hannoveraner stellten sich am 27. Juni 1866 zur Schlacht, in der sie siegreich blieben, doch am folgenden Tag wurden sie von starken preußischen Verbänden umstellt und mussten sich schließlich wegen Erschöpfung und Mangel an Munition ergeben. Damit war das Ende des Königreichs Hannover besiegelt. Der Tag von Langensalza aber blieb trotz der beträchtlichen Zahlen an Gefallenen und Verwundeten in der hannoverschen Traditionspflege verankert als ein letztes siegreiches Aufbäumen gegen den überlegenen Nachbarstaat, ehe man sich in das Schicksal der Überwältigung fügen musste.

Im Norddeutschen Bund

Für Hannover begann mit der Kapitulation von Langensalza ein Jahr des Übergangs und der Unsicherheit über das weitere Schicksal des Landes. Jedem realistisch Denkenden war klar, dass der preußische Sieg unwiderruflich das Schicksal des welfischen Königreichs besiegelt hatte. Die letzten Hoffnungen auf eine Wende verflogen spätestens nach der Schlacht von Königgrätz (3. Juli 1866), die Österreichs Anspruch auf eine Führungsrolle in Deutschland zunichte machte und die Habsburger als mögliche Bundesgenossen der Welfen ausschaltete. Weder Frankreich noch das durch Geschichte und dynastische Beziehungen so eng mit Hannover verbundene England machten Anstalten, sich für den Erhalt des Welfenstaats einzusetzen, von anderen deutschen Staaten, die um ihre eigene Existenz besorgt sein mussten, ganz zu schweigen. Nur der Oldenburger Großherzog setzte sich für seinen Schwager und Standesgenossen ein, wenn auch vergeblich. Bismarck hatte sich auf die Annexion festgelegt und wusste auch seinem König, der lieber am Legitimitätsprinzip festgehalten und allenfalls Gebietsabtretungen akzeptiert hätte, die Zustimmung abzuringen. Durch ein Gesetz vom 20. September und das Annexionspatent

Bei Langensalza blieb die auf dem Marsch nach Süden befindliche hannoversche Armee in einem verlustreichen Gefecht am 27. Juni 1866 gegen ein preußisches Korps siegreich, musste aber zwei Tage später wegen Munitionsmangels vor den nun zahlenmäßig überlegenen Preußen kapitulieren. Damit war das Schicksal des Königreichs Hannover besiegelt. Der Holzstich nach einer Zeichnung von Carl Emil Doepler zeigt eine Attacke der hannoverschen Kavallerie.

vom 3. Oktober 1866 wurde Hannover dem preußischen Staat einverleibt.

Heftig war in den folgenden Jahren der Streit darüber, ob diese einseitige Besitzergreifung vom Kriegs- und Völkerrecht gedeckt oder ob sie ein Akt der Willkür und des Machtmissbrauchs war, und er ist bis heute letztlich nicht entschieden. Bismarck wurde bei den Anhängern des Welfenhauses und den Befürwortern hannoverscher Eigenstaatlichkeit zum bestgehassten Mann. Die ihm unterstellte Devise „Macht geht vor Recht" wurde zu einem griffigen Schlagwort der Annexionsgegner. Diese machten in der Bevölkerung anfangs immerhin fast die Hälfte aus, wie die ersten Wahlen zeigten, in den altwelfischen Kerngebieten sogar noch mehr. Besonders der Landadel hielt fast geschlossen zum angestammten Königshaus, das auch unter den Bauern und bei den bürgerlichen Mittelschichten viele Sympathien genoss. Mit der Zeit aber wuchs die Zahl derjenigen, die sich mit der nun einmal geschaffenen Situation abfanden, dem welfischen Staat wegen der reaktionären und uneinsichtigen Politik Georgs V. eine Mitschuld daran gaben oder die Annexion als notwendigen Schritt hin zur Einheit Deutschlands in Kauf zu nehmen bereit waren.

Zunächst einmal ging es den Preußen darum, eine Opposition gegen ihre Herrschaft im Lande gar nicht erst aufkommen zu lassen. Das wollten Bismarck, Generalgouverneur von Voigts-Rhetz, der im Übergangsjahr 1866/67 an der Spitze der Militär- und Zivilverwaltung stand, und der Zivilkommissar Graf Hardenberg durch eine möglichst schonende Behandlung der hannoverschen Bevölkerung und der überkommenen Einrichtungen des welfischen Staates erreichen. Von einem „Säbelregiment", wie es die Preußenfeinde an die Wand malten, konnte denn auch keine Rede sein. Nur wenige Beamte wurden wegen allzu offen zur Schau getragener Gegnerschaft entlassen oder strafversetzt. Die meisten aber taten ihre Pflicht auch unter preußischer Fahne ohne Aufbegehren weiter. Viele Offiziere, vor allem aus dem Adelsstand, verweigerten jedoch die Übernahme in das preußische Heer und begaben sich in sächsische oder österreichische Dienste.

Ein kluger Schachzug der Berliner Regierung war es, die Anpassung der hannoverschen an die preußischen Verhältnisse nicht von oben herab zu dekretieren, sondern die Betroffenen daran zu beteiligen. Ein Gremium von Vertrauensmännern aller politischen Richtungen der künftigen Provinz wurde einberufen, dem es gelang, manches zu verhindern, was die Integration erschwert hätte. So plante Bismarck ursprünglich die Zerschlagung Hannovers und die Aufteilung in drei Provinzen, von denen eine den Namen „Niedersachsen" tragen sollte. Das stieß auf den geschlossenen und erfolgreichen Widerstand der Bevölkerung, selbst in den Regionen, die den Übergang an Preußen begrüßt hatten. Das ehemalige Königreich

Otto von Bismarck (1815–1898), aus der Sicht der Anhänger König Georgs V. der „Totengräber" der welfischen Monarchie, bezeichnete sich selbst gern als Niedersachse; die Altmark, in der sein Geburtsort Schönhausen liegt, war ja in der Tat einmal Teil des sächsischen Stammesgebiets.

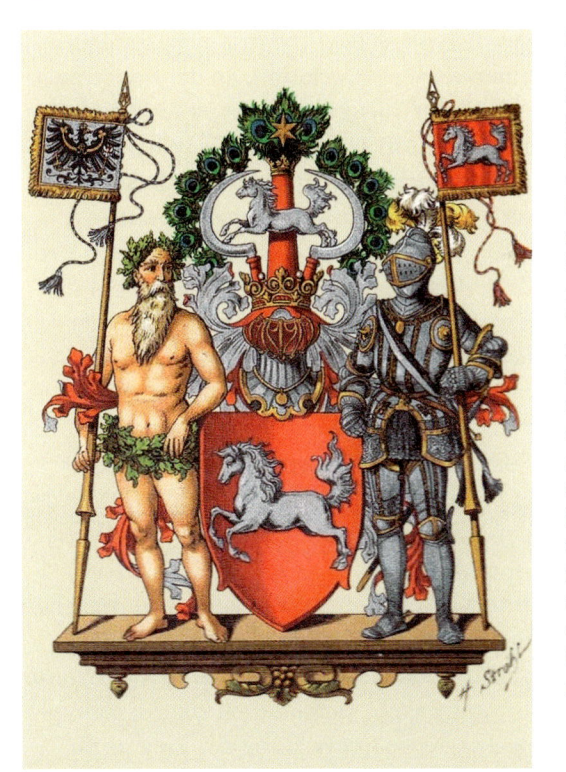

Der Übergang an Preußen brachte für Hannover auch einen Wechsel der Staatssymbole mit sich. Die welfischen Embleme waren nun verpönt. Es blieb aber beim Sachsenross als Wappentier, weiß in rotem Feld, wie es das 1881 festgelegte Große Wappen der Provinz Hannover zeigt. Die Helmzier über dem Schild ist aus den Wappen und Siegeln der Herzöge von Braunschweig und Lüneburg übernommen. Beibehalten wurden die gelb-weißen Farben der Welfen in der Fahne der Provinz Hannover, wie sie von manchen heimatgebundenen Einrichtungen noch heute geführt wird.

Zum ersten Oberpräsidenten der neuen preußischen Provinz Hannover ernannte König Wilhelm I. den Grafen Otto zu Stolberg-Wernigerode (1837–1896). Seine zurückhaltende und ausgleichende Amtsführung trug viel dazu bei, dass die Erregung über den rechtlich umstrittenen Gewaltstreich Bismarcks abflaute. Später war er unter anderem Mitglied des Reichstags, Stellvertreter des Reichskanzlers und Vizepräsident des preußischen Staatsministeriums.

behielt auch als preußische Provinz seine Grenzen, wie sie 1815 festgeschrieben worden waren. Eine Angleichung an die preußischen Verwaltungsstrukturen war natürlich unumgänglich, aber sie wurde schonend und in kleinen Schritten vorgenommen. Die hannoverschen Ämter und die Landdrosteien blieben vorerst bestehen, und viele der Gesetze und Vorschriften aus der Zeit vor 1866 blieben zunächst in Kraft.

Zum Oberpräsidenten der jungen Provinz wurde 1867 bewusst kein altpreußischer Beamter, sondern der junge Otto Graf zu Stolberg-Wernigerode (1837–1896) ernannt, der Niedersachsen durch seine Herkunft verbunden war. Er erwarb sich rasch Vertrauen und Ansehen und wirkte entscheidend daran mit, dass Hannover als erster der preußischen Provinzen ein gewisses Maß an Selbstverwaltung zugestanden wurde, die dann als Vorbild auch für die altpreußischen Landesteile diente. Ein Provinziallandtag wurde gewählt, dem eine Provinzialverwaltung mit einem Landesdirektorium an der Spitze zugeordnet war. Ausgestattet mit einem Fonds von zunächst 600 000 Talern, der später mehrmals erhöht wurde, hatte diese Landesvertretung zwar keine politischen Mitbestimmungsrechte, war aber doch ein von der Berliner Regierung akzeptiertes Sprachrohr der hannoverschen Bevölkerung und hat sich darüber hinaus große Verdienste um die Verbesserung der Infrastruktur, die Erschließung von Ödland, das Wohlfahrtswesen und die Förderung von Wissenschaft und Künsten erworben. Zum ersten Landesdirektor wurde der Nationalliberale Rudolf von Bennigsen gewählt. Obwohl sich auch im Provinziallandtag Welfen und Nationalliberale manche Redeschlacht lieferten, spielten doch ihre gegensätzlichen Positionen keine Rolle, wenn es darum ging, Maßnahmen zur Förderung und weiteren Entwicklung der Provinz zu beschließen. Ähnlich verhielten sich auch die Landtage in den drei selbständig gebliebenen Ländern Braunschweig, Oldenburg und Schaumburg-Lippe. Brisante Themen waren hier schon deshalb selten zu beraten, weil durch die Gesetzgebung des Reiches in vielen Bereichen die Landesparlamente kaum noch eine Möglichkeit zur Gestaltung einer eigenständigen Politik hatten. In Hannover war nun der jeweilige Oberpräsident der Vermittler zwischen den Wünschen der Provinz und den Vorgaben der Berliner Ministerien. Durchweg wurden – mit Ausnahme des Politikers Rudolf von Bennigsen – erfahrene Verwaltungsbeamte mit diesem Amt betraut, die Interessenkonflikte auszugleichen verstanden.

Georg V., der ebenso wie seine Nachkommen die Annexion niemals anerkannt hat, begab sich nach Hietzing bei Wien, wohin seine Gemahlin ihm 1867 nachfolgte, und nahm seinen Wohnsitz später in Gmunden am Traunsee. Bis zu seinem Tod – er starb 1878 – hat er seinen einstigen Herrschaftsbereich nicht wieder betreten; selbst die Beisetzung erfolgte in Schloss Windsor bei London. Sein Privatvermögen war 1867 gegen eine Entschädigung von 16 Millionen Talern von den Preußen eingezogen worden; nur das Schloss Herrenhausen und die erst kürzlich erbaute Marienburg bei Nordstemmen blieben im Besitz des Welfenhauses. Doch ließ Bismarck die Einkünfte aus dieser Abfindung mit dem nur zum Teil berechtigten Argument beschlagnahmen, der ehemalige Monarch missbrauche sie, um seinen Kampf gegen Preußen fortzusetzen. In der Tat unterstützte Georg den Aufbau einer „Welfenlegion" in Frankreich, die bei einem erhofften neuen Waffengang für die Wiederherstellung seiner Herrschaft kämpfen sollte, und er suchte die Presse im In- und Ausland für seine Interessen einzunehmen. Beides stellte aber niemals eine ernsthafte Gefahr für den preußischen Staat dar, und nach dem deutsch-französischen Krieg von 1870/71 erloschen solche Aktivitäten ganz. Bismarck jedoch ließ die Beschlagnahme fortdauern; aus den Geldern bildete er den der Parlamentskontrolle entzogenen „Welfenfonds", auch „Reptilienfonds" genannt, der angeblich zur Bekämpfung weiterer welfischer Umtriebe dienen sollte, tatsächlich aber überwie-

Die Welfen, die ja im 12. Jahrhundert nach Niedersachsen zugewandert waren, hatten hier keinen Stammsitz. Dem wollte König Georg V. abhelfen. Bei Nordstemmen ließ er 1858 durch Conrad Wilhelm Hase die Marienburg errichten. Das wie eine Eingangshalle gestaltete Treppenhaus unter dem mächtigen Bergfried der Marienburg ist, wie alle dem Besucher zugänglichen Räume, museal mit Erinnerungen an die welfisch-hannoversche Geschichte ausgestattet. Hier waren bis 2005 Traditionsfahnen althannoverscher Truppenteile aufgehängt, die das Gedenken an Schlachten, Siege und Niederlagen wachhalten sollten.

gend für allerhand andere geheime Zwecke Verwendung fand. So wurde etwa die Zustimmung Ludwigs II. von Bayern zur Annahme der Kaiserwürde durch König Wilhelm I. von Preußen mit hohen Geldzahlungen aus dem Fonds erkauft. Erst nach Bismarcks Sturz wurde dieses offensichtliche Unrecht 1892 beseitigt: Kaiser Wilhelm II. bestimmte, dass die Zinsen aus dem Welfenfonds künftig an das Haus Hannover gezahlt werden sollten.

Die drei kleineren Staaten im niedersächsischen Bereich, Braunschweig, Oldenburg und Schaumburg-Lippe, hatten sich damit abgefunden, auf Teile ihrer Souveränität zugunsten eines größeren und übergeordneten staatlichen Gebildes verzichten zu müssen, weil nur so ein Mindestmaß an Selbständigkeit zu bewahren war. Schaumburg-Lippe musste, um seine Haut endgültig zu retten, dem preußischen Druck nachgeben und Viktor von Strauß aus dem Staatsdienst entlassen, dem Bismarck wegen seines Votums am Bundestag Mandatsfälschung vorwarf. Fürst Adolf Georg hatte im Herzen auf Seiten Österreichs gestanden, aber aus Vorsicht vermieden, das öffentlich kundzutun; so konnte er sich nun, ohne das Gesicht zu verlieren, zur kleindeutschen Partei schlagen. Oldenburg schloss sogar als erstes der deutschen Länder eine Militärkonvention mit Preußen, die mit dem Verzicht auf die eigene Militärhoheit verbunden war; die beiden anderen folgten wenig später. 1867 traten sie gemeinsam dem Norddeutschen Bund bei, dem am 18. August 1866 gegründeten Zusammenschluss von 17 norddeutschen Staaten und Hessen, Sachsen und Sachsen-Meiningen unter Führung Preußens. Sie erkannten damit stillschweigend die Führungsrolle der Hohenzollern in dem „kleindeutschen" Reich (also ohne Österreich) an, zu dem der Bund sich durch den Beitritt der süddeutschen Staaten 1871 erweiterte. Im südlichen Oldenburg hielten sich zwar noch einige Zeit konfessionell begründete Sympathien für Österreich, doch verflüchtigten sie sich nach der Reichsgründung rasch. Bei den Wahlen zum Reichstag des Norddeutschen Bundes erwiesen sich die Nationalliberalen als die stärkste Kraft. Sie errangen die drei oldenburgischen, die zwei braunschweigischen und das eine schaumburg-lippische Mandat und in der Provinz Hannover 19 der insgesamt 40 Sitze. Die „Partikularisten", wie die Anhänger der Welfen abschätzig genannt wurden, erlangten aber immerhin 14 Sitze, ein Ergebnis, das sicher nicht nur die Treue zum alten Königshaus, sondern ebenso die rechtlichen Bedenken gegenüber Bismarcks Annexionspolitik widerspiegelte und später, als die Emotionen abgeklungen waren, nur schwer zu wiederholen war. Im Hannoverschen konnten auch die Sozialdemokraten, die erstmals nicht durch ein diskriminierendes Wahlrecht benachteiligt waren, fünf Mandate gewinnen und zeigten damit an, dass mit ihnen als einer neuen politischen Kraft künftig zu rechnen war.

Hoch erhebt sich die Marienburg auf einem Bergrücken über der Leine. Das 1858 erbaute Schloss war ein Geschenk König Georgs V. an seine Frau Marie. Es blieb auch nach 1866 bis heute im Besitz des Welfenhauses.

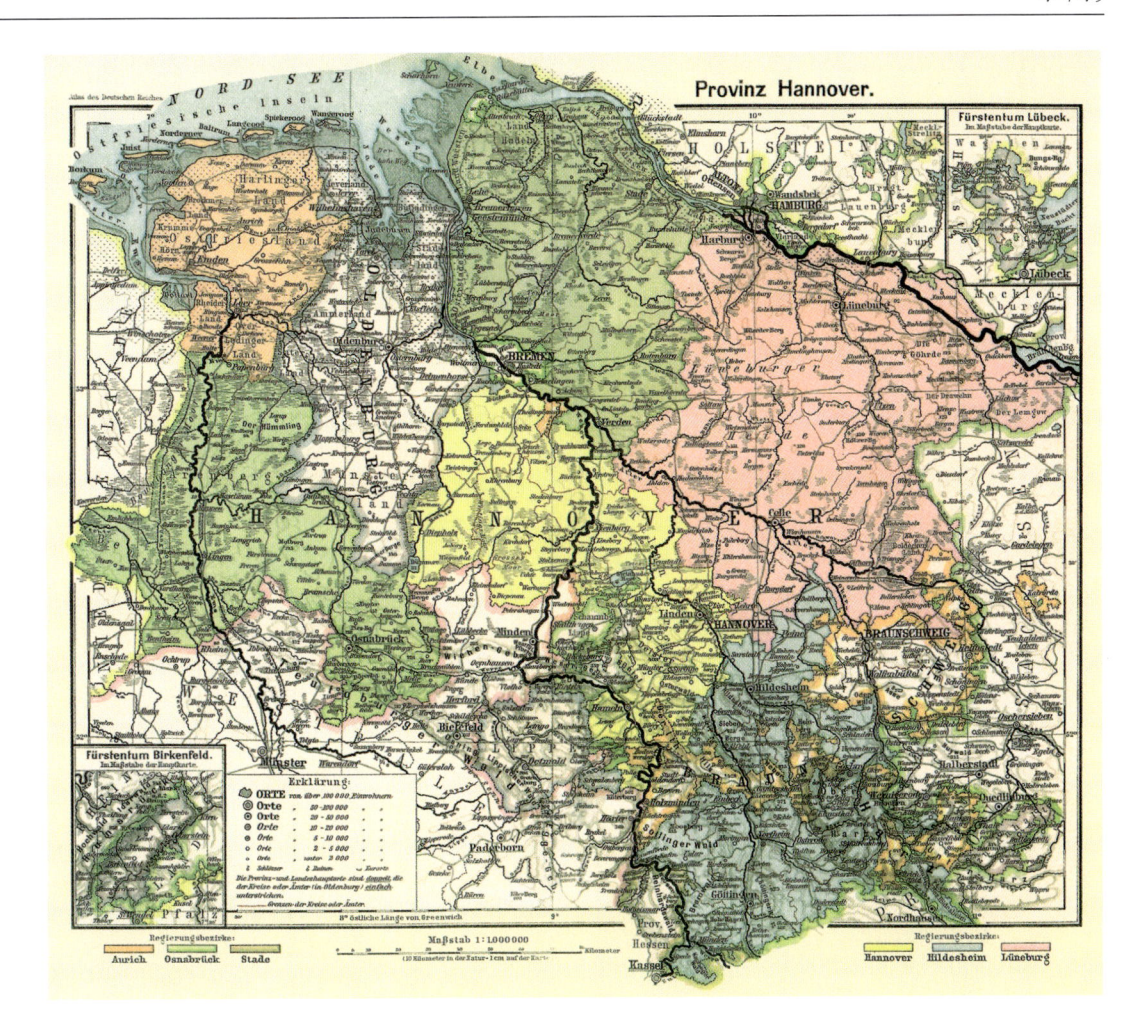

Karte der preußischen Provinz Hannover. Deren sechs Regierungsbezirke sind farblich hervorgehoben (Legende unter dem Kartenrand). In den Ecken die beiden oldenburgischen Fürstentümer Birkenfeld (heute Rheinland-Pfalz) und Lübeck (heute Schleswig-Holstein). Aus Henry Langes Atlas des Deutschen Reiches, neu bearbeitet durch Carl Diercke, erschienen in Braunschweig bei Georg Westermann 1902.

Niedersachsen im Bismarck-Reich

Hannover

Der siegreiche Krieg gegen Frankreich und die Gründung des Deutschen Reichs 1870/71 riefen auch in Nordwestdeutschland eine Welle nationaler Begeisterung hervor, die in der Provinz Hannover bei vielen, die zwar keine Welfenfreunde gewesen waren, aber zum Preußentum ein reserviertes Verhältnis gehabt hatten, die Skepsis in den Hintergrund treten ließ. Im Verband des X. Armeekorps hatten Truppen aus allen niedersächsischen Staaten am Krieg teilgenommen und dabei auch Verluste hinnehmen müssen – das kleine schaumburg-lippische Kontingent allerdings nur einen Mann, der auf der Bundesfestung Ulm einer schadhaften Latrine zum Opfer fiel. Die Provinz Hannover errichtete ihren Gefallenen 1884 vor dem Neuen Haus in Hannover ein Ehrenmal.

Die Nationalliberalen hatten mit der Einigung Deutschlands und dem Einstieg in ein parlamentarisches Regierungssystem ihre politischen Hauptziele erreicht, auch wenn sie dafür manchen Abstrich von der reinen Lehre des Liberalismus hinnehmen mussten. Sie blieben bis zu ihrem Krisenjahr 1878 die bestimmende Kraft in Niedersachsen, wo bis zur Jahrhundertwende weder die Konservativen noch die linksliberale Fortschrittspartei recht Fuß fassen konnten. Die Welfen organisierten sich in der Deutsch-Hannoverschen Partei, die sich erfolgreich an den Wahlen zum Reichstag beteiligte. 1881 errang sie 38,8 Prozent der Stimmen und hatte dank Wahlabsprachen mit dem Zentrum zeitweilig zehn der 19 Wahlkreise der Provinz inne, womit sie die Nationalliberalen für kurze Zeit von der Spitzenposition verdrängte. Nur in Ostfriesland konnte sie niemals Fuß fassen. Eine Mitarbeit im preußischen Abgeordnetenhaus lehnten die Welfen jedoch ab, um nicht einen Eid auf die Verfassung des ungeliebten Hohenzollernstaats leisten zu müssen. In ihrer Opposition gegen Bismarck fanden sie sich mit dem Zentrum zusammen, der politischen Vertretung der Katholiken, die im Emsland und im oldenburgischen Münsterland uneinnehmbare Bastionen besaß. Erst gegen Ende des Jahrhunderts musste die welfische Bewegung einen Rückgang hinnehmen. 1912 gewann sie nur noch einen Stimmenanteil von 13,5 Prozent.

Die Integration Hannovers in den preußischen Staat machte nach 1871 rasche Fortschritte. Das hing auch damit zusammen, dass mit den Nationalliberalen Rudolf von Bennigsen und Johannes Miquel sowie dem Zentrumsführer Ludwig Windthorst drei hannoversche Parlamentarier herausragende Rollen im Reichstag und im preußischen Landtag spielten und dass in größerer Zahl höhere Verwaltungsbeamte aus Hannover in die Berliner Zentralbehörden berufen wurden, an der Spitze der Justizminister Adolf

Der Krieg gegen Frankreich 1870/71 ließ auch in der Provinz Hannover das Nationalgefühl aufwallen und die bei vielen noch vorhandenen Ressentiments gegen Preußen in den Hintergrund treten. Letzte Hoffnungen, eine Niederlage Preußens könne Hannover die Selbständigkeit zurückgeben, waren nun verflogen. Die von Georg V. unterstützte Welfenlegion, die sich in Frankreich zum Einsatz gegen den Hohenzollernstaat bereithielt, hatte sich schon vor dem Krieg aufgelöst. Das Gemälde aus dem Deutschen Historischen Museum in Berlin zeigt das Hissen der deutschen Fahne auf dem Fort Vanves am 19. Januar 1871.

Leonhardt und die Landwirtschaftsminister Hans und Ernst von Hammerstein-Loxten. Die preußische Reformgesetzgebung dieser Jahre knüpfte in manchem an althannoversche Einrichtungen an – ein Beleg für den guten Ruf, den die Verwaltung des Welfenstaats trotz aller politischen Misshelligkeiten genossen hatte. Es war sogar, in Anspielung auf den italienischen Musterstaat, die Rede von einer „deutschen Toscana", und eine Zeitung sprach ironisch von einer „Annexion Preußens durch Hannover". Das war natürlich weit übertrieben, doch auch der Ausspruch des preußischen Innenministers Eulenburg, die Politiker schienen ihm eingeteilt in drei Gruppen: Liberale, Konservative und Hannoveraner, zeigt an, dass die Vertreter der neuen Provinz einen beträchtlichen Einfluss auf die Gestaltung der Politik in Preußen und darüber hinaus im Reich ausübten.

Andererseits gewöhnten sich die Hannoveraner zunehmend daran, unter dem Dach des größeren preußischen Staates zu leben. Gegen die auch weiterhin betriebene hannoversche oder auch welfische Traditionspflege hatte Berlin nichts einzuwenden, solange sie sich in angemessenen Grenzen hielt. Rudolf von Bennigsen allerdings, dem die Welfen neben Bismarck die Hauptschuld am Untergang des Königreichs Hannover gaben, musste sich während seiner Amtszeit als Oberpräsident der Provinz (1888–1897) mehrmals gegen Beleidigungen gerichtlich zur Wehr setzen. In den 1880er Jahren war die Zeit gekommen, die Verwaltungsstruktur der neuen Provinz den altpreußischen Gegebenheiten anzupassen. Die sechs Landdrosteien wurden 1883 in Regierungsbezirke umgewandelt, ein Jahr später jeweils einige der althannoverschen Ämter zu Landkreisen zusammengefasst. Die preußischen Landräte hielten nun Einzug, und manche von ihnen führten ihr Amt wie kleine Könige und genossen entsprechenden Respekt. 1885 wurde die Provinzialverfassung ebenfalls dem Standard der anderen preußischen Provinzen angeglichen. Aber es blieben auch Bereiche, in denen die hannoverschen Verhältnisse fortgalten. Die Städte- und die Landgemeindeordnung blieben in Kraft, das Anerbenrecht, das die Aufteilung der Bauernhöfe verhinderte, wurde nur modifiziert, und auch die lutherische Landeskirche behielt ihre Eigenständigkeit bei und wurde nicht in die preußische Union eingegliedert.

Braunschweig

Für das Herzogtum Braunschweig war ein enges Zusammengehen mit Preußen schon durch seine geographische Lage vorgegeben. Eingekeilt zwischen den Provinzen Hannover und Sachsen, hätte es preußischem Druck auf Dauer kaum standhalten können und war auf das Wohlwollen des übermächtigen Nachbarn angewiesen. Im Rechtswesen, in der Wirtschafts- und der Steuerpolitik waren

Ludwig Windthorst (1812–1891) war in hannoverscher Zeit zweimal Justizminister, ab 1866 Führer der Zentrumspartei in Reichstag und preußischem Abgeordnetenhaus und Gegenspieler Bismarcks im Kulturkampf. Seine politische Heimat blieb Meppen im Emsland.

Die Landwirtschaft im Herzogtum Braunschweig war um die Mitte des 19. Jahrhunderts eine der ertragsstärksten in Deutschland. Man nutzte die guten Böden zunehmend zum gewinnbringenden Anbau der Zuckerrübe, für deren Verarbeitung auf dem Lande zahlreiche Fabriken errichtet wurden. Sie stellten Arbeitsplätze besonders für die ländlichen Unterschichten zur Verfügung. Auch andere neue Agrarprodukte trugen zur Belebung der Wirtschaft bei. Die Abbildung aus dem Jahr 1843 zeigt eine Zichorienfabrik in Braunschweig, in der die gerösteten Wurzeln der Wegwarte zu Kaffee-Ersatz verarbeitet wurden.

eigenständige Wege kaum noch möglich; man musste nachvollziehen, was von Preußen oder auch vom Reich vorgegeben war. Mit dem Verlust auch der Militärhoheit wollte Herzog Wilhelm sich allerdings zunächst nicht abfinden; er weigerte sich lange, die geforderte Konvention mit Preußen abzuschließen, und musste erst durch Androhung der Reichsexekution dazu gebracht werden. Den Willen zur Aufrechterhaltung der Eigenstaatlichkeit teilte der Herzog mit der Bevölkerung des Landes, die – wie in Oldenburg und Schaumburg-Lippe auch – von einem Aufgehen in Preußen eine größere steuerliche Belastung befürchtete. Mit der Regierung Herzog Wilhelms, der meist außer Landes weilte und seine Minister gewähren ließ, war man nicht unzufrieden. Die Beamtenschaft galt als tüchtig und stand in hohem Ansehen, anders als der Adel, der im Braunschweigischen kaum politisches Gewicht besaß. Stärker als in anderen Regionen war der Einfluss des Bauernstands, der besonders durch den Anbau von Zuckerrüben seit der Mitte des 19. Jahrhunderts recht wohlhabend geworden war.

Belastet wurde das politische Leben durch die Ungewissheit über die Thronfolge nach dem Tod des kinderlosen Herzogs. Die erbberechtigten hannoverschen Welfen kamen dafür nicht in Frage, solange sie an ihrem Anspruch auf ihr Stammland festhielten, weil Preußen sein Veto einlegte. Ein „Reichsland" wie Elsass-Lothringen, das dem Reich (also keinem bestimmten Bundesstaat) zugeordnet war und vom Kaiser direkt verwaltet wurde, wollten die Braunschweiger aber auch nicht werden. So einigte man sich auf eine Regentschaft für die Zeit, bis die der welfischen Erbfolge entgegenstehenden Hindernisse beseitigt würden. Herzog Wilhelm starb 1884. Zum Regenten wählte die Landesversammlung 1885 Prinz Albrecht von Preußen, einen Neffen Kaiser Wilhelms I., der sein Amt lustlos führte und im Lande entsprechend wenig Sympathien genoss. Nach seinem Tod 1906 entschied man sich bewusst nicht wieder für einen Hohenzollern, sondern für Herzog Johann Albrecht von Mecklenburg, und machte damit deutlich, dass man eine zu enge Bindung an den Nachbarstaat nicht wünschte. Überraschend kam es 1913 zu einer Lösung des Erbfolgeproblems, als Ernst August, der Enkel Georgs V., und Viktoria Luise, die Tochter Kaiser Wilhelms II., die Ehe schlossen. Zwar vermied der Welfe auch jetzt einen förmlichen Verzicht auf Hannover, aber sein Offizierseid wurde als eine ausreichende Treueverpflichtung gegenüber dem Kaiser gewertet, und so konnte er für die letzten fünf Jahre, die der Monarchie noch verblieben, die Regierung auf der „letzten Scholle welfischer Erde" antreten, wie der preußische Historiker Heinrich von Treitschke das Herzogtum Braunschweig 1873 spöttisch genannt hatte. Gegen Ende des 19. Jahrhunderts hatte sich auch im Braunschweigischen eine welfische Bewegung formiert; sie durfte sich nun, kurz vor Toresschluss, noch einmal an der Existenz einer fürstlichen Hofhaltung erfreuen, wenn diese auch wegen des bald ausbrechenden Ersten Weltkriegs wenig Glanz entfalten konnte.

Auf dem Weg zum modernen Staat war Braunschweig in den Jahren nach der Reichsgründung gut vorangekommen. Die Gerichtsreform von 1878 führte zur Errichtung eines dreiteiligen Instanzenzugs; über den Amtsgerichten gab es nun ein Landgericht und ein Oberlandesgericht. Im selben Jahr wurde dem Polytechnikum, das sich zu einer leistungsfähigen technisch-wissenschaftlichen Hochschule entwickelt hatte, der an den Gründer und an den letzten Spross der Braunschweiger Welfenlinie erinnernde Name „Carolo-Wilhelmina" beigefügt. Sie schuf im 19. Jahrhundert das Fundament für den heutigen renommierten Wissenschaftsstandort Braunschweig. 1876 wurde der neu gebildeten Oberschulkommission die Aufsicht über das höhere Schulwesen übertragen, die bis dahin in den Händen der Geistlichkeit gelegen hatte.

Die Landschaftsordnung von 1832 erwies sich angesichts der gesellschaftlichen Fortschritte im Bismarckreich als nicht mehr zeit-

Mit Herzog Wilhelm starb 1884 der letzte Angehörige des Braunschweiger Fürstenhauses. Nach Erbrecht hätte der Herzog von Cumberland, der Sohn König Georgs V. von Hannover, die Nachfolge antreten müssen. Da aber die Welfen die Annexion von 1866 nicht anerkannten, legte Preußen sein Veto ein und setzte die Regentschaft des Hohenzollernprinzen Albrecht durch. Zu seinem Empfang am 2. November 1885 errichtete die Stadt Braunschweig eine Ehrenpforte. Mit seiner Amtsführung verspielte er die ihm anfänglich entgegengebrachten Sympathien jedoch.

Eine Liebeshochzeit beendete den Zwist zwischen Welfen und Hohenzollern. 1913 schlossen Ernst August, der Enkel Georgs V., und Viktoria Luise, die Tochter Kaiser Wilhelms II., die Ehe. Zuvor hatte der Bräutigam dem Kaiser den militärischen Treueid geleistet, ohne jedoch formell auf seinen Anspruch auf Hannover zu verzichten. Das ermöglichte ihm die Übernahme der Regierung im Herzogtum Braunschweig. Das Ereignis wurde in der Bevölkerung begeistert gefeiert. Die Postkarte erinnert zugleich an die gemeinsame Waffenbrüderschaft im Befreiungskrieg 1813.

gemäß. Sie verweigerte, wie in anderen deutschen Staaten auch, großen Teilen der Bevölkerung, vor allem den ländlichen und städtischen Unterschichten, auf Landesebene das Wahlrecht, das sie im Reich seit dessen Gründung 1871 besaßen. Das hatte einen wachsenden Vertrauensverlust zur Folge, von dem die Sozialdemokratie und die Gewerkschaften profitierten. 1865 gründete Wilhelm Bracke in Braunschweig eine Ortsgruppe des Allgemeinen deutschen Arbeitervereins. Dieser war 1863 von Ferdinand Lassalle ins Leben gerufen worden; mit der 1869 gegründeten Sozialdemokratischen Arbeiterpartei vereinigte er sich im Jahr 1875 zur Sozialistischen Arbeiterpartei Deutschlands (seit 1890 Sozialdemokratische Partei Deutschlands, SPD). Bis zu seinem frühen Tod 1880 blieb Wilhelm Bracke der anerkannte Führer der braunschweigischen Arbeiterbewegung. Diese hatte unter dem Bismarck'schen Sozialistengesetz von 1878 (Verbot der Parteipresse und Organisation) allerdings kaum Entfaltungsmöglichkeiten und konsolidierte sich nach dessen Ende 1890 nur langsam. Sie spaltete sich nun in einen radikalen und einen gemäßigten Flügel auf, die oft in heftigem Streit miteinander lagen. Das Reichstagsmandat im Wahlkreis Braunschweig-Blankenburg hatte die SPD bereits 1884 gewonnen und gab es bis zum Ende der Monarchie nur einmal kurzfristig wieder ab. 1907 waren im Herzogtum 37 Prozent aller Arbeiter gewerkschaftlich organisiert – ein Spitzensatz im Vergleich mit anderen Ländern. Häufiger als anderswo gab es hier auch Streiks, Aussperrungen und Massendemonstrationen.

Von den Nationalliberalen, die bis Ende der 1870er Jahre im Land dominierten, spaltete sich die Fortschrittspartei ab und gewann Anhang bei den unteren Mittelschichten. Das gehobene Bürgertum folgte dagegen dem auf Kompromisse angelegten Kurs der Parteiführung um Bennigsen und Miquel. Auf dieser Linie lag auch der Schriftsteller Wilhelm Raabe, geboren 1831 in Eschershausen im braunschweigischen Weserdistrikt und aufgewachsen in Wolfenbüttel. Er war schon 1859 dem Nationalverein beigetreten. Seit 1870 lebte er wieder in Braunschweig und blieb im Freundeskreis der „Ehrlichen Kleiderseller" (Seller = niederdeutsch „Trödler") den Idealen seiner Jugend treu. Auch die braunschweigische Landessynode, die sich 1872 konstituierte, war einem liberalen Christentum verpflichtet. Insgesamt ging aber die Ära des Liberalismus in Braunschweig ebenso wie im gesamten Reich im letzten Jahrzehnt des 19. Jahrhunderts zu Ende.

Oldenburg

Auch für Oldenburg war der Beitritt zum Norddeutschen Bund und dann zum Deutschen Reich eine Selbstverständlichkeit, zu der es gar keine Alternative gab. Großherzog Nikolaus Friedrich Peter hatte sich eine stär-

Dass Braunschweig eine frühe Hochburg der Sozialdemokratie wurde, ist das Verdienst von Wilhelm Bracke (1842–1880). Er gründete 1865 die Ortsgruppe des Allgemeinen deutschen Arbeitervereins. Als einer der ersten Sozialdemokraten saß er 1877 bis 1879 im Reichstag.

Zu seiner braunschweigischen Heimat hat sich der Dichter Wilhelm Raabe (1831–1910) immer bekannt. Geboren wurde er in Eschershausen am Solling, besuchte das Gymnasium in Wolfenbüttel und lebte nach Stationen in Magdeburg, Berlin und Stuttgart seit 1870 ständig in Braunschweig. Die zeitgenössische Bildpostkarte zeigt links sein Wohnhaus am Altewiekring. Viele seiner Romane und Erzählungen spielen in der vertrauten Landschaft des Weserberglands und in anderen Regionen des Herzogtums. Die Stadt ernannte ihn 1901 zum Ehrenbürger.

ker föderativ angelegte Struktur des kleindeutschen Bundesstaats gewünscht, die ihm mehr Spielraum für eigene Politik gelassen hätte. Bei den Beratungen über den Verfassungsentwurf zog sich der oldenburgische Vertreter von Rössing wegen seiner vielen Einwände den Zorn Bismarcks zu, ohne in der Sache viel zu erreichen. So fand sich der Großherzog wohl oder übel mit seinem Souveränitätsverlust und dem preußischen Führungsanspruch ab. Auch bei der Bevölkerung wichen die Vorbehalte allmählich der Einsicht, dass die Vorteile der deutschen Einigung ihre Nachteile bei weitem überwogen. Schon 1867 konnte die erste Eisenbahnlinie eröffnet werden, die die Landeshauptstadt mit Bremen und Wilhelmshaven verband und deren Bau Hannover so lange blockiert hatte. Eine Verwaltungsreform straffte 1868 den Regierungsapparat; die Staatsregierung kam nun mit drei Ministern aus, die zusammen fünf Ministerien betreuten. Da es keine eigene Außenpolitik mehr gab, wurde das bisher dafür zuständige Departement ebenso aufgehoben wie die Gesandtschaften und Konsulate in anderen Ländern. Die Justizorganisation wurde den Vorgaben des Reichs angepasst, Justiz und Verwaltung wurden nun endgültig getrennt. Das neu errichtete Oberlandesgericht wurde bis 1909 gemeinsam mit Schaumburg-Lippe betrieben, das für eine derartige Institution bei weitem nicht genug Einwohner aufzuweisen hatte und auch nur ein einziges Landgericht unterhielt.

Oldenburg galt in dieser Epoche als ein klassisches Land des Liberalismus. Sowohl Nikolaus Friedrich Peter, der von 1853 bis 1900 regierte, wie auch sein Nachfolger Friedrich August waren persönlich konservativ eingestellt, betrieben aber dennoch eine

Der Oldenburger Großherzog Nikolaus Friedrich Peter (1827–1900) regierte seit 1853. Im Konflikt mit Österreich 1866 stellte er sich auf die Seite Preußens und blieb dessen Verbündeter, auch als ihm im Bismarckreich ein schmerzlicher Souveränitätsverzicht abverlangt wurde.

Oldenburg musste lange auf die Eisenbahn warten, da Hannover bis 1866 den Anschluss an das norddeutsche Bahnnetz verhinderte. Danach ging es schnell: 1867 wurde die Großherzoglich Oldenburgische Eisenbahn (G.O.E.) gegründet, und binnen zehn Jahren wurde ein Hauptstreckennetz von 332 Kilometern systematisch aufgebaut. Nach 1876 entstanden dann nur noch Nebenstrecken. Das bis 1918 geführte Emblem der Bahn (Bild links) zeigt das oldenburgische Staatswappen mit der Herzogskrone.

Ehrenbogen in Oldenburg für die aus dem deutsch-französischen Krieg von 1870/71 zurückkehrenden oldenburgischen Truppenteile.

ausgesprochen liberale Politik, die auch von den leitenden Beamten mitgetragen wurde. In der Zeit des „Kulturkampfs", also der von 1871 bis 1887 geführten Auseinandersetzung zwischen dem preußischen Staat und der katholischen Kirche um das Verhältnis von Staat und Kirche (Zivilehe, Staatsschule), vermied man in Oldenburg harte Konfrontationen mit der katholischen Kirche in Südoldenburg, die darauf mit verstärkter Loyalität gegenüber dem Staat reagierte. Auch die Sozialistenverfolgung wurde in Oldenburg trotz preußischen Drängens eher lässig gehandhabt; Sozialdemokraten und Gewerkschaften genossen auch unter dem Sozialistengesetz mehr Bewegungsfreiheit als in anderen Ländern. Vor 1866 hatte es im Land nur Ansätze zu eher unpolitischen Arbeitervereinigungen gegeben. Erst seit 1867 gelangte der Allgemeine deutsche Arbeiterverein Ferdinand Lassalles in den oldenburgischen Hafen- und Industrieorten an der Unterweser zu Einfluss, und auch im Umkreis von Wilhelmshaven entstand eine sozialdemokratische Arbeiterbewegung. Insgesamt blieb die Sozialdemokratie aber lange Zeit schwach. Erst kurz vor der Jahrhundertwende gelang es ihr, die Hürden des Wahlrechts zu überspringen und einen Abgeordneten in den Landtag zu entsenden. An den Reichstagswahlen beteiligte sich die oldenburgische SPD seit 1874, konnte dabei jedoch bis 1918 kein Mandat erringen, obwohl sie schon 1912 mit einem Stimmenanteil von 33 Prozent zur stärksten Partei geworden war. Ihre Zentren hatte sie in der Industriezone an der Unterweser und in den Städten Delmenhorst, Varel und Jever, in denen sich dank der günstigen wirtschaftlichen Entwicklung eine zahlenmäßig starke Arbeiterschaft gebildet hatte.

Für den oldenburgischen Landtag wurde 1909 die direkte Wahl eingeführt. Danach stieg die bisher sehr geringe Wahlbeteiligung sprunghaft an. Noch immer hatten aber nur 22 Prozent der Bevölkerung das Wahlrecht, und den Frauen blieb es weiterhin ganz versagt. Bei Konflikten mit der Regierung konnte der Großherzog den Landtag nach Belie-

Der letzte regierende Oldenburger Großherzog, Friedrich August (1852–1931, reg. 1900–1918), hier mit seiner Familie, war ein großer Freund der Marine und der Seefahrt. Soweit seine konservative Grundhaltung es zuließ, stellte er die Weichen für die weitere Demokratisierung und Liberalisierung des Landes.

1909 wurde in Oldenburg die Direktwahl zum Landtag eingeführt. Die Wahlen von 1911 bescherten Sozialdemokraten und Linksliberalen einen unerwarteten Erfolg. Fraktionen als feste Einrichtungen gab es im Landesparlament noch nicht. Erst gegen Ende der Monarchie bildeten die Abgeordneten der Parteien festere Gruppierungen. Das Foto zeigt die der SPD im Jahr 1916.

ben vertagen oder auflösen. Die Mehrheit der Abgeordneten kam aus dem Bauerntum und dem Beamtenstand und neigte den politischen Ideen des Liberalismus zu. Bis 1880 überwog dabei die unitaristische, auf die Stärkung der Zentralgewalt ausgerichtete nationalliberale Version, danach der stärker auf regionale Eigenständigkeit bedachte „Freisinn" der 1884 gegründeten linksliberalen Deutsch-Freisinnigen Partei. Das Zentrum hatte seine Hochburgen im katholischen Südoldenburg um Vechta und Cloppenburg. Man ging im Landtag, der ohnehin nur in größeren Abständen zusammentrat, in der Regel friedlich miteinander um. Erst nach 1900 kam es zu einer Politisierung auch des parlamentarischen Lebens; seit 1902 tagte der Landtag alljährlich, und es bildeten sich nun auch hier Fraktionen. Die Linksliberalen und die Sozialdemokraten schlossen ein Zweckbündnis, das 1911 die Mehrheit errang und sie bis zum Ende der Monarchie behielt.

Schaumburg-Lippe

Der kleinste der niedersächsischen Staaten konnte es noch viel weniger als Braunschweig oder Oldenburg wagen, eine von den preußischen Vorstellungen abweichende politische Position einzunehmen. Schweren Herzens schloss Fürst Adolf Georg 1867 das Militärbündnis mit Preußen, das ihm die Militärhoheit nahm; Bückeburg wurde nun zur Garnison für ein preußisches Jägerbataillon. Er hatte auch keine Einwände gegen den Verfassungsentwurf für den Norddeutschen Bund (1867). Zu dessen Ratifizierung wurde die 1848 gewählte verfassunggebende Versammlung des Fürstentums erstmals einberufen – bisher war sie mangels beratungswürdiger Gegenstände nicht gebraucht worden. Preußen hatte sich entgegenkommend gezeigt, die von den Kleinstaaten zu tragenden finanziellen Lasten ermäßigt und Schaumburg-Lippe einen eigenen Reichstagswahlkreis zugebilligt, obwohl es nicht einmal 50 000 Einwohner zählte. Um diese Großmütigkeit nicht zu riskieren, schloss sich der Bückeburger Vertreter im Bundesrat fast immer der preußischen Stimme an, auch wenn seine Regierung abweichender Meinung war. Das Opponieren überließ man vernünftigerweise lieber Staaten mit größerem Gewicht. Nur wenn sich bereits eine Mehrheit gegen Preußen abzeichnete, wagte man sich ihr anzuschließen. Von gesunder Einsicht zeugt die Bemerkung des Staatsministers Asche von Campe, die Bezeichnung „Bündnis" stehe zwar auf dem Vertragswerk von 1867, das sei nur ein Euphemismus für das verpönte Wort „Suprematie" (Oberhoheit). Zwar litt man darunter, dass Bismarck lediglich die größeren Staaten als Partner gelten ließ, die kleineren wie eben Schaumburg-Lippe aber von der politischen Diskussion ausschloss. Doch nahm man das letztlich hin und engagierte sich nur noch bei Fragen, von denen das eigene Land selbst betroffen war. Nach dem Krieg von 1870/71 spielte man in Bückeburg die Abhängigkeit von Preußen herunter und stellte stattdessen das Aufgehen im Deutschen Reich stärker heraus, um den schlei-

Fürst Adolf Georg von Schaumburg-Lippe (1817–1893) hatte 1866 die Selbständigkeit seines Ländchens retten können. In der Folgezeit schloss er sich eng an Preußen an. Unter seiner Regierung entwickelte sich die wirtschaftliche Lage des Fürstentums gut, auch wenn er die Ansiedlung von Industrie in seiner Residenzstadt Bückeburg zu verhindern suchte.

Nach der Gründung des Norddeutschen Bundes 1866 musste auch Schaumburg-Lippe seine Militärhoheit an Preußen abtreten. Ein eigenständiges Landesaufgebot gab es künftig nicht mehr. Als Ersatz verlegten die Preußen ein Jägerbataillon nach Bückeburg, das in dem oben abgebildeten Kasernenneubau seinen festen Standort erhielt und die schaumburg-lippische Militärtradition weiterführte.

Dieses Porträt der zwölfjährigen Prinzessin Viktoria von Preußen (1866–1929) in Renaissancetracht wurde von ihrer Mutter Victoria gemalt, der Gemahlin Kaiser Friedrichs III. Im Jahr 1890 heiratete Viktoria Prinz Adolf von Schaumburg-Lippe.

chenden Verlust immer weiterer hoheitlicher Funktionen an den übermächtigen Nachbarstaat erträglicher erscheinen zu lassen.

Dabei wäre Schaumburg-Lippe den erhöhten Anforderungen und Verpflichtungen gar nicht gewachsen gewesen, die sich aus der Reichsgesetzgebung ergaben. Die Finanzlage des Landes wurde immer prekärer, nachdem sein Anteil an der französischen Kriegsentschädigung von gut 425 000 Mark aufgezehrt war. Ohne häufige Zuschüsse aus der Privatschatulle des wohlhabenden Fürsten hätte der Etat nicht ausgeglichen werden können. Daher war es nicht möglich, bei der Kleinheit der Verhältnisse aber auch nicht erforderlich, alle Behörden zu unterhalten, über die eine eigenständige Verwaltung hätte verfügen müssen. Außerdem war das benötigte Fachpersonal aus dem Lande gar nicht zu rekrutieren; selbst die Mitglieder der Landesregierung mussten in der Regel aus anderen Staaten abgeworben werden. So fehlte zum Beispiel ein Verwaltungsgericht, und statt eines eigenen Oberlandesgerichts schloss man sich an das in Oldenburg an, ab 1909 an das in Celle. Andere Verwaltungszweige wie Justiz und Medizinalwesen, Post und Finanzverwaltung wurden von preußischen Behörden mitbedient oder ihrer Aufsicht unterstellt. Und auch da, wo Schaumburg-Lippe die Gesetzgebungskompetenz behalten hatte, fehlte es sowohl in der Regierung wie im Landtag oft am Sachverstand, sie auch anzuwenden. Man ging den bequemeren und billigeren Weg, preußische Gesetze abzuwarten und sie dann mit den nötigen Modifikationen für Schaumburg-Lippe in Kraft zu setzen. Immerhin wurden aber der Staatshaushalt und das fürstliche Hausvermögen, die bisher miteinander vermengt waren, endlich voneinander getrennt.

Gern weilte Kaiser Wilhelm II. (1859–1941, reg. 1888–1918), ein passionierter Jäger, bei seinen Bückeburger Verwandten zur Jagd im Schaumburger Wald. Das oben abgebildete Foto der fürstlichen Jagdgesellschaft entstand um 1895.

Er war kein gebürtiger Niedersachse, fand hier aber seine wahre Heimat: der Schriftsteller und Journalist Hermann Löns (1866–1914; rechts). Hannover und kurzzeitig auch Bückeburg waren die Stationen, von denen aus er seine Heidefahrten unternahm. In einem Wacholderpark bei Fallingbostel fand der zu Beginn des Ersten Weltkriegs in Frankreich Gefallene seine Ruhestätte. Seine Naturschilderungen und volkstümlichen Lieder haben bis heute ihr Publikum.

Dennoch zeigten sich immer deutlicher die Unzulänglichkeit des gesamten Staatswesens und die Hohlheit des Souveränitätsanspruchs. Der Schriftsteller Hermann Löns (1866–1914), der für kurze Zeit als Redakteur der lokalen Zeitung in Bückeburg lebte, überzog die Kleinheit und Beschränktheit der Verhältnisse in seiner Satire *Duodez* mit bitterem Spott. Trotz allem war aber eine Einverleibung des Zwergstaats in den Großstaat Preußen bis 1918 kein Diskussionsthema, obwohl die Sympathie für die Hohenzollern durch häufige Besuche Wilhelms II. in Bückeburg und durch die Heirat seiner Schwester Viktoria mit Adolf, einem jüngeren Sohn Fürst Adolf Georgs, im Jahr 1890 spürbar gewachsen war. 1907 schenkte der Kaiser anlässlich der Silberhochzeit Fürst Georgs dem Fürstenhaus die Schaumburg im Wesertal, die Stammburg des Geschlechts, die 1866 mit dem hessischen Anteil der alten Grafschaft an Preußen gekommen war.

In den Blickpunkt der deutschen Öffentlichkeit rückte Schaumburg-Lippe durch den Streit um die Thronfolge im benachbarten Fürstentum Lippe(-Detmold), dessen regierende Familie mit dem kinderlosen Fürsten Woldemar 1895 ausstarb. Erbansprüche erhob neben den Bückeburger Verwandten auch die näherberechtigte, aber als nicht ebenbürtig angesehene Linie Lippe-Biesterfeld. Prinz Adolf von Schaumburg-Lippe wurde zunächst als Regent eingesetzt, konnte sich aber trotz massiver Unterstützung durch seinen kaiserlichen Schwager nicht behaupten, nachdem zwei Schiedssprüche die Rechte des Hauses Biesterfeld bestätigt hatten.

Wirtschaftliche Entwicklung

Das letzte Drittel des 19. Jahrhunderts war auch im niedersächsischen Raum eine Zeit des wirtschaftlichen Wachstums, ausgelöst meist durch einzelne Unternehmerpersönlichkeiten, aber begünstigt durch eine industrie- und gewerbefreundliche Politik und Gesetzgebung in Preußen und im Reich. In der Provinz Hannover waren zwei Maßnahmen wegweisend, zu denen die Regierung Georgs V. sich nicht hatte durchringen können: die Aufhebung des Zunftzwangs und die Gewährung der Freizügigkeit, beides im Jahr 1867. Die Gewerbeordnung für den Norddeutschen Bund brachte dann zwei Jahre später die unbeschränkte Gewerbefreiheit, mit der Oldenburg schon 1861 vorangegangen war. Damit wurden den bereits vorhandenen Betrieben die Vergrößerung und der Ausbau ihrer Produktion ermöglicht, und neue Firmen siedelten sich an. Vor allem die Stadt Hannover mit ihrem Vorort Linden profitierte in diesen Gründerjahren aufgrund ihrer verkehrsgünstigen Lage von den verbesserten Rahmenbedingungen. Zu den älteren Fabriken des Maschinenbaus, der Textilerzeugung und der Nahrungsmittelherstellung gesellten sich viele neue, von denen mehrere wie die Continental-Gummiwerke (1871), die Keks-

Aus der Egestorff'schen Maschinenfabrik wurde 1871 die Hannoversche Maschinenbau Aktiengesellschaft, kurz „Hanomag". Das abgebildete Fabrikschild aus dem Jahr 1872 gehörte zur 996. in der Hanomag gefertigten Lokomotive. Sie steht heute im Deutschen Technikmuseum Berlin.

Die Hanomag wuchs rasch und beschäftigte 1913 etwa 4300, während des Ersten Weltkriegs durch die Rüstungsproduktion sogar bis zu 12 000 Arbeitskräfte. Sie war damit der größte hannoversche Betrieb.

Der oben abgebildete „Hanomag-Dampfer", ein 1907 in Hannover gebauter früher Lastwagen, der speziell für den Transport von Tonnenbier eingerichtet war, hatte 30 Pferdestärken. Die Räder hatten noch keine Gummibereifung. Seit 1924 stellte die Hanomag auch Personenwagen her, darunter einen Kleinwagen, den der Volksmund wegen seiner gedrungenen Form „Kommissbrot" taufte.

Die „Conti" – oder genauer: die Continental-Caoutchouc- und Guttapercha-Compagnie – wurde 1871 in Hannover gegründet. Unter der Leitung ihres Direktors Siegmund Seligmann (1853–1925) stieg sie zum führenden Unternehmen ihrer Branche auf. Ihr Stammwerk an der Vahrenwalder Straße nahm ein großes Areal ein. Heute ist der Reifenhersteller und Autozulieferer ein weltweit operierender Konzern.

Im Jahr 1892 fertigte Continental als erste deutsche Firma Fahrrad-Luftreifen, sogenannte Pneumatics. Die Abbildung links zeigt ein Inserat für Continental-Fahrradreifen um 1900. Im Jahr 1898 nahm die Continental auch die Produktion von zunächst noch profillosen Luft-Autoreifen auf. Als erste Reifenfabrik stellte sie dann seit 1904 Reifen mit Profil her – eine für die Sicherheit der schneller werdenden Autos wesentliche Verbesserung. Rechts ist ein Werbemotiv für Luft-Autoreifen um 1912 abgebildet. Zwei Jahre später landete übrigens Daimler auf Continental-Bereifung einen dreifachen Sieg beim Großen Preis von Frankreich.

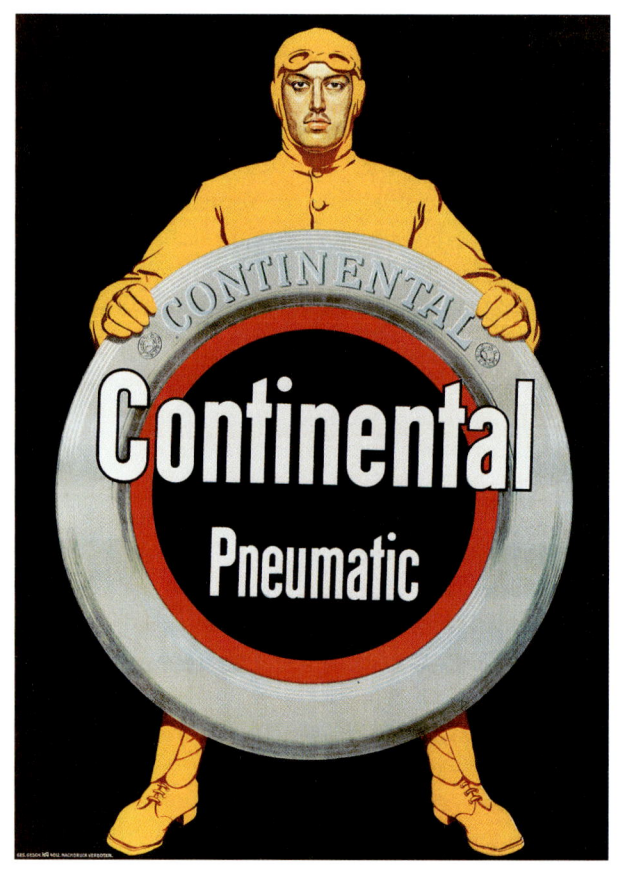

Die Keksfabrik von Hermann Bahlsen (1859–1919) in Hannover entstand 1889 und entwickelte sich in kurzer Zeit prächtig, auch dank ihres bekanntesten Produkts, des Leibniz-Keks. Den eindrucksvollen Verwaltungsbau errichteten die Brüder Siebrecht 1910–1911. Auch im Inneren ist das Jugendstil-Gebäude anspruchsvoll ausgestattet. Der große Sitzungssaal enthält Glasfenster von Adolf Hoelzel (1853–1934).

Firmengründer Hermann Bahlsen zog zur Gestaltung der Verpackungen seiner Produkte und seines Werbematerials gern zeitgenössische Künstler heran, die er als Mäzen unterstützte. Dazu gehörten Bernhard Hoetger, Emil Preetorius, Kurt Schwitters, Heinrich Vogeler, Ludwig Vierthaler und Olaf Gulbransson. Das links abgebildete Plakat „Hänsel und Gretel" wurde 1912 von Otto Obermaier entworfen. Die mit Keksen beladene Gretel stapft über die Rückfront des damals eben erst fertiggestellten Erweiterungsbaus der Fabrik. Rechts ein Gebäckumschlag nach Entwurf von Aenne Koken. Die aus Hannover stammende Malerin und Grafikerin arbeitete 1912–1916 im Auftrag der Firma Bahlsen.

Im Umland von Bremen, einem Zentrum des deutschen Tabakhandels, blühte vom 19. Jahrhundert bis zur Mitte des 20. Jahrhunderts das Heimgewerbe der Zigarrenmacherei. Die darin Beschäftigten holten die präparierten Tabakblätter bei ihren Arbeitgebern ab, wickelten sie in mühevoller Hausarbeit zu Zigarren und brachten die fertige Ware nach Bremen zurück. Der karge Stücklohn reichte oft kaum aus, um den Lebensunterhalt zu bestreiten. Das Bild zeigt einen Delmenhorster Zigarrenmacher um 1920 bei der Arbeit.

fabrik Bahlsen (1889) oder die Deutsche Grammophon-Gesellschaft (1898) zu internationaler Geltung gelangten. Die Egestorff'sche Maschinenfabrik, die durch den „Eisenbahnkönig" Henry Bethel Strousberg 1871 in eine Krise geführt wurde, nahm danach als Hannoversche Maschinenbau-AG (Hanomag) einen steilen Aufschwung und wurde neben der „Conti", deren Beschäftigtenzahl bis 1913 auf 12 000 anstieg, zum größten Arbeitgeber in Hannover.

Parallel zu diesem wirtschaftlichen Aufschwung stieg die Einwohnerzahl Hannovers in wenigen Jahrzehnten um ein Vielfaches, und durch Eingemeindungen breitete sich die Stadt auch räumlich aus. Zählte sie 1861 noch 60 120 Bewohner, so waren es 1880 bereits 122 843, zwanzig Jahre später dann 235 649 und 1912 schließlich 313 400. Nimmt man das Jahr 1810 mit 23 400 Einwohnern als Ausgangspunkt, so war das innerhalb nur eines Jahrhunderts ein Anstieg fast auf das Vierzehnfache. Und in der Nachbargemeinde Linden – sie kam erst 1920 zu Hannover – war der Wandel noch eindrucksvoller: vom Dorf mit 1617 Einwohnern im Jahr 1822 zur Fabrik- und Arbeiterwohnstadt mit 86 500 Einwohnern im Jahr 1913. Natürlich waren mit einer so rasanten Entwicklung gravierende soziale und städtebauliche Probleme verbunden. Auch für diese können Hannover und Linden als beispielhaft gelten. Nicht nur mussten Wohnquartiere mit der erforderlichen Infrastruktur für die in großer Zahl zuströmenden Arbeiterinnen und Arbeiter errichtet werden, auch Schulen und Kindergärten, Krankenhäuser und Kirchen und andere Einrichtungen der Versorgung und sozialen Betreuung wurden aus dem Boden gestampft. Das erforderte erhebliche finanzielle Mittel, aber der Wirtschaftsboom war so groß, dass die Stadt sich das leisten konnte. Als 1913 das repräsentative und aufwendige neue Rathaus in Gegenwart des Kaisers eingeweiht wurde, konnte der verdienstvolle Stadtdirektor Heinrich Tramm voll Stolz sagen: „Alles bar bezahlt, Majestät!"

Andere Kommunen in Niedersachsen blieben zwar hinter Hannovers Aufblühen zurück, nahmen aber in abgeschwächter Form gleichwohl an dem Übergang zum industriellen Zeitalter teil. Das gilt vor allem für größere Städte wie Braunschweig und Osnabrück sowie für das rasch anwachsende Harburg, das mehr und mehr in den Sog der über die Elbe nach Süden ausgreifenden Wirtschaftsinteressen Hamburgs geriet und vom Boom des Hamburger Hafens profitierte, sich aber auch soziale Probleme einhandelte. Nicht von ungefähr entstand hier eine der Hochburgen der Sozialdemokratie in der Provinz Hannover.

Doch auch kleinere Kommunen wurden zu Industriestandorten, im Oldenburgischen etwa Nordenham und Delmenhorst, das seine Impulse aus dem nahen Bremen erhielt, oder Georgsmarienhütte bei Osnabrück, wo noch das letzte hannoversche Königspaar namengebend für ein Stahlwerk gewesen war, das sich in preußischer Zeit gut weiterentwickelte. Im Schaumburgischen um Stadthagen wurde der Abbau von Steinkohle intensiviert, in Braunschweig die Gewinnung von Braunkohle in dem Revier südlich von Helmstedt. Um 1900 waren fast 30 Prozent der Erwerbstätigen in Niedersachsen in der Industrie beschäftigt, viele davon in Kleinbetrieben, die auch außerhalb der Großstädte in kleineren Orten entstanden waren – eine überraschende Zahl für jeden, in dessen Vorstellung das Land bis in die Gegenwart überwiegend agrarisch geprägt zu sein scheint.

In der Tat blieb die Landwirtschaft noch lange Zeit der wichtigste Erwerbszweig, doch auch sie modernisierte sich durch verbesserte Anbaumethoden, Technisierung der Feldbestellung und Intensivierung der Tierzucht. So konnte sie ihre Erträge erheblich steigern. Der Anbau von Zuckerrüben für die aufblühende Zuckerindustrie ließ manchen Bauern wohlhabend werden. Damals neu erbaute Hofanlagen, die stattlichen „Rübenburgen" im Hannoverschen, in der Hildesheimer Börde und in Braunschweig, legen noch heute Zeugnis davon ab. Durch den Ausbau des

Die im 19. Jahrhundert entstehende Industrie und die Eisenbahn benötigten große Mengen an Kohle und Koks. Daher wurde die Wealden-Kohle am Nordhang der Bückeberge im Schaumburger Land, die seit dem Mittelalter nur oberflächennah gefördert worden war, nun auch in tieferen Lagen erschlossen. Schaumburg wurde zu einer Bergbauregion. Die Erinnerung daran hält der 1899–1902 erbaute Georgsschacht bei Stadthagen fest, seinerzeit mit über 1000 Beschäftigten der größte Wirtschaftsbetrieb in Schaumburg-Lippe. 1960 wurde er stillgelegt. Der Rest der Förderanlagen steht heute unter Denkmalschutz.

Das Herzogtum Braunschweig hatte jahrhundertelang vom Erzbergbau im Harz profitiert. Im 19. Jahrhundert verlor dieser allmählich seine Bedeutung und wurde vom Braunkohlenbergbau im Gebiet um Helmstedt überrundet. Zunächst betrieb der braunschweigische Staat mit mäßigem Erfolg einige Gruben im Tiefbau. 1873 wurden die Braunschweigischen Kohlenbergwerke als Aktiengesellschaft gegründet, die die Förderung auf Tagebau umstellten und nach einigen Anlaufproblemen florierten, als es gelang, den anfallenden Kohlestaub zu Briketts zu pressen. Das Foto zeigt die Grube „Treue".

Trotz der raschen industriellen Entwicklung war Niedersachsen Ende des 19. Jahrhunderts noch ganz überwiegend ein Agrarland. Die Mehrzahl der Bevölkerung fand ihr Auskommen in der Landwirtschaft – meist als Eigentümer oder als Gesinde auf bäuerlichen Familienbetrieben. Nicht wenige Inhaber kleinerer Höfe waren allerdings auf einen Nebenerwerb angewiesen, zum Beispiel als Hausschlachter. Das um 1885 entstandene Foto aus Leiferde bei Braunschweig dokumentiert die Schlachtung eines Schweins, das in der Regel den Fleisch- und Wurstvorrat für ein ganzes Jahr liefern musste.

Auch nach dem Ausbau des Eisenbahnnetzes behielten die Straßen ihren Wert als wichtigste Verbindungslinien für den Binnen- und den Fernverkehr. Mit dem Aufkommen des Automobils stieg ihre Bedeutung sogar noch. Die alten, meist mit Kopfsteinen gepflasterten „Kunststraßen" des 18. und frühen 19. Jahrhunderts genügten den Ansprüchen nicht mehr; sie wurden nach und nach asphaltiert. Straßenbau blieb noch lange Zeit harte Knochenarbeit. Auf dem Bild stellt sich um 1910 eine Kolonne von Bauarbeitern im oldenburgischen Jever dem Fotografen.

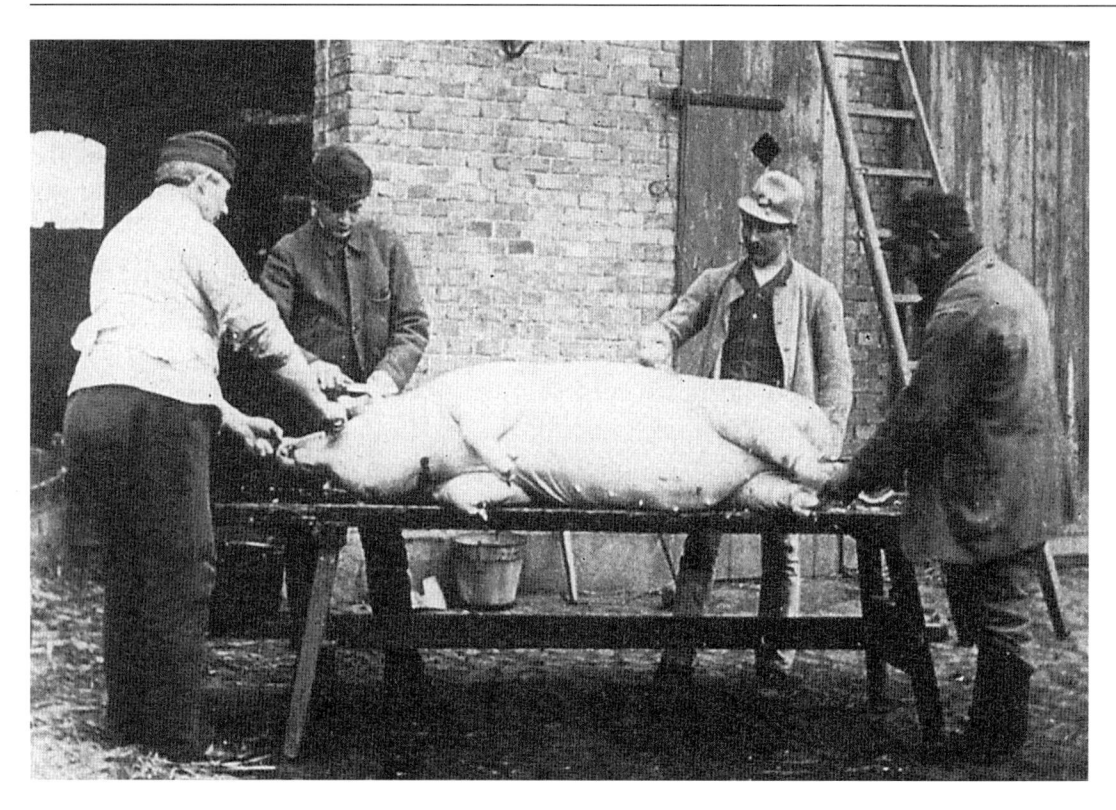

Der Mittellandkanal, die seit langem geforderte Wasserstraßenverbindung zwischen Rhein und Elbe, konnte 1906 endlich in Angriff genommen werden. 1916 wurde das Teilstück von Minden bis Hannover in Betrieb genommen. Zur Weiterführung nach Osten war der Bau einer Schleuse erforderlich, um den Höhenunterschied von 15 Metern auszugleichen. Sie wurde 1919 begonnen; am 20. Juni 1928 weihte Reichspräsident Paul von Hindenburg (1847–1934) sie ein und taufte sie auf seinen Namen. Das Foto zeigt die Fahrt des Dampfers mit Hindenburg durch die Schleusenanlage.

Bis heute ist der Mittellandkanal für den Transport von Massengütern wie Kohle, Erz oder Getreide unverzichtbar. Inzwischen ist er von 33 auf 42 Meter verbreitert worden, um auch den größeren Schiffen der Europa-Norm mit einer Nutzlast von 1350 Tonnen die Benutzung zu ermöglichen. Allein in Hannover entstanden drei Kanalhäfen. Auch Hannover-Linden und die Städte Osnabrück, Hildesheim und Salzgitter wurden an den Mittellandkanal angeschlossen. In Hildesheim wurde das Ereignis 1928 mit einem Festakt im Rathaus gefeiert, bei dem wiederum Reichspräsident Hindenburg anwesend war (Bild rechts).

Verkehrsnetzes, besonders die vom Provinziallandtag nachdrücklich geförderte Anlage von Kleinbahnen, wurden viele ländliche Regionen aus ihrer Abgelegenheit erlöst und erhielten die Möglichkeit, sich für agrarische ebenso wie für gewerbliche Produkte einen größeren Markt zu erschließen. Weil ein beträchtlicher Teil der ländlichen Unterschicht in die Städte abgewandert war, wurde um die Jahrhundertwende in manchen Gegenden sogar ein Mangel an Arbeitskräften spürbar, der nur durch Saisonarbeiter aus Schlesien oder Polen behoben werden konnte.

Insgesamt nahm die Provinz Hannover ebenso wie die drei niedersächsischen Kleinstaaten in erfreulichem Maß an dem wirtschaftlichen Aufschwung teil, der die Zeit des wilhelminischen Kaiserreichs in Deutschland insgesamt erfasst hatte. Mit der Anlage neuer Wasserstraßen sollte diese Entwicklung verstärkt und in die Zukunft hinein weitergeführt werden. 1899 wurde der Dortmund-Ems-Kanal fertiggestellt, von dem die westlichen Regionen und besonders die Stadt Emden sich neue Impulse erhofften. 1906 begann nach langen Diskussionen der Bau des Mittellandkanals, der seit 1916 Hannover mit Minden verband und später bis an die Elbe bei Magdeburg weitergeführt wurde. Braunschweig und Peine erhielten dadurch Häfen, und Osnabrück, Hildesheim und Salzgitter wurden durch Stichkanäle an das Wasserstraßennetz angeschlossen.

Noch ganz am Anfang seiner späteren Bedeutung als Wirtschaftsfaktor stand um 1900 der Tourismus. Allein der Harz und die Seebäder auf der ostfriesischen Inselkette zogen schon Erholungsuchende von weit her an. Die landschaftlichen Schönheiten der Lüneburger Heide oder des Weserberglandes aber wurden gerade erst entdeckt. Die Heide machte der im fernen Kulm geborene, aber in Hannover und zeitweise in Bückeburg ansässig gewordene Hermann Löns mit seinen Liedern und Naturerzählungen populär. Um den Wilseder Berg und den Totengrund entstand 1910 auf Initiative des Heidepastors Wilhelm Bode (1860–1926) der erste Naturschutzpark in Deutschland. In Worpswede im Teufelsmoor bei Bremen und auch im oldenburgischen Dangast am Jadebusen bildeten sich Künstlerkolonien, wo Maler die Anregungen, die ihnen die umgebende Natur vermittelte, in ihren Bildern verarbeiteten. Die im ersten Jahrzehnt des 20. Jahrhunderts aufkommende Heimatbewegung bemühte sich, durch Rückbesinnung auf Tradition und Brauchtum ein Zeichen gegen die ihr bedrohlich erscheinende Verstädterung und Mobilität zu setzen. Mit ihrer Zeitschrift „Niedersachsen" machte sie deutlich, dass ihr Heimatbegriff nicht durch die immer noch vorhandenen Provinz- und Ländergrenzen eingeengt war, sondern sich auf den gesamten Raum bezog, den das künftige Bundesland tatsächlich einmal einnehmen sollte.

Die guten Böden im Herzogtum Braunschweig erlaubten den Anbau von Zuckerrüben, die seit etwa 1830 im Lande selbst zu Zucker verarbeitet wurden. 1855 gab es acht, um 1900 bereits 31 Zuckerfabriken. Die meisten entstanden als Aktiengesellschaften, zu denen sich die Rübenbauern zusammengeschlossen hatten. Die Aktie der Fabrik im Ort Hessen, heute in Sachsen-Anhalt gelegen, wurde 1899 für den „Ackermann" Robert Kühne in Dersheim ausgestellt.

Die Schönheit niedersächsischer Landschaften hat Reisende schon seit dem späten 18. Jahrhundert beeindruckt. Um 1900 setzte ein Tourismus ein, der ständig ausgebaut wurde und besonders für die Küstenregion und den Harz zu einem wichtigen Wirtschaftsfaktor geworden ist. Auf seiner Harzreise lernte Heinrich Heine auch das wildromantische Okertal mit seinen bizarren Granitformationen kennen. Von den bis zu 610 Meter hohen Kästeklippen bietet sich eine phantastische Fernsicht zum Brocken. Unmittelbar am Wanderweg nach Romkerhalle liegt die „Mausefalle", ein Naturwunder aus Stein.

Niedersachsen im Bismarck-Reich

Zu einem Kuraufenthalt im Staatsbad Norderney gehörte um 1900 nicht nur das Baden im offenen Meer, sondern bei gutem Wetter auch die „Luftkur", das Flanieren auf der Promenade, die schon seit 1889 mit elektrischer Beleuchtung versehen war. Auf gutbürgerliche Bekleidung wurde dabei, anders als heute, großer Wert gelegt.

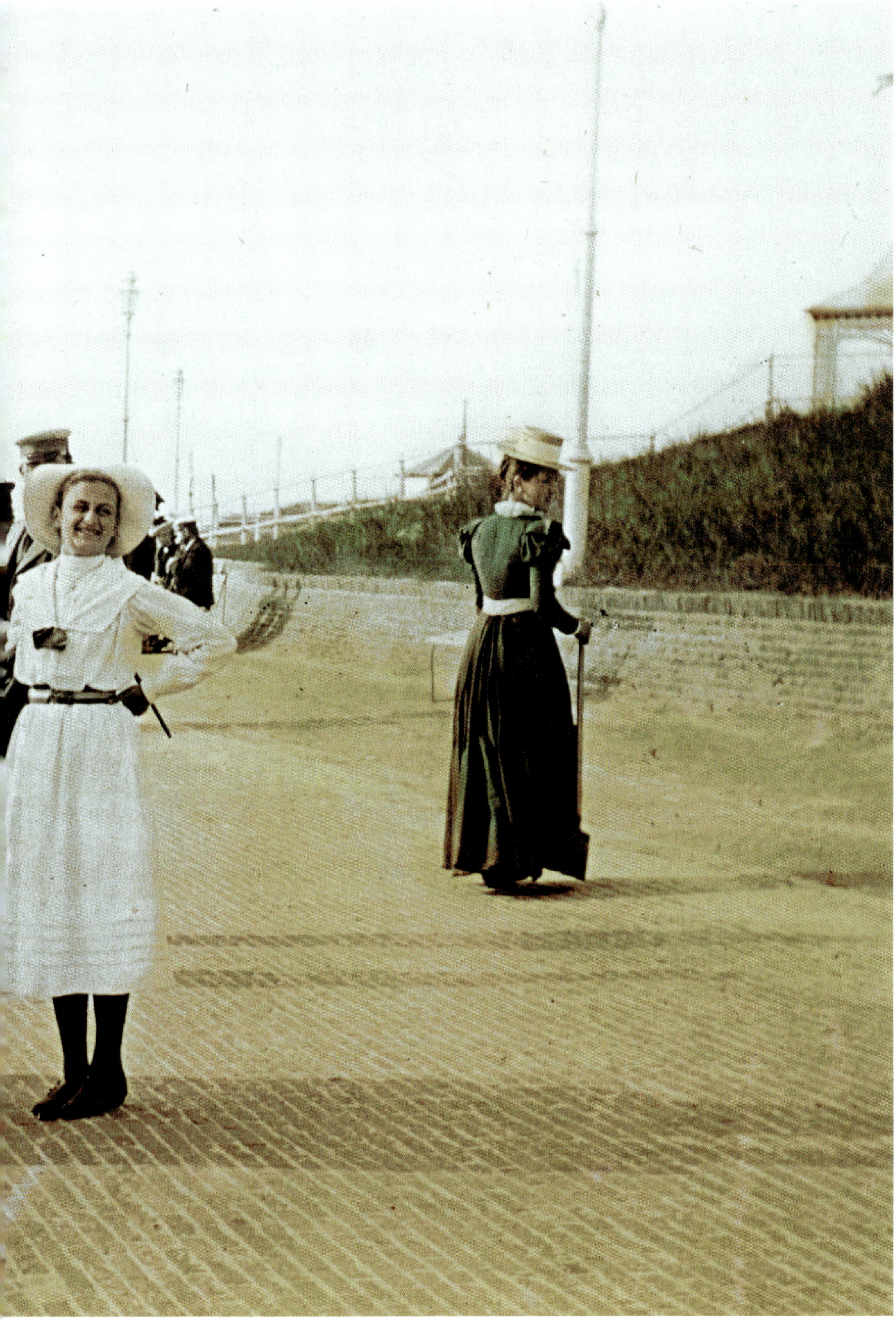

Wilhelm Bode (1860–1926), Pastor in Egestorf, ist der Retter der Heidelandschaft um Wilsede. Er veranlasste 1910 den soeben gegründeten „Verein Naturschutzpark" dazu, den Wilseder Berg und den Totengrund anzukaufen, um dem drohenden Zugriff von Bauspekulanten zuvorzukommen. Um diesen Kern entstand das erste deutsche Naturschutzgebiet. Es umfasst heute eine Fläche von 23 400 Hektar.

Heidschnuckenherden sind unverzichtbar, um die letzten Heideflächen in ihrem jetzigen Zustand zu erhalten. Sie verbeißen die auflaufenden Triebe von Birken, Erlen und anderem Buschwerk, das sonst in kurzer Zeit das Heidekraut überwuchern und verdrängen würde. Der Heidschnuckenbraten gilt als eine norddeutsche Spezialität.

Der Totengrund bildet neben dem Wilseder Berg den Kern des Naturschutzgebiets im Herzen der Lüneburger Heide. Woher er seinen Namen hat, ist immer noch unklar und lässt sich nicht zweifelsfrei klären. Mit seinen weiten Heideflächen und im Dämmerlicht gespenstisch anmutenden Wacholdergruppen verkörpert der Totengrund den Idealtypus der Landschaft zwischen Lüneburg, Uelzen und Soltau, wie sie sich im 18. Jahrhundert darbot. Heute ist davon nur noch wenig erhalten.

Der Barkenhoff war der Mittelpunkt der Künstlerkolonie, die sich Ende des 19. Jahrhunderts in Worpswede zusammengefunden hatte. Der Hausherr Heinrich Vogeler (1872–1942), ein bedeutender Vertreter des Jugendstils, versammelte hier zusammen mit seiner ersten Frau Martha (geb. Schröder, 1879–1961) Maler-, Bildhauer- und Dichterfreunde wie Paula Modersohn-Becker und Otto Modersohn, Clara Westhoff und Rainer Maria Rilke.

Martha Vogeler ließ 1920 eine Moorkate aus dem Dorf Lüningsee nach Worpswede in die Straße Am Schluh (niederdeutsch für Sumpf) versetzen und zum Wohnhaus für sich und ihre drei Töchter ausbauen. Das Haus rechts im Bild, aus Grasdorf ebenfalls in den Schluh umgesetzt, beherbergte eine Handweberei. Beide Gebäude sind heute dem Andenken ihres in Russland verstorbenen Mannes Heinrich Vogeler gewidmet; sie zeigen Möbel und Hausrat aus dem Barkenhoff und in wechselnden Ausstellungen Bilder aus den unterschiedlichen Epochen seines künstlerischen Schaffens.

Auch der Architekt und Bildhauer Bernhard Hoetger (1874–1949) lebte und arbeitete von 1914 bis 1929 in Worpswede. Am Fuß des Weyerbergs, den sein monumentaler Niedersachsenstein bekrönt, errichtete er 1921 bis 1922 den expressionistischen Bau des „Café Worpswede", ein begehbares Kunstwerk, das den von ihm besonders geschätzten norddeutschen Backstein mit exotisch wirkenden Stilelementen verbindet. Die Worpsweder nennen das ohne festen Bauplan entstandene und auf jede Symmetrie verzichtende Gebäude noch heute „Café Verrückt". In der nahe gelegenen „Großen Kunstschau" (nicht im Bild) lassen sich Werke fast aller der Worpsweder Künstlerkolonie angehörenden Maler und Bildhauer besichtigen.

Das 20. Jahrhundert

Erster Weltkrieg und Novemberrevolution

Wie überall in Deutschland, so gab es auch in der Provinz Hannover und in den drei Kleinstaaten auf niedersächsischem Boden im August 1914 zumindest beim Bürgertum zunächst eine Welle der patriotischen Begeisterung und der Siegesgewissheit. In Hannover erfasste sie auch die der Sozialdemokratie zuneigende Arbeiterschaft. Die SPD-Parteiführung in Berlin hatte die Parole ausgegeben, man dürfe das Vaterland trotz aller Vorbehalte gegen die regierenden Kreise nicht im Stich lassen, und hatte einen innenpolitischen Burgfrieden ausgerufen. In Braunschweig allerdings riefen linke Sozialdemokraten schon früh zu Massenprotesten gegen den Krieg auf, ohne damit aber viel Wirkung zu erzielen. Die Siegesgewissheit flaute dann rasch ab, als der Kriegseinsatz der Ehemänner und Söhne länger dauerte, als man gehofft hatte, und als sich die Verlustmeldungen von der Front häuften und es zu ersten Versorgungsengpässen kam. Die Wirtschaft musste den Übergang von der Friedens- zur Kriegsproduktion verkraften, was ihr insgesamt auch problemlos gelang. Sie erhielt zusätzlichen Auftrieb durch Heeresaufträge und musste, da viele der Männer eingezogen waren, in erheblichem Maß auf Frauenarbeit zurückgreifen. Auch Kriegsgefangene, für die an vielen Stellen im Land Lager eingerichtet worden waren, wurden zum Arbeitseinsatz herangezogen, vor allem bei der Ernte, aber auch bei Kultivierungsmaßnahmen und beim Torfabbau. Seit dem Frühjahr 1915 wurden die knapp gewordenen Nahrungsmittel rationiert und Brot- und Lebensmittelkarten ausgegeben. Das konnte aber den Rückgang der Zuteilungen bis weit unter die Grenze des minimalen Bedarfs nicht verhindern. Höhepunkt der Ernährungskrise war der berüchtigte „Steckrübenwinter" 1916/17. Als unan-

Die Ausrufung des Kriegszustands am 31. Juli 1914 weckte auch in Niedersachsen nationale Begeisterung und Euphorie. Viele Männer meldeten sich als Kriegsfreiwillige. Die in die Kasernen einrückenden Soldaten wurden, wie hier in Wolfenbüttel, von der Bevölkerung mit Jubel begleitet, oft auch mit Blumen beschenkt. Nach den ersten Verlustmeldungen kehrte jedoch Ernüchterung ein.

Das Deutsche Reich war vor 1914 stark abhängig von der Einfuhr von Nahrungsmitteln, besonders von Getreide. Die Kriegsgegner setzten eine Blockade durch, die zu einer strengen Bewirtschaftung und Rationierung der Grundnahrungsmittel zwang. Lebensmittelmarken wurden ausgegeben, auch für Kartoffeln, doch die Zuteilungen wurden immer geringer. Wegen der Hungerrationen im „Steckrübenwinter" 1916/17 kam es in Braunschweig zu einer Streikwelle.

genehme Begleiterscheinung kam vor allem in den Städten der Schwarzhandel auf. Die Landbevölkerung dagegen litt wegen ihrer weitgehenden Selbstversorgung bis gegen Kriegsende kaum Not.

Während die Zivil- und Militärbehörden in Hannover die Lage trotz aller sozialen Spannungen im Griff behielten, bewirkte der Krieg in Braunschweig eine Emotionalisierung und Radikalisierung der Arbeiterschaft, die schließlich in offene Empörung einmündete. Es begann mit einem Erlass des Kommandierenden Generals des 10. Armeekorps in Hannover, der mit der Ausrufung des Kriegszustands am 31. Juli 1914 die vollziehende Gewalt im Wehrbezirk übernommen hatte. Er schrieb jugendlichen Arbeitern im Mai 1916 vor, einen Teil ihres Lohns zwangsweise zu sparen. Während das in Hannover murrend hingenommen wurde, kam es in Braunschweig zu einer der ersten größeren Streikbewegungen, die immerhin erreichte, dass der Sparerlass zurückgenommen wurde. In der Folgezeit blieb es unruhig, und 1917 gab es weitere Streiks, diesmal wegen der miserablen Ernährungslage. Dabei wurden auch schon erste politische Forderungen erhoben. Die russische Revolution vom März 1917 hatte eine Antikriegsstimmung ausgelöst, die nicht nur von Rüstungsarbeitern, sondern auch von Frauen und Jugendlichen getragen und durch die sich häufenden Verlustmeldungen – allein im Herzogtum Braunschweig waren etwa 15 000 Gefallene zu beklagen – immer wieder angestachelt wurde. Die Behörden gingen gegen die Wortführer rigoros vor, konnten aber die schleichende Eskalation nicht verhindern. Als die Sozialdemokratie sich im dritten Kriegsjahr spaltete, bekannte sich der größte Teil der Braunschweiger Parteimitglieder zur linksgerichteten, radikalen USPD (Unabhängige Sozialdemokratische Partei Deutschlands) und stellte damit den Vorsitzenden Heinrich Jasper bloß, der zur gemäßigten Mehrheits-SPD hielt.

Die Revolution, die zum Sturz der Monarchie in Deutschland führen sollte, nahm ihren Ausgang an der Küste. Sie begann am 29. Oktober 1918 in Wilhelmshaven mit Meutereien. Die dort stationierten Marinesoldaten hatten befürchtet, bei einem in ihren Augen sinnlosen letzten Auslaufen der Flotte allein um der Ehre der Marine willen geopfert zu werden. Ihren Widerstand dagegen verbanden sie bald schon mit politischen Forderungen. Der Funke sprang nach Kiel und in andere Hafenstädte über und breitete sich von dort wie ein Lauffeuer in das Binnenland aus. Die einlenkende Bereitschaft der Regierungen, das Dreiklassenwahlrecht auf Länderebene abzuschaffen und ein parlamentarisches Regierungssystem einzuführen, kam zu spät. Am 6. November 1918 übernahm in Wilhelmshaven ein Arbeiter- und Soldatenrat die militärische und zivile Befehlsgewalt. Er gab das Vorbild für viele andere Orte ab, in denen gleichfalls Räte entstanden und anstel-

Die Marinestandorte Kiel und Wilhelmshaven waren die Keimzellen der Revolution vom November 1918. Aufgebrachte Matrosen weigerten sich, in eine sinnlose letzte Seeschlacht zu ziehen, nur weil ihre Führung glaubte, die Ehre der Marine retten zu müssen. Ihre Meuterei verband sich mit Forderungen nach einem politischen Umsturz. Das Foto zeigt Wilhelmshavener Matrosen vor Schiffen der Hochseeflotte, deren Auslaufen sie verhindert hatten.

le der lokalen Verwaltungen und militärischen Kommandostellen das Heft in die Hand nahmen. Meist gaben dabei heimkehrende Soldaten, Sozialisten und Gewerkschaftler den Ton an, Vertreter des Bürgertums waren aber durchaus zur Mitarbeit bereit.

Zu Brennpunkten des Geschehens in Niedersachsen wurden aus naheliegenden Gründen die vier Hauptstädte. Noch am 6. November traf ein Trupp Matrosen in Braunschweig ein und wirkte dort als ein Katalysator, der die durchaus schon vorhandene revolutionäre Stimmung hoch aufwallen ließ. Es kam zu Demonstrationen und zur Befreiung von Gefangenen. Eine Abordnung des am 8. November gewählten Arbeiter- und Soldatenrats legte Herzog Ernst August eine Abdankungsurkunde vor, die dieser nach kurzer Bedenkzeit unterschrieb. Zwei Tage später rief der Arbeiter- und Soldatenrat die „Sozialistische Republik Braunschweig" aus. Die Regierungsgewalt übernahm ein Rat der Volksbeauftragten mit dem aus Niederbayern stammenden, aber schon länger in der Stadt ansässigen Sepp Oerter (1870–1928) an der Spitze. In dieser Revolutionsregierung saß mit Minna Faßhauer (1875–1949) erstmals in Deutschland eine Frau auf einem Ministersessel.

Im Herzogtum Oldenburg war es der Wilhelmshavener Arbeiter- und Soldatenrat, der am 10. November eine „Republik Oldenburg-Ostfriesland" ausrief und den Großherzog Friedrich August für abgesetzt erklärte. Dessen förmliche Abdankung erfolgte einen Tag später. Das Herzogtum war damit zu einem Freistaat geworden, in dem ein aus der bisherigen Landtagsopposition gebildetes Direktorium die Regierung übernahm. Der Landtag

Zu den Hauptforderungen der Revolutionäre gehörte die Abschaffung der Monarchie. Am 10. November 1918 rief der Arbeiter- und Soldatenrat in Wilhelmshaven vor einer großen Menschenmenge die „Republik Oldenburg-Ostfriesland" aus und erklärte den Oldenburger Großherzog für abgesetzt. Der Traum von einem Küstenstaat an der Nordsee war aber schnell ausgeträumt. Es blieb bei den überkommenen Ländergrenzen.

In der Stadt Braunschweig wurde am 8. November 1918 getrennt je ein Arbeiter- und ein Soldatenrat gewählt. Noch am selben Tag erschien eine gemeinsame Delegation beider Räte – im Bild mit ihrem Sprecher August Merges in der Mitte – beim Herzog und legte ihm eine Abdankungsurkunde vor, die er nach kurzem Zögern unterschrieb.

Spontan gebildete Arbeiter- und Soldatenräte übernahmen in allen größeren Städten ohne Widerstand der bisherigen Autoritäten die vollziehende Gewalt und sorgten für Ruhe und Ordnung. Eine demokratische Legitimation besaßen sie nicht und lösten sich, nachdem die Verhältnisse sich stabilisiert hatten, meist freiwillig wieder auf. Wie ein bürgerlicher Honoratiorenverein posierte der 21er Rat, ein engerer Ausschuss des Arbeiter- und Soldatenrats der Marine-Nordseestation in Wilhelmshaven, vor der Kamera.

wurde als einziges der deutschen Länderparlamente nicht aufgelöst, sondern konnte vorerst weiterarbeiten. In Schaumburg-Lippe dauerte die Monarchie ein paar Tage länger, weil keiner der einheimischen Sozialdemokraten es wagte, Fürst Adolf die Abdankung nahezulegen. Es bedurfte erst der Drohung des sozialdemokratischen Parteisekretariats in Bielefeld, den Rücktritt notfalls mit militärischer Gewalt zu erzwingen, um am 15. November das gewünschte Resultat zu erzielen. Im Bückeburger Arbeiter- und Soldatenrat fanden sich gemäßigte Sozialdemokraten und Angehörige der bürgerlichen Schicht zusammen; für Radikale gab es in Schaumburg-Lippe keinen Platz. Die Initiative ging dann aber bald an den Volks- und Soldatenrat Stadthagen über. Dessen Vorsitzender Heinrich Lorenz (1878–1947), ein gemäßigter Sozialdemokrat, übernahm auch die Führung in einem fünfköpfigen Landesrat, der sich zur provisorischen Regierung des Landes erklärte und eng mit dem bisherigen Ministerium zusammenarbeitete.

In Hannover galt es keinen Monarchen zu stürzen, im Übrigen aber verlief die Revolution nach etwa dem gleichen Muster wie in den anderen Hauptstädten. Eine Gruppe von Marinesoldaten traf am 7. November auf dem Bahnhof ein und zog, unterstützt von Fronturlaubern, in die Innenstadt, wo sie Militärgefangene aus der Haft befreite und Kommandostellen besetzte. Auf ernsthaften Widerstand stieß sie nicht. Noch am selben Tag konstituierte sich ein Soldatenrat, der mit der Führung der hannoverschen SPD Kontakt aufnahm und zusammen mit ihr einen Arbeiter- und Soldatenrat bildete. Dessen Hauptziel war es, Sicherheit und Ordnung zu gewährleisten. Ein „Unabhängiger Soldaten-

Großherzog Friedrich August von Oldenburg (1852–1931) erklärte für sich und seine Nachkommen am 11. November 1918 den Thronverzicht (links). Seine Hoffnung auf Kontinuität der Staatsverwaltung, die er in der besiegelten, von zwei Ministern gegengezeichneten Urkunde ausdrückte, erfüllte sich.

In Bückeburg konnte die lokale Zeitung die Abdankung Fürst Adolfs II. zu Schaumburg-Lippe (1883–1936) erst am 15. November 1918 in einem Extrablatt verkünden. Es bedurfte einer Drohung von auswärts, damit der bürgerlich geprägte Arbeiter- und Soldatenrat dem Landesherrn die Rücktrittsforderung überbrachte.

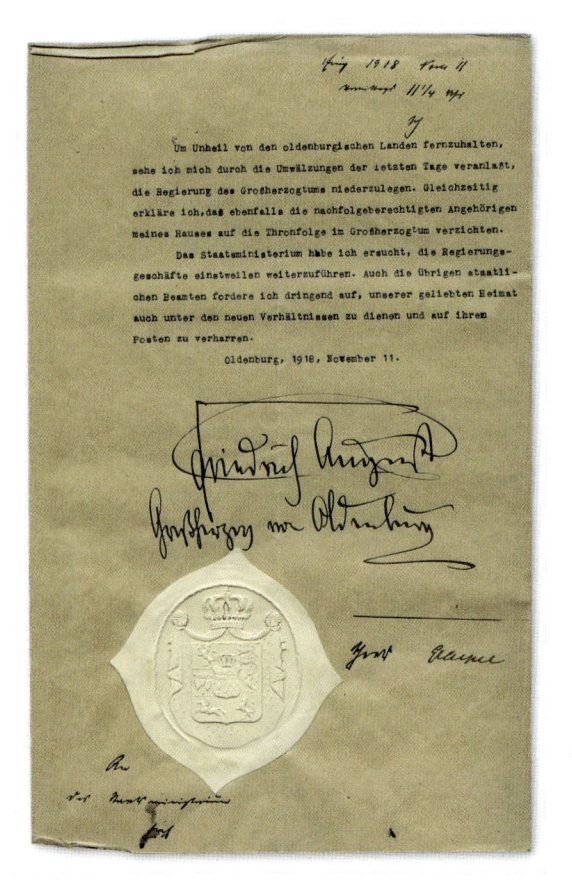

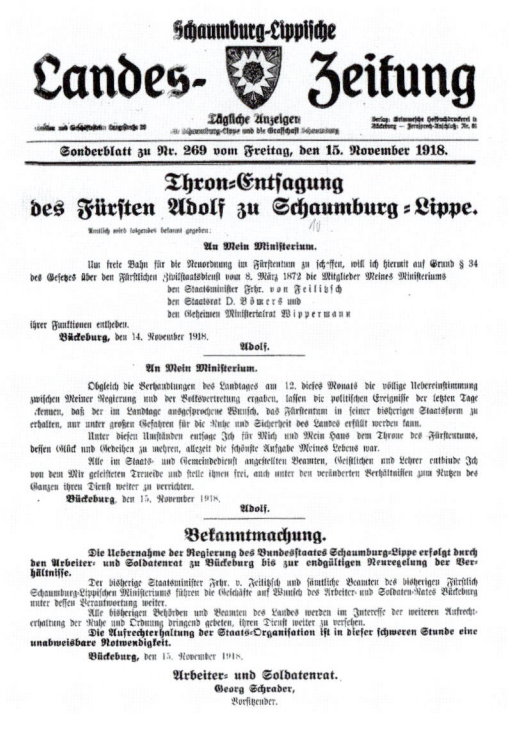

rat" nahm eine radikalere Position ein, konnte aber nach der Einigung auf einen Kompromiss in den Arbeiter- und Soldatenrat integriert werden, der seine Aktivitäten auf die Stadt Hannover beschränkte und anders als in den drei Residenzstädten nicht den Anspruch erhob, für die ganze Provinz zu sprechen. Die Behörde des Oberpräsidenten als Statthalter der preußischen Regierung in Hannover wurde von ihm nicht in Frage gestellt und konnte ebenso weiterarbeiten wie die gesamte staatliche Verwaltung.

Im Staat von Weimar

Die Beseitigung des monarchischen Systems und die Machtübernahme durch die revolutionären Kräfte war überall in Niedersachsen fast reibungslos, in relativer Ruhe und ohne Blutvergießen verlaufen; nur in der Stadt Hannover hatte es Erschießungen von Plünderern gegeben. Jetzt kam es darauf an, möglichst rasch wieder geordnete Verhältnisse herzustellen und in den drei jungen Freistaaten Regierungen zu installieren, die Autorität genug hatten, um die wirtschaftlichen und sozialen Probleme der Nachkriegszeit in den Griff zu bekommen. Am schwierigsten war das in Braunschweig, weil sich hier der linksgerichteten Revolutionsregierung eine bürgerliche Sammlungsbewegung entgegenstellte, die ihr den Machtanspruch streitig machte. Die alten Strukturen des Staatsaufbaus blieben zunächst bestehen. Schon im Dezember 1918 wurde ein neues Landesparlament gewählt, nun natürlich durch geheime und gleiche Wahl, die auch den Frauen nicht länger die Beteiligung vorenthielt. Die Sozialisten waren die eindeutigen Sieger. Im Wettstreit zwischen ihren beiden Flügeln aber

Sepp Oerter verwand es nicht, dass die USPD ihn fallen gelassen hatte. In einer 1922 veröffentlichten „Anklageschrift" (links) warf er ihren Leitungsgremien Verrat vor. Noch im selben Jahr trat er der rechtsextremen „Völkischen Bewegung" und 1924 der NSDAP bei.

Im April 1919 rief der linksradikale Spartakus-Bund in Braunschweig einen Generalstreik aus, um eine Räterepublik zu erzwingen. Das Bürgertum antwortete mit einem Gegenstreik. Um einen Bürgerkrieg zu verhindern, verhängte die Reichsregierung den Belagerungszustand und sandte den General Maercker mit einem Freikorps nach Braunschweig. Bei einer Parade auf dem Löwenwall am Ostersonntag wurde die Truppe von den Bürgerlichen begeistert gefeiert.

Sepp (Josef) Oerter (1870–1928) war der führende Kopf der USPD, des linken Flügels der Braunschweiger Sozialdemokratie. 1920–1921 war er Ministerpräsident, wurde dann aber wegen einer Bestechungsaffäre von der Mehrheits-SPD und den Bürgerlichen ausgebootet.

Heinrich Jasper (1875–1945) war Führer der gemäßigten Sozialdemokraten in Braunschweig. Der nationalsozialistische Ministerpräsident Klagges ließ ihn nach 1933 in Konzentrationslager einweisen. Kurz vor Kriegsende kam Jasper in Bergen-Belsen ums Leben.

übertrumpfte die gemäßigte Mehrheits-SPD die USPD, deren Wähler sich vor allem aus der Industriearbeiterschaft rekrutierten. Heinrich Jasper (1875–1945) wurde jetzt zum Gegenspieler Sepp Oerters. Ihre politische Rivalität lief auf die Frage hinaus, ob der neue Staat sich zu einer Räterepublik entwickeln oder nach den Grundsätzen des parlamentarischen Systems aufgebaut werden sollte. Im April 1919 rief die Linke einen Generalstreik mit dem Ziel aus, überall in Deutschland das Rätesystem einzuführen. Das bürgerliche Lager antwortete mit einem Gegenstreik. Das öffentliche Leben wurde dadurch lahmgelegt, und es drohte sogar ein Bürgerkrieg. Die Reichsregierung verhängte deshalb am 13. April den Belagerungszustand über Braunschweig und ordnete die Reichsexekution an, die vier Tage später von einem Freikorps unter dem General Georg Maercker durchgeführt wurde. Dabei kam es zu bewaffnetem Widerstand, und es gab Tote und Verwundete, aber letztlich konnte die Ruhe wiederhergestellt werden. Die Phase der Revolution in Braunschweig war damit beendet. Die Polarisierung zwischen bürgerlichem und sozialistischem Lager aber, die sich schon während des Krieges abgezeichnet hatte, verschärfte sich und sollte bis über das Ende der Weimarer Republik hinaus andauern.

Ruhiger ging es in Oldenburg zu. Hier wurde im Februar 1919 eine verfassunggebende Landesversammlung gewählt, die im Juni eine neue Verfassung beschloss. Sie stand auf der Basis der Weimarer Reichsverfassung und bekannte sich zur Souveränität des Volkes, zur republikanischen Staatsform, zu Gewaltenteilung und Verantwortlichkeit der Regierung gegenüber dem Parlament. Auch ein Bekenntnis zu den Grundrechten, wie sie während der bürgerlichen Revolution von 1848 formuliert worden waren, wurde abgelegt. Bis 1923 wurden die oldenburgischen Regierungen von Parteibündnissen getragen, die sich an der Weimarer Koalition orientierten. Als Ministerpräsident war der Liberale Theodor Tantzen (1877–1947) der herausragende Politiker in dieser Anfangsphase des jetzigen Freistaats. Sein Mitte-Links-Kabinett stützte sich auf die Deutsche Demokratische Partei, das Zentrum und die SPD. Es war vor allem sein Verdienst, dass der Wechsel von der Monarchie zur Demokratie sich ohne größere Reibungsverluste vollzog und die unvermeidlichen Umbrüche durch ein hohes Maß an Kontinuität abgemildert wurden.

Von 1923 an geriet das scheinbar gefestigte parlamentarische System jedoch in eine Krise. Die Parteien blockierten sich gegenseitig; eine verlässliche Regierungsbildung konnte so nicht stattfinden. In dieser Situation behalf man sich mit der Einsetzung von reinen Beamtenkabinetten, hinter denen keine feste parlamentarische Mehrheit stand. Das war nur möglich, weil die oldenburgische Verfassung eine Bestimmung enthielt, die es anderswo nicht gab: Die Regierungen hatten das Recht, nach einem erfolgreichen Misstrauensvotum den Landtag aufzulösen. Davon machten sie mehrfach Gebrauch, und so konnte sich das eigentlich demokratiefremde System des Regierens am Parlament vorbei neun Jahre lang halten. Die zu Beginn der Weimarer Republik diskutierten Pläne für eine Reichsreform, die das Ende der oldenburgischen Eigenstaatlichkeit bedeutet hätte, wurden im Land mit Skepsis und Misstrauen betrachtet. Man wollte die Selbständigkeit nicht aufgeben, aus ideellen ebenso wie aus wirtschaftlichen Gründen, und war zufrieden, als alle Entwürfe und Lösungsvorschläge mit der 1929 beginnenden Weltwirtschaftskrise in der Schublade verschwanden.

In Schaumburg-Lippe hingegen wurde die Frage, ob man sich die Eigenstaatlichkeit noch länger leisten könne, zum beherrschenden Thema der Politik. Die Wahl zum neuen Landtag am 16. Februar 1919 hatte den Sozialdemokraten die Mehrheit gebracht; sie blieben mit einer kurzen Unterbrechung bis 1933 die bestimmende Kraft. Schon im März 1919 beschloss der Landtag eine Vorläufige Verfassung, in der sich das Land zu einem Freistaat als Glied des Deutschen Reichs erklärte. Das Fürstenhaus wurde nach friedlich verlaufenen Verhandlungen im Mai 1920 mit einem Teil des Domaniums (Staatsgut) abgefunden; es war vermögend genug, um sich den Verzicht auf den Rest leisten zu können. Der Staatshaushalt aber, der nun nicht mehr wie bisher auf einen Ausgleich aus der Privatschatulle des Fürsten rechnen konnte, geriet zunehmend in Schieflage, und immer mehr Verwaltungsaufgaben mussten von preußischen Ämtern miterledigt werden, da Schaumburg-Lippe sich eigene Fachbehörden nicht leisten konnte. Schließlich zählte man 45 Sachgebiete, bei denen solche nachbarliche Hilfe in Anspruch genommen werden musste. Die Landesregierung rang sich deshalb zu der Einsicht durch, dass den Interessen des Landes mit dem Aufgehen in einem größeren Staatsverband am besten gedient sein würde. Dabei wies sie Vorschläge zurück, die auf eine Vereinigung mit Lippe oder Westfalen zielten, und strebte bewusst die Eingliederung in die preußische Provinz Hannover an, die auch von der heimischen Wirtschaft gefordert wurde. Doch insgesamt stieß sie damit auf wenig Gegenliebe und wurde bei einer Volksabstimmung 1926 nicht nur von der bürgerlichen Opposition, sondern auch von einem Teil ihrer sozialdemokratischen Wähler im Stich gelassen. Ein zweiter Versuch, über die Köpfe der Bevölkerung hinweg durch Landtagsbeschluss den Anschluss an Hannover herbeizuführen, verfehlte nur knapp die erforderliche verfassungändernde Zweidrittelmehrheit. So blieb Schaumburg noch für einige Jahre zu einer Selbständigkeit verurteilt, die längst schon eine nur noch mühsam aufrechterhaltene Fassade war.

In Braunschweig schwang das Pendel zwischen den politischen Gruppierungen weiter hin und her. Die Linke, also SPD und USPD, und das zeitweise zersplitterte bürgerliche Lager waren etwa gleich stark. Der Einmarsch des Freikorps Maercker hatte Heinrich Jasper an die Spitze des Ministeriums gehievt, an dem weiterhin die USPD beteiligt war. Doch schon bald kam es zum Bruch zwischen den unvereinbaren Positionen, und Jasper bildete eine Große Koalition aus SPD und den Bürgerlichen, die sich zum Landeswahlverband zusammengeschlossen hatten. Die radikale Linke war in die Defensive gedrängt – da kam ihr der rechtsradikale Kapp-Putsch vom März 1920 zu Hilfe, der viele Wähler verschreckte und der USPD zutrieb. Sie gewann die folgende Wahl, und Oerter wurde wieder Ministerpräsident. Auch weiterhin agierten die beiden sozialistischen Parteien mal gegeneinander, mal gemeinsam gegen die Bürgerlichen. Immerhin konnte in dieser Phase die auf einem Kompromiss aller Parteien beruhende endgültige Verfassung des Freistaats angenommen werden. Im Oktober 1922 kam es dann doch noch zur Wiedervereinigung von SPD und USPD, parallel zum Zusammenschluss auf Reichsebene. Vorsitzender wurde Otto Grotewohl (1894–1964), der seine politische Karriere später in der DDR als Ministerpräsident fortsetzen sollte.

Es folgte bis 1929 eine Phase relativer Stabilität, in der zeitweilig die bürgerliche Seite eine knappe Mehrheit im Landtag besaß und auch die Regierung stellen konnte, in der meist aber die SPD dominierte. Beide Lager waren zu Kompromissen unfähig, und entsprechend aufgeheizt verliefen die Wahlkämpfe. Auch um die Abfindung des Herzogs hatte es Streit gegeben, der erst 1924 beigelegt werden konnte. Allmählich wuchs auch in Braunschweig zumindest bei den Regierenden die Einsicht, dass die zunehmende Verschlechterung der wirtschaftlichen Situation des Landes über kurz oder lang die Aufgabe der Selbständigkeit und den Anschluss an Preußen erzwingen würde. Entsprechende Initiativen gingen aber stets im parteipolitischen Streit unter.

In der Provinz Hannover wurde 1920 der als Reichswehrminister über den Kapp-Putsch gestürzte Gustav Noske (1868–1946) zum Oberpräsidenten ernannt. Als erster Sozialdemokrat auf diesem Posten hatte er mit Vorurteilen und Anfeindungen durch die rechtsorientierten Parteien zu kämpfen, verschaffte sich in seinem Amt aber Respekt. Im Provinziallandtag waren das linke und das

Otto Grotewohl (1894–1964) war eine der Führerpersönlichkeiten der Braunschweiger Sozialdemokratie. Er gehörte von 1921 bis 1922 als Deutschlands jüngster Minister der Staatsregierung an und war mehrere Jahre Bezirksvorsitzender der SPD. Nach Ende der NS-Zeit setzte er seine politische Karriere in der DDR fort und stieg dort bis zum Ministerpräsidenten auf.

Nach dem Kapp-Putsch im März 1920 musste der Sozialdemokrat Gustav Noske (1868–1946) als Reichswehrminister zurücktreten. Er wurde mit dem Amt des Oberpräsidenten der Provinz Hannover abgefunden. Seine Amtsführung geriet in den Parteienstreit und blieb umstritten. Die Nationalsozialisten versetzten ihn sogleich nach ihrer Machtübernahme 1933 in den Ruhestand.

bürgerliche Lager etwa gleich stark. Überraschend konnte die vor 1914 stark dezimierte Deutsch-Hannoversche Partei, der Traditionsträger der welfischen Bewegung, in der wirtschaftlichen und politischen Krisenzeit der Nachkriegsjahre noch einmal zulegen, bis auf einen Stimmenanteil von 20,8 Prozent im Jahr 1920. Ihr primäres Ziel war nun nicht mehr die Wiedereinsetzung des Welfenhauses, sondern die Loslösung Hannovers von Preußen und darüber hinaus der Zusammenschluss mit den drei nordwestdeutschen Freistaaten zu einem Land Niedersachsen, ähnlich wie es auch die Reichsreformpläne des Staatsrechtlers Hugo Preuß, der den ersten Entwurf der Weimarer Verfassung erarbeitet hatte, vorsahen. 1924 wurde in der Provinz, mit Ausnahme Ostfrieslands, eine Vorabstimmung zur Frage der Trennung von Preußen durchgeführt. Dabei stimmten immerhin 25,5 Prozent der Stimmberechtigten für ein selbständiges Land Hannover, in einigen Regionen sogar mehr als die Hälfte, aber insgesamt wurde das für einen Volksentscheid erforderliche Drittel nicht erreicht. Vor allem die Sozialdemokraten waren der aus Berlin vorgegebenen Linie gefolgt und hatten eine Abwendung von Preußen abgelehnt.

Eine andere Initiative zur Änderung der bestehenden Raumstrukturen ging 1929 vom hannoverschen Provinziallandtag aus. Er griff Vorstellungen der nordwestdeutschen Industrie- und Handelskammern auf, die für einen einheitlichen niedersächsischen Wirtschaftsraum unter Einschluss Lippes und der westfälischen Region um Herford und Bielefeld plädierten. Durch den Geographen Kurt Brüning und den Historiker Georg Schnath ließ der Landtag eine Denkschrift über die historischen, volkstumsmäßigen und kulturellen Gemeinsamkeiten sowie die wirtschaftspolitischen Vorteile eines solchen Großraums ausarbeiten. Sie rief in Westfalen heftige Abwehrreaktionen hervor, führte aber sonst zu keinem Ergebnis, zumal die Nationalsozialisten nach ihrer Machtübernahme alle Reformdiskussionen unterbanden. Lediglich zu bescheidenen Grenzkorrekturen führte 1932 eine Verwaltungsreform, bei der zahlreiche kleinere Landkreise zusammengelegt wurden. Zugleich kam der Kreis Grafschaft Schaumburg, seit 1647 eine hessische Exklave, zur Provinz Hannover, wie 1922 schon die bisher mit Waldeck vereinte alte Grafschaft Pyrmont. Der Kreis Ilfeld im Harz wurde dagegen an die Provinz Sachsen abgegeben.

NS-Diktatur und Zweiter Weltkrieg

Oldenburg und Braunschweig gehörten zu den Ländern, in denen die Nationalsozialistische Deutsche Arbeiterpartei (NSDAP) schon früh Erfolge feiern und den Fuß in die Tür zur Regierungsbeteiligung setzen konnte. In Oldenburg war 1928 das Schlüsseljahr. Bei der Landtagswahl errang die Partei acht Prozent der Stimmen und zog mit drei Abgeordneten in das Parlament ein. Im selben Jahr wurde für das Gebiet des 14. Reichstagswahlkreises, zu dem auch die hannoverschen Bezirke Osnabrück und Aurich sowie die Stadt Bremen gehörten, ein eigener Parteigau Weser-Ems eingerichtet (das übrige Niedersachsen teilten sich die Gaue Osthannover und Südhannover-Braunschweig). Zum Gauleiter wurde der „alte Kämpfer" Carl Röver (1889–1942) ernannt, der die NSDAP im Bezirk Oldenburg und Ostfriesland aufgebaut hatte. Den Durchbruch erzielte die NSDAP bei der Reichstagswahl 1930 mit 27,6 Prozent im ganzen Land und über 50 Prozent in manchen Regionen. Damit war sie zur stärksten Partei im Freistaat Oldenburg geworden. Bei den Landtagswahlen 1931 steigerte sie sich sogar auf 37,1 Prozent. Ein Großteil ihrer Wähler stammte aus dem bäuerlichen Milieu. Die Krise der Landwirtschaft in den späten zwanziger Jahren hatte vor allem im nördlichen Deutschland eine Landvolkbewegung entstehen lassen, die die Nationalsozialisten für ihre politischen Ziele zu nutzen verstanden. Aber auch in die oldenburgische Arbeiterschaft war ihnen der Einbruch gelungen. Zum Steigbügelhalter machte sich dann ausgerechnet die KPD (Kommunistische Partei Deutschlands). Gemeinsam setzten die beiden

Parteien mittels einer Volksabstimmung im April 1932 die Auflösung des Landtags durch. Die Neuwahl brachte der NSDAP 46,9 Prozent der Stimmen und 24 von 48 Landtagsmandaten. Dieses Ergebnis ermöglichte ihr erstmals in Deutschland die Alleinregierung in einem Land. Röver übernahm das Amt des Ministerpräsidenten und nutzte es dazu, die politischen Positionen der NSDAP rigoros durchzusetzen. Nur vorübergehend veranlasste ihn ein Stimmenrückgang bei der Reichstagswahl im November 1932 zur Mäßigung.

Auch in Braunschweig gelang der rechtsradikalen Partei schon früh ein Einbruch in das bürgerliche Wählerreservoir. Bei der Landtagswahl im September 1930 errang sie 22 Prozent der Stimmen und zog mit neun Abgeordneten in den Landtag ein, und die Reichstagswahl im Juli 1932 bescherte ihr sogar ein Ergebnis von 48 Prozent. Das waren mehr als zehn Prozent über dem Reichsdurchschnitt. Einleuchtende Gründe für diese Erfolge lassen sich nicht beibringen. Allenfalls kann man auf die im Land herrschende Tendenz zur Polarisierung und Radikalisierung der politischen Auseinandersetzung verweisen, die den Extremisten ihren Stimmenfang erleichterte. Wie anderswo auch nutzte die Partei für ihren Aufstieg zunächst die legalen Mittel des Rechtsstaats. Wo diese aber nicht verfingen, setzte sie, wie schon in ihrer „Kampfzeit", bedenkenlos Terror und Gewalt ein. Die Bürgerlichen wurden dabei an die Wand gespielt, allein die SPD blieb ein starker Gegenpol und erreichte zusammen mit der KPD bei der Reichstagswahl am 5. März 1933, also bereits nach Adolf Hitlers Ernennung zum Reichskanzler am 30. Januar 1933, immer noch fast 40 Prozent der Braunschweiger Stimmen, ehe sie bald darauf verboten wurde.

Der Nationalsozialist Carl Röver (1889–1942, links) war seit 1928 Gauleiter im Parteigau Weser-Ems und wurde im Juni 1932 zum Ministerpräsidenten gewählt. Ein Jahr später ernannte ihn Hitler zum Reichsstatthalter in Oldenburg und Bremen.

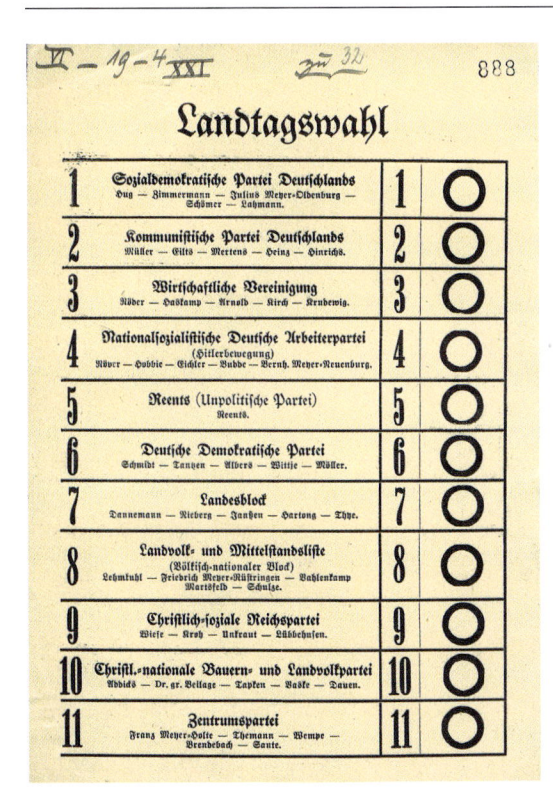

Bei den Wahlen zum Reichstag und zum Oldenburger Landtag im Jahr 1928 – links der Stimmzettel für die Landtagswahl – erzielte die NSDAP einen Durchbruch. In den Landtag entsandte sie bei einem Anteil von acht Prozent der abgegebenen Stimmen erstmals drei Abgeordnete. 1932 kam sie bereits auf 46,9 Prozent, während die SPD von 27,5 auf 18 Prozent abrutschte.

Vergeblich hatte die SPD den Trend zur NSDAP zu stoppen versucht – rechts das Titelblatt des sozialdemokratischen „Volksblatts" in Wilhelmshaven vom 28. Mai 1932.

Auf braunschweigischem Gebiet, in Bad Harzburg, schlossen sich am 11. Oktober 1931 die NSDAP, die Deutschnationale Volkspartei, der Stahlhelm und andere rechtsstehende Verbände zu einer „Nationalen Front" zusammen, um gemeinsam den Sturz der Regierung des Reichskanzlers Brüning zu betreiben. Initiator war der in Hannover geborene Wirtschaftsführer Alfred Hugenberg (1865–1951), dem die SA mit einem Vorbeimarsch ihre Verbundenheit bezeugte.

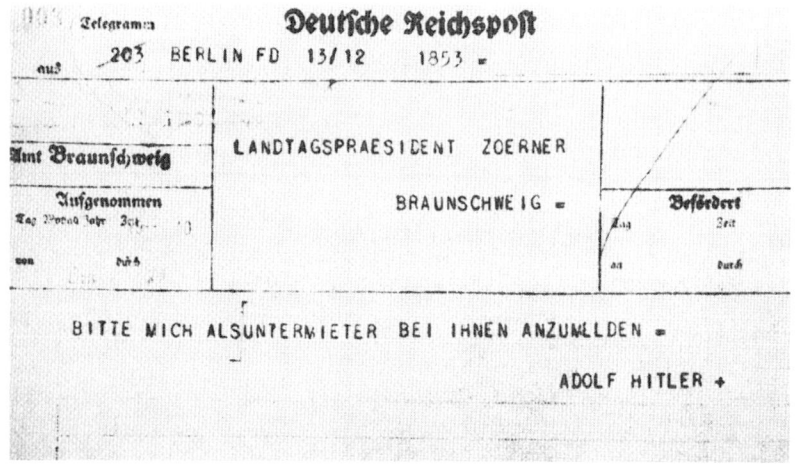

Adolf Hitler kandidierte 1932 bei der Wahl des Reichspräsidenten. Voraussetzung war die deutsche Staatsangehörigkeit. Die verschaffte dem Österreicher der nationalsozialistische Braunschweiger Landtagspräsident Ernst Zörner. Er gewährte ihm einen fiktiven Wohnsitz als Untermieter und arrangierte seine Ernennung zum Regierungsrat in Braunschweig.

Wenige Tage nach der Bildung der „Harzburger Front" berief Hitler ein reichsweites Treffen von 100 000 SA-Leuten nach Braunschweig ein. Das Foto rechts zeigt ihn in der Pose eines Triumphators am 18. Oktober 1931 auf dem Schlossplatz.

Auf braunschweigischem Boden kam es 1931 zur Gründung der „Harzburger Front", des Bündnisses der Rechten gegen die Reichsregierung Brüning, das mithalf, die „Machtergreifung" Hitlers geistig-politisch vorzubereiten. Als zweites Land nach Thüringen hatte Braunschweig schon seit 1930 einen Vertreter der NSDAP in der Regierung; ein Jahr später übernahm ein Nationalsozialist, der spätere Ministerpräsident Dietrich Klagges (1891–1971), das Ministeramt. Er sorgte dafür, dass Hitler 1932 zum Regierungsrat bei der braunschweigischen Gesandtschaft in Berlin ernannt wurde – ein Posten, den dieser natürlich nie angetreten hat, mit dem aber die Verleihung der deutschen Staatsbürgerschaft an den gebürtigen Österreicher verbunden war. Dies war die Voraussetzung, um für das Amt des Reichspräsidenten kandidieren zu können.

In Hannover und auch in Bückeburg blieb dagegen den Nationalsozialisten der Zugang zu den höheren Ämtern in Regierung und Verwaltung bis zur Machtübernahme im Reich am 30. Januar 1933 verschlossen. In Schaumburg-Lippe wurde die Landesregierung unter Heinrich Lorenz nach der Reichstagswahl vom 5. März 1933 zum Rücktritt gedrängt. Die SPD hatte dabei immer noch 39,1 Prozent der Stimmen erhalten, aber die NSDAP war mit 43,3 Prozent zur stärksten Kraft geworden und verfügte zusammen mit den Deutschnationalen über die absolute Mehrheit. Die Regierungsgewalt wurde einem Reichskommissar übertragen, später ging sie an einen in Detmold residierenden Reichsstatthalter für Lippe und Schaumburg-Lippe über.

In der Provinz Hannover hatte es im Vergleich zum Nachbarland Braunschweig während der Weimarer Republik wenig revolutionäre Aufwallungen und radikales Parteigezänk gegeben. Das lag sicher auch daran, dass alle wesentlichen politischen Entscheidungen, sowohl auf der Ebene Preußens wie auf der des Reichs, in Berlin fielen. Im hannoverschen Provinziallandtag gab es zwar auch ideologisch begründete Wortgefechte zwischen den Fraktionen, bei denen sich vor allem SPD und Deutsch-Hannoversche Partei gegenüberstanden. Doch in Sachfragen überwog meist das gemeinsame Interesse am Wohlergehen des Landes. Erst in der allerletzten Phase des Weimarer Staats versuchten die Nationalsozialisten, wenn auch ohne Erfolg, den Debatten ihren Stempel aufzudrücken. Seit 1928 hatten sie es verstanden, sich in Hannover wie in Oldenburg die wirtschaftliche Krise zunutze zu machen, in die die Landwirtschaft geraten war. Sie umwarben die Landvolkbewegung und leiteten einen guten Teil der bäuerlichen Protestwelle in die von ihnen gewünschten Bahnen. In den noch überwiegend agrarisch geprägten Regionen der Provinz und auch dort, wo bisher die welfische Bewegung ihre Hochburgen hatte, erreichten sie damit weit überdurchschnittliche Wahlergebnisse: 1930 schon 22,5 Prozent

Auch in Oldenburg warb Hitler am 5. Mai 1931 persönlich für seine Bewegung. Rechts neben ihm marschiert der SA-Obergruppenführer Viktor Lutze (1890–1943), der 1933 Polizeipräsident, dann Oberpräsident in Hannover wurde.

Mit sichtlichem Stolz meldete Braunschweigs Innenminister und späterer Ministerpräsident Dietrich Klagges (1891–1971), der ranghöchste Nationalsozialist des Landes, seinem Führer am 25. April 1933, dass nach dem Übertritt von vier Abgeordneten der Deutschnationalen Volkspartei und des Stahlhelm-Bundes nunmehr der Landtag des Freistaats als erste Volksvertretung in Deutschland gänzlich in der Hand der NSDAP sei.

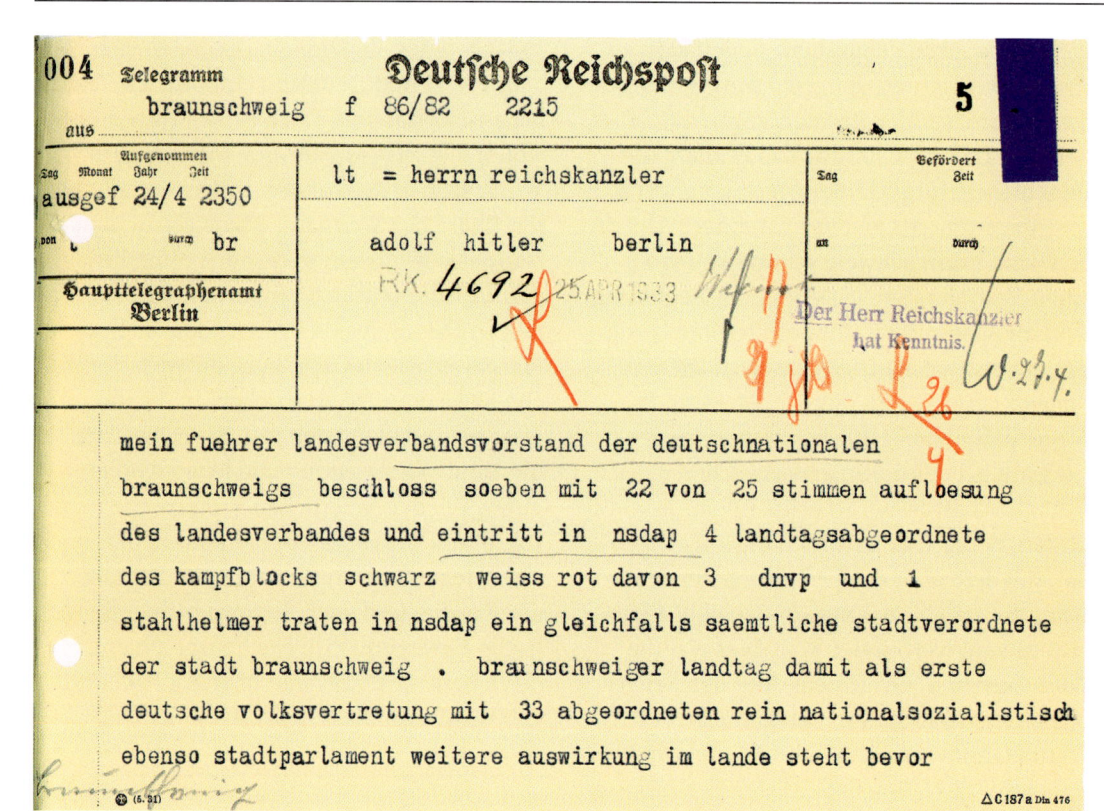

Telegramm Deutsche Reichspost

004 — braunschweig f 86/82 2215
ausgef 24/4 2350 br
Haupttelegraphenamt Berlin
RK. 4692 25 APR 1933
Der Herr Reichskanzler hat Kenntnis.

lt = herrn reichskanzler adolf hitler berlin

mein fuehrer landesverbandsvorstand der deutschnationalen braunschweigs beschloss soeben mit 22 von 25 stimmen aufloesung des landesverbandes und eintritt in nsdap 4 landtagsabgeordnete des kampfblocks schwarz weiss rot davon 3 dnvp und 1 stahlhelmer traten in nsdap ein gleichfalls saemtliche stadtverordnete der stadt braunschweig . braunschweiger landtag damit als erste deutsche volksvertretung mit 33 abgeordneten rein nationalsozialistisch ebenso stadtparlament weitere auswirkung im lande steht bevor

auf Provinzebene gegenüber nur 18,3 Prozent im Reich, 1933 dann 50,6 Prozent bei 48,6 Prozent im Reich, wobei die Bezirke Osnabrück und Hildesheim mit 61,2 und 57,2 Prozent weit vorn lagen.

Oberpräsident Noske wurde von den neuen Herren in Berlin sogleich nach der Machtübernahme aus dem Amt gejagt; sein Nachfolger wurde Viktor Lutze (1890–1943), der spätere Stabschef der SA. In allen Teilen Niedersachsens richtete sich jetzt das totalitäre Regime der NSDAP ein, das sich als erstes daran machte, jegliche Opposition auszuschalten und der verachteten Demokratie den Todesstoß zu versetzen. Politische Gegner, vor allem aus SPD und KPD, wurden bedroht und eingeschüchtert, in „Schutzhaft" genommen, in ein sogenanntes Arbeitserziehungslager oder gleich in ein Konzentrationslager (KZ) eingeliefert. Beim bürgerlichen und bäuerlichen Mittelstand, der sich von der Propaganda der NSDAP hatte einfangen lassen, dominierte Zustimmung zu diesem Vorgehen oder zumindest stillschweigende Duldung. Resistent blieben dagegen Teile der Arbeiterschaft und des katholischen Milieus; organisierter Widerstand war aber auch ihnen nicht möglich, zumal die linken Parteien und die Gewerkschaften zerschlagen waren und das Zentrum sich aufgelöst hatte. Individuelle Auflehnung wurde häufig mit jahrelanger Verbringung in ein KZ oder gar mit dem Leben bezahlt. In Braunschweig wurden Landtagsabgeordnete der linken Parteien mit brutaler Gewalt zum Mandatsverzicht gezwungen. Durch solche Nötigungen und durch Übertritte aus den anderen Fraktionen wurde der braunschweigische Landtag schon Ende April 1933 zum ersten rein nationalsozialistischen Parlament Deutschlands. Wenig später hatte das Land auch eine NS-Alleinregierung.

Das Gesetz zur Gleichschaltung der Länder vom 31. März 1933 entmachtete die Landtage und nahm ihnen alle legislative Kompetenz. Ein Jahr später wurde mit dem Gesetz über den Neuaufbau des Reichs gar die Eigenstaatlichkeit der Länder beendet. Alle Hoheitsrechte gingen auf das Reich über; Oldenburg, Braunschweig und Schaumburg-Lippe waren seitdem nur noch Verwaltungseinheiten, die dem jeweiligen Gauleiter als Reichsstatthalter unterstanden. Neben Röver im Gau Weser-Ems waren das Otto Telschow im Gau Osthannover (mit Sitz in Harburg, ab 1937 in Lüneburg) und Bernhard Rust, später Hartmann Lauterbacher in Südhannover-Braunschweig (mit Sitz in Hannover). Diese Parteigaue zogen ständig mehr Kompetenzen an sich und drohten das überkommene Verwaltungsgefüge zu sprengen. Vor allem Röver strebte nach unbeschränkter Herrschaft in seinem Gau und erreichte noch 1944 die Ausgliederung der Regierungsbezirke Osnabrück und Aurich aus der Provinz Hannover. Praktische Wirksamkeit hatte das aber nicht mehr. Auch der braunschweigische Ministerpräsident Klagges träumte vergeblich

Den jahrelangen Diskussionen über eine Erweiterung des hamburgischen Staatsgebiets setzte der Reichs- und preußische Innenminister Hermann Göring 1937 ein Ende. Mit dem Groß-Hamburg-Gesetz schlug er gegen hannoversche Proteste die Stadt Harburg-Wilhelmsburg und ihr Umland der Hansestadt zu, die dafür Cuxhaven an die Provinz Hannover abtreten musste. Am 29. März 1938 begutachtet Hitler im Kreise von Parteifunktionären ein Modell der geplanten Hafenanlagen, die Hamburg am neu gewonnenen linken Elbufer errichten wollte.

von einem Reichsgau Ostfalen, in den er die hannoverschen Bezirke Lüneburg und Hildesheim einbeziehen wollte.

Schon lange hatte die Hansestadt Hamburg danach gestrebt, über die Elbe nach Süden auszugreifen, um dort Flächen für die dringend notwendige Hafenerweiterung, für weitere Gewerbeansiedlung und neue Wohnquartiere zu gewinnen. Lange hatten sich Preußen und besonders die Provinz Hannover gegen solche Pläne gesträubt, die den Verlust althannoverschen Territoriums zur Folge haben mussten. Reichsinnenminister Hermann Göring wischte nun alle Einreden der Betroffenen vom Tisch; mit dem Groß-Hamburg-Gesetz von 1937 wurden die Städte Harburg und Wilhelmsburg mit den Inseln im Strom und einer Reihe umliegender Dörfer dem Hamburger Staatsgebiet zugeschlagen. Als bescheidenen Ausgleich erhielt Hannover das bisher hamburgische Cuxhaven, musste aber die Stadt Wilhelmshaven an Oldenburg abtreten, dessen Verbindung mit Lübeck und Birkenfeld nun gekappt wurde. Eine weitere Flurbereinigung gab es 1941: In einem Gebietstausch übernahm Braunschweig den benachbarten Kreis Goslar und gab dafür den Kreis Holzminden im Weserdistrikt an die Provinz Hannover. Schaumburg-Lippe und der Kreis Grafschaft Schaumburg waren dem Gau Westfalen-Nord zugeteilt worden. Dessen Gauleiter wehrte sich gegen Versuche, das zugunsten Hannovers zu ändern, unter anderem mit dem Argument, er brauche die blonden und hochgewachsenen Schaumburger für seine Parteiämter, weil mit den kleinwüchsigen und dunkelhaarigen Westfalen kein Staat zu machen sei.

Die darin anklingende Ideologie der Nationalsozialisten hatte Niedersachsen eine besondere Rolle bei der Propagierung des Blut-und-Boden-Mythos zugedacht. Der niedersächsische Bauer wurde zu einem Idealtypus des sesshaften und an die Scholle gebundenen germanischen Menschen hochstilisiert, Niedersachsen selbst zum „Kernland deutschen Bauerntums" aufgewertet. Goslar, wo seit 1934 die „Reichsbauerntage" abgehalten wurden, konnte sich mit dem Titel „Reichsbauernstadt" schmücken und wurde Sitz des „Reichsnährstands", der öffentlich-rechtlichen Körperschaft, in der von 1933 bis 1945 alle in der Land- und Ernährungswirtschaft tätigen Personen, Betriebe und Verbände zwangsweise erfasst waren. Am Bückeberg bei Hameln fanden alljährlich die „Reichserntedankfeste" statt, und Celle erhielt das Reichserbhofgericht. Auch geschichtliche Ereignisse und Gestalten wurden ideologisch ausgeschlachtet: Widukind und Heinrich der Löwe als Vorkämpfer für germanische Freiheit und Streiter für neuen Lebensraum im Osten, das angebliche Blutbad bei Verden und der Stedinger-Aufstand als Beispiele des Kampfes gegen Knechtschaft und Überfremdung und des Opfermuts für die „Volksgemeinschaft". Der Braunschweiger Dom, die Grablege des

In Heinrich dem Löwen sahen die Nationalsozialisten einen Vorkämpfer für die Ausbreitung des deutschen Volkstums nach Osten. Sein Grab im Braunschweiger Dom gestalteten sie zu einer nationalen Weihestätte um, die im November 1940 mit großem Pomp eingeweiht wurde.

Am Bückeberg südlich von Hameln feierte das NS-Regime jährlich sein „Reichserntedankfest", eine der größten Massenveranstaltungen des „Dritten Reichs" mit bis zu einer Million Teilnehmern aus ganz Deutschland. Niedersachsen galt den Ideologen der Partei als ein Kernland des deutschen Bauerntums.

Löwenherzogs, wurde von Heinrich Himmlers SS zu einer nationalen Weihestätte umgestaltet. Enttäuscht war man allerdings, als sich bei einer Öffnung des Sargs herausstellte, dass der welfische Ahnherr eben nicht groß und blond, sondern eher klein und schwarzhaarig gewesen war und damit als Idealtyp des nationalbewussten Volksführers nicht in Frage kam.

Ideologische Verranntheit führte aber auch zu einer der wenigen Niederlagen, die die Nationalsozialisten in Niedersachsen hinnehmen mussten. Der oldenburgische Minister für Kirchen und Schulen ordnete 1936 an, dass in allen öffentlichen Gebäuden und in den Schulen des Landes keine religiösen Symbole mehr angebracht werden durften; vorhandene waren zu entfernen. Dieser Angriff auf das christliche Kreuz rief im tief katholischen Südoldenburg einen Entrüstungssturm hervor, der fast einem Volksaufstand gleichkam und an dem sich auch die Protestanten beteiligten. Um die Lage zu beruhigen, musste der Erlass zurückgenommen werden.

Mit Beginn des Zweiten Weltkriegs wurde die Industrie besonders in den Räumen Braunschweig und Hannover zunehmend in die Kriegswirtschaft und die Rüstungsproduktion einbezogen und musste die von Partei und Staat gesetzten Planvorgaben erfüllen. Angesichts des Kriegsdienstes vieler Mitarbeiter gelang ihr das nur durch den verstärkten Einsatz von Frauen und durch die Zuweisung von Zwangsarbeitern, meist aus den besetzten osteuropäischen Ländern. In großer Zahl wurden auch KZ-Häftlinge herangezogen, die unter erbärmlichen Umständen in den über das Land verteilten Lagern oder KZ-Außenstellen untergebracht waren. Von den Kriegsgefangenen, für die in Niedersachsen acht große Stammlager (Stalags) errichtet worden waren, wurde ein großer Teil in der Landwirtschaft eingesetzt und half dort, die Versorgung der Bevölkerung mit Nahrungsmitteln aufrechtzuerhalten. Unter allen drei

Viele niedersächsische Industriebetriebe wurden während des Zweiten Weltkriegs in die Rüstungswirtschaft eingebunden und mussten ihre Produktion auf kriegswichtige Erzeugnisse umstellen. Dies gelang erstaunlich reibungslos. Das Foto zeigt die Montage von Flugzeugen in den Braunschweiger Luther-Werken.

Der große Bedarf an Arbeitskräften in der zu Produktionsrekorden getriebenen Kriegswirtschaft konnte nur mit Hilfe von zwangsverpflichteten Fremdarbeitern gedeckt werden. Auch zum Straßenbau wurden sie eingesetzt, wie hier bei einer neuen Umgehungsstraße in Oldenburg.

Gruppen von Zwangsrekrutierten, mit Ausnahme der im bäuerlichen Bereich tätigen, war die Todesrate wegen der schlechten Arbeitsbedingungen und der unzureichenden Ernährung außerordentlich hoch. Auch leichte Vergehen und Verstöße gegen die Disziplin wurden von Sondergerichten hart geahndet, oft mit der Todesstrafe gegen angebliche „Volksschädlinge".

Das schlimmste Verbrechen, das die Nationalsozialisten während ihrer zwölfjährigen Herrschaft zu verantworten hatten, war auch in Niedersachsen der Genozid an der jüdischen Bevölkerung. Ihren Antisemitismus hatte die Partei Hitlers stets offen zur Schau getragen. Nach der Machtübernahme begann sie alsbald damit, die Bürger jüdischen Glaubens aus der Gesellschaft und dem öffentlichen Leben zu verdrängen, sie rechtlos zu machen und ihnen durch Berufsverbote und Boykotthetze die materielle Lebensgrundlage zu entziehen. Einen Höhepunkt brachte die Pogromnacht des 9./10. November 1938, als die meisten Synagogen von der SA oder dem von der gleichgeschalteten Presse aufgehetzten Pöbel in Brand gesteckt und jüdische Geschäfte verwüstet und geplündert wurden. Viele Familien wurden zur Auswanderung gedrängt. Die Zurückgebliebenen erwartete ein schlimmes Schicksal: Sie wurden nach Kriegsbeginn teils in Konzentrationslager gebracht, teils in „Judenhäusern" zusammengelegt, ehe dann im Herbst 1941 die für die meisten in den Tod führenden Deportationen nach Minsk, Riga, Theresienstadt oder Auschwitz begannen. Nur wenige sind von dort zurückgekommen oder überlebten, meist dank eines nichtjüdischen Ehepartners, in der Heimat. Im Chaos der letzten Kriegsmonate wurden Transporte aus den geräumten Lagern im Osten in das KZ Bergen-Belsen überführt. In drangvoller Enge zusammengepfercht, starben dort Tausende an Entkräftung, Hunger und Krankheiten, darunter auch der ehemalige Braunschweiger Ministerpräsident

In dem verharmlosend „Reichskristallnacht" genannten Pogrom vom 9./10. November 1938 gingen wie hier in Wolfenbüttel auch im übrigen Niedersachsen die meisten Synagogen in Flammen auf.

Auch in Wilhelmshaven brannte am 9./10. November 1938 die Synagoge. Die als spontane Reaktion des Volkes auf die Ermordung des Pariser Botschaftsrats vom Rath ausgegebene, tatsächlich aber von SA und NSDAP gelenkte Aktion stieß bei der Mehrheit der Bevölkerung auf Ablehnung, doch zu offenem Protest kam es nicht.

Wie hier in Oldenburg wurden an vielen Orten in der Folge des Pogroms vom November 1938 jüdische Bürger verhaftet und in Gefängnisse oder Konzentrationslager gebracht. Sie sollten damit unter Druck gesetzt werden, ihre Auswanderung aus Deutschland zu betreiben. Viele wählten in der Tat diesen lebensrettenden Weg, mussten dabei allerdings ihre Vermögen zurücklassen.

Gegen Kriegsende wurden bei Annäherung der Front viele Konzentrationslager geräumt und die Insassen – neben Juden auch politische Gegner des Regimes, Roma und Sinti, Zeugen Jehovas und Homosexuelle – in andere, oft heillos überfüllte Lager überführt. Das Foto entstand im Kriegsgefangenenlager Sandbostel im Landkreis Rotenburg/Wümme, das Häftlinge aus dem KZ Neuengamme bei Hamburg aufgenommen hatte, kurz nach der Befreiung durch britische Truppen am 29. April 1945. Der in eine Wolldecke gehüllte Mann in Häftlingskleidung hatte alle Strapazen überlebt; Tausende seiner Leidensgenossen waren gestorben oder starben noch nach der Befreiung an den Folgen der Haft.

Heinrich Jasper und die 1929 in Frankfurt geborene jüdische Schülerin Anne Frank, die sich mit ihrer Familie bis zur Verhaftung im August 1944 drei Jahre in einem Amsterdamer Hinterhaus versteckt hatte und diese Zeit in ihrem Tagebuch eindrucksvoll geschildert hat. Orte des Schreckens und der Erniedrigung waren auch die Emslandlager bei Esterwegen, in denen politische Gegner des Nationalsozialismus und später auch Kriegsgefangene inhaftiert und zur Arbeit bei der Moorkolonisation eingesetzt wurden. Prominentester Häftling war hier der Friedensnobelpreisträger Carl von Ossietzky, der zwar 1936 freikam, aber schon 1938 an den Folgen der Strapazen und Entbehrungen seiner dreijährigen KZ-Haft starb.

Dass das Regime sich gezielt auf einen Krieg vorbereitete, hatte man erkennen können, als es 1935 in der Südheide zwischen Fallingbostel und Bergen einen großen Truppenübungsplatz einrichtete, dem viele Dörfer und Höfe weichen mussten. Auch der 1936 in Kraft getretene Vierjahresplan Hitlers diente vor allem Kriegszwecken. In seinen Rahmen gehört die Gründung der „Reichswerke Hermann Göring", deren Aufgabe es war, die südwestlich von Braunschweig anstehenden, wegen ihres hohen Säuregehalts an sich minderwertigen Eisenerze zu verhütten und Eisen und Stahl zu produzieren. Schon im 19. Jahrhundert war hier ein Montanrevier entstanden, doch erst das Autarkiestreben des „Dritten Reichs" brachte es zur Blüte. In kurzer Zeit wurde ein Konzern aus dem Boden gestampft, der 1943 in ganz Europa schon eine halbe Million Menschen beschäftigte. 1942 wurde aus 28 Gemeinden der Region die Stadt Watenstedt-Salzgitter (seit 1951 nur Salzgitter) gebildet. Mit ihren weit über das Land verstreuten Ortsteilen ist sie bis heute die an Fläche größte Kommune Niedersachsens. Eine zweite Stadtgründung dieser Jahre ist Wolfsburg. Die „Stadt des KdF-Wagens" – so der ursprüngliche Name – entstand 1938 als Wohnsiedlung für die Arbeiter des Werks

Das Schicksal der 1929 in Frankfurt geborenen Anne Frank ist durch ihr bewegendes Tagebuch aus dem Versteck in Amsterdam weithin bekannt. Sie wurde nach der Verhaftung im Herbst 1944 zunächst nach Auschwitz, dann in das KZ Bergen-Belsen gebracht, wo sie im März 1945 an Entkräftung oder Krankheit starb.

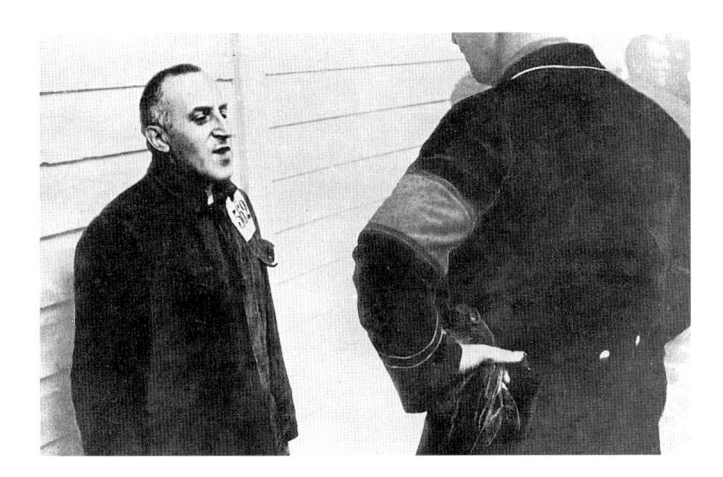

Im KZ Esterwegen in den Mooren des Emslands zog sich der Friedensnobelpreisträger Carl von Ossietzky (1889–1938) die Tuberkulose zu, an der er bald nach der Entlassung starb. Als entschiedener Pazifist und linksliberaler Publizist hatte er sich den Zorn der Nationalsozialisten zugezogen, die vergeblich versuchten, seine Moral und seinen Widerstandswillen während der Lagerhaft zu brechen.

Das undatierte Foto zeigt den Wachmannschaftsbereich des Strafgefangenenlagers Börgermoor bei der heutigen Gemeinde Surwold im Emsland. Es war eines der ersten Konzentrationslager und wurde im Juni 1933 für 1000 „Schutzhäftlinge" fertiggestellt und belegt. Ab April 1934 war es Strafgefangenenlager des Reichsjustizministeriums. Hier entstand im August 1933 das berühmte Lied von den „Moorsoldaten".

Für den KdF-Wagen (nach der NSDAP-Reise- und Freizeitorganisation „Kraft durch Freude") wurde intensiv geworben (oben). Mit Albert Speer, Ferdinand Porsche und anderen besprach Hitler die Pläne zur Gründung Wolfsburgs, der „Stadt des KdF-Wagens" (rechts).

Ein zweites Großprojekt in Niedersachsen wurde auf Initiative Hermann Görings 1937 im Gebiet von Salzgitter in Angriff genommen. Die „Reichswerke für Erzbergbau und Eisenhütten" sollten die dortigen großen Eisenerzvorkommen abbauen und den für Rüstungszwecke benötigten Stahl daraus gewinnen. Dafür wurden in großer Zahl Arbeitskräfte benötigt. Da sie in Deutschland nicht zur Verfügung standen, warb man sie im Ausland an und setzte während des Krieges auch Gefangene und Zwangsarbeiter ein. Das Foto zeigt die Ankunft eines Arbeitertrupps im Salzgittergebiet am sogenannten „Gummibahnhof".

am Mittellandkanal, das dazu ausersehen war, in großer Stückzahl für jedermann erschwingliche Autos zu bauen. Die Produktion setzte noch während des Krieges ein, doch es wurden keine Privatwagen, sondern Militärfahrzeuge hergestellt. Ihren Aufschwung erlebten Stadt und Werk erst nach Kriegsende.

Anders als im August 1914 hatte es auch in Niedersachsen im September 1939 keine Euphorie und keine Kriegsbegeisterung gegeben. Die vorherrschende Skepsis wurde bestätigt, als der Kriegsverlauf nach anfänglichen Erfolgen nicht dem von der Propaganda suggerierten Siegeszug entsprach und als immer mehr Meldungen über Gefallene, Verwundete oder Vermisste eintrafen. Direkt am eigenen Leib spürte man den Krieg aber erst seit dem Beginn der Bombenangriffe auf deutsche Städte. Sie sollten in erster Linie kriegswichtige Anlagen zerstören, aber auch die Bevölkerung demoralisieren und ihr die Kriegsbereitschaft austreiben. In Hannover gab es schon im Mai 1940 den ersten Angriff und im August die ersten Toten. Der Schrecken steigerte sich bis zum Jahr 1943, das mit acht Großangriffen wohl das schlimmste Jahr war, das die Stadt je erlebt hat. Bis März 1945 zählte man 125 Angriffe. Sie zerstörten die Innenstadt so nachhaltig, dass man ernsthaft die Frage stellte, ob es nicht vernünftiger sei, das Areal ganz aufzugeben und Hannover an anderer Stelle neu zu errichten. Anderen Großstädten ging es nicht besser. Auch Braunschweig, Osnabrück, Emden, Wilhelmshaven und kurz vor Kriegsende noch Hildesheim wurden so schwer getroffen, dass ihre vertrauten Stadtbilder nahezu ausgelöscht wurden. Das flache Land blieb von Luftangriffen weitgehend verschont, doch führten dann die Kampfhandlungen beim Einmarsch der alliierten Truppen im Frühjahr 1945 in vielen Dörfern und kleineren Städten zu schweren Schäden.

Ende März 1945 erreichten die 2. britische und die 9. amerikanische Armee Nordwestdeutschland. Sie besetzten im Lauf des Monats April das niedersächsische Gebiet. Im Nordwesten wurden sie durch die 1. kanadische Armee und eine exilpolnische Panzerdivision unterstützt. Die deutschen Truppen leisteten allgemein keine große Gegenwehr mehr. Vereinzelt kam es aber doch zu heftigen Kämpfen, vor allem im Schaumburgischen, an der Aller und in der Lüneburger Heide. Der sinnlos gewordene Widerstand kostete zahlreiche Opfer unter den oft noch sehr jungen Soldaten und unter der Bevölkerung. Häuser und ganze Ortschaften wurden zerstört; so ging noch im April 1945 fast die gesamte Innenstadt von Uelzen durch Beschuss in Flammen auf, und auch das oldenburgische Ganderkesee wurde bei der Eroberung zerstört. Manche Brücke wurde gesprengt, ohne dass dadurch der zügige Vormarsch der Alliierten aufzuhalten gewesen wäre. Der Harz wurde zu einer „Festung" erklärt, einem letzten Bollwerk des untergehenden Regimes. Zum Glück kam es nicht mehr zu seiner Verteidigung, und auch das letzte Aufgebot, der „Volkssturm" aus alten Männern und noch schulpflichtigen Jungen, hielt sich vernünftigerweise zurück und wurde kaum mehr eingesetzt. Am 10. April wurde Hannover eingenommen, zwei Tage später auch Braunschweig, Oldenburg dagegen erst am 2. und 3. Mai. Der hannoversche Gauleiter Hartmann Lauterbacher und andere NSDAP-Größen versuchten bis zuletzt mit flammenden Appellen den Kampfeswillen anzustacheln, machten sich dann aber rechtzeitig aus dem Staub, um die eigene Haut zu retten.

Noch in den letzten Kriegstagen setzten SS und Gestapo ihre Verbrechen fort: In Hannover wurden 154 russische Kriegsgefangene nur vier Tage vor der Besetzung der Stadt von der Gestapo erschossen, und zahlreiche Häftlinge, die aus KZ-Außenlagern in langen Fußmärschen nach Bergen-Belsen getrieben wurden, starben dabei an Erschöpfung oder wurden erschlagen. Als die Alliierten am 15. April in dieses total überfüllte Lager einrückten, bot sich ihnen ein grauenvolles Bild: Viele Tausende von verhungerten oder an Typhus und anderen Krankheiten gestorbe-

Der Marinestandort Wilhelmshaven war ein bevorzugtes Ziel der britischen und amerikanischen Bombergeschwader. Dabei wurde zwischen militärischen Anlagen und den Wohnvierteln der Zivilbevölkerung kein Unterschied gemacht. Immer wieder riefen die Alarmsirenen die Einwohner Wilhelmshavens in die Bunker und Luftschutzkeller. Wenn die Angriffe beendet waren, bot sich ihnen das Bild einer rauchenden Trümmerlandschaft, wie hier am 3. November 1943 an der Roonstraße (heute: Rheinstraße). Viele standen vor ihren zerstörten Häusern und Wohnungen und mussten sich eine Notunterkunft suchen, ehe sie an einen weniger gefährdeten Platz evakuiert werden konnten. Die Bevölkerung der Stadt sank während des Krieges von 133 000 auf unter 60 000 Einwohner.

nen Insassen türmten sich zu Leichenbergen auf, weitere 13 000 starben noch nach der Befreiung an Entkräftung. Der Kommandant und weitere elf Mitglieder der Wachmannschaft wurden später von einem britischen Militärgericht zum Tode verurteilt. In Lüneburg endete einer der Hauptverantwortlichen für die NS-Verbrechen, der SS-Reichsführer Heinrich Himmler, durch Selbstmord, nachdem er auf der Flucht erkannt worden war. Auch der westfälische Gauleiter Alfred Meyer hatte sich kurz vor Kriegsende in Hessisch Oldendorf das Leben genommen.

Am 4. Mai 1945 ergaben sich die deutschen Truppen an der britischen Front auf dem Timeloberg bei Lüneburg, den die Sieger daraufhin in „Victory Hill" umtauften, dem Feldmarschall Montgomery. Vier Tage später beendete die bedingungslose deutsche Kapitulation den Krieg definitiv. Genaue Zahlen über die Opfer des Krieges in und aus Niedersachsen sind nicht bekannt; die Schätzungen belaufen sich aber auf etwa 300 000 gefallene oder vermisste Soldaten und 20 000 Luftkriegstote. Nach dem Krieg waren im Land 209 000 Kriegsbeschädigte, 180 000 Witwen und 212 000 Waisen zu versorgen – eine bittere Bilanz der nationalsozialistischen Herrschaft in Niedersachsen.

Die Landesgründung

Gemäß den Absprachen der Siegermächte auf der Konferenz von Jalta im Februar 1945 wurde der niedersächsische Raum der britischen Besatzungszone zugeschlagen, die auch Nordrhein-Westfalen, Schleswig-Holstein und die Stadt Hamburg umfasste. Die Briten richteten in ihrer Zone eine straff durchorganisierte Militärregierung ein. Der niedersächsische Bereich unterstand dem XXX. britischen Armeekorps mit Sitz in Hannover. Die Militärregierung fasste den Raum Niedersachsen, um sich die Verwaltung zu erleichtern, im September 1945 zunächst in der „Hannover-Region" zusammen, der

Ein erschütterndes Bild bot sich den britischen Soldaten, die am 15. April 1945 das KZ Bergen-Belsen befreiten. Sie fanden Berge von unbestatteten Leichen und 60 000 kranke und sterbende Häftlinge vor. In Massengräbern wurden die Toten rasch beigesetzt, um den Ausbruch von Seuchen zu verhindern. Die ehemaligen Wachmannschaften wurden gezwungen, dabei zu helfen.

Der Krieg in Nordwestdeutschland war beendet, als der deutsche Generaladmiral von Friedeburg am 4. Mai 1945 in einem Armeezelt des britischen Feldmarschalls Montgomery in der Nähe von Lüneburg die Kapitulation der deutschen Streitkräfte an der britischen Front unterschrieb. Vier Tage später kapitulierte die gesamte deutsche Wehrmacht bedingungslos.

Bei der Eröffnungssitzung des von den Briten ernannten Hannoverschen Landtags am 23. August 1946 in der Kuppelhalle des Neuen Rathauses hielt der als Ministerpräsident des kurzlebigen Landes Hannover eingesetzte Oberpräsident Hinrich Wilhelm Kopf eine Ansprache, in der er sich zum sozialen Rechtsstaat und zur Einheit des deutschen Volkes bekannte. Der Entwurf mit eigenhändigen Korrekturen gibt einen Eindruck von der Sorgfalt, mit der er die Grundsatzrede vorbereitete.

Herr General, meine sehr verehrten Damen und Herren!

Ich danke dem Herrn General Robertson, daß er trotz seiner Inanspruchnahme sich der Mühe unterzogen hat, diesen Landtag selbst zu eröffnen. Von seinen inhaltsvollen Ausführungen haben wir mit besonderem Interesse Kenntnis genommen. Durch seine persönliche Anwesenheit unterstreicht der Herr General die Bedeutung dieses für unsere Heimat im wahrsten Sinne des Wortes historischen Tages.

Lassen Sie mich einigen allgemeinen Gedanken Ausdruck geben, die mich bei dieser Gelegenheit bewegen.

Das deutsche Volk ist vor die geschichtliche Aufgabe gestellt, erneut die Voraussetzungen für eine wahre Volksherrschaft zu schaffen. Wir denken heute an jene Jahre in unserer Geschichte, die bereits unter einem ähnlichen Vorzeichen standen. Ich meine hier die Jahre 1848 und 1918/19. Schon damals versuchten wertvolle Kräfte, das deutsche Volk politisch mündig und zum Herrn seiner Entschlüsse zu machen. In beiden Fällen ist dieser Versuch auf die Dauer nicht gelungen.

Heute sind wir dazu ausersehen, das deutsche Volk zum dritten Male den Weg zur Demokratie gehen zu lassen. Zum dritten Mal müssen wir den Kampf um etwas aufnehmen, was den Kulturvölkern der Erde seit langem zu einer selbstverständlichen Errungenschaft geworden ist. Seien wir davon überzeugt, daß das Gelingen oder Nichtgelingen dieses dritten Versuches über Sein oder Nichtsein unseres Volkes entscheidet. Nur die Demokratie ist die sittlich gerechtfertigte Staatsform. Nur sie weist den inneren Gehalt auf, um ein Volk auf die Dauer in Form zu halten. Die Diktatur als die Herrschaft Einzelner ist Willkürherrschaft. Sie mißachtet die Menschenwürde und setzt sich über die natürlichsten Menschenrechte hinweg. Der Anschauungsunterricht der letzten 12 Jahre hat das auch dem Letzten von uns deutlich gemacht.

Der Hannoversche Landtag ist zu seinem Teil berufen, an dem Neubau der deutschen Demokratie mitzuarbeiten. Wir wollen erkennen, daß die Demokratie die innere Bereitschaft zur Verantwortung, zur sachlichen Mitarbeit und zum Kompromiß in den praktischen Fragen der Politik voraussetzt. Parteiprogramme in den grundsätzlichen Fragen in Ehren. Sie dürfen jedoch eine fruchtbare Zusammenarbeit in den laufenden Fragen nicht unmöglich machen,

Schaumburg-Lippe allerdings erst im Mai 1946 zugewiesen wurde (bis dahin war es an Münster angeschlossen gewesen). Bremen dagegen schied aus, als es mit Bremerhaven im Januar 1947 unter amerikanische Besatzungshoheit kam, weil die US-Armee über einen Hafen als Basis für ihre Versorgung und ihren Nachschub verfügen wollte.

Die Briten beließen es zunächst bei der überkommenen Verwaltungsgliederung. Oldenburg, Braunschweig und Schaumburg-Lippe erhielten den Ländercharakter zurück, der ihnen 1934 genommen worden war. Unbelastete Personen, die sich der NS-Ideologie verweigert hatten, wurden an die Spitze der Landesregierungen gestellt: in Oldenburg Theodor Tantzen, in Braunschweig zunächst Hubert Schlebusch (1893–1955), dann Alfred Kubel (1909–1999), in Bückeburg Heinrich Bövers (1886–1950). Hannover behielt vorerst den Status einer Provinz, obwohl ja Preußen seit Kriegsende faktisch nicht mehr existierte. Der Provinzialverband wurde aufgelöst, sein Aufgabenbereich dem Oberpräsidium zugeschlagen. Zum stellvertretenden Oberpräsidenten wurde Eduard Hagemann ernannt, im September 1945 dann Hinrich Wilhelm Kopf (1893–1961) zum Oberpräsidenten. Erst am 23. August 1946 erhielt auch Hannover den Rang eines Landes; Kopf wurde von den Briten zu dessen erstem Ministerpräsidenten bestellt.

Die Verwaltungshoheit war mit der deutschen Kapitulation auf die Besatzungsmächte übergegangen. Auf allen Ebenen der Verwaltung, von den Ländern über die Regierungsbezirke bis zu den Landkreisen und selbständigen Städten, gab es einen Stab von britischen Offizieren, die die deutschen Behörden nach dem Grundsatz der „indirect rule" bei

Am 20. April 1947 wurde erstmals in Niedersachsen ein Landtag gewählt. Der Wahlkampf hatte noch bescheidene Dimensionen, doch wurden bereits wieder die ersten Plakate geklebt. Die hannoverschen Traditionen verpflichtete Niedersächsische Landespartei (NLP) benutzte das Sachsenross als Sympathieträger.

Von Hannover aus betrieb Kurt Schumacher (1895–1952), der erste Vorsitzende der Nachkriegs-SPD, den Wiederaufbau seiner Partei im Gebiet der drei Westzonen schon vor ihrer offiziellen Zulassung. Auch er stellte sich für den Wahlkampf im April 1947 zur Verfügung.

ihrer Arbeit überwachten, ihnen Richtlinien vorgaben und sich die letzte Entscheidung vorbehielten. Nur ganz allmählich wurden die Kompetenzen an die Besiegten zurückgegeben. Aus den Ämtern sollten alle Personen entfernt werden, die durch ihre Funktionen im NS-Staat oder in der Partei Hitlers als belastet galten. Die dafür geltenden Maßstäbe wurden aber bald gesenkt, da man an vielen Stellen auf die Fachkenntnisse der Belasteten nicht verzichten wollte. Anfangs mussten die Briten häufig direkt in die Verwaltung eingreifen, um ein Chaos zu verhindern. Das Verhältnis zwischen Siegern und Besiegten war zunächst kühl und distanziert, besserte sich dann aber durch die partnerschaftliche Zusammenarbeit. Das Gebot der „Non-fraternization" geriet bald in Vergessenheit.

Das politische Leben erwachte rascher wieder, als man es in der Stunde des Zusammenbruchs hätte erwarten können. Erklärtes Ziel der Briten war es, die Deutschen demokratiefähig zu machen. Nach ihren Vorstellungen sollten die dazu erforderlichen Institutionen von der Basis her aufgebaut werden. Bereits im September 1945 erlaubte die Militärregierung die Gründung von Parteien auf Kreisebene. Neben den traditionellen Linksparteien SPD und KPD formierten sich im bürgerlichen Lager, wie überall in den drei Westzonen, die konservative Christlich Demokratische Union Deutschlands (CDU), die liberale Freie Demokratische Partei (FDP) und in einigen Kreisen auch das katholische Zentrum, das später in der CDU aufging. Dazu kam als eine niedersächsische Besonderheit die Niedersächsische Landespartei (NLP), die in der Tradition der welfisch-hannoversch gesinnten Deutsch-Hannoverschen Partei stand und sich im Juni 1947 in Deutsche Partei (DP) umbenannte. Als stärkste Kraft erwies sich von Beginn an die SPD. Ihr erster Vorsitzender Kurt Schumacher (1895–1952) hatte schon kurz nach Kriegsende in Hannover das „Büro Dr. Schumacher" eingerichtet, von dem aus er die Weichen für den Neuaufbau der Partei in den Westzonen stellte. Die Konferenz in Wennigsen am Deister vom 5. bis 7. Oktober 1945 gilt als Datum der Wiederentstehung der SPD. Auch der erste Parteitag fand im Mai 1946 in Hannover statt. Erst nach der Gründung der Bundesrepublik am 23. Mai 1949 wurde die Parteizentrale nach Bonn verlegt.

In Braunschweig und Oldenburg wurden von den Briten zu Beginn des Jahres 1946 Landtage, in Schaumburg-Lippe ein Landesrat ernannt, zusammengesetzt jeweils nach den Ergebnissen der letzten freien Wahlen vor 1933. Hannover folgte damit erst, nachdem es den Länderstatus erhalten hatte. Bis dahin gab es hier in den sechs Regierungsbezirken Landtage auf Bezirksebene. Legislative Befugnisse hatten all diese parlamentarischen Vertretungen aber noch nicht; sie konnten lediglich über ihnen vorgelegte Themen diskutieren und Anregungen und Vorschläge an die Behörden gelangen lassen. Mit der Gründung des Landes Niedersachsen beendeten sie natürlich ihre Existenz. Immerhin hatte aber der oldenburgische Landtag eine vorläufige Verfassung für das Land beschließen können, die von der Militärregierung auch genehmigt wurde.

Mit einer revidierten Fassung der Deutschen Gemeindeordnung führte die Besatzungsmacht zum 1. April 1946 für die Kommunen, später auch für die Kreise den Grundsatz der geteilten Verantwortung ein. Die Verwaltung leitete seitdem ein beamteter Gemeinde-, Stadt- oder Oberkreisdirektor, dem als politischer Repräsentant ein ehrenamtlicher Bürgermeister oder Landrat zur Seite stand. Damit sollte das Führerprinzip der Nationalsozialisten überwunden werden. Erst 1996 wurde diese Zweigleisigkeit in Niedersachsen wieder abgeschafft. Wahlen fanden im September 1946 zunächst nur auf Gemeinde-, vier Wochen später auch auf Kreisebene statt. Die Wahlbeteiligung war allerdings nur gering – ein Zeichen für die nach der Katastrophe des NS-Staats verständliche Politikmüdigkeit, die erst allmählich überwunden werden konnte. Für die Länder blieb es noch für ein Jahr bei den ernannten Parlamenten. In dieser Zeit wurden aber bereits die Weichen für den Zusammenschluss zu einer größeren staatlichen Einheit gestellt, wie sie schon kurz nach dem Einmarsch der Alliierten in einer Zusammenkunft führender Persönlichkeiten aus der Wirtschaft und dem Kulturbereich gefordert worden war.

Auch Hinrich Wilhelm Kopf hatte einen Aufruf an die Bevölkerung aus Anlass seiner Bestellung zum hannoverschen Regierungspräsidenten im Mai 1945 mit dem Satz beendet: „Gott schütze Niedersachsen!" Nachdem er zum Oberpräsidenten ernannt worden war, wurde die enge Zusammenarbeit mit den Nachbarländern und letztlich die Vereinigung in einem gemeinsamen Land eines seiner wichtigsten politischen Ziele. Er suchte es in stetem Schulterschluss mit der Militärregierung und mit voller Unterstützung seines konservativen Gegenspielers Heinrich Hellwege (1908–1991), des Vorsitzenden der NLP/DP, zu erreichen. Das erforderte viel taktisches Geschick. Nicht nur gab es in Oldenburg und Braunschweig erheblichen Widerstand dagegen, die Eigenständigkeit aufzugeben, auch wenn diese in vieler Hinsicht nur noch ein schöner Schein war. Auch die Briten wollten sich nicht vor vollendete Tatsachen stellen lassen, sondern das Heft selbst in der Hand behalten. Als Kopf mit den Ministerpräsidenten von Oldenburg und Braunschweig, Theodor Tantzen und Hubert Schlebusch, eine „Länderregierung für Reichsaufgaben in Niedersachsen" ins Leben rufen wollte, um die durch den Ausfall der Berliner Zentralgewalt entstandene Lücke auszufüllen, legte die Militärregierung ihr Veto ein. Stattdessen genehmigte sie als Clearingstelle die Gründung eines „Gebietsrats Niedersachsen", dem bis zur Eingliederung in die US-Zone auch Bremen angehörte.

Im Juni 1946 wurde der Zonenbeirat für die britische Zone, dem auch Kopf angehörte, beauftragt, einen Plan für eine Neugliederung des Zonengebiets auszuarbeiten. Dabei machten die Briten zur Bedingung, dass nicht mehr als fünf neue Länder entstehen dürften. Sie selbst errichteten im Vorgriff darauf bereits am 1. August 1946 das Land Nordrhein-Westfalen und engten die verbleibenden Möglichkeiten damit beträchtlich ein. Von deutscher Seite wurden verschiedene Pläne vorgelegt; so plädierten der oldenburgische Ministerpräsident Tantzen und der nunmehrige braunschweigische Ministerpräsident Alfred Kubel mit Nachdruck für die Beibehaltung ihrer Länder, die sie jeweils auf Kosten Hannovers vergrößert sehen wollten. Im Regierungsbezirk Osnabrück und in den südoldenburgischen Kreisen Vechta und Cloppenburg gab es konfessionell motivierte Tendenzen für einen Anschluss an Westfalen. In der Schlussabstimmung am 20. September 1946 aber setzte sich der Vorschlag Kopfs durch, der für die Restzone zwei Flächenstaaten, nämlich Niedersachsen und Schleswig-Holstein, sowie die beiden Stadtstaaten Hamburg und Bremen vorsah. Ursprünglich hatte

Seine Glaubwürdigkeit als Verfolgter des NS-Regimes und seine rednerische Begabung sicherten Kurt Schumacher bei Wahlkundgebungen – wie 1949 in Wilhelmshaven – eine große Zuhörerschaft. Wegen gesundheitlicher Probleme als Folgen seiner KZ-Haft musste er seine Rede sitzend halten.

Mit einer nüchternen Verordnung, die zweisprachig in ihrem Mitteilungsblatt veröffentlicht wurde, verfügte die britische Militärregierung die Bildung des Landes Niedersachsen zum 1. November 1946. Vorausgegangen waren Beratungen im Zonenbeirat, bei denen sich das Niedersachsen-Konzept des hannoverschen Oberpräsidenten Hinrich Wilhelm Kopf durchsetzte.

PART II

MILITARY GOVERNMENT ORDINANCES APPLICABLE TO THE WHOLE OF THE BRITISH ZONE

ORDINANCE No. 55

Creation of Land Niedersachsen

WHEREAS IT IS EXPEDIENT to re-organise the Länder within the British Zone of Occupation, IT IS HEREBY ORDERED as follows:—

ARTICLE I
As from the effective date of this Ordinance the Länder specified in the Schedule to this Ordinance shall cease to exist as separate Länder and shall become parts of a new Land which shall be known as Lower Saxony (Niedersachsen).

ARTICLE II
The capital of Lower Saxony (Niedersachsen) shall be Hanover.

ARTICLE III
Subject to the provisions of any legislation which may be enacted pursuant to this Ordinance, the executive authority in Lower Saxony shall be exercised by a Cabinet, the Head of which shall be known as Ministerpräsident.

ARTICLE IV
The Ministerpräsident and the other members of the Cabinet shall, for the time being, be nominated by the Military Governor.

ARTICLE V
A Land Legislature shall be established in Lower Saxony. As an interim measure, the Military Governor will determine its composition and nominate its members.

ARTICLE VI
Legislation to provide for such constitutional, titular, administrative, financial or other changes as may be necessary or desirable in order to implement this Ordinance shall be enacted by Military Government or by the Land Legislature with the consent of Military Government.

ARTICLE VII
Subject to the provisions of this Ordinance and of any legislation which may be enacted pursuant thereto, the loss by the Länder specified in the Schedule thereto of their status as separate Länder shall not affect:—
(a) the powers, functions, duties, rights, obligations, or liabilities of any governmental, administrative or other official body or of any official or employee therein, or
(b) the validity of any law, ordinance, decree, regulation or other provision in force therein.

ARTICLE VIII
This Ordinance shall become effective on 1st November, 1946.

BY ORDER OF MILITARY GOVERNMENT.

THE SCHEDULE
BRUNSWICK
HANOVER
OLDENBURG
SCHAUMBURG-LIPPE

TEIL II

VERORDNUNGEN DER MILITÄRREGIERUNG, DIE IM GANZEN BRITISCHEN KONTROLLGEBIET GELTUNG HABEN

VERORDNUNG Nr. 55

Bildung des Landes Niedersachsen

Zwecks Umgestaltung der Länder innerhalb der britischen Besatzungszone wird hiermit folgendes verordnet:

ARTIKEL I
Mit Inkrafttreten dieser Verordnung verlieren die in der Anlage zu dieser Verordnung bezeichneten Länder ihre Selbständigkeit als Länder und werden Teile eines neuen Landes, welches die Bezeichnung „Niedersachsen" führt.

ARTIKEL II
Die Hauptstadt Niedersachsens ist Hannover.

ARTIKEL III
Vorbehaltlich der Vorschriften gesetzlicher Bestimmungen, die auf Grund dieser Verordnung erlassen werden, wird die vollziehende Gewalt in Niedersachsen von einem Ministerium ausgeübt, dessen Vorsitzender die Bezeichnung „Ministerpräsident" führt.

ARTIKEL IV
Der Ministerpräsident und die übrigen Mitglieder des Ministeriums werden vorläufig vom Militärgouverneur ernannt.

ARTIKEL V
Im Lande Niedersachsen wird eine gesetzgebende Körperschaft errichtet. Einstweilig bestimmt der Militärgouverneur die Zusammensetzung dieser Körperschaft und ernennt deren Mitglieder.

ARTIKEL VI
Die gesetzlichen Bestimmungen über Änderung auf dem Gebiet der Verfassung, der Amtsbezeichnungen, der Verwaltung und der Finanzen, sowie auf sonstigen Gebieten, die zur Ausführung dieser Verordnung erforderlich oder angebracht sind, werden von der Militärregierung oder mit deren Zustimmung von der gesetzgebenden Körperschaft des Landes erlassen.

ARTIKEL VII
Vorbehaltlich der Bestimmungen dieser Verordnung und anderer gesetzlicher Vorschriften, die auf Grund dieser Verordnung erlassen werden sollten, werden durch den Verlust der Selbständigkeit der Länder, die in der Anlage zu dieser Verordnung aufgeführt sind, nicht berührt:
a) die Befugnisse, Aufgaben, Pflichten, Rechte, Verbindlichkeiten sowie die Haftung von Regierungs-, Verwaltungs- und sonstigen öffentlichen Behörden und von Beamten und Angestellten der Länder,
b) die Rechtsgültigkeit von Gesetzen, Verordnungen, Erlassen, Bestimmungen und sonstigen Vorschriften, die in den Ländern in Kraft sind.

ARTIKEL VIII
Diese Verordnung tritt am 1. November 1946 in Kraft.

IM AUFTRAG DER MILITÄRREGIERUNG.

Anlage
Braunschweig
Hannover
Oldenburg
Schaumburg-Lippe

Niedersachsen nach den Vorstellungen Kopfs auch Bremen, das Land Lippe und die westfälische Region um Minden, Herford und Bielefeld umfassen sollen. Doch dem hatte die Militärregierung einen Riegel vorgeschoben. Dem reduzierten Plan stimmte sie zu. Mit ihrer Verordnung Nr. 55, veröffentlicht am 8. November, wurde rückwirkend zum 1. November 1946 das Land Niedersachsen mit seiner Landeshauptstadt Hannover aus der Taufe gehoben. Zu dessen Ministerpräsident wurde, wie nicht anders zu erwarten, Hinrich Wilhelm Kopf bestellt. In seiner ersten Regierungserklärung hob er hervor, dass das neue Land ungeachtet seiner Entstehung durch einen Akt der Besatzungsmacht nicht auf Willkür beruhe, sondern eine geschichtlich gewachsene und durch gemeinsame wirtschaftliche und gesellschaftliche Strukturen legitimierte Einheit darstelle.

Kopf bildete ein Kabinett, in dem alle Parteien und fast alle Regionen des neuen Landes vertreten waren. Ein – wiederum nur ernannter – Landtag konstituierte sich am 9. Dezember 1946; er beschloss am 11. Februar 1947 das Gesetz zur vorläufigen Ordnung der Niedersächsischen Landesgewalt, ein Organisationsstatut, das bis 1951 anstelle einer Verfassung die gesetzliche Grundlage für das Regierungs- und Verwaltungshandeln in Niedersachsen bildete. Am 20. April 1947 wurde dann erstmals ein Niedersächsischer Landtag gewählt, in dem die SPD die mit Abstand größte Zahl der Sitze errang. Kopf trat erneut, diesmal durch Wahl legitimiert, an die Spitze der Regierung, in der wieder alle Parteien mitarbeiteten. Der „rote Welfe", wie er wegen seiner Nähe zu heimatlichen Traditionen genannt wurde, blieb auch in den folgenden Jahren die herausragende Persönlichkeit der Landespolitik. In wechselnden Koalitionen saß er den Kabinetten vor, unterbrochen nur 1955 bis 1959, als Heinrich Hellwege ihn in diesem Amt ablöste. Sein Ansehen als überaus populärer Landesvater überschritt alle Parteigrenzen und überdauerte auch seinen Tod im Jahr 1961.

Der Verwaltungsaufbau des neu gebildeten Landes knüpfte an die vorhandenen Strukturen an. Die sechs alten preußischen Regierungsbezirke – Aurich, Hannover, Hildesheim, Lüneburg, Osnabrück und Stade – blieben bestehen. Oldenburg und Braunschweig erhielten als Verwaltungsbezirke einen Sonderstatus. Schaumburg-Lippe wurde als Landkreis dem Bezirk Hannover eingegliedert. Die innere Organisation der Ministerien orientierte sich weitgehend an den vertrauten preußischen Vorbildern. Viele Beamte aus Berliner Ämtern und Behörden konnten ihre Laufbahn in Niedersachsen fortsetzen; das sorgte für Kontinuität und verhinderte größere Reibungsverluste in der Aufbauphase des Landes.

Nach dem Willen der Alliierten sollten jedoch aus den staatlichen und kommunalen Verwaltungen und auch aus anderen Bereichen des öffentlichen Lebens Personen aus-

Auch der erste Niedersächsische Landtag wurde noch von den Briten ernannt, Hinrich Wilhelm Kopf wurde zum Ministerpräsidenten bestellt. Er bildete am 26. November 1946 eine Regierung, an der alle im Landtag vertretenen Parteien beteiligt waren. Sitzend von links nach rechts: Verkehrsminister Theodor Tantzen (FDP), Ministerpräsident Kopf (SPD), Landwirtschaftsminister August Block (NLP); stehend von links nach rechts: Sozialminister Karl Abel (KPD), Kultusminister Adolf Grimme (SPD), Justizminister Wilhelm Ellinghaus (SPD), Wirtschaftsminister Alfred Kubel (SPD), Finanzminister Georg Strickrodt (CDU), Aufbauminister Hans-Christoph Seebohm (NLP).

Hinrich Wilhelm Kopf am 13. Mai 1947 im hannoverschen Neuen Rathaus bei seiner Ansprache vor dem ernannten Niedersächsischen Landtag, der vom stellvertretenden Oberbefehlshaber der britischen Besatzungsmacht, Generalleutnant Sir Brian Robertson, eröffnet worden war. Das Sachsenross auf dem Behang des Rednerpults ist ein Provisorium; die heraldisch korrekte Form wurde erst später festgelegt.

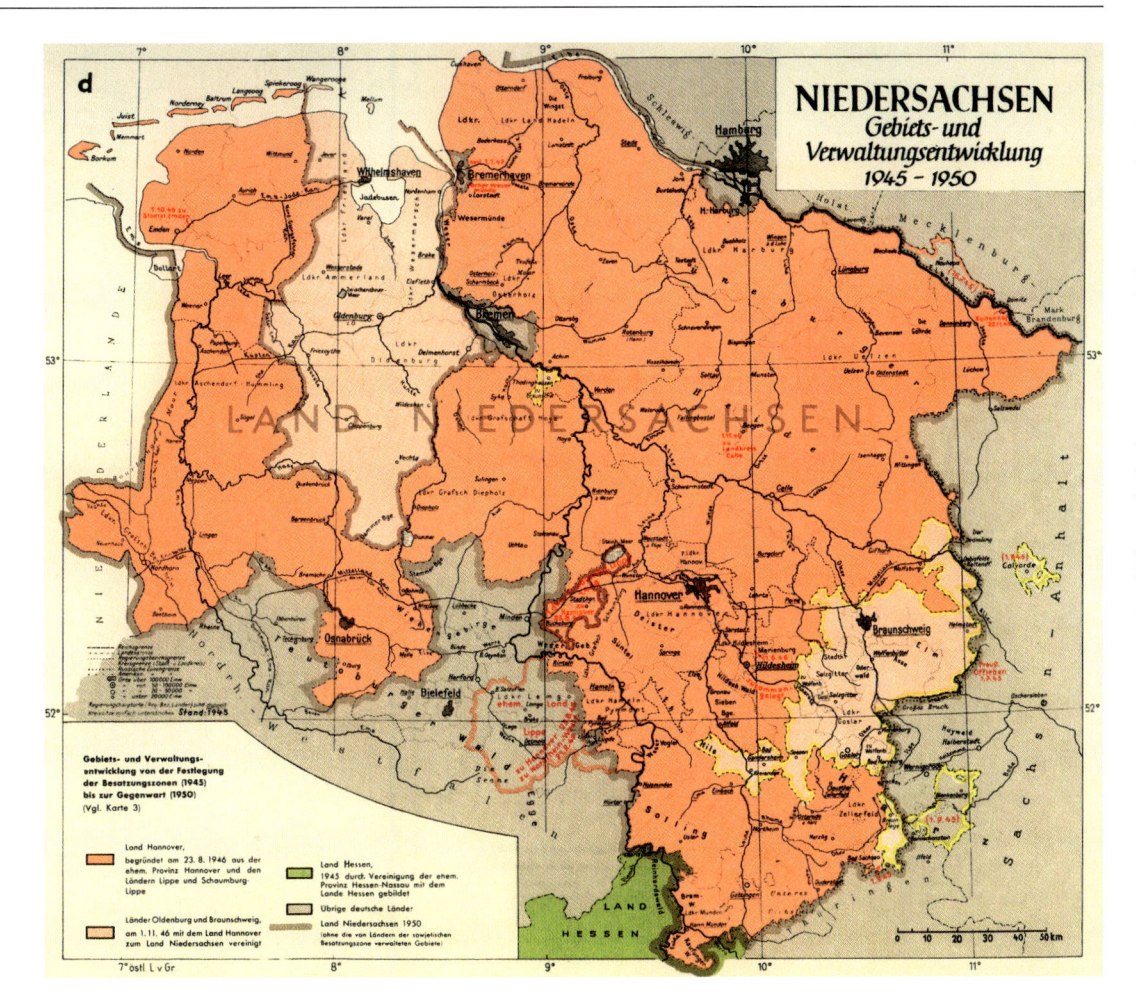

Das neu gebildete Land Niedersachsen umfasste die Staatsgebiete der bisherigen Länder Hannover, Oldenburg, Braunschweig und Schaumburg-Lippe. Ausgeklammert blieben der größere Teil des Kreises Blankenburg, die Exklave Calvörde in der Altmark und das rechts der Elbe gelegene Amt Neuhaus, weil sie der sowjetisch besetzten Zone zugeschlagen worden waren. Die Stadt Wesermünde war wie Bremen von den Amerikanern für ihre Zone beansprucht worden; sie nahm 1947 den Namen Bremerhaven an.

Hannover bot in den ersten Nachkriegsjahren günstige Bedingungen für die Entstehung neuer Presseerzeugnisse. Rudolf Augstein (1923–2002) gründete hier mit drei Mitstreitern den „Spiegel" – oben der Titel der ersten Ausgabe –, ein Magazin, das den Journalismus in der Bundesrepublik wesentlich prägen sollte.

Auch die Illustrierte „Der Stern" erschien 1948 zuerst in Hannover, ehe sie nach Hamburg umzog. Ihr Gründer und langjähriger Chef Henri Nannen (1913–1996), ein gebürtiger Ostfriese, hatte die Lizenz dafür auf Umwegen über eine Tageszeitung erlangt. Die anfangs kleinen Auflagen – hier die erste Nummer mit Hildegard Knef auf dem Titel – waren durch Papierknappheit bedingt.

geschlossen bleiben, die den NS-Staat in herausgehobenen Funktionen mitgetragen hatten oder gar an Verbrechen beteiligt gewesen waren. Alle Betroffenen mussten sich deshalb einer Überprüfung stellen, bei der eine Einstufung in Hauptschuldige, Belastete, Mitläufer und Entlastete vorgenommen wurde. Über die für schuldig Erklärten wurden Haft- oder Geldstrafen, Berufsverbot und andere Sanktionen verhängt. Diese „Entnazifizierung", die zuerst von den Briten selbst, später von deutschen Spruchkammern durchgeführt wurde, schaffte viel böses Blut. Die Verfahren verstießen oft gegen rechtsstaatliche Grundsätze und wurden durch Denunziationen und Gefälligkeitszeugnisse, die viel belästerten „Persilscheine", diskreditiert. Als Mittel zur Ausmerzung der NS-Ideologie taugten sie wenig. 1951 wurde in Niedersachsen der Schlussstrich unter diese missglückte Aktion gezogen.

Längerfristigen Erfolg hatte das Bemühen, mit einer gezielten Medien- und Kulturpolitik das demokratische Gedankengut auf breiter Ebene zu verankern. Waren 1945 zunächst nur karge Mitteilungsblätter zur Publikation der Gesetze und Verordnungen der Militärregierung erschienen, so wurden ab 1946 an politisch unbelastete Verleger Lizenzen für die Herausgabe deutscher Tageszeitungen und Unterhaltungsblätter erteilt. Deren Auflagenhöhe bestimmte weniger die Nachfrage als die noch lange herrschende Papierknappheit. In Hannover wurden durch Rudolf Augstein (1923–2002) und Henri Nannen (1913–1996) zwei Zeitschriften ins Leben gerufen, die nach ihrem Umzug nach Hamburg zu Marktführern wurden: der „Spiegel" und der „Stern". Auch der Sender Hannover konnte im Herbst 1945 als Nebensender von Radio Hamburg, dem Sender der britischen Militärregierung, wieder ein Programm ausstrahlen, dessen Inhalt ebenso wie die Beiträge der Zeitungen noch längere Zeit von den britischen Kulturoffizieren überwacht wurde.

Dass auch die Schulen und Hochschulen einen wesentlichen Beitrag zur „Reeducation", der Hinführung der Deutschen zur Demokratie leisten sollten, war unbestritten. Die meisten Schulen konnten erst im Herbst 1945 wieder geöffnet werden und litten noch längere Zeit unter dem Mangel an Lehrern und Klassenräumen. Auch an der Universität Göttingen und den Technischen Hochschulen in Braunschweig, Hannover und Clausthal begann der Lehrbetrieb im Wintersemester 1945/46. Unter den Studenten dieser ersten Nachkriegsgeneration befanden sich viele, die noch Kriegsdienst hatten leisten müssen. Sie übertrafen ihre Kommilitonen an Lebenserfahrung und Reife, waren hungrig auf geistige Nahrung und prägten das Studienklima in einer Weise, die von ihren Professoren noch lange als vorbildlich gerühmt wurde.

An öffentliche Musik- und Theateraufführungen war in den ersten Monaten nach dem Zusammenbruch kaum zu denken, und die Briten untersagten zunächst auch jede Veranstaltung. Sie erkannten dann aber doch die Bedeutung des musischen Bereichs für die Überwindung depressiver Stimmungen gerade in einer Zeit materieller Not und lockerten das Verbot. Am 11. Juli 1945 fand im Galeriegebäude in Hannover-Herrenhausen (das Opernhaus war zerstört und stand erst 1951 wieder zur Verfügung) die erste Opernaufführung im Nachkriegsdeutschland statt; am 15. September durfte Hofmannsthals *Jedermann* gespielt werden.

Bewältigung der Nachkriegsprobleme

Die Probleme, vor die sich die Landesregierung und ebenso die staatlichen und kommunalen Behörden auf allen Ebenen der Verwaltung gestellt sahen, waren riesengroß. Es musste zunächst einmal darum gehen, möglichst rasch die Zerstörungen zu beheben, die der Krieg im Land hinterlassen hatte. Am sichtbarsten waren sie in den großen Städten, die unter den Luftangriffen gelitten hatten und deren Einwohnerzahl durch die erfolgten Evakuierungen erheblich geschrumpft war. Zwar dauerte es Jahrzehnte, bis alle Baulücken geschlossen und alle Provisorien

Der Bombenkrieg hatte die größeren Städte in Niedersachsen schwer in Mitleidenschaft gezogen. Durch Flächenbombardierungen waren ihre Innenbezirke nahezu ausgelöscht worden, wie dieser Blick auf Braunschweig belegt. Nur die mittelalterlichen Kirchen hatten, wenn auch stark beschädigt, das Inferno überstanden und ragten wie Mahnmale aus der Trümmerwüste heraus.

Diese Ansicht des kriegszerstörten Zentrums von Hannover zeigt das Ausmaß der von den Spreng- und Brandbomben angerichteten Schäden. Auch Fachleute hielten zunächst einen Wiederaufbau für unmöglich und wollten die Stadt an anderer Stelle ganz neu errichten. Die Wiederbelebung nach 1945 gelang dann rascher, als man es bei Kriegsende hatte erwarten können.

beseitigt werden konnten, aber erstaunlich rasch wurden überall die Versorgungseinrichtungen wiederhergestellt, die für ein urbanes Leben erforderlich waren. Weithin Beachtung fand der Wiederaufbau Hannovers, bei dem Stadtbaurat Rudolf Hillebrecht (1910–1999) seit 1948 die Chance zu einer Modernisierung und Verbesserung der Verkehrsverbindungen konsequent nutzte.

Die niedersächsische Wirtschaft war trotz der verheerenden Bombardierungen industrieller Anlagen insgesamt weniger betroffen, als man es hätte erwarten können. Dennoch sank die Produktion auf einen Tiefstand zurück und konnte nur allmählich wieder anlaufen, weil es an Material und an Rohstoffen mangelte, keine ausreichenden Transportkapazitäten zur Verfügung standen, die Energieversorgung ungenügend war und zumindest in der unmittelbaren Nachkriegszeit auch qualifizierte Arbeitskräfte fehlten. Die britische Besatzungsmacht war sich der Wichtigkeit einer Wiederbelebung des wirtschaftlichen Sektors durchaus bewusst. Schon im Juli 1945 erlaubte sie die Bildung von Unternehmerverbänden und ließ noch im selben Jahr auch die Industrie- und Handelskammern wieder zu. Anfängliche Vorstellungen von einer Sozialisierung der Wirtschaft ließ sie spätestens 1947 fallen.

Die Landwirtschaft hatte die Ernährung der Bevölkerung bis Kriegsende noch einigermaßen sicherstellen können. Jetzt war sie damit überfordert, da Saatgut, Dünger und Mittel zur Schädlingsbekämpfung kaum zu haben und die Geräte zur Feldbestellung überaltert waren, vor allem aber, weil sich die Zahl der zu Versorgenden durch den Zustrom der Flüchtlinge und Vertriebenen sprunghaft erhöht hatte.

Am Beispiel der Flüchtlinge zeigen sich am eindrucksvollsten die Schwierigkeiten und Engpässe, mit denen die britischen und deutschen Dienststellen zu kämpfen hatten. Schon gegen Ende des Krieges, im März 1945, waren die ersten Trecks, mit denen Bewohner der östlichen Provinzen des preußischen Staates vor der nahenden Front und den sowjetischen Armeen nach Westen geflüchtet waren, in Niedersachsen angekommen. Im Sommer schwoll der Strom rasch an und erreichte seine größte Stärke, als nach den Beschlüssen der Siegermächte in der Konferenz von Potsdam im August 1945 die deutsche Bevölkerung aus den zu Polen geschlagenen Gebieten östlich von Oder und Neiße und aus der Tschechoslowakei ausgewiesen wurde. Im November waren es bereits 1,3 Millionen, die teils in geregelten Transporten, teils auch auf eigene Faust den Weg nach Niedersachsen gefunden hatten. Insgesamt überschritten in den fünf Jahren bis 1950 mehr als sieben Millionen Menschen die östliche Landesgrenze und ließen sich in Notaufnahme- und Grenzdurchgangslagern wie Friedland und Uelzen-Bohldamm registrieren. Die meisten davon wanderten zwar später, als die Verhältnisse es erlaubten, weiter in

Nach Kriegsende begann der Wiederaufbau der zerstörten Städte, für den riesige Mengen an Material benötigt wurden. Noch verwendbare Ziegelsteine wurden aus den Trümmern der zerstörten Häuser geborgen und vom anhaftenden Mörtel gesäubert. Da viele Männer gefallen waren oder sich noch in der Gefangenschaft befanden, wurden zu dieser Arbeit vor allem Frauen herangezogen. Als „Trümmerfrauen" sind sie aus dem Bild der Nachkriegsjahre nicht wegzudenken, wie es auch dieses Foto aus Ganderkesee um 1949 zeigt.

Noch vor Kriegsende kamen die ersten Trecks der aus den östlichen Teilen des Deutschen Reichs vor der heranrückenden Front geflüchteten Menschen in Niedersachsen an. Meist suchten sie sich auf eigene Faust eine Bleibe. Erst seit dem Anschwellen des Flüchtlingsstroms im Sommer und Herbst 1945 wurden ihnen die Unterkünfte von den Behörden zugewiesen. Das Bild zeigt den Einzug eines Trecks im März 1945 in Hoykenkamp, Gemeinde Ganderkesee.

Leerstehenden Wohnraum gab es in Niedersachsen kaum, da im Krieg bereits die Ausgebombten aus den Großstädten aufgenommen worden waren. Die Einheimischen erklärten sich oft nur zögernd bereit, die Ankömmlinge aus dem Osten in ihre Wohnungen aufzunehmen. Viele Flüchtlinge und Vertriebene konnten daher nur notdürftig in Barackenlagern untergebracht werden, wie hier an der Schönemoorer Straße in Delmenhorst. Es dauerte bis Anfang der 1950er Jahre, bis alle Elendsquartiere durch angemessenere Unterkünfte ersetzt werden konnten.

andere Regionen des westlichen Deutschlands; etwa ein Drittel aber blieb auf Dauer in Niedersachsen und ließ die Einwohnerzahl von Hannover, Braunschweig, Oldenburg und Schaumburg-Lippe von 4,5 Millionen im Jahr 1939 auf fast 6,8 Millionen im Jahr 1950 ansteigen. Das bedeutete einen Zuwachs von 51,9 Prozent, gegenüber nur 21 Prozent im gesamten Gebiet der drei westlichen Besatzungszonen. Entsprechend stieg die Bevölkerungsdichte von 96 auf 147 Einwohner je Quadratkilometer. Nach Schleswig-Holstein und vor Bayern hatte Niedersachsen damit die größte Zahl an Zuwanderern zu bewältigen. Im Lande selbst war die Verteilung sehr ungleichmäßig, zumal die Flüchtlinge sich anfangs ihre neuen Wohnorte selbst aussuchen konnten. Erst im Spätsommer 1945 gelang es den Briten, eine geregelte Verteilung und Zuweisung durchzusetzen. Dennoch blieben die östlichen Regionen um Braunschweig und Lüneburg, Hannover und Hildesheim noch lange Zeit weitaus stärker belastet als die westlichen. Nur allmählich konnte dieses Gefälle durch Umsiedlungen ausgeglichen werden.

Die Hauptsorge der Verantwortlichen auf allen Ebenen war es, den Ankömmlingen zunächst einmal ein Dach über dem Kopf zu verschaffen und sie möglichst rasch aus Notquartieren in Barackenlagern, Gasthaussälen oder Turnhallen herauszuholen. Freier Wohnraum stand kaum zur Verfügung, da ja die etwa 600 000 Evakuierten aus den deutschen Großstädten, die wegen des Bombenkriegs auf dem Lande einquartiert worden waren, noch nicht wieder in ihre Heimatorte hatten zurückkehren können. An die Errichtung neuer Wohnbauten war vorerst nicht zu denken, da kein Baumaterial zur Verfügung

Zur Steuerung der Flüchtlingsströme wurden Auffanglager in Friedland und Uelzen-Bohldamm eingerichtet. Dort wurden die Angekommenen registriert, versorgt, notfalls „entlaust" und in die Aufnahmeorte weitergeleitet. Das Foto links zeigt die Registrierung eines Flüchtlings im Lager Bohldamm 1947.

Das Lager Friedland bei Göttingen wurde zur wichtigsten Anlaufstelle für die Opfer der Vertreibung, dann auch für Spätaussiedler. Mit an die Wände gehefteten Suchanzeigen versuchten Angehörige, von den Eintreffenden etwas über vermisste Verwandte oder Freunde zu erfahren.

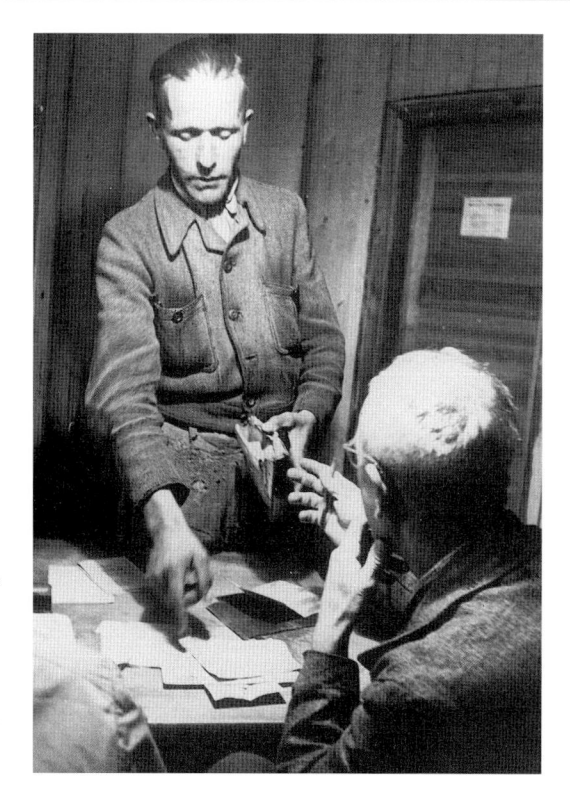

stand. Es war erforderlich, einzelne Räume in belegten Wohnungen zu beschlagnahmen – häufig gegen den Widerstand der einheimischen Bevölkerung, die die unfreiwilligen Gäste mit gemischten Gefühlen empfing und in vielen Fällen zu wenig Verständnis für deren Notlage aufbrachte. Auf der anderen Seite gab es auch unter den Flüchtlingen manchen, der aus Trauer über den Verlust der Heimat in Resignation verfiel und sich innerlich dagegen sperrte, in der neuen Umgebung heimisch zu werden. Es dauerte geraume Zeit, bis dieser Spalt zwischen den beiden Bevölkerungsgruppen geschlossen werden konnte.

Die materielle Lage der Neubürger war in den ersten Jahren nach der Flucht oder Vertreibung in der Tat oft so trostlos, dass man sich über Ausbrüche von Zorn oder Verzweiflung nicht wundern durfte. Selbst wenn es gelungen war, eine zumutbare Bleibe zu erlangen, fehlte es oft an den elementaren Versorgungsgütern: an Möbeln und Hausrat, an Heizmaterial, an Schuhen und Kleidung. Das blieb nicht ohne Auswirkungen auf die Gesundheit und die Hygiene. Vor allem Tuberkulose und Geschlechtskrankheiten breiteten sich aus. Die Behörden bemühten sich nach Kräften, Abhilfe zu schaffen, aber auch sie konnten lediglich die dringendsten Notfälle lindern. Die Ernährung war anfangs noch einigermaßen zufriedenstellend, doch infolge einer wetterbedingten Missernte im Herbst 1945 wurde auch sie zum Problem, das Flüchtlinge ebenso wie Einheimische betraf. Die Bewirtschaftung der Lebensmittel war beibehalten worden, aber die Zuteilungen wurden immer geringer. Im Hungerwinter 1946/47 sank die Kalorienzahl der täglichen Rationen auf unter tausend. Das war

Wie hier in der Braunschweiger Innenstadt wurden notfalls auch mitten in den Trümmern Notunterkünfte aus Brettern und Dachpappe eingerichtet.

Oft musste ein einziger Raum für die Unterbringung auch größerer Flüchtlingsfamilien genügen, der dann als Stube und Schlafzimmer, Küche und Bad zugleich diente.

Fünf Personen bewohnten noch um 1950 diesen Behelfsraum im Flüchtlingslager Schönemoorer Straße in Delmenhorst.

weniger als die Hälfte dessen, was ein „Normalverbraucher" benötigte, der nicht auf dem Lande lebte und keine Möglichkeit hatte, sich selbst zu versorgen. Viele Menschen waren unterernährt, und man musste mit dem Ausbruch von Massenerkrankungen rechnen. Dazu ist es aber zum Glück in Niedersachsen nicht gekommen.

Höhepunkte der Ernährungskrise waren 1948 der „Kartoffelkrieg" mit dem Ernährungsamt der Anfang 1947 gebildeten britisch-amerikanischen Bizone, das Niedersachsen wegen Nichterfüllung des Ablieferungssolls die Zuteilungen gekürzt hatte, und der „Hungermarsch" von demonstrierenden Arbeitern zur Militärregierung in Hannover, an dessen Spitze sich Ministerpräsident Kopf selber stellte. Die Briten hatten in der Hoffnung, damit die Produktion zu erhöhen, aber durchaus auch mit sozialpolitischer Zielsetzung die Durchführung einer Bodenreform angeordnet, von der gerade auch geflüchtete Landwirte profitieren sollten. Doch konnte der Landtag sich nicht über die Betriebsgröße einigen, jenseits derer eine Enteignung stattfinden sollte, und da auch die Besatzungsmacht das Interesse an der Landreform verlor, unterblieb sie schließlich ganz.

Dagegen konnte eine Unternehmung zum Erfolg geführt werden, die in erster Linie den vertriebenen Bauern zugute kam: die Kultivierung der ausgedehnten Moore im Emsland. Die Erschließung dieser bis dahin verkehrsmäßig und auch wirtschaftlich im Abseits gelegenen Region an der Grenze zu den Niederlanden war bisher nur zaghaft in Angriff genommen worden. Nach Kriegsende hatten holländische Gebietsforderungen abgewehrt werden müssen, die auch damit begründet worden waren, die deutsche Seite habe das Gebiet vernachlässigt und zum Armenhaus verkommen lassen. 1948 beschloss die Regierung Kopf ein Sofortprogramm zur Gewinnung von Siedlungsland und zur allgemeinen Strukturverbesserung des Emslandes. Mehrere tausend landwirtschaftliche Siedlerstellen für Flüchtlinge konnten geschaffen werden, und Gewerbe und Industrie folgten ihnen nach. Das Emsland nutzte seine Chance: Heute zählt der Landkreis zu den wirtschaftlich gesündesten des ganzen Landes.

Trotz solcher positiven Ergebnisse, die allmählich die Bilanz aufbesserten, blieb die Lage der Heimatvertriebenen insgesamt zumindest bis zur Währungsreform von 1948 prekär. Großen Anteil daran, dass die Situation nicht eskalierte und dass auch die befürchtete politische Radikalisierung der Flüchtlinge ausblieb, hatte der erste niedersächsische Flüchtlings- und spätere Sozialminister Heinrich Albertz (1915–1993). Er war 1945 selbst aus Schlesien nach Celle geflüchtet und hatte dort als junger Pastor ein Betreuungswerk aufgebaut, das weit über die Seelsorge hinausging. Er wurde rasch zum maßgebenden Sprecher der Flüchtlinge und blieb das auch, als Hinrich Wilhelm Kopf ihn

Der aus Schlesien geflüchtete Pastor Heinrich Albertz (1915–1993) setzte sich wie kein Zweiter für die Belange der Neubürger in Niedersachsen ein. Hinrich Wilhelm Kopf berief ihn 1948 zum Minister für Flüchtlingsangelegenheiten.

Um geflüchteten und vertriebenen Bauern wieder zu einer selbständigen Existenz zu verhelfen, wurden in Niedersachsen Ödländereien und brachliegende Flächen kultiviert. Das größte Projekt dieser Art war die Erschließung der Moore des Emslands. Sie trug dazu bei, dass diese Region sich in wenigen Jahrzehnten von einem Armenhaus in einen der wohlhabendsten Landkreise verwandelte. Bei der Urbarmachung des Moors wurden große Dampfpflüge eingesetzt.

1948 in sein Kabinett holte. Viele seiner Anregungen und Initiativen wirkten weit über Niedersachsen hinaus. Ebenso wie die Briten und wie auch Kopf vertrat Albertz von Beginn an die Auffassung, dass die Vertreibung als definitiv anzusehen sei und dass es keine Hoffnung auf Rückkehr in die ostdeutsche Heimat gebe. Sein Ziel war es deshalb, die Flüchtlinge so rasch wie möglich in die neuen Wohngebiete einzugliedern. Mit dieser Haltung machte er sich bei den Betroffenen nicht überall Freunde. Doch setzte sich sein Realismus schließlich durch. Als der in Schleswig-Holstein gegründete BHE (Block der Heimatvertriebenen und Entrechteten) 1951 auch nach Niedersachsen übergriff, fand er hier weniger Anhänger, als nach dem Anteil der Flüchtlinge zu vermuten gewesen wäre. Die Integration war zwar noch nicht abgeschlossen, aber doch auf dem besten Wege, und der Wunsch nach einer eigenen politischen Interessenvertretung nahm auch in den folgenden Jahren immer mehr ab.

Eine zweite, erheblich kleinere Gruppe von entwurzelten Menschen war in der unmittelbaren Nachkriegszeit zu betreuen und zu versorgen gewesen: die etwa 600 000 DPs (Displaced Persons), die als Kriegsgefangene und KZ-Häftlinge überlebt hatten oder als Zwangsarbeiter und -arbeiterinnen aus Osteuropa zur Aufrechterhaltung der Kriegswirtschaft nach Deutschland geholt worden waren und nicht so rasch in ihre Heimat zurückgeführt werden konnten oder wollten. Sie wurden provisorisch in Lagern untergebracht; eines der größten mit 12 000 Insassen befand sich in den Kasernen des Truppenübungsplatzes Bergen-Belsen, ganz in der Nähe des befreiten Konzentrationslagers. Doch auch ganze Dörfer wie Bardowick bei Lüneburg, Meerbeck im Schaumburgischen oder Haaren an der Ems wurden als Quartiere herangezogen und mussten dafür von ihren Bewohnern geräumt werden, in einigen Fällen für mehrere Jahre. Nicht wenige der während des Krieges ausgebeuteten und oft auch misshandelten Menschen missbrauchten die neu gewonnene Freiheit zu Racheakten, Übergriffen und Gewalttaten; in der Umgebung der Lager stieg die Kriminalität erschreckend an. Mit der Repatriierung oder Auswanderung der meisten DPs löste sich das Problem dann aber bis 1950 von selbst.

Die Beseitigung der Kriegsschäden und der allgemeine Wiederaufbau machten die Anspannung aller vorhandenen Kräfte erforderlich. Umso erstaunlicher ist es, dass nach Kriegsende zunächst zwar einerseits eine große Nachfrage nach Arbeitskräften, andererseits aber eine beträchtliche Arbeitslosigkeit zu verzeichnen war. Das lag vor allem daran, dass man bei der Unterbringung der Flüchtlinge und der heimgekehrten Soldaten nicht auf ihre berufliche Qualifikation hatte Rücksicht nehmen können. Weite Wege zur Arbeitsstätte aber waren wegen der schlechten Verkehrsverbindungen besonders auf

Auf dem Kasernengelände des ehemaligen Konzentrationslagers Bergen-Belsen waren nach 1945 sogenannte Displaced Persons (DPs), also ehemalige Kriegsgefangene und KZ-Häftlinge, untergebracht. Auf dem Foto ist eine Gruppe jüdischer Emigranten zu sehen, die etwa 1947 nach Palästina auswanderten. In den ersten Nachkriegsjahren gab es einige illegale Auswanderungen, mit der Gründung des Staates Israel 1948 war die Emigration dann offiziell erlaubt.

dem Lande nicht zumutbar. Doch zunehmend besserte sich die Situation durch gezielte Umsiedlungen und auch durch die Gründung zahlreicher selbständiger Flüchtlingsbetriebe, im Handwerk ebenso wie im Handel. Anfang 1948 war die Arbeitslosenquote in Niedersachsen auf wenig mehr als zwei Prozent gesunken. Infolge der Währungsreform vom Juni 1948, die viele der neu entstandenen Unternehmen aus Geldmangel zur Schließung oder zur Verkleinerung zwang, stieg sie dann zwar steil auf fast 22 Prozent an, doch war das nur ein Zwischentief. Das vielgerühmte Wirtschaftswunder der 1950er Jahre führte auch in Niedersachsen zur Vollbeschäftigung.

Dass die niedersächsische Wirtschaft insgesamt rascher als erwartet wieder ihre Vorkriegskapazität erreichen und sie bald sogar erheblich überschreiten sollte, lag auch daran, dass die Neubürger mit ihrer Produktivität und ihrer Kaufkraft das Sozialprodukt des Landes beträchtlich vermehren. Vor allem die Gemeinden und kleineren Städte auf dem Lande erfuhren dadurch eine Stärkung ihrer Infrastruktur und eine Modernisierung, wie sie sonst in einem so kurzen Zeitraum kaum vorstellbar gewesen wären. Das betraf nicht nur den wirtschaftlichen, sondern – durch Ausbau des Schulwesens und anderer Bildungseinrichtungen – auch den sozialen und kulturellen Bereich. Die dadurch ausgelösten Impulse trugen dazu bei, dass im bisherigen Agrarland Niedersachsen die Bedeutung der Landwirtschaft seit 1945 immer mehr zugunsten der gewerblichen Wirtschaft und der Industrie zurückging.

Zwei Unternehmen sind hier zu nennen, die als Schrittmacher für die wirtschaftliche Entwicklung von eminenter Bedeutung für Niedersachsen waren und noch sind: das Volkswagenwerk in Wolfsburg und die Hannover-Messe. In beiden Fällen waren die Briten als Geburtshelfer an der Erfolgsgeschichte beteiligt. Sie erteilten dem VW-Werk, das zu 60 Prozent zerstört worden war, noch im September 1945 den Auftrag zur Fertigung von 20 000 Fahrzeugen zunächst für ihren eigenen Bedarf, setzten damit die Produktion wieder in Gang und machten den Weg frei, der unter der Leitung von Heinrich Nordhoff (1899–1968) steil aufwärts bis an die Spitze des europäischen Automobilbaus führte. Mit seinen Zweigwerken in Hannover, Emden und Salzgitter blieb Volkswagen auch als Weltkonzern in Niedersachsen beheimatet, schuf hier Zehntausende von Arbeitsplätzen und wirkte auch über seine Zulieferer wie den Reifenhersteller Continental in Hannover belebend auf die Wirtschaftsstruktur ein.

Einen ähnlichen Symbolwert für den Selbstbehauptungswillen der daniederliegenden deutschen Wirtschaft hatte die Industriemesse, die auf Anregung aus Kreisen der britischen Militärregierung seit 1947 alljährlich in Hannover stattfand und noch stattfindet, jetzt zweigeteilt in Hannover-Messe und

Um der niedersächsischen Wirtschaft zu einem neuen Start zu verhelfen, veranstaltete Wirtschaftsminister Alfred Kubel auf Anregung der Briten in Hannover 1947 erstmals eine Exportmesse. In kurzer Zeit entwickelte sich die Hannover-Messe zur größten Industrieschau der Welt. Auf ihrem Gelände wurde im Jahr 2000 die Weltausstellung „Expo 2000" durchgeführt. Das Foto von 1971 lässt aus der Vogelschau die Messehallen und die zugehörigen Parkflächen für viele tausend Autos erkennen.

Das Werbeplakat der ersten Hannover-Messe zeigt schon 1947 ihr noch heute verwendetes Emblem, den stilisierten Hermes-Kopf. Inzwischen ist zur Industriemesse die CeBIT hinzugekommen, eine vor allem der Informations- und Kommunikationstechnologie gewidmete Veranstaltung, die ebenfalls weltweite Bedeutung gewonnen hat. Der Region Hannover geben beide Messen – und viele kleinere, die regelmäßig hier abgehalten werden – willkommene Impulse für die weitere wirtschaftliche Entwicklung.

Bedeutendster Wirtschaftsbetrieb in Niedersachsen ist das Volkswagenwerk. Nicht nur für die Stadt Wolfsburg stellt es die Lebensgrundlage dar; mit seinen Zweigwerken ist es auch in Hannover, Emden und Salzgitter der größte Arbeitgeber. Sein Aufstieg zum weltgrößten Autoproduzenten war nur möglich mit Hilfe der zahlreichen Gastarbeiter, die das Werk in den 1960er Jahren vor allem in Italien anwarb.

Das Erfolgsmodell des Volkswagenwerks war der „Käfer", der seit etwa 1950 das Bild der deutschen Straßen prägte. Auch im Ausland und selbst in den USA fand er viele Fans. Technisch und in seiner Leistungsfähigkeit wurde er laufend verbessert. Die Grundform des Kultwagens aber blieb die gleiche. Die Brezelform der Rückfenster, wie sie das Foto der Montagestraße aus der Zeit um 1960 zeigt, gehörte zu den typischen Merkmalen dieses Symbols des deutschen Wirtschaftswunders.

CeBIT. Aus bescheidenen Anfängen als Schaufenster der exportorientierten Wirtschaft der britischen Zone entwickelte sie sich in ständiger Aufwärtsentwicklung zur weltweit größten Veranstaltung ihrer Art, von der auch die heimische Wirtschaft in mancherlei Hinsicht profitierte. Die Stadt Hannover, die bis heute mit einem Image leben muss, das ihrer Bedeutung als Wirtschaftszentrum und ihrer lebendigen Kulturszene nicht gerecht wird, konnte ihren Bekanntheitsgrad in aller Welt durch die Messe beträchtlich steigern.

Weniger gravierend als zunächst befürchtet hatten die von den Alliierten beschlossenen Demontagen der niedersächsischen Wirtschaft geschadet. Zunächst rund 1800, dann fast 700 und am Schluss immerhin noch 116 Betriebe standen auf der Liste der Werke, die an der Kriegsproduktion beteiligt gewesen waren und abgerissen werden sollten. Besonders hart traf diese Strafmaßnahme die Städte Salzgitter und Wilhelmshaven, in denen viele Menschen ihre Arbeitsplätze verloren. Vergeblich versuchten die Betroffenen den Abbau von Werkhallen und Maschinen zu verhindern. In Salzgitter kam es zu tätlichen Auseinandersetzungen, in die die Polizei eingreifen musste. Massive Proteste auch durch die Landes- und die Bundesregierung führten 1951 schließlich zur Beendigung des sinnlos gewordenen Zerstörungswerks.

Stärker als alle anderen Länder war Niedersachsen durch die hohen Besatzungskosten belastet, die im Jahr 1948 fast die Hälfte der gesamten Steuereinnahmen auffraßen. Erst die Übernahme dieser Lasten durch die Bundesrepublik brachte hier eine Entlastung. Dennoch blieb das Land auch

Im Sommer 1949 begannen die Briten in Salzgitter mit der Demontage der Reichswerke. Der beabsichtigte völlige Abriss hatte für die Stadt, die zu diesem Zeitpunkt mit 30 Prozent eine der höchsten Arbeitslosenquoten aufwies, den Ruin bedeutet. Unterstützt von Parteien, Gewerkschaften und Kirchen, leistete die Belegschaft Widerstand, den die britischen Truppen durch die Besetzung der Anlagen am 7. März 1950 zu brechen suchten.

Alle öffentlichen Proteste konnten die Sprengung der Kokerei II der Reichswerke und weiterer Betriebsteile nicht verhindern. Was nicht wegen Zugehörigkeit zur Rüstungsindustrie zerstört wurde, ging als Reparationsleistung nach Großbritannien, Frankreich und in andere europäische Länder, ja sogar nach Indien. Endlich erreichten die Bemühungen von Stadt, Land und Bund, dass die Demontagen ab Januar 1951 eingestellt wurden.

Nur in den ersten Nachkriegsjahren konnte man noch über die „grüne Grenze" in den Westen fliehen – wie diese Frau mit ihrer Tochter. Später wurde mancher Fluchtversuch mit dem Leben bezahlt.

An wenigen Stellen konnte man legal über die deutsch-deutsche Grenze gelangen, wenn es gelungen war, die dafür benötigten Papiere zu besorgen. Ein solcher Zonenübergang befand sich bei Marienborn in der Nähe von Helmstedt. Die Grenzabfertigung im Jahr 1949 war kein Vergleich zu den gewaltigen Grenzanlagen, die die Grenztruppen der NVA später für die Einreise in die DDR und den Transitverkehr nach Berlin errichteten.

„Weit ist der Weg nach Zicherie": Am Anfang trennte nur ein Schlagbaum die beiden Dörfer und die Sowjets patrouillierten zwischen beiden Seiten. Danach wurde das 500-Einwohner-Dorf, das 30 Kilometer nördlich von Wolfsburg liegt, durch Grenze, Mauer und Todesstreifen gespalten – in Böckwitz im Osten und Zicherie im Westen. Am 18. November 1989 war es dann so weit. Die Mauer fiel – man war wieder ein Dorf.

An der über 550 Kilometer langen niedersächsischen Grenze zur DDR stellte der Bundesgrenzschutz Warnschilder auf, um Leichtsinnige vom Betreten des Grenzstreifens abzuhalten.

Ein tief gegliedertes System von Stacheldrahtzäunen, Drahtverhauen, Minen, Beobachtungsständen und Sperrzonen trennte die Deutschen in der Bundesrepublik von ihren Landsleuten in der DDR. Die Demarkationslinie wurde seit dem 13. August 1961 mit dem Bau der Berliner Mauer und den Befestigungsanlagen an der Grenze zwischen Ostsee und Vogtland praktisch unüberwindbar. Erst am 9. November 1989 wurde die bis dahin hermetisch abgeriegelte Grenze wieder geöffnet.

Achtung! Demarkationslinie!

Informationen für den Besucher

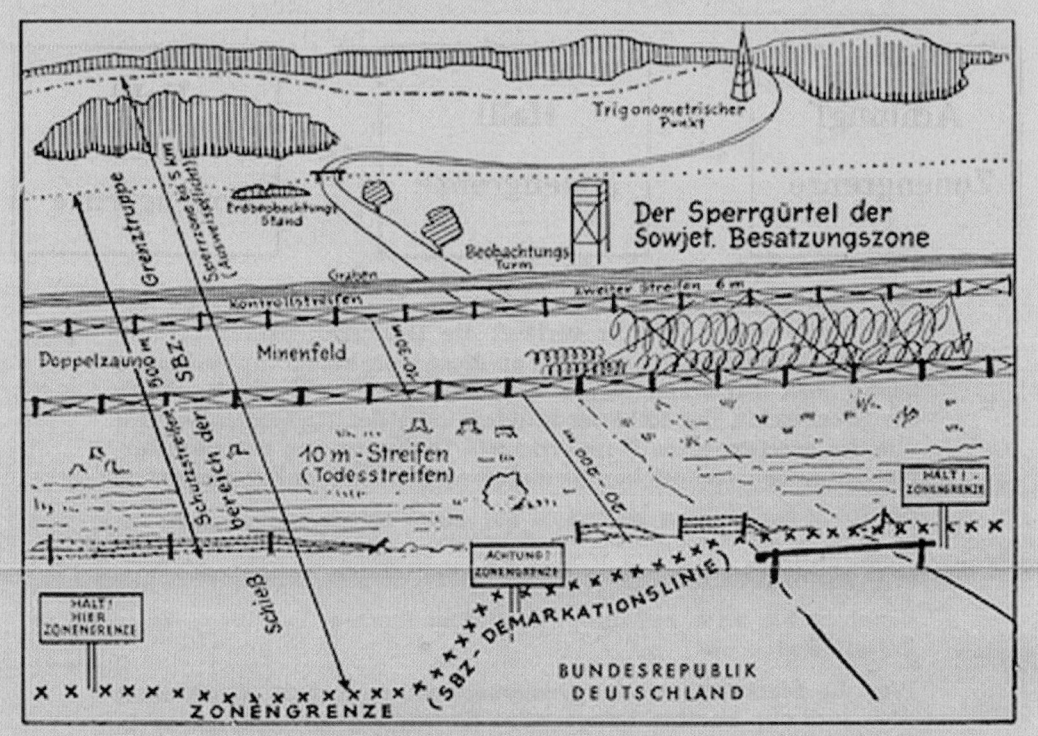

Der Sperrgürtel der Sowjet. Besatzungszone

Ein tief gegliedertes System von Stacheldrahtzäunen, Drahtverhauen, Minen, Beobachtungsständen und Sperrzonen trennt die Menschen unseres Volkes mehr voneinander als Ozeane, Gebirge und Staatsgrenzen. Hinter diesem Befestigungswall leben Deutsche wie wir. Auch sie wollen Recht und Freiheit. Aber Spitzel, Fanatiker und Irregeführte sowie eine drakonische Justiz sorgen dafür, daß sie von diesen Grundrechten keinen Gebrauch machen können.

Vergessen wir es nie: Drüben ist auch Deutschland!

Genaue Informationen über die örtlichen Verhältnisse geben die Dienststellen des Zollgrenzdienstes, des Bundesgrenzschutzes, die Zonenrandberatungsdienste der Kreisverwaltungen in Braunlage, Duderstadt, Gifhorn, Göttingen, Goslar, Helmstedt, Lüneburg, Lüchow, Osterode, Wolfenbüttel und Zellerfeld.

Auskünfte für Besuchergruppen erteilt der Zonenrandberatungsdienst für Niedersachsen im Niedersächsischen Ministerium für Bundesangelegenheiten, für Vertriebene und Flüchtlinge, Hannover, Calenberger Str. 2

Bitte nicht wegwerfen!   **Bitte weitergeben!**

wegen seiner wirtschaftlichen Strukturschwäche und wegen des daraus folgenden niedrigen Steueraufkommens eine der ärmeren Regionen Deutschlands. Es war weiterhin auf Hilfen des Bundes und – im Rahmen des Finanzausgleichs – auf die Solidarität der wohlhabenderen Länder angewiesen. An Anstrengungen, aus dieser undankbaren Rolle des Bittstellers und Hilfebedürftigen herauszufinden, hat es nicht gefehlt. Die ständigen Bemühungen, weitere Industrie nach Niedersachsen zu ziehen und günstige Voraussetzungen für ihre Ansiedlung zu schaffen, hatten zwar in manchem Einzelfall Erfolg, brachten aber insgesamt nicht das erhoffte Ergebnis.

Zu den besonderen Belastungen, die dem Land Niedersachsen bereits in seiner Geburtsstunde mit auf den Weg gegeben worden waren, zählte die Situation, die sich aus der Zweiteilung Deutschlands ergab. Mit mehr als 550 Kilometern hatte Niedersachsen den größten Anteil an der Grenze zur sowjetischen Besatzungszone, der späteren DDR. Anfangs war diese Grenze noch durchlässig und ermöglichte ein fast gefahrloses Überwechseln von einer Zone in die andere. Bald aber erstarrte sie zum „Eisernen Vorhang", der ganze Dörfer durchteilte, familiäre und nachbarliche Bindungen zerschnitt und die Städte und Gemeinden im Grenzbereich ihres natürlichen Hinterlands beraubte. Das hatte nicht nur soziale, sondern auch gravierende wirtschaftliche Folgen. Der Grenzraum drohte zu veröden und zu verarmen, eine Gefahr, der das Land und der Bund seit 1954 durch eine gezielte Zonenrandförderung entgegenzuwirken suchten. Dennoch blieb das Grenzgebiet in seiner Entwicklung bis zur deutschen Wiedervereinigung zurückgeworfen. Seine Bewohner erlebten es hautnah mit, wenn Fluchtversuche von den DDR-Grenzbewachern mit Waffengewalt unterbunden wurden oder gar mit dem Tod am Grenzzaun oder beim Durchschwimmen der Elbe endeten. Erst später wurde der psychische Druck durch die Einrichtung des „Kleinen Grenzverkehrs" ein wenig gemildert, der wenigstens den Besuch der Verwandten im nahegelegenen, aber durch die Grenzsperren abgeschnittenen Nachbardorf erlaubte. Für den Transitverkehr nach Berlin und die Einreise in die DDR diente der Grenzübergang Helmstedt-Marienborn. Er ist vielen Menschen in zwiespältiger Erinnerung, die unter der teilweise schikanösen Abfertigung durch die Angehörigen der Grenztruppen leiden mussten.

Die Grenzziehung war gemäß der Absprache der alliierten Mächte im großen Ganzen den Grenzen der Länder und Provinzen Preußens und des Reichs gefolgt. Aus praktischen Gründen wurden aber Korrekturen vorgenommen: Das rechts der Elbe gelegene ehemalige Amt Neuhaus, Teil des Landkreises Lüneburg, wurde der sowjetischen Besatzungszone zugeteilt, ebenso die in der Altmark gelegene braunschweigische Exklave Calvörde und der größere Teil des Harzkreises Blankenburg. Andererseits kam die Gemeinde Bad Sachsa am Südharz mit dem benachbarten Tettenborn um der glatteren Grenzführung willen zu Niedersachsen. Um den genauen Verlauf der Zonengrenze in der Mitte oder am rechten Ufer der Elbe gab es einen jahrelangen Streit. Die Alliierten hatten eine präzise Festlegung versäumt. Eine Einigung konnte bis zum Ende der DDR 1990 nicht erzielt werden.

Niedersachsen – ein Überblick

Aus vier bislang eigenständigen Ländern und einer noch größeren Zahl von Regionen mit eigener historischer Tradition ist Niedersachsen 1946 zusammengefügt worden. Sie alle – die einen mehr, die anderen weniger – hatten ein Selbstverständnis, das mit dem Bewusstsein, nun zu einem größeren Staatsgebilde zu gehören, erst einmal in Einklang gebracht werden musste. Noch für geraume Zeit galt für einen erheblichen Teil der Landesbewohner, dass man zunächst einmal Ostfriese, Oldenburger oder Braunschweiger war, erst in zweiter Linie auch Niedersachse. Die Herausbildung eines Niedersachsen-Gefühls, eines bewussten Bekenntnisses zum Land, brauchte Zeit. Der langjährige Ministerpräsident Hinrich Wilhelm Kopf (SPD) wusste das. Seine Kabinettsbildungen beachteten neben dem politischen immer auch den regionalen Proporz. Das ist, wenn auch in abgeschwächter Form, bis heute so geblieben. Nicht nur die Politik, auch andere Bereiche des öffentlichen Lebens müssen bei der Vergabe von Posten oder gar von Mitteln immer auf regionale Befindlichkeiten und Empfindlichkeiten Rücksicht nehmen. Bereits die Militärregierung hatte bei der Landesgründung in ihrer Verordnung Nr. 70 verlangt, „die Belange der früheren Länder auf dem Gebiet der Überlieferung, Kultur, Architektur und Geschichte gebührend zu berücksichtigen". Der Artikel 56 der Vorläufigen Verfassung von 1951 griff das auf: Er versprach den Schutz der besonderen kulturellen und historischen Traditionen und Einrichtungen und gab ihnen eine gewisse Bestandsgarantie. Bis heute bestehen etwa Staatsarchive, Landesmuseen und Landesbibliotheken nicht nur in Hannover, sondern auch in den drei anderen einstigen Ländern. Ein Oberlandesgericht gibt es außer in Celle auch in Oldenburg und in Braunschweig. Bückeburg erhielt als eine Entschädigung für den Verlust seiner zentralen Behörden den Sitz des niedersächsischen Staatsgerichtshofs. Solche Konzessionen trugen dazu bei, dass bei der Abstimmung über die Vorläufige Verfassung von 1951 auch alle Abgeordneten aus den drei kleineren Gründungsstaaten sich zu dem neuen Land Niedersachsen bekannten, das seit zwei Jahren ein Gliedstaat der Bundesrepublik Deutschland war.

Dennoch hielten sich für längere Zeit Ressentiments, die durch die offensichtliche Dominanz Hannovers immer neue Nahrung erhielten und die verlorene Eigenständigkeit in einem verklärenden Licht erscheinen ließen. Als im April 1956 in Oldenburg und Schaumburg-Lippe nach Artikel 29 des Grundgesetzes Vorabstimmungen über die Wiederherstellung des Länderstatus stattfanden, erreichten sie mit 12,9 und 15,3 Prozent Jastimmen ohne weiteres den für die Ansetzung eines Volksentscheids nötigen Stimmenanteil von zehn Prozent. Bundes- und Landesregierung ignorierten das Votum jedoch. Erst 1975 wurde eine Abstimmung in den beiden Landesteilen angesetzt. Immer noch votierten dabei in Oldenburg 31 Prozent, in Schaumburg-Lippe sogar 39,5 Prozent für die Wiederherstellung der Selbständigkeit – wohl weniger, weil sie diese wirklich anstrebten, sondern eher aus Protest gegen die im Jahr zuvor durchgeführte niedersächsische Gebietsreform, die auf historische Gegebenheiten wenig Rücksicht genommen hatte. Eine reale Chance hatte die Rückkehr zur Kleinstaaterei zu diesem Zeitpunkt schon lange nicht mehr. Bei den immer wieder aufkommenden Diskussionen über eine Länderreform geht es eher darum, ob Niedersachsen in seiner jetzigen Gestalt genügend Substanz habe, um auch künftig neben finanziell und wirtschaftlich besser ausgestatteten Ländern wie Bayern oder Baden-Württemberg bestehen zu können, oder ob nicht vom Aufgehen in einem größeren Nordstaat die günstigeren Entwicklungsmöglichkeiten zu erwarten seien. Vor allem Alfred Kubel hat als Ministerpräsident diese Frage ernsthaft gestellt; eine Antwort darauf steht aber noch aus.

Die niedersächsische Landespolitik wurde über Jahrzehnte von einem annähernden

Gleichgewicht zwischen den Sozialdemokraten und dem bürgerlichen Lager geprägt, auch wenn sich bei den Wahlergebnissen beträchtliche Schwankungen ergaben. Die Parteien hatten ihre traditionellen Wählerreservoirs: die SPD etwa in den Großstädten, in Ostfriesland und im Schaumburgischen, die NLP/DP in den althannoverschen Regionen, die CDU bei der ländlichen Wählerschaft, besonders in katholischen Gebieten, die FDP in Teilen Oldenburgs und in der Universitätsstadt Göttingen. Bis 1970 erlangte keine Partei die absolute Mehrheit im Landtag, so dass durchweg Koalitionsregierungen gebildet werden mussten. Meist wurden sie von der SPD geführt, die in Hinrich Wilhelm Kopf ihr größtes Zugpferd besaß. Unter den kleineren Parteien verloren die Zentrumspartei und die 1956 verbotene KPD ständig an Zuspruch und verschwanden bald ganz von der politischen Bühne. Das konservative Lager war zunächst geschwächt durch das Nebeneinander von DP und CDU, die zeitweise eine Fraktionsgemeinschaft bildeten; ihre wahltaktische Vereinigung zur „Niederdeutschen Union" wurde 1951 von den Wählern jedoch nicht honoriert. Seit Ende der 1950er Jahre schwächelte die DP und schied 1963 nach einer missglückten Fusion mit dem Gesamtdeutschen Block/BHE aus dem Landtag aus. Entsprechend erstarkte die CDU, die mehr und mehr zum Widerpart der SPD wurde. Von 1955 bis 1959 konnte der DP-Politiker Heinrich Hellwege die Ära Kopf unterbrechen, als Ministerpräsident anfangs einer bürgerlichen, später einer Großen Koalition, in der Kopf Innenminister war.

Neu in den Landtag, der bis 1962 in der hannoverschen Stadthalle tagte und erst dann sein heutiges Domizil im Leineschloss beziehen konnte, kam 1951 der BHE, der – ähnlich wie die FDP – in den folgenden Jahren als Koalitionspartner sowohl der SPD wie der DP/CDU zur Verfügung stand. Im selben Jahr wurde durch die erste nationale Welle nach dem Zweiten Weltkrieg auch die rechtsradikale Sozialistische Reichspartei (SRP) in das Parlament getragen; ihre Mandate erloschen aber, als sie schon 1952 vom Bundesverfassungsgericht verboten wurde. Nieder-

Der Niedersächsische Landtag tagte zunächst in der hannoverschen Stadthalle. Durch den hannoverschen Architekten Dieter Oesterlen (1911–1994) wurde das im Krieg stark beschädigte Leineschloss 1958–1961 zum Landtagsgebäude umgebaut. Die klassizistische Fassade mit dem Portikus von Georg Friedrich Laves blieb erhalten. Im Kontrast dazu steht das in moderner Gestaltung neu errichtete Plenarsaalgebäude.

Der Sitzungssaal des Landtags ist in der Art eines Amphitheaters angelegt. Er gewährt von allen Plätzen aus freien Blick auf das Rednerpult und das Präsidium. Blickfang ist das in Gips geschnittene weiße Pferd, das Wappentier Niedersachsens, entworfen von Kurt Schwerdtfeger (1897–1966).

sachsen drohte in diesen Jahren zu einer Hochburg der extremen Rechten zu werden. Der Deutschen Reichspartei (DRP) gelang 1955 der Sprung in den Landtag. Auch die FDP öffnete sich radikalen Tendenzen und stürzte das Kabinett Hellwege durch Benennung eines politisch nicht tragbaren Kultusministers in eine schwere Krise. Seit 1967 war dann auch die Nationaldemokratische Partei Deutschlands (NPD) für einige Jahre im Landtag vertreten.

Hinrich Wilhelm Kopf, der 1959 wieder das Amt des Regierungschefs übernommen hatte, starb im Dezember 1961. Sein Nachfolger wurde sein Parteifreund Georg Diederichs (1900–1983), ein auch von politischen Gegnern menschlich anerkannter Mann des Ausgleichs, der zunächst mit der FDP, dann in einer Großen Koalition mit der CDU regierte. 1970 geriet das parlamentarische System nach einer Reihe von Fraktionswechseln aus dem Gefüge; der Landtag sah nur in der Selbstauflösung einen Ausweg. Die fällige Neuwahl führte dazu, dass mit SPD und CDU nur noch zwei Parteien in das Parlament einzogen. Der bisherige Finanzminister Alfred Kubel von der SPD übernahm die Regierung, die sich auf eine Landtagsmehrheit von nur einer Stimme stützen konnte.

Das blieb auch so, als nach der Wahl von 1974 die FDP wieder die Bühne betrat und mit der SPD koalierte. Als Kubel zwei Jahre später aus Altersgründen sein Amt niederlegte, scheiterte die Wahl eines Nachfolgers aus den Reihen der SPD in mehreren Anläufen überraschend, weil zwei Abgeordnete der Koalition ihm in geheimer Abstimmung die Stimme verweigerten und schließlich sogar für den Kandidaten der CDU, Ernst Albrecht stimmten. Der Vorgang erregte großes Aufsehen und bedeutete das vorläufige Ende der langjährigen Vorherrschaft der SPD in Niedersachsen.

Teils allein auf die CDU, teils auch auf die FDP gestützt, welche die Fünfprozenthürde nicht immer überwinden konnte, blieb Albrecht für 14 Jahre an der Spitze der Regierung und drückte der niedersächsischen Politik seinen Stempel auf. In dieser Zeit formierte sich mit der Grünen Liste Umweltschutz eine neue politische Bewegung, die zunächst in die kommunalen Parlamente und 1982 auch in den Landtag einzog. Die Grünen ermöglichten es dem Sozialdemokraten Gerhard Schröder, nach der gewonnenen Landtagswahl 1990 die Regierung zu übernehmen. Ab 1994 führte er dann ein reines SPD-Kabinett wie seinerzeit Kubel mit einer

Seit der Gründung des Landes Niedersachsen am 1. November 1946 waren elf Ministerpräsidenten im Amt.

1946–1955/1959–1961:
Hinrich Wilhelm Kopf
(1893–1961), SPD

1955–1959:
Heinrich Hellwege
(1908–1991), DP

1961–1970:
Dr. Georg Diederichs
(1900–1983), SPD

1970–1976:
Alfred Kubel
(1909–1999), SPD

1976–1990:
Dr. Ernst Albrecht
(geb. 1930), CDU

Einstimmenmehrheit im Landtag. Als er 1998 zum Bundeskanzler gewählt wurde, folgten ihm die Sozialdemokraten Gerhard Glogowski (bis 1999) und Sigmar Gabriel (bis 2003) nach. Danach wurde Niedersachsen von einer schwarz-gelben Koalition regiert, zunächst unter Christian Wulff, nach dessen Wahl zum Bundespräsidenten 2010 unter David McAllister (beide CDU). Nach einem knappen Wahlsieg übernahm im Februar 2013 der Sozialdemokrat Stephan Weil das Amt des Ministerpräsidenten; er stützt sich auf eine rot-grüne Mehrheit im Landtag.

In den bald sieben Jahrzehnten, die Niedersachsen nun besteht, musste es für alle Landesregierungen, gleich welcher politischen Färbung, das vorrangige Ziel sein, die Wirtschaftskraft des Landes zu erhalten und zu stärken, um das seit jeher bestehende Nord-Süd-Gefälle zu verringern und die Abhängigkeit von finanzieller Unterstützung durch reichere Länder abzubauen. Das ist bisher leider keinem Ministerpräsidenten und keiner Partei oder Koalition gelungen, trotz aller im Einzelfall durchaus erfolgreichen Bemühungen. Die Möglichkeiten, Politik und vor allem Wirtschaftspolitik zu gestalten, werden immer geringer, zum einen, weil Gesetze und Vorgaben des Bundes und dann auch der Europäischen Union den Spielraum einengen, zum anderen, weil die immer stärker global operierende Wirtschaft ihren eigenen Gesetzen folgt und sich die Verlagerung oder Schließung auch solcher Werke nicht verbieten lässt, die zum traditionellen Kernbestand der niedersächsischen Industrielandschaft gehörten. Die eher vereinzelte Ansiedlung neuer Betriebe kann solche Verluste nicht wettmachen. Immerhin konnten in den letzten Jahren die Haushaltsdefizite verringert und die einst hohen Arbeitslosenzahlen spürbar verringert werden. Im Kreis der 16 Bundesländer belegt Niedersachsen heute einen guten Mittelplatz. Dennoch bleibt der Sparzwang auch weiterhin eine Konstante der Landespolitik. Die Hoffnungen, die nach 1989 auf die deutsche Wiedervereinigung und auf die Erweiterung des europäischen Wirtschaftsraums nach Osten hin gesetzt worden waren, haben sich nur teilweise erfüllt, obwohl die zentrale Lage des Landes im europäischen Verkehrsnetz günstige Voraussetzungen bot.

Ist die ökonomische Bilanz also nur bedingt positiv, so darf doch nicht übersehen werden, dass die niedersächsische Politik auf den Gebieten, die ihr eher zugänglich sind,

Seit 2013 Ministerpräsident: Stephan Weil (geb. 1958), SPD

1990–1998:
Gerhard Schröder
(geb. 1944), SPD

1998–1999:
Gerhard Glogowski
(geb. 1943), SPD

1999–2003:
Sigmar Gabriel
(geb. 1959), SPD

2003–2010:
Christian Wulff
(geb. 1959), CDU

2010–2013:
David McAllister
(geb. 1971), CDU

durchaus Erfolge vorweisen kann. Im Kulturbereich war es 1954 zu Differenzen wegen der Schulpolitik gekommen, weil die Landesregierung die konfessionsübergreifende Gemeinschaftsschule verbindlich vorschreiben wollte, während vor allem die katholische Kirche an der konfessionell gebundenen Bekenntnisschule festhielt. Erst 1965 konnte der Streit in einem Konkordat beigelegt werden. Das Verhältnis des Staates zu den vier evangelischen Landeskirchen, die ihre Eigenständigkeit über das Jahr 1946 hinaus bewahrt haben, wurde 1955 durch die Loccumer Verträge geregelt. Wesentlichen Anteil daran hatte der hannoversche Landesbischof Hanns Lilje (1899–1977), in der Nachkriegszeit eine der prägenden Gestalten des deutschen Protestantismus.

Der steigenden Bedeutung des Bildungswesens wurde durch hohe Investitionen im Ausbildungsbereich Rechnung getragen. Hinrich Wilhelm Kopfs erster Kultusminister Adolf Grimme (1889–1963) plante eine umfassende Schulreform, drang damit aber nicht durch; so blieb es bei der konventionellen Dreiteilung in Hauptschule, Realschule und Gymnasium. Fortschritte gab es dennoch: Die Zahl der Gymnasien vor allem auf dem flachen Land stieg seit 1945 stark an, und entsprechend erhöhte sich die Zahl der Studierwilligen. Zu den bestehenden Hochschulen in Göttingen, Braunschweig, Clausthal und Hannover wurden deshalb weitere in Oldenburg, Osnabrück, Lüneburg, Hildesheim und Vechta errichtet. Die 1965 gegründete Medizinische Hochschule Hannover erarbeitete sich in kurzer Zeit einen hervorragenden Ruf als Lehr- und Forschungsstätte, ebenso die Hochschule für Musik und Theater in der Landeshauptstadt. Über den akademischen Bereich hinaus entwickelte sich Braunschweig zu einem führenden Standort für technische und naturwissenschaftliche Forschung, unter anderem auf dem Gebiet der Luftfahrt. Im Emsland wurde die erste Versuchsstrecke für eine innovative Magnetschwebebahn, den Transrapid, eingerichtet, der allerdings nicht zu dem erhofften Exportschlager wurde.

Als dringend erforderlich erkannte man einen Neuzuschnitt der Verwaltung und ihrer Einrichtungen. Eine Kommission unter Leitung des Göttinger Staatsrechtlers Werner Weber legte dafür 1969 ein Gutachten vor, das aber erst seit 1974 in mehreren Schritten umgesetzt wurde. Am Ende war die Zahl der Regierungsbezirke von acht auf vier (Hannover, Braunschweig, Lüneburg, Oldenburg), die der Kreise von 60 auf 37 reduziert worden; dazu kamen neun kreisfreie Städte. Die über 4000 oft noch ehrenamtlich geführten Gemeinden schlossen sich zu 415 Samt- oder Einheitsgemeinden zusammen. In der Folge wurde eine Reihe von Aufgaben von der staatlichen auf die kommunale Ebene verlagert. Den vorläufigen Abschluss fand die Gebiets- und Verwaltungsreform im Jahr 2004 mit dem Wegfall der Bezirksregierungen. Neuer-

Die Weltausstellung des Jahres 2000 war ein Glanzpunkt in der Geschichte der Stadt Hannover und des Landes Niedersachsen. Mehr als 18 Millionen Gäste aus aller Welt haben die Expo selbst und ihre über das Land verteilten Projekte zum Thema „Mensch – Natur – Technik" gesehen und sich von dem bunten Treiben auf dem Ausstellungsgelände einfangen lassen. Der Glaspalast des deutschen Pavillons war einer der meistbesuchten; er wird seit dem Ende der Expo 2000 für verschiedene Zwecke weitergenutzt.

dings werden mit Blick auf den voraussehbaren, wenn auch in den einzelnen Regionen unterschiedlich ausgeprägten Bevölkerungsrückgang Überlegungen für eine weitere Zusammenlegung von Kreisen angestellt.

Der Bau von Atomkraftwerken in Lingen an der Ems, Stade an der Elbe und Esensham an der Unterweser war in den 1960er Jahren noch kaum auf Proteste gestoßen. Gegen das Werk in Grohnde bei Hameln gab es 1977 aber schon heftige Demonstrationen, und die Katastrophe von Tschernobyl 1986 gab den Kernkraftgegnern dann ungeheuren Auftrieb. Sie bemühten sich, die Versuchsbohrungen für ein atomares Endlager und die Errichtung eines Zwischenlagers in Gorleben im Hannoverschen Wendland mit allen Mitteln zu verhindern, und erzwangen für jeden Castor-Transport mit Atommüll dorthin aufwendige Schutzmaßnahmen. Den vorgesehenen Bau einer Wiederaufbereitungsanlage konnten sie damit verhindern, zumal diese auch bei den Wendländern als „politisch nicht durchsetzbar" galt. Immerhin hat der Beschluss, die Endlagersuche auch auf alternative Standorte auszudehnen, zu einer spürbaren Entspannung beigetragen.

Die deutsche Wiedervereinigung wurde in den Dörfern und Städten entlang der ehemaligen Grenze zur DDR mit besonderer Freude begrüßt, auch wenn man dort mit dem Auslaufen der bisherigen finanziellen Förderung rechnen musste. Die Hoffnung, dass der durch die Grenzöffnung ausgelöste wirtschaftliche Aufschwung länger anhalten würde, trog allerdings; schon Mitte der 1990er Jahre musste man sich wieder an die Normalität gewöhnen. Niedersachsen leistete tätige Hilfe beim Aufbau der Verwaltungsstrukturen im benachbarten Sachsen-Anhalt. Auf Wunsch seiner Einwohner kam 1993 das rechtselbische Amt Neuhaus wieder zum Landkreis Lüneburg und damit zu Niedersachsen. Wie es schon 1951 festgeschrieben worden war, hatte die deutsche Einheit auch die Erarbeitung einer neuen Verfassung des Landes zur Folge. Sie wurde am 13. Mai 1993 vom Landtag verabschiedet. Als wichtigste Neuerung enthält sie mit der Einführung von Volksinitiative, Volksbegehren und Volksentscheid ein Element der unmittelbaren Demokratieausübung.

Schon Hinrich Wilhelm Kopf hatte resignierend festgestellt, dass Landespolitik vor allem administrative Aufgaben zu bewältigen habe und wenig Möglichkeiten biete, gestaltend und weichenstellend tätig zu werden. Die Verlagerung von Zuständigkeiten an den Bund und nach Brüssel hat den Spielraum seitdem noch weiter verengt. Dennoch haben sich der Landtag und die Landesregierungen immer darum bemüht, die begrenzten Mittel so einzusetzen, dass die wirtschaftliche Leistungsfähigkeit Niedersachsens zumindest nicht hinter den Durchschnitt der Bundesländer zurückfällt, dass seine Attraktivität als Wirtschaftsstandort verbessert wird und dass die Lebensqualität für die hier lebenden Menschen erhalten bleibt. Der Ausbau des Verkehrsnetzes gehört dazu ebenso wie die Förderung des Tourismus oder die Schaffung weiterer Naturreservate und Landschaftsschutzräume. Die Weltausstellung zur Jahrtausendwende in Hannover war auch ein Versuch, den Bekanntheitsgrad Niedersachsens und seiner Landeshauptstadt zu steigern und Impulse für die wirtschaftliche Entwicklung der Region zu geben. Auch sonst fehlt es nicht an zukunftweisenden Initiativen; erwähnt sei nur die Errichtung eines Tiefwasserhafens in Wilhelmshaven, von dem Impulse für die niedersächsische Wirtschaft erhofft werden. Auf dem Gebiet der Windkraftenergie, im Lande selbst wie auch „offshore" vor seiner Küste, ist Niedersachsen der Spitzenreiter unter den Bundesländern. Wie weit solche Aktivitäten das Land nach vorn bringen werden, wird sich erst aus einem größeren zeitlichen Abstand heraus beurteilen lassen.

Da die Alliierten die Elbe zwischen Schnackenburg und Lauenburg zur Zonengrenze erklärt hatten, wurde das rechts des Stroms gelegene hannoversche Amt Neuhaus der sowjetischen Zone zugeschlagen. Die Bewohner ließen die historischen Verbindungen über die Elbe hinweg jedoch nicht in Vergessenheit geraten. Bald nach der deutschen Wiedervereinigung am 3. Oktober 1990 setzten sie durch Volksabstimmung die Freigabe durch das Land Mecklenburg-Vorpommern und den Anschluss an Niedersachsen durch. Das Wappen des Amtes Neuhaus weist mit dem weißen springenden Pferd auf die heutige Landeszugehörigkeit hin und erinnert mit dem askanischen Emblem (in Gold fünf schwarze Balken, belegt mit einer grünen Raute) an das Herzogtum Sachsen-Lauenburg, mit dem das Amt 1689 an Hannover kam.

Anhang

Weiterführende Literatur

Bibliographien:

Friedrich Busch, Bibliographie der niedersächsischen Geschichte für die Jahre 1908–1932, Hildesheim 1938, 2. Aufl. 1962; für die Jahre 1933–1955, Hildesheim 1973; für die Jahre 1956 und 1957, Hildesheim 1959; für die Jahre 1958–1960, Hildesheim 1971; für die Jahre 1961–1965, Hildesheim 1972.
Friedrich Busch, Schaumburgische Bibliographie, Hildesheim 1964.
Victor Loewe, Bibliographie der Hannoverschen und Braunschweigischen Geschichte, Posen 1908.
Egbert Koolman, Oldenburgische Bibliographie (16. Jh.–1907), Hildesheim 1987.
Niedersächsische Bibliographie, hrsg. von der Niedersächsischen Landesbibliothek Hannover, bearb. von Reinhard Oberschelp und anderen, Bd. 1/1971 bis Bd. 19/1999, 1974–2004.
Martin Tielke, Ostfriesische Bibliographie (16. Jh.–1907), Hildesheim 1990.
Otto Wilhelm, Bibliographie von Niedersachsen und Bremen, Teil 3, 1966–1970, Göttingen 1974.

Zeitschriften zur niedersächsischen Geschichte:

Jahrbuch der Gesellschaft für niedersächsische Kirchengeschichte, seit 1896.
Die Kunde, Zeitschrift für niedersächsische Archäologie, seit 1933.
Nachrichten aus Niedersachsens Urgeschichte, hrsg. von der Archäologischen Kommission für Niedersachsen, seit 1927.
Niederdeutsche Beiträge zur Kunstgeschichte, seit 1961.
Niedersächsisches Jahrbuch für Landesgeschichte, hrsg. von der Historischen Kommission für Niedersachsen und Bremen, seit 1924 (Vorläufer: Vaterländisches Archiv, seit 1819; Archiv bzw. Zeitschrift des Historischen Vereins für Niedersachsen, seit 1850).

Regionale Zeitschriften:

Braunschweigisches Jahrbuch, seit 1902.
Emder Jahrbuch für historische Landeskunde Ostfrieslands, seit 1872.
Göttinger Jahrbuch, seit 1908.
Hannoversche Geschichtsblätter, seit 1898.
Zeitschrift des Harz-Vereins für Geschichte und Altertumskunde, seit 1868.
Hildesheimer Jahrbuch für Stadt und Stift Hildesheim, seit 1919.
Lüneburger Blätter, seit 1904.
Jahrbuch der Männer vom Morgenstern (Heimatbund an Elb- und Wesermündung), seit 1898.
Oldenburger Jahrbuch, seit 1878.
Osnabrücker Mitteilungen, seit 1848.
Schaumburg-Lippische Mitteilungen, seit 1904.

Schriftenreihen:

Quellen und Darstellungen zur Geschichte Niedersachsens, hrsg. vom Historischen Verein für Niedersachsen, seit 1835.
Veröffentlichungen des Arbeitskreises „Geschichte des Landes Niedersachsen (nach 1945)", seit 1985.
Veröffentlichungen der Historischen Kommission für Niedersachsen und Bremen, seit 1910.
Veröffentlichungen des Instituts für historische Landesforschung der Universität Göttingen, seit 1965.

Gesamtdarstellungen:

Georg Dehio, Handbuch der deutschen Kunstdenkmäler: Bremen-Niedersachsen, neu bearb. von Gerd Weiß u. a., München und Berlin 1992.
Carl Haase (Hrsg.), Niedersachsen. Territorien, Verwaltungseinheiten, geschichtliche Landschaften, Göttingen 1971.
Handbuch der Historischen Stätten Deutschlands, Bd. 2: Niedersachsen und Bremen, 5. Aufl., hrsg. von Kurt Brüning und Heinrich Schmidt, Stuttgart 1986.
Carl-Hans Hauptmeyer, Niedersachsen. Landesgeschichte und historische Regionalentwicklung im Überblick, Oldenburg 2004.
Bernd Ulrich Hucker, Ernst Schubert, Bernd Weisbrod (Hrsg.), Niedersächsische Geschichte, Göttingen 1997.
Karl Kroeschell, „recht unde unrecht der sassen". Rechtsgeschichte Niedersachsens, Göttingen 2005.
Hans-Walter Krumwiede, Kirchengeschichte Niedersachsens, Göttingen 1996.
Albert Marx, Geschichte der Juden in Niedersachsen, Hannover 1995.
Hans Patze (Hrsg.), Geschichte Niedersachsens (noch nicht abgeschlossen; bisher erschienene Bände s. u.).
Georg Schnath u. a., Geschichte des Landes Niedersachsen (Sonderausgabe des „Territorien-Ploetz"), 6. Aufl. Freiburg/Würzburg 1994.

Regionale Darstellungen:

Adolf Bertram, Geschichte des Bistums Hildesheim, 3 Bde, Hildesheim und Leipzig 1899–1925.
Hans-Eckhard Dannenberg und Heinz-Joachim Schulze (Hrsg.), Geschichte des Landes zwischen Elbe und Weser, bisher 2 Bde, Stade 1995.
Albrecht Eckhardt und Heinrich Schmidt (Hrsg.), Geschichte des Landes Oldenburg. Ein Handbuch, Oldenburg 1987.
Wilhelm Havemann, Geschichte der Lande Braunschweig und Lüneburg, 3 Bde, Göttingen 1853–1857.
Otto von Heinemann, Geschichte von Braunschweig und Hannover, 3 Bde, Gotha 1862–1892.
Horst-Rüdiger Jarck und Gerhard Schildt (Hrsg.), Die Braunschweigische Landesgeschichte. Jahrtausendrückblick einer Region, Braunschweig 2000.
Walter Maack, Grafschaft Schaumburg. Die Geschichte eines kleinen Weserlandes, 2. Aufl. Rinteln 1964.
Heinrich Schmidt, Politische Geschichte Ostfrieslands, Leer 1975.
Gustav Stüve, Geschichte des Hochstifts Osnabrück, 3 Bde, Jena und Osnabrück 1853–1882.

Ur- und Frühgeschichte:

K. H. Jacob-Friesen, Einführung in Niedersachsens Urgeschichte.
Teil 1: Steinzeit,
Teil 2: Bronzezeit,
Teil 3: Eisenzeit,
neu bearb. von Gernot Jacob-Friesen, Hildesheim 1959–1974.
Hans Patze (Hrsg.), Grundlagen und frühes Mittelalter (= Geschichte Niedersachsens Bd. 1), Hildesheim 1977.

Mittelalter:

Gudrun Pischke, Die Landesteilungen der Welfen im Mittelalter, Hildesheim 1987.
Ernst Schubert (Hrsg.), Politik, Verfassung, Wirtschaft vom 9. bis zum ausgehenden 15. Jahrhundert (= Geschichte Niedersachsens Bd. 2,1), Hannover 1997.
Gerhard Streich, Klöster, Stifte und Kommenden in Niedersachsen vor der Reformation, Hildesheim 1986.

Frühe Neuzeit:

Christine van den Heuvel und Manfred von Bötticher (Hrsg.), Politik, Wirtschaft und Gesellschaft von der Reformation bis zum Beginn des 19. Jahrhunderts (= Geschichte Niedersachsens Bd. 3,1), Hannover 1998.
Ernst von Meier, Hannoversche Verfassungs- und Verwaltungsgeschichte 1680–1866, 2 Bde, Leipzig 1898–1899.
Albert Neukirch, Niedersächsische Adelskultur der Renaissance, Hannover 1939.
Reinhard Oberschelp, Niedersachsen 1760–1820. Wirtschaft, Gesellschaft, Kultur im Land Hannover und Nachbargebieten, Hildesheim 1982.
Hans Patze (Hrsg.), Kirche und Kultur von der Reformation bis zum Beginn des 19. Jahrhunderts (= Geschichte Niedersachsens Bd. 3,2), Hildesheim 1983.
Georg Schnath, Geschichte Hannovers im Zeitalter der neunten Kur und der englischen Sukzession 1674–1714, 4 Bde, Hildesheim 1938–1982.

19. Jahrhundert:

Heide Barmeyer, Hannovers Eingliederung in den preußischen Staat. Annexion und administrative Integration 1866–1868, Hildesheim 1983.

Mijndert Bertram, Das Königreich Hannover. Kleine Geschichte eines vergangenen deutschen Staates, Hannover 2003.

William von Hassell, Geschichte des Königreichs Hannover, 2 Bde, Leipzig 1898–1901.

Hans Gerhard Husung, Protest und Repression im Vormärz. Norddeutschland zwischen Restauration und Revolution, Göttingen 1983.

Reinhard Oberschelp, Politische Geschichte Niedersachsens 1803–1866, Hildesheim 1988.

Friedrich Thimme, Die inneren Zustände des Kurfürstentums Hannover unter der französisch-westfälischen Herrschaft 1806–1813, 2 Bde, Hannover und Leipzig 1893–1895.

20. Jahrhundert:

Karl-Heinz Grotjahn, Demontage, Wiederaufbau, Strukturwandel. Aus der Geschichte Niedersachsens 1946–1996, Hameln 1996.

Heinrich Korte, Verfassung und Verwaltung des Landes Niedersachsen, 2. Aufl., bearbeitet von Bernd Rebe, Göttingen 1986.

Ullrich Schneider, Niedersachsen 1945. Kriegsende, Wiederaufbau, Landesgründung, Hannover 1985.

Bernd Weisbrod (Hrsg.), Von der Währungsreform zum Wirtschaftswunder. Wiederaufbau in Niedersachsen, Hannover 1998.

Geschichtsatlanten:

Geschichtlicher Handatlas Niedersachsens, hrsg. von Georg Schnath, Berlin 1939.

Geschichtlicher Handatlas von Niedersachsen, bearb. von Gudrun Pischke, Neumünster 1989.

Ortsregister

Aachen 30, 32
Aerzen 90f.
Ahlden/Aller 105
Altenau 86
Altenesch 60
Amelungsborn 74
Amsterdam 114, 217
Amt Neuhaus 229, 245, 251
Ansbach 123
Antwerpen 89
Artlenburg 134
Auburg 60, 112, 143
Auerstedt 135, 139
Aurich 62, 127, 132, 147, 206, 211, 227
Auschwitz 215, 217

Badenstedt 154
Bad Eilsen 126f.
Bad Grund 86
Bad Harzburg 157, 208f.
Bad Nenndorf 126, 127
Bad Pyrmont 57, 126, 131, 132, 206
Bad Sachsa 245
Bardowick 21, 31, 82, 237
Basel 131, 134
Bassum 70
Bayreuth 123
Bederkesa (Bad) 68
Bentheim (Bad) 56, 60, 98, 110, 111, 129, 131
Bergen 217
Bergen-Belsen 204, 215, 217, 219, 221, 237
Berlin 43, 116, 123, 135, 152f., 167, 169f., 174f., 178, 183, 198, 209, 211, 225, 227, 242, 244
Bevern 52, 91, 95, 103
Bielefeld 202, 206, 227
Blankenburg 100, 120, 132, 147, 178, 229, 245
Böckwitz-Zicherie 243
Bonn 224
Bordenau 139
Bouvines 51
Brake 138, 164f.
Bramsche 21
Braunschweig (Stadt) 13, 31, 42ff., 47, 50ff., 63, 67f., 80, 83f., 103, 118, 123, 130, 135ff., 139f., 148ff., 154, 156ff., 173, 175ff., 186, 188, 190, 198ff., 203f., 208, 211f., 214, 217, 219, 227, 230f., 234f., 246, 250
Bredenbeck 130
Bremen (Stadt u. Stift) 16, 28, 47, 52, 56f., 60, 63, 67f., 83, 98f., 101, 107ff., 113, 115, 129f., 154ff., 179, 186, 190, 206f., 223, 225, 227, 229
Bremerhaven 20, 155, 164, 223, 229
Bremervörde 52
Brunshausen 70
Brüssel 251

Bückeburg 96f., 101, 113, 124, 126, 181ff., 190, 202, 209, 223, 246
Bücken 70
Bunderhee 62
Bursfelde 70, 74
Butjadingen 90

Calvörde 229, 245
Celle 64, 67, 78, 82, 88, 99, 100, 103f., 113, 116f., 123, 182, 212, 236, 246
Chiavenna 47
Clausthal 86, 147, 230, 250
Clemenswerth 128f.
Cleveland, Ohio 43
Cloppenburg 12f., 56, 134, 181, 225
Corvey 28, 68, 118
Cuxhaven 211f.

Dannenberg 43, 51f., 57, 88, 100, 103, 139
Dangast 190
Dassel 57
Delmenhorst 60, 90, 107, 126, 180, 186, 233, 235
Derneburg 147
Dersheim 190
Detmold 209
Dettingen 118
Diepholz 57, 60, 88, 98, 104
Duderstadt 56, 80, 141
Düsseldorf 156

Ebstorf 31f., 68f., 82
Egestorf 194
Einbeck 63, 80
Elsfleth 101, 108, 134, 138
Emden 63, 88, 109, 127, 131, 190, 219, 238, 240
Enger 29
Erfurt 140, 165, 167
Eschershausen 178
Esens 90
Esensham 251
Esterwegen 217

Fallingbostel 13, 182, 217
Feddersen Wierde 20
Fischbeck 72f.
Flensburg 80
Flögeln 20
Frankfurt/M. 67, 80, 144, 159, 161, 165, 217
Frenswegen 110
Freudenberg 60, 112, 143
Friedland 232, 234
Fritzlar 80
Fulda 28
Fürstenberg 118f., 157

Ganderkesee 219, 232f.
Gandersheim 33, 37f., 48, 70, 73, 82, 95
Gelnhausen 47
Genf 150
Georgsmarienhütte 186
Gernrode 34
Gifhorn 52, 82

Glane 17
Gmunden 170
Gorleben 251
Goslar 34, 38f., 41f., 47f., 56, 63, 66, 68, 70, 83f., 86, 100, 134, 141, 212
Göttingen 13, 18, 34, 51f., 57, 67, 83, 99f., 112, 116f., 130, 136, 143, 150ff., 154, 162, 168, 230, 234, 247, 250
Grasdorf 197
Greetsiel 61f., 109
Grohnde 251
Grone 34
Groningen 87, 138

Haaren/Ems 237
Halberstadt (Stadt u. Stift) 28, 56, 95, 98f., 101
Hamburg 28, 60, 62f., 67, 70, 135f., 186, 211f., 216, 221, 225, 230
Hameln 57, 60, 70, 81, 90ff., 95, 99, 120ff., 135, 212f., 251
Hannover (Stadt) 13, 18, 20, 51, 63, 69, 80, 83, 100, 103ff., 111, 113, 116, 122, 127, 130, 137f., 140, 143, 147f., 152, 154f., 159, 163, 167, 170, 174, 182–186, 189f., 199, 202f., 209, 211, 214, 219, 221ff., 227f., 230ff., 234, 236, 238ff., 246f., 250f.
Hannoversch Münden 99
Harburg 52, 82, 88, 100, 122, 139, 156, 186, 211f.
Hastenbeck 120, 121
Heiligenthal 82
Helmarshausen 44, 47
Helmstedt 8, 13, 70, 95, 100, 112, 136, 186f., 242, 245
Herford 206, 227
Herrenhausen 104f., 170, 230
Hersfeld 28
Hessen in Sachsen-Anhalt 190
Hessisch Oldendorf 100, 221
Hietzing 170
Hildesheim (Stadt u. Stift) 19f., 28, 34ff., 41, 45, 51, 54, 56f., 63, 70, 74, 82, 85, 100, 111, 129, 134f., 141ff., 146ff., 158, 189f., 211f., 219, 227, 234, 250
Hinte 62
Hitzacker 103
Höchst/Main 98
Holzminden 91, 95, 103, 212
Höxter 118
Hoya (Grafschaft) 57, 60, 88, 98, 100, 104, 108
Hoykenkamp 233

Iburg 70, 111
Idensen 45
Isenhagen 82

Jalta 221
Jastorf 18
Jena 135, 139
Jerusalem 69
Jever 20, 89f., 107, 126, 140f., 180, 188

Kalkriese 21ff.
Karlsbad 147
Kassel 136, 139
Kiel 199
Kniphausen 107, 141
Köln 47, 85, 129
Königgrätz 168
Königslutter 40f.
Kulm 190

Lamspringe 70
Langensalza 168
Lauenburg 23, 251
Lautenthal 86
Leer 62
Lehringen 9
Lehrte 156
Leiferde 188
Leipzig 138, 139
Leitzkau 116
Ligny 141
Linden 154, 156f., 183, 186
Lingen 60, 90, 116, 143, 251
Loccum 73f., 250
London 105, 112f., 116f., 122f., 131, 134, 141, 147, 152, 170
Lübeck (Stadt u. Fürstbistum) 43, 47, 67, 126, 134, 141, 144, 146, 173, 212
Lüchow 51, 57, 59
Lüne 82
Lüneburg (Stadt) 14, 16, 20f., 31, 47, 51, 56f., 63ff., 67, 70, 79f., 82, 138f., 147, 195, 211f., 221, 227, 234, 237, 245, 250f.
Lunéville 132
Lüningsee 197
Lutter am Barenberge 99
Lützen 100
Lützow 139

Magdeburg 32, 34, 99, 101, 116, 156, 178, 190
Mainz 56, 80, 85
Marienborn 242, 245
Marienhafe 67
Marklohe 25
Medingen 82
Meerbeck 237
Meißen 118
Meppen 18, 134, 138, 143, 175
Minden 28, 45, 56, 57, 60, 100f., 120, 156, 166, 189, 227
Minsk 215
Misselwarden 20
Möllenbeck 70, 71
Moskau 138, 140
Mühlberg 83
München 37
Münden 51, 90
Münster (Stadt u. Stift) 30, 56, 85, 98, 100f., 108f., 128f., 134, 146, 223

Neuengamme 216
Neustadt am Rübenberge 139
New York 155
Nienburg/Weser 16, 18, 25, 60, 90, 122, 135
Nordenham 186
Norderney 132f., 192
Nordhausen 73
Nordstemmen 163, 170f.
Northeim 23, 31, 99

Obernkirchen 101
Oldenburg (Stadt) 17, 46, 70, 82, 109, 113, 122, 130, 139, 147f., 179, 182, 207, 209, 211f., 214f., 219, 227, 246, 250
Oldendorf/Luhe 11
Oldenstadt 82
Oldesloe 47
Ölper 138, 139
Osnabrück (Stadt u. Stift) 13, 23, 28, 41, 56, 63, 70, 82, 85, 99ff., 113, 116, 128f., 131, 134, 143, 146f., 151, 163, 186, 189f., 206, 211, 219, 225, 227, 250
Osterode 18, 80, 150
Ottensen 136

Paderborn 28, 56, 57, 129
Papenburg 111
Paris 132, 140, 150, 215
Peine 190
Pestrup 18
Pevestorf 10
Pinneberg 60
Pöhlde 70
Poltava 115
Potsdam 232
Prag 67, 96, 97

Quatre Bras 139, 141
Quedlinburg 32, 34

Ramesloh 70, 82
Rastede 15, 46, 70, 148
Ratzeburg 43
Regensburg 131
Riddagshausen 74
Riechenberg 83
Riga 215
Rinteln 60, 71, 93, 96, 98, 101, 112, 124, 136
Ripdorf 18
Rom 33, 36, 78
Romkerhalle 191
Rotenburg/Wümme 216
Rüstringen 166

Salzdahlum 95, 103
Salzgitter 9, 189f., 217f., 238, 240f.
Sandbostel 216
Satemin 59
Scharnebeck 82
Scharzfeld 9
Schnackenburg 251
Schönbrunn 135
Schönhausen 169

Schöningen 8
Schwerin 43
Seedorf 18
Seesen 23
Sievershausen 83
Sögel 14, 128
Soltau 56, 195
Speyer 38
Spiegelberg 57
St. Andreasberg 86
Stade 14, 16, 31, 47, 52, 63, 107, 120ff., 147, 227, 251
Stadland 90
Stadthagen 60, 96f., 101, 112, 186f., 202
Stadtlohn 98
Stockholm 115
Stuttgart 178
Sulingen 134
Surwold 217

Tecklenburg 60
Tettenborn 245
Thedinghausen 103
Theresienstadt 215
Tilsit 135f.

Uchte 18, 60, 112, 143
Uelzen 18, 31, 69, 138, 195, 219, 232, 234
Ulm 174
Utrecht 56

Valmy 131
Varel 107, 180
Vechta 56, 70, 134, 146, 181, 225, 250
Verden (Stadt u. Stift) 9, 26, 28, 53, 56f., 63, 83, 98ff., 103, 107, 109, 113, 115, 159, 212
Verdun 31
Versen 18
Visbek 12f., 70

Waldeck 57, 206
Walkenried 48, 73, 86, 101
Walsrode 73, 82
Waterloo 139, 140f.
Weimar 118, 203f., 206, 209
Wennigsen/Deister 224
Werden 70
Wessenstedt 18
Wiedensahl 156
Wien 140–147, 154, 156, 160, 162, 170
Wienhausen 74f., 77, 82
Wildemann 86
Wildeshausen 12f., 17f., 70, 134
Wilhelmsburg 211f.
Wilhelmshaven 166, 179f., 199ff., 207, 212, 215, 219f., 225, 241, 251
Wilhelmstein 124f.
Wilsede 194
Winsen/Aller 52
Winsen/Luhe 82
Winzlar 16
Wittenberg 82

Wolfenbüttel (Stadt) 33, 47, 49, 51, 67, 84, 94ff., 99f., 102f., 113, 118f., 137, 156f., 178, 198, 215
Wolfsburg 217, 218, 238, 240, 243
Wölpe 51, 57
Worpswede 129, 190, 196, 197
Wunstorf 41, 45, 51, 57, 70, 156

Xanten 21

Zellerfeld 86
Zeven 120

Personenregister

Abbt, Thomas 124
Abel, Karl 227
Adalbert, Erzbischof von Bremen 38, 41, 47
Adalbert, Prinz von Preußen 166
Adam von Bremen 41
Adolf I., Graf zu Schauburg 41, 47
Adolf II., Fürst zu Schaumburg-Lippe 202
Adolf IV., Graf zu Holstein-Schauburg 112
Adolf XIV., Graf zu Holstein-Schauburg 96
Adolf, Graf zu Holstein-Schauenburg, Herzog von Schleswig 80
Adolf Friedrich, Herzog von Cambridge 140, 148
Adolf Georg, Fürst zu Schaumburg-Lippe 166, 168, 172, 181, 183
Adolf Wilhelm Viktor, Prinz zu Schaumburg-Lippe 182f.
Agnes von Meißen 74
Albertz, Heinrich 236f.
Albrecht I. der Bär, Markgraf von Brandenburg 41
Albrecht II., dt. König 67
Albrecht Alcibiades, Markgraf von Brandenburg-Kulmbach 83
Albrecht, Prinz von Preußen 176f.
Albrecht, Herzog von Sachsen, 88
Albrecht Wolfgang, Graf zu Schaumburg-Lippe 112
Albrecht, Ernst 248f.
Albrecht, Wilhelm Eduard 151
Alexander, Zar 141
Alexej, Zarewitsch 104
Alten, Carl August von 141
Althusius, Johannes 109
Andronikos II., byz. Kaiser 80
Anna Amalia von Braunschweig-Wolfenbüttel, Herzogin zu Sachsen-Weimar-Eisenach 118
Anna Stuart 113
Ansgar, Erzbischof von Hamburg-Bremen 28, 70
Anton I., Graf von Oldenburg 85, 90
Anton, Reichsgraf von Aldenburg 107
Anton Günther, Graf von Oldenburg 98, 101, 107f., 148
Anton Ulrich, Herzog zu Braunschweig-Lüneburg (Wolfenb.) 103f.
Arminius 23
Arnold Moritz Wilhelm, Graf von Bentheim-Steinfurt 111
Arnulf von Kärnten 31
Augstein, Rudolf 230

August der Ältere, Herzog zu Braunschweig-Lüneburg (Celle) 100
August der Jüngere, Herzog zu Braunschweig-Lüneburg (Wolfenb.) 100, 102f.
August der Starke, Kurfürst von Sachsen 105
Augustin von Mörsperg 81
Augustus, röm. Kaiser 20f.

Bach, Johann Christoph Friedrich 124
Bahlsen, Hermann 185
Barnutz, Friedrich Adam 140
Barthold von Landesbergen, Bischof von Verden 53
Bennigsen, Alexander Graf von 159, 161
Bennigsen, Rudolf von 163, 167, 170, 174f., 178
Benno, Bischof von Osnabrück 38, 41
Bentinck, Reichsgraf Wilhelm von 141
Berg, Günther Heinrich von 144
Bernadotte, Jean Baptiste Jules (als Karl XIV. Johann König von Schweden) 134
Bernhard, Graf von Anhalt, Herzog von Sachsen 47
Bernstorff, Andreas Gottlieb von 116
Bernward, Bischof von Hildesheim 34ff.
Besemann, Friedrich 117
Bethel-Strousberg, Henry 186
Billung, sächsisches Fürstengeschlecht
  – Eilika 41
  – Hermann 33
  – Magnus 41
  – Wulfhild 41
Bismarck, Otto von 132, 162, 167, 169f., 172, 174f., 178f., 181
Block, August 227
Bode, Wilhelm 190, 194
Boderoth, Johannes 70
Bonifatius (Winfried) 28
Borries, Wilhelm von 162
Bövers, Heinrich 223
Boy, Gottfried 117
Bracke, Wilhelm 178
Brenneysen, Enno Rudolf 126
Brüning, Heinrich 206, 208f.
Bruno, Giordano 95
Bugenhagen, Johannes 82f.
Bürger, Gottfried August 130
Busch, Johannes 74
Busch, Wilhelm 156

Calixt, Georg 95
Campe, Asche von 181
Campe, Joachim Heinrich 123, 130
Carl August, Herzog zu Sachsen-Weimar-Eisenach 118
Cassius Dio 21
Chemnitz, Martin 83

Christian I., König von Dänemark 80
Christian IV., König von Dänemark 98f.
Christian VII., König von Dänemark 126
Christian, Herzog zu Braunschweig-Lüneburg (Wolfenb.) 98f.
Christian Albrecht, Herzog zu Holstein-Gottorf 109
Christian Ludwig, Herzog zu Braunschweig-Lüneburg (Celle) 104
Christine Charlotte, Fürstin von Ostfriesland 109
Christoph, Herzog zu Braunschweig-Lüneburg (Wolfenb.), Erzbischof von Bremen 83
Cirksena, Grafen/Fürsten von Ostfriesland
  – Carl Edzard 127
  – Edzard I. der Große 86ff.
  – Enno Ludwig 109
  – Georg Albrecht 127
  – Georg Christian 109
  – Ulrich 61f., 87
Claudius, Matthias 130f.
Clemens August von Wittelsbach, Erzbischof von Köln 128f.
Conring, Hermann 95
Corvinus, Anton 82f.
Cranach, Lucas d. Ä. 84

Dahlmann, Friedrich Christoph 151f., 159
Dederoth, Johannes 70
Desoches, Jean Jacques 119
Detmold, Johann Hermann 159
Diederichs, Georg 248
Diercke, Carl 173
Doepler, Carl Emil 168
Dorothea von Dänemark, Herzogin zu Braunschweig-Lüneburg (Celle) 64
Droste-Hülshoff, Annette von 118
Drusus 21

Edo Wiemken, Häuptling von Jever 89
Eduard, Herzog von Kent 152
Egestorff, Georg 154
Egestorff, Johann 154
Eike von Repgow 46f.
Eilhard von Oberg 47
Eleonore d' Olbreuse 104
Elisabeth von Brandenburg, Fürstin zu Calenberg-Göttingen 83
Elisabeth Stuart 98, 105, 113
Elisabeth Christine von Braunschweig-Bevern, Königin von Preußen 118
Ellinghaus, Wilhelm 227
Emmius, Ubbo 87

Erdmann, Johannes Theodor 164
Erich I., Herzog zu Braunschweig-Lüneburg (Calenberg-Göttingen) 83
Erich II., Herzog zu Braunschweig-Lüneburg (Calenberg-Göttingen) 83
Ernst, Fürst zu Holstein-Schauburg 96f., 112
Ernst, Graf von Mansfeld 98f.
Ernst der Bekenner, Herzog zu Braunschweig-Lüneburg 82f.
Ernst August, Herzog zu Braunschweig-Lüneburg, Bischof von Osnabrück, 104ff., 111, 113
Ernst August, König von Hannover 129, 151ff., 156ff., 161ff.
Ernst August, Kronprinz von Hannover 176f., 199
Ernst Wilhelm, Graf zu Bentheim-Steinfurt 111
Eulenburg, Philipp zu 175
Eva von Trott 83
Ewald, Heinrich 151

Faßhauer, Minna 200
Ferdinand II., Kaiser 96, 99, 112
Ferdinand, Herzog zu Braunschweig-Lüneburg (Wolfenb.) 120ff.
Ferdinand Albrecht I., Herzog zu Braunschweig-Lüneburg (Wolfenb./Bevern) 103
Ferdinand Albrecht II., Herzog zu Braunschweig-Lüneburg (Wolfenb./Bevern) 117
Findorff, Jürgen Christian 129f.
Fischer, Laurenz Hannibal 165
Floris, Cornelis 89
Fontane, Theodor 132
Francke, Paul 95f.
Frank, Anne 217
Franz II., Kaiser 135
Franz von Waldeck, Bischof von Münster und Osnabrück 85
Franz, Herzog zu Braunschweig-Lüneburg (Gifhorn) 82
Franz Wilhelm von Wartenberg, Bischof von Osnabrück, Verden, Minden 100, 111
Friedeburg, Hans-Georg von 221
Friederike von Mecklenburg-Strelitz, Königin von Hannover 153
Friedrich I. (Friedrich III., Kurfürst von Brandenburg), König von Preußen 109, 116
Friedrich I. (Friedrich V., Kurfürst von der Pfalz), König von Böhmen (Winterkönig) 98, 104
Friedrich II., Kaiser 51
Friedrich II. der Große, König von Preußen 118, 122, 124, 131
Friedrich III., Kaiser 61f., 182
Friedrich III., König von Dänemark 107

Anhang

Friedrich, Herzog zu Braunschweig-Lüneburg 80
Friedrich, Herzog zu Braunschweig-Lüneburg (Celle) 100, 104
Friedrich der Fromme, Herzog zu Braunschweig-Lüneburg (Celle) 74
Friedrich von York, Bischof von Osnabrück 128f., 131
Friedrich August, Fürstbischof von Lübeck 126
Friedrich August, Großherzog von Oldenburg 179f., 202
Friedrich Barbarossa, Kaiser 41, 43, 47
Friedrich Christian, Graf zu Schaumburg-Lippe 112
Friedrich Karl, Graf zu Bentheim 129
Friedrich Ulrich, Herzog zu Braunschweig-Lüneburg (Wolfenb.) 99f.
Friedrich Wilhelm I., König von Preußen 116
Friedrich Wilhelm III., König von Preußen 145
Friedrich Wilhelm IV., König von Preußen 159
Friedrich Wilhelm, Graf von der Schulenburg-Kehnert 132, 135
Friedrich Wilhelm, Herzog zu Braunschweig-Lüneburg („Schwarzer Herzog") 138ff.
Friedrich Wilhelm, Kurfürst von Brandenburg 109, 131
Friedrich, Woldemar 130

Gabriel, Sigmar 249
Galen, Christoph Bernhard von, Bischof von Münster 109
Georg I. (Georg Ludwig), König von England, Kurfürst von Hannover 105, 113, 115f., 129, 131
Georg II. (Georg August), König von England, Kurfürst von Hannover 114, 116ff., 120f., 123, 126
Georg III. (Farmer George), König von England und Hannover 116f., 123f., 134f., 140, 147
Georg IV., König von England und Hannover 140, 143, 147f., 150, 161
Georg V., König von England und Hannover 64, 132, 153, 161ff., 167, 169ff., 174, 176f., 183
Georg, Herzog zu Braunschweig-Lüneburg (Calenberg) 99f., 104
Georg Friedrich, Fürst von Waldeck 131
Georg Wilhelm, Fürst zu Schaumburg-Lippe 125, 127, 143f., 146, 166
Georg Wilhelm, Herzog zu Braunschweig-Lüneburg (Calenberg) 104f., 116

Gerhard der Mutige, Graf von Oldenburg 80, 90
Germanicus 23
Gero, Erzbischof von Köln 33
Gertrud, Herzogin von Sachsen 41
Gervasius von Tilbury 69
Gervinus, Georg Gottfried 151
Glogowski, Gerhard 249
Godehard, Bischof von Hildesheim 41
Goethe, Johann Wolfgang von 9, 118, 124, 131
Göring, Hermann 211f., 217f.
Grimm, Jacob 151f.
Grimm, Wilhelm 151f.
Grimme, Adolf 227, 250
Grotewohl, Otto 205
Gulbransson, Olaf 185
Gustav II. Adolf, König von Schweden 100

Hagemann, Eduard 223
Halem, Friedrich Wilhelm von 132
Halem, Gerhard Anton von 130
Hamelmann, Hermann 82, 90
Hammerstein-Loxten, Ernst 175
Hammerstein-Loxten, Hans 175
Händel, Georg Friedrich 105
Hardenberg, Graf 169
Hardenberg, Karl August von 123, 139
Hase, Conrad Wilhelm 163, 171
Heine, Heinrich 132, 191
Heinrich I., dt. König 32
Heinrich II. der Jüngere, Herzog zu Braunschweig-Lüneburg (Wolfenb.) 83f., 95
Heinrich II., Kaiser 33, 38
Heinrich II., König von England 45
Heinrich III., Kaiser 38f., 63, 70
Heinrich IV., Kaiser 38, 63
Heinrich V., Kaiser 38
Heinrich der Ältere, Herzog zu Braunschweig-Lüneburg (Wolfenb.) 88
Heinrich, Bischof von Münster 90
Heinrich, Graf von Northeim 70
Heinrich von Griechenland, Herzog zu Braunschweig-Lüneburg (Grubenhagen) 80
Heinrich der Löwe, Herzog von Sachsen und Bayern 41ff., 47f., 50, 52, 57, 67, 74, 80, 212
Heinrich der Mittlere, Herzog zu Braunschweig-Lüneburg (Celle) 82
Heinrich der Schwarze, Herzog von Bayern 41
Heinrich der Stolze, Herzog von Sachsen und Bayern 40f.
Heinrich der Wunderliche, Herzog zu Braunschweig-Lüneburg (Grubenhagen) 80, 94

Heinrich Julius, Herzog zu Braunschweig-Lüneburg (Wolfenb.) 95, 118
Hellwege, Heinrich 225, 227, 247f.
Helmolt von Bosau 47
Herder, Johann Gottfried 118, 124, 131
Hillebrecht, Rudolf 232
Himmler, Heinrich 214, 221
Hindenburg, Paul von 189
Hinrich Gloyesten 46
Hitler, Adolf 207ff., 215, 217f., 224
Hoelzel, Adolf 185
Hoetger, Bernhard 185, 197
Hofmannsthal, Hugo von 230
Hölty, Ludwig 130
Hooghe, Romeyn de 103
Howind, Ernst August 128
Hoyer, Graf von Falkenstein 46
Hrotsvit (Roswitha) von Gandersheim 37f.
Hugenberg, Alfred 208
Humboldt, Wilhelm von 131
Hundertossen, Johann 91

Jacob Cornelisz von Amsterdam 87
Jakob I., König von England 104, 113
Jakob, König von Mallorca 80
Jasper, Heinrich 199, 204f., 217
Jérôme Bonaparte 135f., 138f.
Joachim I., Kurfürst von Brandenburg 83
Johann III., Graf von Oldenburg 46
Johann, Erzherzog von Österreich 159
Johann, Fürst von Anhalt-Zerbst 107
Johann, Graf von Oldenburg 90
Johann Albrecht, Herzog von Mecklenburg 176
Johann Franz, Graf von Gronsfeld-Brokhorst 100
Johann Friedrich, Herzog zu Braunschweig-Lüneburg (Calenberg) 104f.
Johann Friedrich, Kurfürst von Sachsen 83
Johann Ludwig, Graf von Wallmoden-Gimborn 126
Johanna, Königin von Neapel 80
Johanna Sophie, Gräfin zu Schaumburg-Lippe 112
Johannes I., byz. Kaiser 33
Joseph II., Kaiser 126
Juliane von Hessen-Philippsthal, Fürstin zu Schaumburg-Lippe 125, 127
Julius, Herzog zu Braunschweig-Lüneburg (Wolfenb.) 83

Karl I., Herzog zu Braunschweig-Lüneburg (Wolfenb.) 117-123
Karl II., Herzog zu Braunschweig-Lüneburg (Wolfenb.) 143, 148ff.

Karl IV., Kaiser 52, 68
Karl V., Kaiser 83, 90, 153
Karl VI., Kaiser 104, 127
Karl XII., König von Schweden 107, 115
Karl der Große 26-31, 33, 56, 62
Karl Joseph von Lothringen, Erzbischof von Trier 111
Karl Leopold, Herzog von Mecklenburg-Schwerin 115
Karl Wilhelm Ferdinand, Herzog zu Braunschweig-Lüneburg (Wolfenb.) 123, 131, 135, 139
Karmarsch, Karl 154, 156
Katharina II., Zarin 126
Klagges, Dietrich 204, 209ff.
Klopstock, Friedrich Gottlieb 130f.
Knigge, Adolph Freiherr von 130
Knötel, Richard 141
Koken, Aenne 185
König, Dr. Georg Friedrich 150
Königsmarck, Hans Christoph Graf von 107
Königsmarck, Philipp Christoph Graf von 105
Konrad I., ostfränkischer König 32
Konrad III., dt. König 41
Kopf, Hinrich Wilhelm 222f., 225-228, 236f., 246ff., 250f.
Korb, Hermann 94, 102
Krabbe, Johannes 54
Kubel, Alfred 223, 225, 227, 238, 246, 248
Kühne, Robert 190

Lang, Friedrich 159
Lange, Henry 173
Langen, Johann Georg von 118
Lassalle, Ferdinand 178, 180
Lauterbach, Johann Balthasar 103
Lauterbacher, Hartmann 211, 219
Laves, Georg Ludwig Friedrich 148, 162f., 247
Lebuin 23
Leibniz, Gottfried Wilhelm 9, 104, 114, 116
Leonhardt, Adolf 174f.
Leopold I., Kaiser 105, 109
Lessing, Gotthold Ephraim 118
Lilje, Hanns 250
Liselotte von der Pfalz, Herzogin von Orléans 105
Liudolf, Herzog in Sachsen 49
Löns, Hermann 182f., 190
Lorenz, Heinrich 202, 209
Lothar von Süpplingenburg, Kaiser 38, 40f., 43
Ludolf, Graf von Braunschweig 42
Ludwig II., König von Bayern 172
Ludwig XVIII., König von Frankreich 132
Ludwig der Deutsche, ostfränkischer König 53
Ludwig Georg Thedel, Graf von Wallmoden-Gimborn 139
Lütgen, Uwe 164

Luise, Königin von Preußen 131
Luther, Martin 82f.
Lutze, Viktor 209, 211

Maercker, Georg 203ff.
Magdalene von Oldenburg, Fürstin von Anhalt-Zerbst 107
Maria Theresia, Kaiserin 104
Maria von Jever („Fräulein Maria") 89f.
Marie von Sachsen-Altenburg, Königin von Hannover 163, 172
Mathilde, dt. Königin 29, 44f., 47
Maximilian I., Kaiser 83, 88
McAllister, David 249
Mendelssohn, Moses 124
Merges, August 201
Merian, Matthäus 121
Metternich, Graf Klemens Wenzel Lothar Nepomuk von 147
Meyer, Alfred 221
Michels, Godeke 67
Miquel, Johannes 163, 174, 178
Modersohn, Otto 196
Modersohn-Becker, Paula 196
Montgomery, Bernard Law 221
Moreelse, Paulus 98
Mortier, Eduard 134
Möser, Justus 128f.
Mosle, Johann Ludwig 164
Mulder, Joseph 114
Münchhausen, Freiherren von
 – Alexander 161
 – Gerlach Adolph 116f.
 – Hilmar 90f., 93
 – Statius 91, 95
Münster, Ernst Friedrich Herbert Graf zu 141, 143, 146ff., 150
Müntzer, Thomas 86
Musculus, Johann Conrad 108

Nannen, Henri 230
Napoleon Bonaparte 112, 123, 132, 134ff., 138–141
Nicolai, Christoph Friedrich 124
Nikolaus Friedrich Peter, Großherzog von Oldenburg 178f.
Nordhoff, Heinrich 238
Noske, Gustav 205f., 211
Nosseni, Giovanni Maria 97

Obermaier, Otto 185
Oerter, Sepp (Josef) 200, 203ff.
Oesterlen, Dieter 247
Ossietzky, Carl von 217
Ottmer, Carl Theodor 158
Otto I. der Große, Kaiser 32f., 37f.
Otto II., Kaiser 33
Otto III., Kaiser 33f.
Otto IV., Kaiser 48, 50, 69, 85
Otto V., Graf zu Holstein-Schaumburg 101
Otto, Graf von Northeim 38
Otto, Herzog zu Braunschweig-Lüneburg (Harburg) 82
Otto das Kind, Herzog zu Braunschweig-Lüneburg 51f.

Otto der Quade, Herzog zu Braunschweig-Lüneburg 67
Otto von Tarent, Herzog zu Braunschweig-Lüneburg (Grubenhagen) 80

Paterculus, Marcus Velleius 21
Paul I., Zar 126
Paul Friedrich August, Großherzog von Oldenburg 146, 150, 160f.
Pécheux, General 139
Pecht, Friedrich 159
Peter I., Zar 104, 131
Peter III., Zar 126
Peter Friedrich Ludwig, Herzog von Oldenburg 126, 134, 138, 140–144, 146f., 166
Peter Friedrich Wilhelm, Herzog von Oldenburg 142, 144
Pfarr, Peter 8
Philipp I., Graf zur Lippe-Alverdissen 101, 111
Philipp VI., König von Frankreich 61
Philipp, Landgraf von Hessen 83f.
Philipp, Herzog zu Braunschweig-Lüneburg (Grubenhagen) 83
Philipp von Schwaben, dt. König 48
Philipp II. Ernst, Graf zur Lippe-Alverdissen 125, 127
Philipp Sigismund, Herzog zu Braunschweig-Lüneburg (Wolfenb.), Bischof von Verden und Osnabrück 111
Philippine Charlotte von Preußen, Herzogin zu Braunschweig-Lüneburg (Wolfenb.) 118
Pittakos von Mytilene 70
Platen, Graf Adolf Ludwig Karl von 167
Plinius der Ältere 21
Porsche, Ferdinand 218
Praetorius, Michael 96
Preetorius, Emil 185
Presuhn d. Ä., Theodor 147
Preuß, Hugo 206
Prochaska, Eleonore (August Renz) 139
Ptolemäus 24

Raabe, Wilhelm 178
Rainald von Dassel, Erzbischof von Köln 57
Rath, Ernst vom 215
Reden, Lucia von 93
Rehberg, August Wilhelm 130, 147
Rhegius, Urbanus 82
Richenza von Northeim, Kaiserin 40
Rilke, Rainer Maria 196
Robertson, Sir Brian 228

Rössing, Peter Friedrich Ludwig Freiherr von 179
Röver, Carl 206f., 211
Rudolf August, Herzog zu Braunschweig-Lüneburg (Wolfenb.) 103
Ruisdael, Jacob van 110
Rumann, Wilhelm 152
Rust, Bernhard 211

Scharnhorst, Gerhard von 139
Schele, Eduard Freiherr von 161
Schele, Georg Freiherr von 151f., 161
Schlaun, Johann Conrad 128
Schlebusch, Hubert 223, 225
Schleinitz, Wilhelm Johann Heinrich Carl von 159
Schmidt-Phiseldeck, Justus von 141
Schnath, Georg 206
Schröder, Gerhard 248f.
Schumacher, Kurt 223ff.
Schütz, Heinrich 96
Schwerdtfeger, Kurt 247
Schwitters, Kurt 185
Seebohm, Hans-Christoph 227
Seligmann, Siegmund 184
Sidonia von Sachsen, Herzogin zu Braunschweig-Lüneburg (Calenb.-Göttingen) 83
Siebrecht, Karl 185
Sigward, Bischof von Minden 45
Slevogt, Carl-Heinrich 147
Smidt, Johann 155
Solon von Athen 70
Sophie von der Pfalz, Kurfürstin von Hannover 104, 111, 113
Sophie Charlotte von Braunschweig-Lüneburg, Königin in Preußen 116
Sophie Dorothea von Braunschweig-Lüneburg, Kurfürstin von Hannover 105, 107
Sophie Dorothea von Hannover, Königin von Preußen 116
Speer, Albert 218
Steffani, Agostino 105
Stendhal (Marie-Henri Beyle) 136
Stolberg-Wernigerode, Graf Otto zu 170
Störtebeker, Klaus 67
Strabo 21
Strack, Ludwig Philipp 12
Strauß, Viktor von 168
Strickrodt, Georg 227
Stüve, Johann Carl Bertram 151, 159, 161f.

Tacitus, Cornelius 21
Tantzen, Theodor 204, 223, 225, 227
Telschow, Otto 211
Thaer, Albrecht 123
Theophanu, Kaiserin 33
Thieme, Hartmut 8
Thietmar von Merseburg 38
Tiberius, röm. Kaiser 21, 23

Tilly, Johann Tserclaes Graf von 98f.
Tönnies, Cord 91, 93
Tramm, Heinrich 186
Treitschke, Heinrich von 176

Varus, (Publius) Quinctilius 23
Victoria von Sachsen-Coburg-Gotha, dt. Kaiserin 182
Vierthaler, Ludwig 185
Viktoria, Königin von England 152
Viktoria Luise, Prinzessin von Preußen 176f., 182f.
Vogeler, Heinrich 185, 196, 197
Vogeler, Martha 196, 197
Voigts-Rhetz, Konstantin Bernhard von 169
Voltaire 124
Voß, Johann Heinrich 130
Vries, Adriaen de 96f.

Wallenstein, Albrecht von 99
Weber, Werner 250
Weber, Wilhelm 151
Weil, Stephan 249
Weinhagen, Friedrich 158
Wellington, Arthur Wellesley, Herzog von 141
Wermuth, Karl 162
Westermann, Georg 173
Westhoff, Clara 196
Westner, G. W. 113
Widukind, Herzog von Sachsen 26, 29, 49, 212
Widukind von Corvey 38
Wieland, Christoph Martin 118
Wilhelm I., dt. Kaiser 170, 172, 176
Wilhelm II., dt. Kaiser 172, 176f., 182f.
Wilhelm IV. Heinrich, König von Hannover 150, 152
Wilhelm IX., Landgraf von Hessen-Kassel 126f.
Wilhelm, Herzog zu Braunschweig-Lüneburg (Wolfenb.) 150, 176f.
Wilhelm der Jüngere, Herzog zu Braunschweig-Lüneburg 64, 88
Wilhelm, Graf zu Schaumburg-Lippe (Kanonengraf) 120, 122, 124
Wilhelm August, Herzog von Cumberland 120f.
Windthorst, Ludwig 161, 174f.
Woldemar, Fürst zu Lippe-Detmold 183
Wulff, Christian 249

Zimmermann, Johann Georg 130
Zörner, Ernst 208

Stammtafel 1
Stammtafel der Billunger
(Auszug)

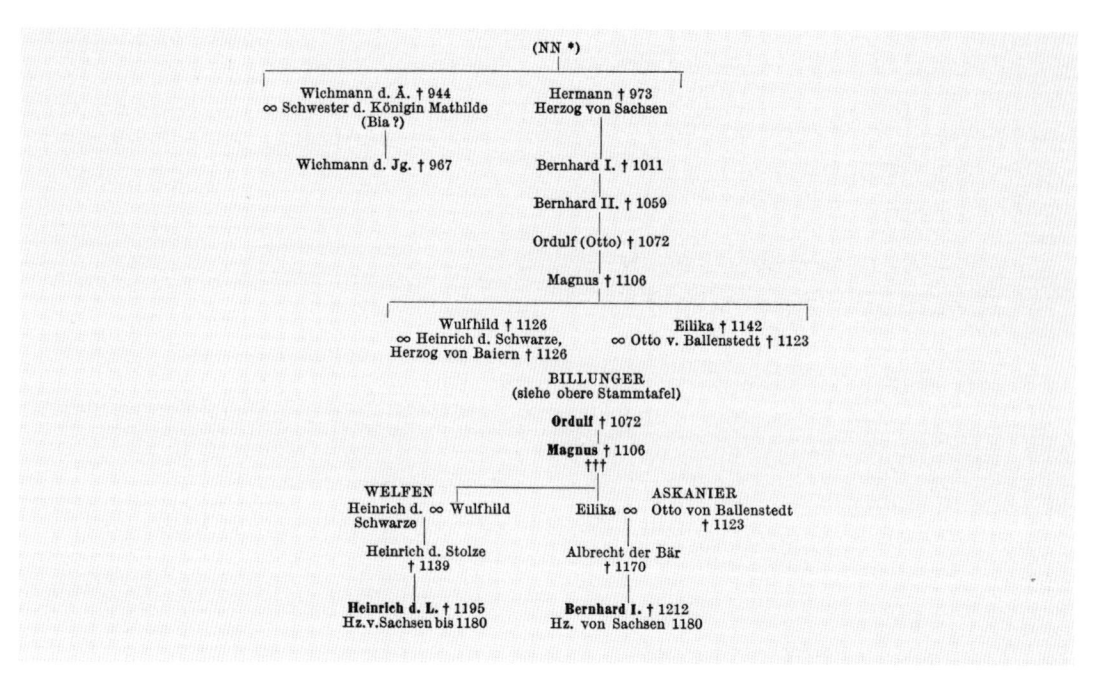

```
                              (NN *)
        ┌───────────────────────┴───────────────────────┐
   Wichmann d. Ä. † 944                           Hermann † 973
   ∞ Schwester d. Königin Mathilde                Herzog von Sachsen
             (Bia ?)
                                                  Bernhard I. † 1011
   Wichmann d. Jg. † 967
                                                  Bernhard II. † 1059

                                                  Ordulf (Otto) † 1072

                                                  Magnus † 1106
                              ┌───────────────────────┴───────────────────────┐
                      Wulfhild † 1126                                  Eilika † 1142
                      ∞ Heinrich d. Schwarze,                          ∞ Otto v. Ballenstedt † 1123
                      Herzog von Baiern † 1126
```

BILLUNGER
(siehe obere Stammtafel)

Ordulf † 1072

Magnus † 1106
†††

```
        WELFEN                                ASKANIER
   Heinrich d. ∞ Wulfhild              Eilika ∞ Otto von Ballenstedt
   Schwarze                                            † 1123

   Heinrich d. Stolze                   Albrecht der Bär
        † 1139                                † 1170

   Heinrich d. L. † 1195               Bernhard I. † 1212
   Hz.v.Sachsen bis 1180               Hz. von Sachsen 1180
```

Stammtafel 2
Die Welfen als Erben der
großen Geschlechter
Sachsens

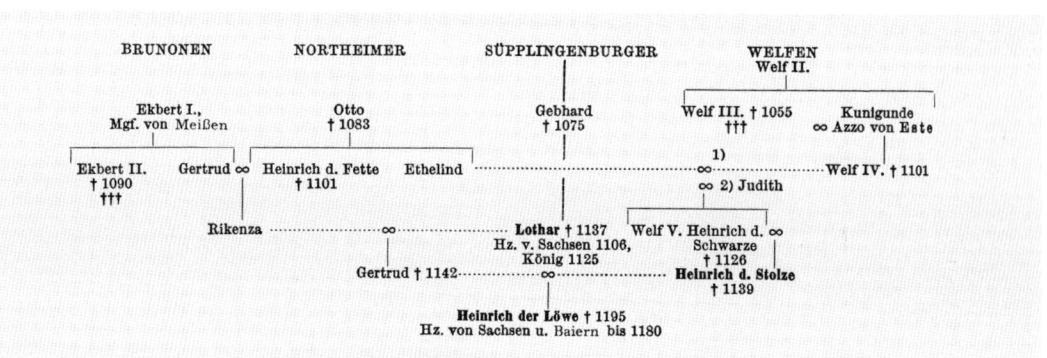

```
    BRUNONEN         NORTHEIMER        SÜPPLINGENBURGER          WELFEN
                                                                 Welf II.
                                                        ┌───────────┴──────────┐
  Ekbert I.,            Otto                Gebhard    Welf III. † 1055    Kunigunde
  Mgf. von Meißen      † 1083               † 1075        †††          ∞ Azzo von Este
                   ┌─────┴─────┐
  Ekbert II.  Gertrud ∞ Heinrich d. Fette  Ethelind ············ 1) ············ Welf IV. † 1101
  † 1090             † 1101                                ∞ 2) Judith
  †††
         Rikenza ············∞············ Lothar † 1137    Welf V. Heinrich d. ∞
                                          Hz. v. Sachsen 1106,    Schwarze
                                          König 1125              † 1126
                            Gertrud † 1142 ············∞············ Heinrich d. Stolze
                                                                       † 1139
                                Heinrich der Löwe † 1195
                                Hz. von Sachsen u. Baiern bis 1180
```

Stammtafel 3
Stammtafel des welfi-
schen Hauses A: Gesamt-
übersicht

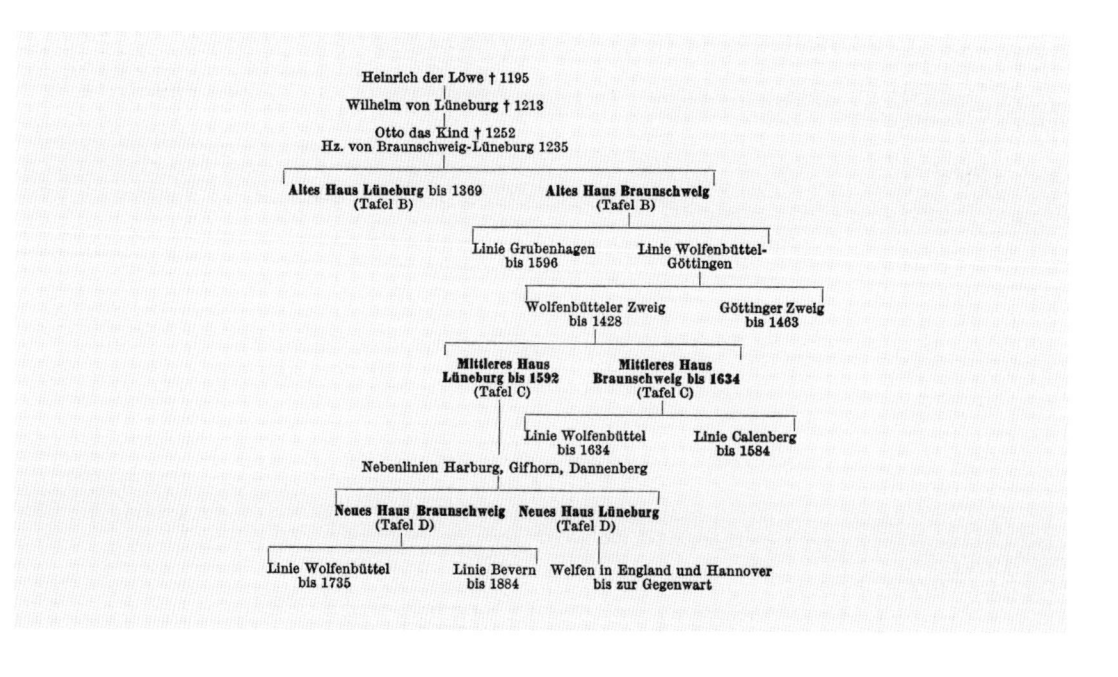

```
                  Heinrich der Löwe † 1195
                  Wilhelm von Lüneburg † 1213
                  Otto das Kind † 1252
                  Hz. von Braunschweig-Lüneburg 1235
         ┌────────────────────┴────────────────────┐
   Altes Haus Lüneburg bis 1369        Altes Haus Braunschweig
        (Tafel B)                           (Tafel B)
                                    ┌────────────────┴────────────────┐
                              Linie Grubenhagen              Linie Wolfenbüttel-
                                 bis 1596                        Göttingen
                                                        ┌────────────┴────────────┐
                                                  Wolfenbütteler Zweig       Göttinger Zweig
                                                       bis 1428                 bis 1463
                                                  ┌─────────┴─────────┐
                                            Mittleres Haus        Mittleres Haus
                                            Lüneburg bis 1592     Braunschweig bis 1634
                                               (Tafel C)              (Tafel C)
                                                              ┌──────────┴──────────┐
                                                        Linie Wolfenbüttel     Linie Calenberg
                                                           bis 1634               bis 1584
                                            Nebenlinien Harburg, Gifhorn, Dannenberg
                                                  ┌─────────┴─────────┐
                                            Neues Haus Braunschweig  Neues Haus Lüneburg
                                               (Tafel D)                 (Tafel D)
                                           ┌──────┴──────┐
                                     Linie Wolfenbüttel  Linie Bevern   Welfen in England und Hannover
                                        bis 1735          bis 1884          bis zur Gegenwart
```

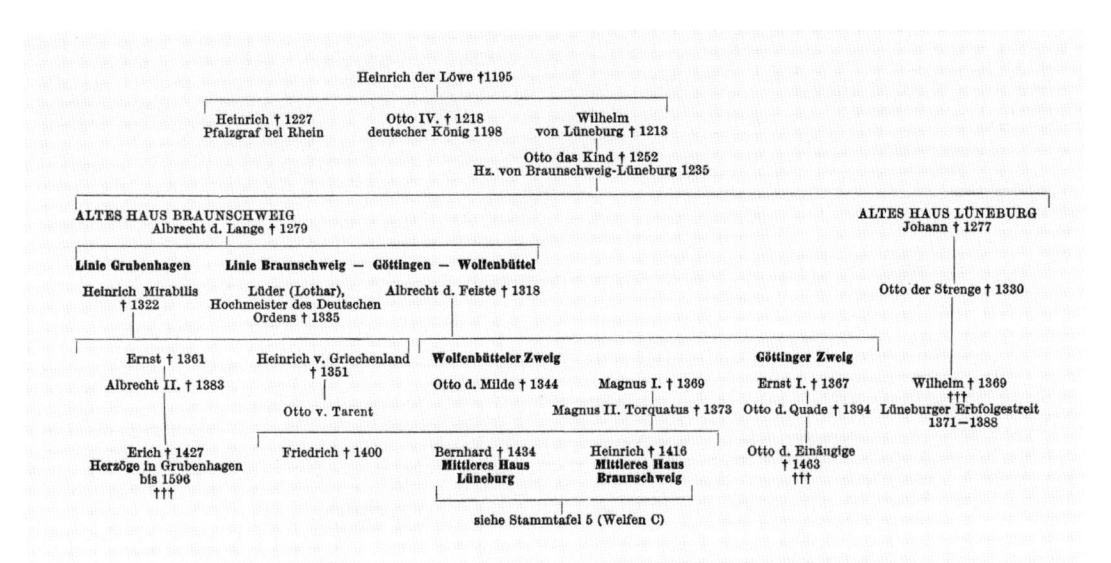

Stammtafel 4
Stammtafel des welfischen Hauses B: die Nachkommen Heinrichs des Löwen in den Häusern Alt-Lüneburg und Alt-Braunschweig bis 1428

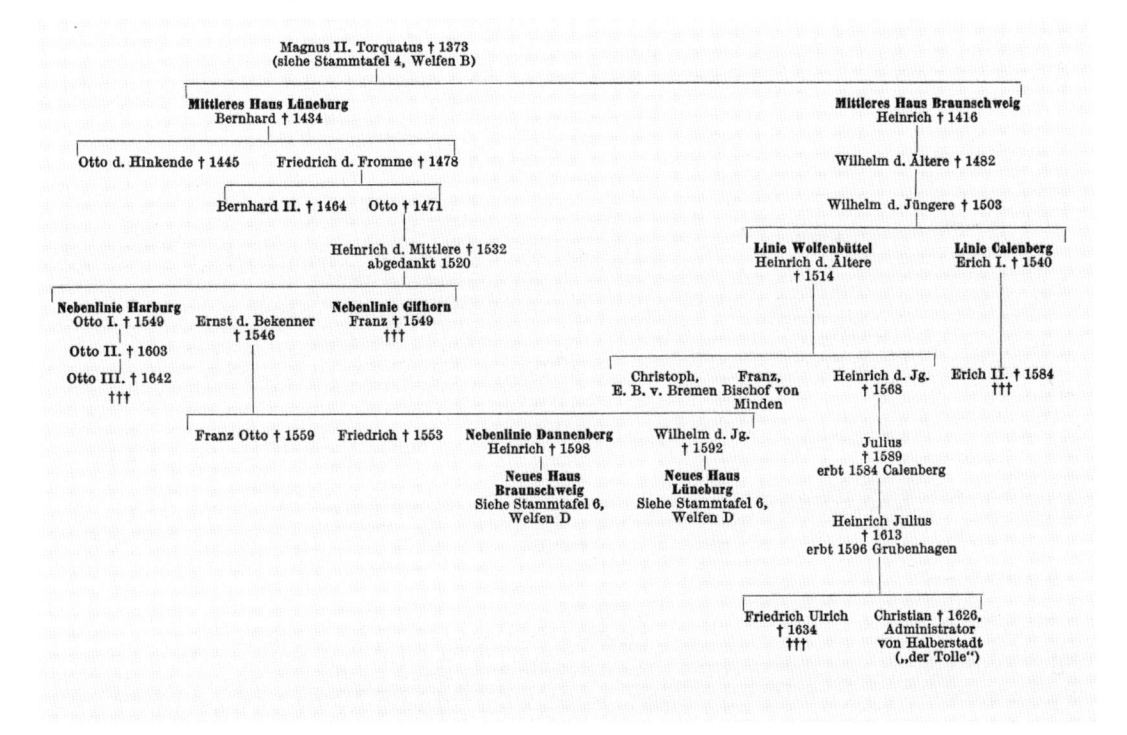

```
                              Heinrich der Löwe †1195
        ┌──────────────────────────┼──────────────────────────┐
   Heinrich †1227           Otto IV. †1218            Wilhelm
   Pfalzgraf bei Rhein    deutscher König 1198     von Lüneburg †1213
                                                          │
                                            Otto das Kind †1252
                                         Hz. von Braunschweig-Lüneburg 1235
                    ┌─────────────────────────────────────────────┐
           ALTES HAUS BRAUNSCHWEIG                         ALTES HAUS LÜNEBURG
           Albrecht d. Lange †1279                            Johann †1277
   ┌───────────────┬────────────────────────┐                      │
Linie Grubenhagen  Linie Braunschweig — Göttingen — Wolfenbüttel   │
 Heinrich Mirabilis  Lüder (Lothar),      Albrecht d. Feiste †1318   Otto der Strenge †1330
  †1322              Hochmeister des Deutschen
                     Ordens †1335
   │                                       │
 Ernst †1361       Heinrich v. Griechenland  Wolfenbütteler Zweig        Göttinger Zweig
 Albrecht II. †1383    †1351              Otto d. Milde †1344   Magnus I. †1369   Ernst I. †1367   Wilhelm †1369
                     Otto v. Tarent                    Magnus II. Torquatus †1373   Otto d. Quade †1394   †††
                                                                                                  Lüneburger Erbfolgestreit
                                                                                                  1371—1388
  Erich †1427      Friedrich †1400       Bernhard †1434    Heinrich †1416    Otto d. Einäugige
 Herzöge in Grubenhagen                  Mittleres Haus    Mittleres Haus    †1463
  bis 1596                               Lüneburg          Braunschweig      †††
  †††
                                siehe Stammtafel 5 (Welfen C)
```

Stammtafel 5
Stammtafel des welfischen Hauses C: die Mittleren Häuser Braunschweig und Lüneburg 1428–1634

```
                        Magnus II. Torquatus †1373
                        (siehe Stammtafel 4, Welfen B)
        ┌──────────────────────────────────────────────────────────┐
   Mittleres Haus Lüneburg                               Mittleres Haus Braunschweig
   Bernhard †1434                                        Heinrich †1416
   ┌────────────┬─────────────┐                                  │
Otto d. Hinkende †1445  Friedrich d. Fromme †1478        Wilhelm d. Ältere †1482
                   ┌────────────┐                                │
             Bernhard II. †1464  Otto †1471              Wilhelm d. Jüngere †1503
                         │                                       │
                Heinrich d. Mittlere †1532                ┌──────┴──────┐
                abgedankt 1520                         Linie Wolfenbüttel   Linie Calenberg
                                                       Heinrich d. Ältere   Erich I. †1540
  Nebenlinie Harburg    Ernst d. Bekenner   Nebenlinie Gifhorn      †1514
  Otto I. †1549         †1546               Franz †1549
  Otto II. †1603                            †††
  Otto III. †1642
  †††                                                Christoph,   Franz,        Heinrich d. Jg.   Erich II. †1584
                                                     E. B. v. Bremen  Bischof von  †1568           †††
                                                                  Minden
       Franz Otto †1559   Friedrich †1553   Nebenlinie Dannenberg   Wilhelm d. Jg.    Julius
                                            Heinrich †1598          †1592             †1589
                                            Neues Haus              Neues Haus       erbt 1584 Calenberg
                                            Braunschweig            Lüneburg
                                            Siehe Stammtafel 6,     Siehe Stammtafel 6,   Heinrich Julius
                                            Welfen D                Welfen D               †1613
                                                                                          erbt 1596 Grubenhagen
                                                            Friedrich Ulrich   Christian †1626,
                                                             †1634             Administrator
                                                             †††               von Halberstadt
                                                                               („der Tolle")
```

Anhang

Stammtafel 6
Stammtafel des welfischen Hauses D: die Neuen Häuser Braunschweig und Lüneburg 1634–1953

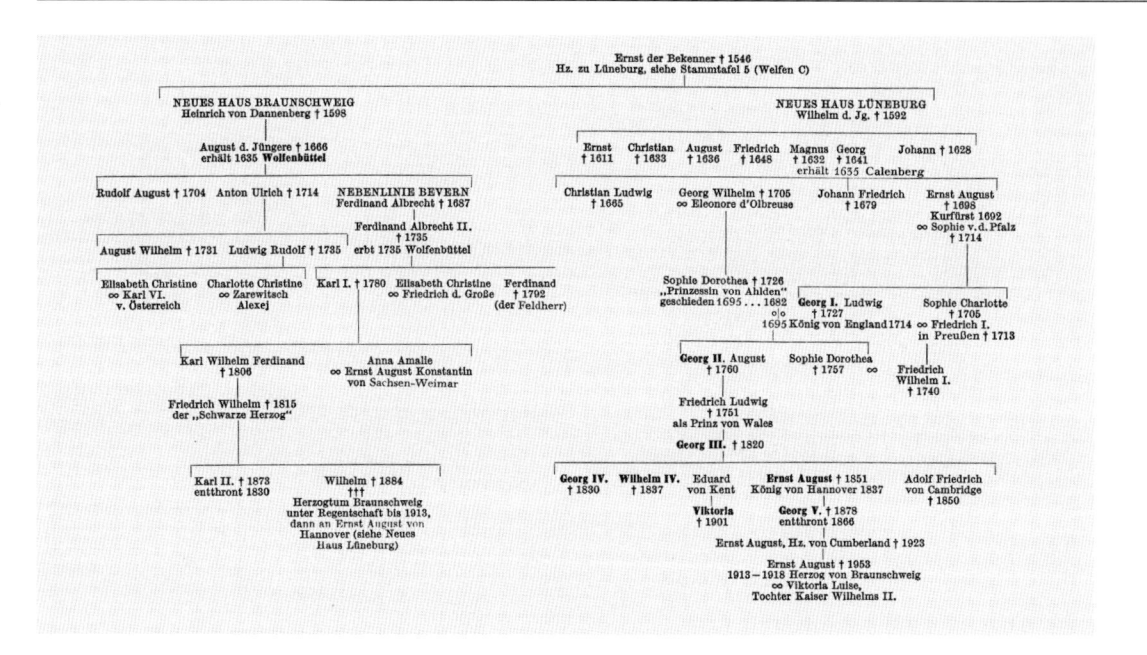

Ernst der Bekenner † 1546
Hz. zu Lüneburg, siehe Stammtafel 5 (Welfen C)

NEUES HAUS BRAUNSCHWEIG
Heinrich von Dannenberg † 1598

August d. Jüngere † 1666
erhält 1635 Wolfenbüttel

Rudolf August † 1704 Anton Ulrich † 1714 **NEBENLINIE BEVERN**
Ferdinand Albrecht † 1687
Ferdinand Albrecht II. † 1735
erbt 1735 Wolfenbüttel

August Wilhelm † 1731 Ludwig Rudolf † 1735 Karl I. † 1780 Elisabeth Christine Ferdinand
∞ Friedrich d. Große † 1792 (der Feldherr)

Elisabeth Christine ∞ Karl VI. v. Österreich
Charlotte Christine ∞ Zarewitsch Alexej

Karl Wilhelm Ferdinand † 1806   Anna Amalie ∞ Ernst August Konstantin von Sachsen-Weimar

Friedrich Wilhelm † 1815 der „Schwarze Herzog"

Karl II. † 1873 entthront 1830
Wilhelm † 1884 †††
Herzogtum Braunschweig unter Regentschaft bis 1913, dann an Ernst August von Hannover (siehe Neues Haus Lüneburg)

NEUES HAUS LÜNEBURG
Wilhelm d. Jg. † 1592

Ernst † 1611 Christian † 1633 August † 1636 Friedrich † 1648 Magnus † 1632 Georg † 1641 Johann † 1628
erhält 1635 Calenberg

Christian Ludwig † 1665   Georg Wilhelm † 1705 ∞ Eleonore d'Olbreuse   Johann Friedrich † 1679   Ernst August † 1698 Kurfürst 1692 ∞ Sophie v.d. Pfalz † 1714

Sophie Dorothea † 1726 „Prinzessin von Ahlden" geschieden 1695 … 1682
o/o
Georg I. Ludwig † 1727 1695 König von England 1714
Sophie Charlotte † 1705 ∞ Friedrich I. in Preußen † 1713

Georg II. August † 1760   Sophie Dorothea † 1757 ∞ Friedrich Wilhelm I. † 1740

Friedrich Ludwig † 1751 als Prinz von Wales

Georg III. † 1820

Georg IV. † 1830 Wilhelm IV. † 1837 Eduard von Kent Ernst August † 1851 König von Hannover 1837 Adolf Friedrich von Cambridge † 1850

Viktoria † 1901   Georg V. † 1878 entthront 1866

Ernst August, Hz. von Cumberland † 1923

Ernst August † 1953
1913–1918 Herzog von Braunschweig
∞ Viktoria Luise, Tochter Kaiser Wilhelms II.

Stammtafel 7
Die Personalunion zwischen Hannover und Großbritannien

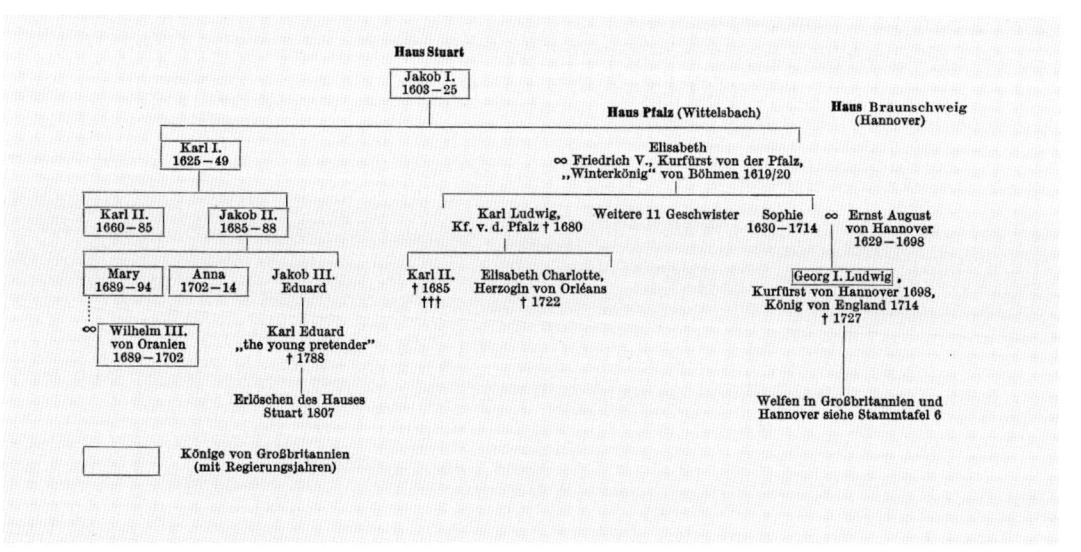

Haus Stuart
Jakob I. 1603–25

Haus Pfalz (Wittelsbach)   **Haus Braunschweig** (Hannover)

Karl I. 1625–49   Elisabeth ∞ Friedrich V., Kurfürst von der Pfalz, „Winterkönig" von Böhmen 1619/20

Karl II. 1660–85   Jakob II. 1685–88   Karl Ludwig, Kf. v. d. Pfalz † 1680   Weitere 11 Geschwister   Sophie 1630–1714 ∞ Ernst August von Hannover 1629–1698

Mary 1689–94   Anna 1702–14   Jakob III. Eduard   Karl II. † 1685   Elisabeth Charlotte, Herzogin von Orléans † 1722   Georg I. Ludwig, Kurfürst von Hannover 1698, König von England 1714 † 1727

Wilhelm III. von Oranien 1689–1702   Karl Eduard „the young pretender" † 1788

Erlöschen des Hauses Stuart 1807

☐ Könige von Großbritannien (mit Regierungsjahren)

Welfen in Großbritannien und Hannover siehe Stammtafel 6

Stammtafel 8
Die Grafen von Oldenburg von 1167 bis um 1270

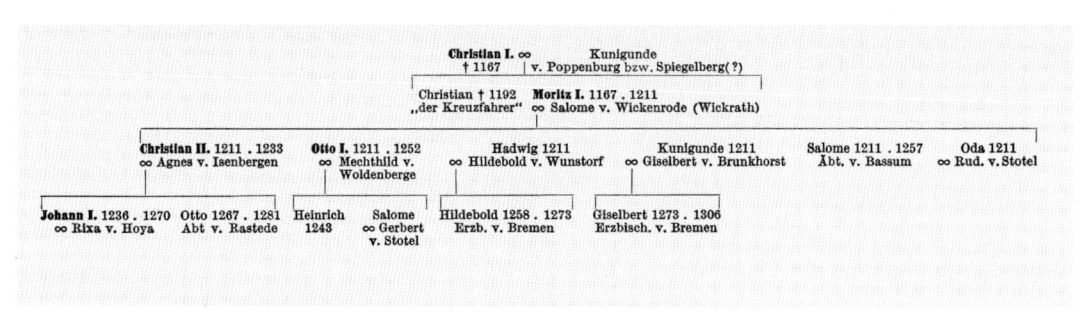

Christian I. † 1167 ∞ Kunigunde v. Poppenburg bzw. Spiegelberg(?)

Christian † 1192 „der Kreuzfahrer"   **Moritz I.** 1167 . 1211 ∞ Salome v. Wickenrode (Wickrath)

Christian II. 1211 . 1233 ∞ Agnes v. Isenbergen   **Otto I.** 1211 . 1252 ∞ Mechthild v. Woldenberge   Hadwig 1211 ∞ Hildebold v. Wunstorf   Kunigunde 1211 ∞ Giselbert v. Brunkhorst   Salome 1211 . 1257 Äbt. v. Bassum   Oda 1211 ∞ Rud. v. Stotel

Johann I. 1236 . 1270 ∞ Rixa v. Hoya   Otto 1267 . 1281 Abt v. Rastede   Heinrich 1243   Salome ∞ Gerbert v. Stotel   Hildebold 1258 . 1273 Erzb. v. Bremen   Giselbert 1273 . 1306 Erzbisch. v. Bremen

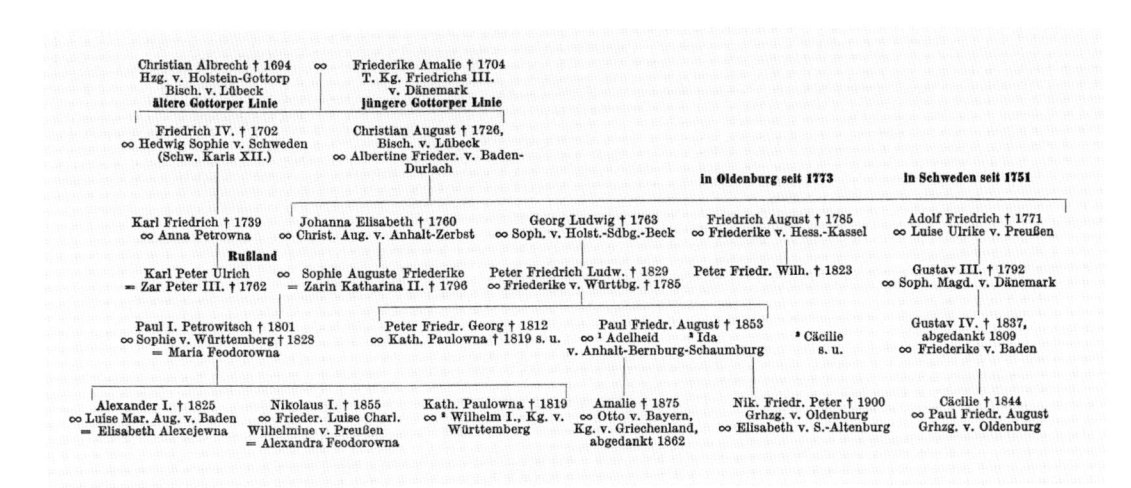

Stammtafel 9
Das Haus Holstein-Gottorp in Russland, Schweden und Oldenburg, ca. 1700–1850

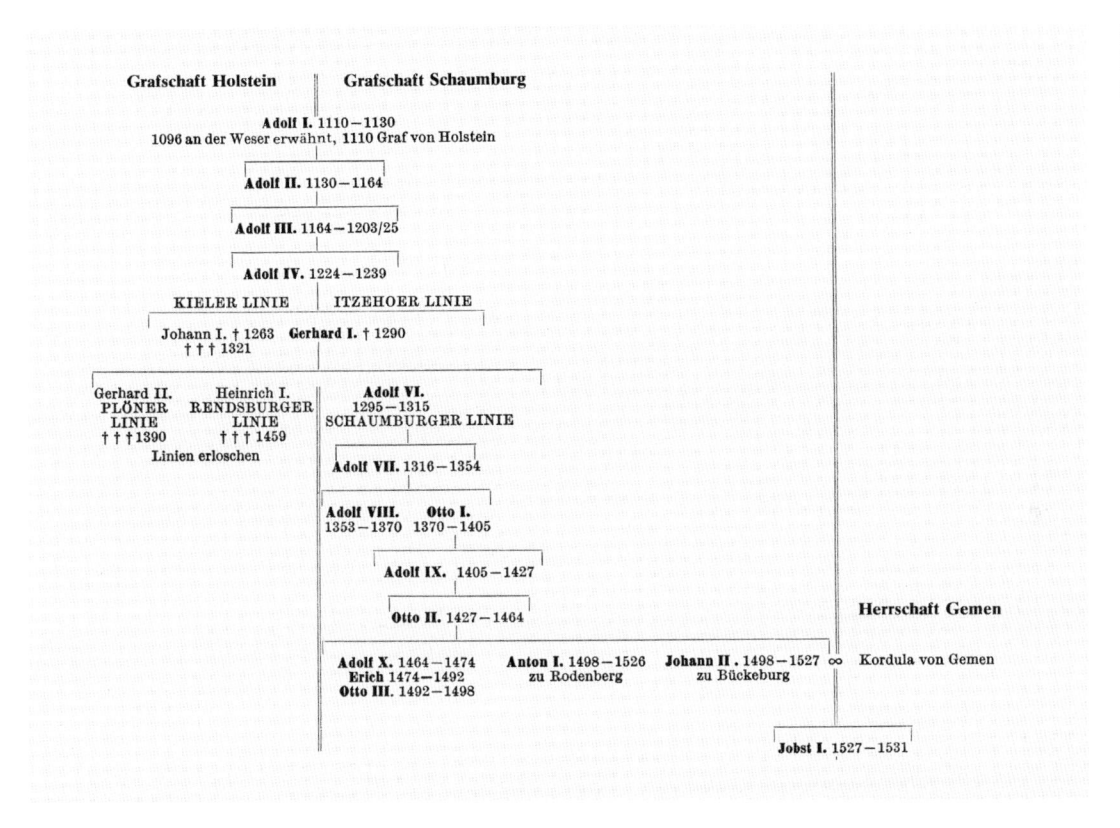

```
Christian Albrecht † 1694      ∞   Friederike Amalie † 1704
Hzg. v. Holstein-Gottorp           T. Kg. Friedrichs III.
Bisch. v. Lübeck                   v. Dänemark
ältere Gottorper Linie             jüngere Gottorper Linie

Friedrich IV. † 1702               Christian August † 1726,
∞ Hedwig Sophie v. Schweden        Bisch. v. Lübeck
  (Schw. Karls XII.)               ∞ Albertine Frieder. v. Baden-
                                     Durlach
                                                              in Oldenburg seit 1773    In Schweden seit 1751

Karl Friedrich † 1739   Johanna Elisabeth † 1760   Georg Ludwig † 1763        Friedrich August † 1785       Adolf Friedrich † 1771
∞ Anna Petrowna         ∞ Christ. Aug. v. Anhalt-Zerbst   ∞ Soph. v. Holst.-Sdbg.-Beck   ∞ Friederike v. Hess.-Kassel   ∞ Luise Ulrike v. Preußen
  Rußland
Karl Peter Ulrich    ∞   Sophie Auguste Friederike    Peter Friedrich Ludw. † 1829    Peter Friedr. Wilh. † 1823   Gustav III. † 1792
= Zar Peter III.         = Zarin Katharina II. † 1796    ∞ Friederike v. Württbg. † 1785                           ∞ Soph. Magd. v. Dänemark
  † 1762

Paul I. Petrowitsch † 1801          Peter Friedr. Georg † 1812   Paul Friedr. August † 1853   * Cäcilie     Gustav IV. † 1837,
∞ Sophie v. Württemberg † 1828      ∞ Kath. Paulowna † 1819 s. u.  ∞ ¹ Adelheid   ² Ida        s. u.        abgedankt 1809
= Maria Feodorowna                                                v. Anhalt-Bernburg-Schaumburg             ∞ Friederike v. Baden

Alexander I. † 1825     Nikolaus I. † 1855          Kath. Paulowna † 1819   Amalie † 1875          Nik. Friedr. Peter † 1900   Cäcilie † 1844
∞ Luise Mar. Aug. v. Baden  ∞ Frieder. Luise Charl.     ∞ * Wilhelm I., Kg. v.   ∞ Otto v. Bayern,     Grhzg. v. Oldenburg        ∞ Paul Friedr. August
= Elisabeth Alexejewna     Wilhelmine v. Preußen        Württemberg           Kg. v. Griechenland,   ∞ Elisabeth v. S.-Altenburg   Grhzg. v. Oldenburg
                           = Alexandra Feodorowna                             abgedankt 1862
```

Stammtafel 10
Die Grafen von Holstein-Schaumburg

```
Grafschaft Holstein  |  Grafschaft Schaumburg

         Adolf I. 1110–1130
1096 an der Weser erwähnt, 1110 Graf von Holstein

         Adolf II. 1130–1164

         Adolf III. 1164–1203/25

         Adolf IV. 1224–1239

KIELER LINIE       |  ITZEHOER LINIE

Johann I. † 1263      Gerhard I. † 1290
† † † 1321

Gerhard II.    Heinrich I.     Adolf VI.
PLÖNER         RENDSBURGER     1295–1315
LINIE          LINIE           SCHAUMBURGER LINIE
† † † 1390     † † † 1459
Linien erloschen              Adolf VII. 1316–1354

                              Adolf VIII.   Otto I.
                              1353–1370     1370–1405

                              Adolf IX. 1405–1427

                              Otto II. 1427–1464                   Herrschaft Gemen

Adolf X. 1464–1474    Anton I. 1498–1526    Johann II. 1498–1527   ∞ Kordula von Gemen
Erich 1474–1492       zu Rodenberg          zu Bückeburg
Otto III. 1492–1498

                                            Jobst I. 1527–1531
```

Anhang

Stammtafel 11
Die Grafen von Schaumburg-Lippe und ihre Abstammung von den Grafen von Schaumburg

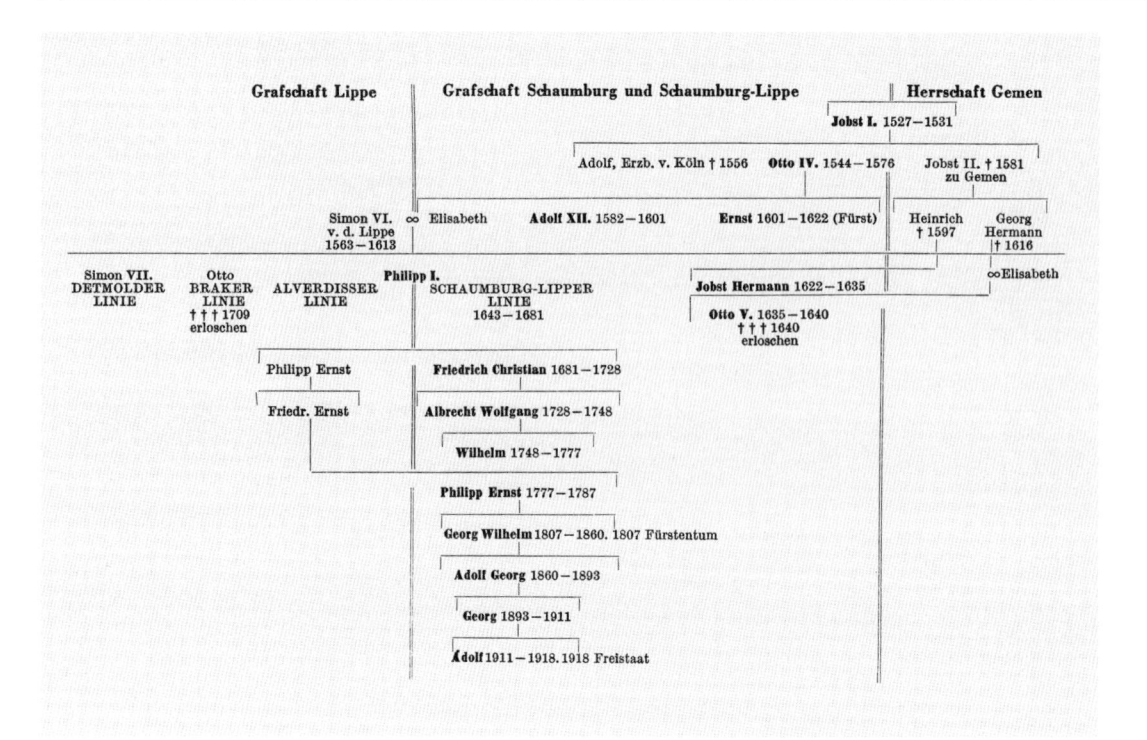

Grafschaft Lippe	Grafschaft Schaumburg und Schaumburg-Lippe	Herrschaft Gemen
		Jobst I. 1527–1531
	Adolf, Erzb. v. Köln † 1556 — Otto IV. 1544–1576	Jobst II. † 1581 zu Gemen
Simon VI. v. d. Lippe 1563–1613 ∞ Elisabeth — Adolf XII. 1582–1601 — Ernst 1601–1622 (Fürst)	Heinrich † 1597 — Georg Hermann † 1616
Simon VII. DETMOLDER LINIE / Otto BRAKER LINIE † † † 1709 erloschen / ALVERDISSER LINIE / Philipp I. SCHAUMBURG-LIPPER LINIE 1643–1681	Jobst Hermann 1622–1635 / Otto V. 1635–1640 † † † 1640 erloschen	∞ Elisabeth
Philipp Ernst / Friedr. Ernst	Friedrich Christian 1681–1728	
	Albrecht Wolfgang 1728–1748	
	Wilhelm 1748–1777	
	Philipp Ernst 1777–1787	
	Georg Wilhelm 1807–1860. 1807 Fürstentum	
	Adolf Georg 1860–1893	
	Georg 1893–1911	
	Adolf 1911–1918. 1918 Freistaat	

Das Grafen- und Fürstenhaus der Cirksena 1464–1744

1. Ulrich I. 1464–1466 ∞ 2. *Theda Ukena* 1466–1486
3. Enno I. 1486–1491 ∞ Elisabeth von Rietberg
4. Edzard I. 1491–1528
5. Enno II. 1528–1540 ∞ 6. *Anna von Oldenburg* 1540–1561
7. Edzard II. 1561–1599 ∞ Katharina von Schweden (Tochter des Königs Gustav Wasa)
8. Enno III. 1599–1625 ∞ I. Walpurgis (Walburg von Rietberg*)
∞ II. Anna von Holstein-Gottorp
9. Rudolf Christian 1625–1628
10. Ulrich II. 1628–1648 ∞ 11. *Juliane von Hessen-Darmstadt* 1648–1651
12. Enno Ludwig ** 1651–1660 ∞ Justine Sophie von Barby
13. Georg Christian ** 1660–1665 ∞ 14. *Christine Charlotte von Württemberg* 1665–1690
15. Christian Eberhard 1690–1708 ∞ I. Eberhardine Sophie v. Oettingen
∞ II. Anna Juliana von Kleinau (morganatisch)
16. Georg Albrecht 1708–1734 ∞ I. Christiane Luise von Nassau-Idstein
∞ II. Sophie Karoline von Brandenburg-Kulmbach
17. Carl Edzard 1734–1744 ∞ Sophie Wilhelmine von Brandenburg-Bayreuth

* Als Folge dieser Heirat kommt 1600 das Harlinger Land an Ostfriesland.
** Enno Ludwig erhält 1654 den Fürstentitel; da er ohne männliche Erben stirbt, erhält ihn 1662 sein Bruder Georg Christian noch einmal für das Haus Cirksena.

Bildnachweis

Archiv des niedersächsischen Landtags, Hannover: 229, 244 re., 247 li., 247 re. (Manfred Zimmermann, Euro Media House, Hannover), 248 (alle), 249 (4. v. li.)
akg-images, Berlin: 21 + 22 (Museum Kalkriese), 88, 95 o., 105 o., 123 u. (Sotheby's), 130, 131 re., 141 u., 146, 158, 168, 173, 181 o., 182 o., 182 u. li., 189 o., 221 li., 234 li., 236 o.
Archiv Ellert & Richter Verlag, Hamburg: 138 o., 169 u.
Archiv Schaumburger Landschaft, Bückeburg: 124/125, 187 o.
Toma Babovic, Bremen: 96 li., 126/127, 129, 196, 197 u.
Bahlsen GmbH & Co. KG, Hannover: 185
bpk, Berlin: 19 (Antikensammlung, SMB/Ingrid Geske-Heiden), 105 u. (Jörg P. Anders), 113 u. (Hermann Buresch), 123 o., 136 (RMN/Jean Pierre Lagiewski), 139 o. (Hermann Buresch), 142 re. (SBB/Ruth Schacht), 145, 147 o. (R. Ottria), 159, 163 u. (Max Skladanowsky), 169 o., 170 (Loescher Petsch), 182 re., 189 u. li. (Dr. Paul Wolff Tritschler), 206, 208 o., 217 o., 217 u. li., 218 o. li. (Kunstbibliothek, SMB/Knud Petersen), 221 re., 234 re. (E. Grastorf), 242 u. (Herbert Hensky)
Jutta Brüdern, Braunschweig: Cover re. o. + Mi. + u., Rückseite o. li. + o. re. + u. li., 11, 17, 34 re., 38, 39, 40, 42, 45, 47, 53, 56, 58/59, 64, 65, 68, 69, 70, 71, 72, 73, 74, 75, 76/77, 89, 91, 92, 93, 94, 97, 101, 102 re., 104, 118 u., 128 re., 131 li., 148, 171, 172, 194
Bundesarchiv, Koblenz: 210 (R 43 II/1323)
Continental AG, Hannover: 184
Deutsche Messe AG, Hannover: 238, 239
Deutsches Auswandererhaus Bremerhaven: 155 u. (Ellis Island Foundation)
DHM, Berlin: 174, 237 (Ursula Litzmann)
Dokumentations- u. Informationszentrum Emslandlager, Papenburg: 217 u. re.
Jörg Axel Fischer, Hannover: 60, 250
Fürstenhaus Herrenhausen Museum, Hannover (mit Genehmigung Sr. K. H. Prinz Ernst August von Hannover, Herzog zu Braunschweig und Lüneburg, Schloss Marienburg): 100, 151 u. li.
Fürstliche Hofkammer, Bückeburg: 96 re.
Gemeinde Amt Neuhaus: 251
Goslar marketing gmbh: 66
Alfred Gottwaldt, Berlin: 157 o. li., 157 u. li., 183 o.
Herzog August Bibliothek Wolfenbüttel: 118 o.
Historisches Museum Bremerhaven: 155 o.
Historisches Museum Hannover: 109, 111, 113 o., 114/115, 116, 156 u., 167
huber-images.de/Gräfenhain: 197 o.
Imperial War Museum, London: 216
Kloster Frenswegen: 110 (Leihgabe der Niedersächsischen Sparkassenstiftung, Hannover)
Walter Mayr, Großenrade: 191
Landesarchiv Nordrhein-Westfalen – Staatsarchiv Münster: 30 (Msc. VII Nr. 5201)
Landesbibliothek Oldenburg: 46 (I 410, Leihgabe der Niedersächsischen Sparkassenstiftung)
Landesmuseum für Kunst und Kulturgeschichte, Oldenburg: 142 re. (R. Wacker), 147 u. (S. Adelaide)
musign.de: 9
Neue Presse Archiv, Hannover: 231 u.
Niedersächsisches Landesamt für Denkmalpflege, Hannover: 8 (R. Maier), 18 (C.S. Fuchs)
Niedersächsisches Landesarchiv – Hauptstaatsarchiv Hannover: Cover li. o., 54/55, 108 re., 222, 223 li., 226
Niedersächsisches Landesarchiv – Staatsarchiv Bückeburg: 112, 181 u., 202 re.
Niedersächsisches Landesarchiv – Staatsarchiv Oldenburg: 160 (Best. 31-13-31 Nr. 2 I), 179 o. (Slg. 400 Nr. 1527-C bzw. 1528-C), 180 li. (Slg. 400 Nr. 210-A), 180 re. (Slg. 400 Nr. 984-A), 202 li. (Best. 35 Nr. 284), 207 u. li. (Best. 136 Nr. 823)
Niedersächsische Staatskanzlei, Hannover: 249 (1. + 4. v. li.)
Niedersächsische Staats- und Universitätsbibliothek Göttingen: 117
Ostfriesische Landschaft Aurich, Bibliothek: 62 u.
Picture-Alliance, Frankfurt/M.: 243
Picture Press, Hamburg: 230 u.
Porzellanmanufaktur Fürstenberg: 119
Schiffahrtsmuseum Brake: 164
Schloss Bückeburg: 122 re., 127 re.
Schlossmuseum Sondershausen, Bildarchiv: Titel li. u., 81
SLUB Dresden/Abt. Deutsche Fotothek: 82
Spiegel-Verlag, Hamburg: 230 o.
Stadtarchiv Delmenhorst: 186, 233 u., 235 re.
Stadtarchiv Hildesheim: 189 u. (Best. 951 Nr. 2185)
Stadtarchiv Lüneburg: 79 (BS II, K 14 Nr. 3 (k))
Stadtarchiv Norderney: 132, 133, 192/193
Stadtarchiv Wilhelmshaven: 166, 200, 215 u. re., 220, 225
Stadtmuseum Oldenburg: 12
Stadt Stade, Fachbereich Kultur und Stadtarchiv: 107, 120/121 (Fritz Dressler)
SV-Bilderdienst, München: 213
Technik-Forum Hanomag e.V., Laatzen: 183 u.
Heinz Teufel, Eckernförde: Rückseite u. re., 195
Volkswagen AG, Wolfsburg: 240 o.
Wilhelm-Busch-Museum, Hannover: 156 o.
www.mcallister.de: 249 (5. v. li.)
www.stephanweil.de (Foto: Susie Knoll): 249 o.

Sowie aus:
799. Kunst und Kultur der Karolingerzeit, Kat., Mainz 1999, Bd. 1: 27, 29, 33
Bernward von Hildesheim und das Zeitalter der Ottonen, Kat., Hildesheim 1993, Bd. 2: Titel re. u., 34 li., 35, 36
Buchholz, Goetz: Niedersachsen, Hannover 2001: 83, 240 u.
Canossa 1077, Kat., München 2006: 63
Die Braunschweigische Landesgeschichte, hrsg. v. Horst-Rüdiger Jarck u. Gerhard Schildt, Braunschweig 2001: 84, 86, 95 u., 98, 99, 102 li., 103, 122 li., 135, 137, 139 u., 154, 157 o. re., 175 u., 177, 178, 187 u., 188 o., 190, 198, 201 o., 203, 204, 205, 208 u., 208 u. re., 212, 214 li., 215 o., 218 o. re., 218 u., 231 o., 235 li., 241, 242 o., 244 li.
Geschichte des Landes Oldenburg, hrsg. v. Albrecht Eckhardt u. Heinrich Schmidt, Oldenburg 1987: 90, 108 li., 138 u., 140, 165, 179 u. li., 179 u. re., 188 u., 199, 201 u., 207 o., 207 u. re., 209, 214 re., 215 u. re., 227, 232, 233 o., 236 u.
Hamburg im Dritten Reich, Hamburg 1998: 211
Häßler, Hans-Jürgen (Hrsg.): Ur- und Frühgeschichte in Niedersachsen, Stuttgart 1991: 10, 13, 14, 15, 16 li., 20
Heinrich der Löwe und seine Zeit, Kat., Braunschweig 1995, Bd. 1: 41 (Niedersächsisches Landesarchiv – Hauptstaatsarchiv Hannover), 43, 44; Bd. 2: 50; Bd. 3: 49, 67
Landstände und Landtage, Hannover 1996: 51, 106, 128 li., 141 o., 144, 149, 151 o. re., 151 u. re., 163 o., 175 o. (mit Genehmigung Sr. K. H. Prinz Ernst August von Hannover, Herzog zu Braunschweig und Lüneburg, Schloss Marienburg), 223 re., 228
Opitz, Eckart: Schleswig-Holstein, Hamburg 1997: 80
Ostfriesland, hrsg. v. Karl-Ernst Behre u. Hajo von Lengen, Aurich 1996: 61, 62 o., 87
Otto der Große, Kat., Mainz 2001, Bd. 1: 32, 37

Cover: Karte der Hildesheimer Stiftsfehde von Johann Krabbe, 1591; „Heckengarten" im Herrenhausener Schlossgarten, Hannover; Rattenfänger von Hameln in der Reisechronik des Augustin von Mörsperg, 1592; Großherzogliches Schloss, Oldenburg; Bischof Bernward von Hildesheim im „Kostbaren Evangeliar" des Hildesheimer Dom- und Diözesanmuseums; Löwenstandbild Heinrichs des Löwen auf dem Braunschweiger Domplatz

Rückseite: Kloster Wienhausen; Hämelschenburg; Schloss der Fürsten zu Schaumburg-Lippe, Bückeburg; Heidschnucken in der Lüneburger Heide

Impressum

Bibliografische Information der Deutschen Nationalbibliothek

Die Deutsche Nationalbibliothek verzeichnet diese Publikation in der Deutschen Nationalbibliografie; detaillierte bibliografische Daten sind im Internet über http://dnb.d-nb.de abrufbar.

ISBN 978-3-8319-0537-9

© Ellert & Richter Verlag, Hamburg 2006
4. Auflage 2013

Dieses Werk einschließlich aller seiner Teile ist urheberrechtlich geschützt. Jede Verwertung außerhalb der engen Grenzen des Urheberrechtsgesetzes ist ohne Zustimmung des Verlages unzulässig und strafbar. Dies gilt insbesondere für Vervielfältigungen, Übersetzungen, Mikroverfilmungen und die Einspeicherung und Verarbeitung in elektronischen Systemen.

Text und Bildlegenden: Dieter Brosius, Hannover
Lektorat und Bildredaktion: Annette Krüger, Hamburg
Gestaltung: BrücknerAping Büro für Gestaltung GbR, Bremen
Lithografie: Griebel-Repro, Hamburg
Gesamtherstellung: Offizin Andersen Nexö Leipzig GmH, Zwenkau

Die erste Auflage dieses Buches ist mit der Förderung der Niedersächsischen Sparkassenstiftung und der Klosterkammer Hannover entstanden.

www.ellert-richter.de

Dieter Brosius

geb. 1936 in Visselhövede. Studium der Geschichte und Germanistik in Hamburg, Tübingen und Göttingen 1957–1964, Promotion. Eintritt in den Archivdienst des Landes Niedersachsen; Tätigkeit an den Staatsarchiven Bückeburg und Hannover; 1989–2001 Leiter des Hauptstaatsarchivs Hannover. Vorsitzender des Historischen Vereins für Niedersachsen (1985–2000) und des Gesamtvereins der deutschen Geschichts- und Altertumsvereine. Zahlreiche Veröffentlichungen zur Geschichte Niedersachsens vom Spätmittelalter bis zur Neuzeit.